信 息 法 教 程

潘世萍　编著

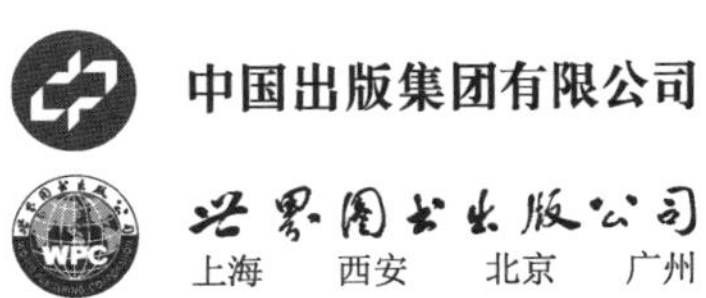
中国出版集团有限公司
世界图书出版公司
上海　西安　北京　广州

图书在版编目(CIP)数据

信息法教程 / 潘世萍编著. — 上海 ：上海世界图书出版公司，2024. 8. — ISBN 978 - 7 - 5232 - 1361 - 2

Ⅰ. D912. 1

中国国家版本馆 CIP 数据核字第 2024ZU7070 号

书　　名　信息法教程
　　　　　Xinxifa Jiaocheng
编　　著　潘世萍
责任编辑　吴柯茜
出版发行　上海世界图书出版公司
地　　址　上海市广中路 88 号 9 - 10 楼
邮　　编　200083
网　　址　http:// www. wpcsh. com
经　　销　新华书店
印　　刷　杭州锦鸿数码印刷有限公司
开　　本　787mm × 1092mm　1/ 16
印　　张　21. 5
字　　数　470 千字
版　　次　2024 年 8 月第 1 版　2024 年 8 月第 1 次印刷
书　　号　ISBN 978-7-5232-1361-2/ G · 881
定　　价　118. 00 元

目　录

第一编　信息法基础

第二编　知识产权法律制度

第三编　公共信息服务法律制度

第四编 信息保护法律制度

第五编 国家信息安全保障法律制度

第一编 信息法基础

早在五代时期，我国便出现了“信息”一词。据考证，南唐诗人李中的《暮春怀故人》中“梦断美人沉信息，目穿长路倚楼台”一句，便是“信息”一词的最早出处。此后，很长时间里信息一直被作为生活层面的音讯、消息等的近义概念。直到20世纪中叶，美国数学家申农首次在科学层面上定义了信息。20世纪60年代，随着计算机事务处理功能的凸显，“信息化”的概念出现并随着社会发展逐步被人们认知和普遍接受，信息已与物质、能量一起被视为构成世界的三大基本要素，信息社会随之来临。

信息是信息社会重要的战略资源，以开发和利用信息资源为目的的信息经济活动迅速扩大，逐渐取代工业生产活动而成为国民经济活动的主要内容。信息经济在国民经济中占据了主导地位，并构成了社会信息化的物质基础。同时，信息技术在资料生产、科研教育、医疗保健、企业和政府管理以及家庭中的广泛应用，对经济和社会发展产生了巨大而深刻的影响，从根本上改变了人们的生活方式、行为方式和价值观念。信息社会的法制建设面临着前所未有的挑战，如网络化进程的急剧发展所带来的对国家信息安全的威胁、对公民信息权利的侵害以及居高不下的信息犯罪等，这也使得信息社会法制化建设成为世界性潮流。目前，世界各国都在致力于建立各种与其信息技术发展相适应的法律规范，同时，由于国际信息交流的增多，关系到国际信息安全的国际信息法也正在建设和完善中。

导 论 信息时代与信息法制建设

在不同社会的历史阶段，由于生产力发展水平不同，生产方式不同，社会核心经济资源也就有所不同，而与之相适应的核心资源的配置法则也就不同。当今时代，社会信息化的快速发展使得信息资源成为国家战略资源，信息资源处理能力成为国家、组织和个人核心竞争力的重要体现。然而，信息化在极大促进经济社会发展的同时，还与市场化、国际化相互交织，引发数字经济、数据治理以及数据安全方面的大量复杂问题。这些问题如果不能得到很好的解决，其所造成的负面影响将大大抵消信息化所带来的发展红利。因此，如何走信息法治化的道路，加强对各方主体信息权利的法律保护，已成为各国均需面对和亟待解决的重大现实问题。

第一节 人类社会信息革命与法治进程

唯物史观认为生产力变革是社会发展进步的根本动力。在漫长的历史发展进程中，人类社会每一次进步都伴随着信息的革命。目前为止，人类社会经历了四次信息革命，分别是语音信息革命、文字与印刷信息革命、电波信息革命和计算机及网络信息革命。每一次信息革命都带来信息记录方式和传播方式的变革，引起社会形态的急剧变化，从而引发法律体系的重塑。

一、语音信息革命

语音是人类最早的交流工具，伴随着人类社会由低级到高级的发展进程。直到今天，语音依然是社会成员之间最重要的交流工具和联系纽带，具有极强的社会属性。

(一) 形式及特点

语音信息革命发生在距今 20 万年至 5 万年前的早期智人阶段(旧石器时代中期)。语音是人类思想和情感的重要载体。语音信息所承载的是口头信息，其信息的传递方式是口耳相传、心记脑存。

语音信息的传递特征是点对点地传递，其传递范围从广度和深度上讲，均受到很大的限制。因此，这一阶段信息管理的效果得不到保证。单从保存这一角度来说，只有极少数的信息得以保留下来，成为今天人类极其珍贵的文化遗产。

(二) 对法的影响

这一时期人类处在原始社会，凭借本能生存。集体劳动、集体经营、财产公有和平均分配个人消费品是这一社会的基本特征。由于人们的生存依靠对自然的摄取，与生产无关，个人拥有工具和产品没有任何实际意义。因此，在持续数十万年的采猎经济中，没有私有财产，没有所有权的概念，没有法得以产生的条件。

二、文字与印刷信息革命

文字的出现是信息革命最重要的阶段，它的影响力史无前例。它使得文化具有了载体并得以记录和传承，印刷术的发明更是为文字信息的大量复制和广泛传播插上了双翼。

（一）形式及特点

文字信息革命发生在距今6000年前后的新石器时代。文字的出现为纸张及印刷术的发明提供了基础和前提条件。这三者综合作用的结果，是有效改进了信息载体与使用者之间的亲和关系，使人类在时空上对信息的管理得以全面加强。这主要表现在：信息记录及存储方法变得方便快捷，大大提高了信息记录的速度和存储数量；载体的信息容量明显提高；信息的复制能力大幅度提高；信息加工的手段得以改善；信息传递的时间与空间的限制被打破等。

文字信息传递的特征是线性传递，其一方面大大推进了世界信息数量的增长，另一方面为大范围的信息交流和共享提供了基础条件，极大地促进了社会生产力的发展。

（二）对法的影响

文字时代出现了原始农业，标志着人类由利用自然发展为改造自然，用自己的劳动创造所需要的物质。这个阶段，人类学会了利用材料来加工制作简单的生产工具，从而使社会劳动生产率有了进一步提高。随着农业生产力的发展，农业生产规模不断扩大，土地成为社会核心经济资源，人类社会进入农业经济时代。在这一时期，作为土地所有制核心内容的土地所有权的变化，决定着社会能否协调发展以及人们在社会中的地位，直接关系到一个国家的社会、政治、经济的进步与发展。因此，与这一时期的农业经济相适应，土地法成为社会经济资源配置的核心法则。

三、电波信息革命

电波也称电磁波，是在电和磁相互转化的过程中，由交替变化的电场和磁场无限循环而产生的一种能量传递形式。它与通信技术相结合，使人类进入到无线通信的新时代。

（一）形式及特点

电波信息革命发生在19世纪中叶到20世纪上半叶，信息开始通过电报、电话、广播和电视等新的媒体广泛传播。与前两个阶段的信息革命相比，电波所带来的信息革命使人类的信息交流方式发生了天翻地覆的变化。这主要表现为：电波传播的信息形式从先前单纯的文字信息传播转变为可以传播文字、声音和图像信息；传播的信息量得到大幅度提升；传播信息的距离和范围大大扩展；传播速度极快，达到了光速；电波信息传递超越了线性的概念而形成了一个信息覆盖面等。以上这些特性把整个人类从传统社会带进了现代社会。

（二）对法的影响

电波时代是人类利用能源的阶段，热能、电能和核能相继被认识和利用，工业经济的发展达到巅峰，人类社会逐步从封闭走向开放。这一时期，人们对机器等动产的关注已经超过了以土地为标志的不动产，机器取代土地成为最重要的社会经济资源。由此，迅速发展起来的动产法取代了土地法的核心地位，成为社会经济资源分配的核心法则。

四、计算机及网络信息革命

现代计算机技术与通信技术的结合，使得继报纸、广播、电视之后的第四媒体——计算机网络横空出世。今天，计算机网络已经成为社会成员进行信息存储、交流和共享的最佳平台。

（一）形式及特点

计算机诞生于 20 世纪中叶，它“通过超大规模集成电路、超大容量的信息光盘以及智能化的电脑软件和第三次信息革命的成果以及通信技术相结合，组成了一个全方位的信息传递网络，形成了多维立体的信息传递方式”①。计算机网络可以向用户提供海量的信息处理功能；实现数据、文本、声音、图形和图像的综合服务；实现用户之间的多媒体通信；打破电话、收音机、电视机以及计算机和通信卫星的各个孤岛，使信息的获取、存储、处理和传输不断趋向融合。

（二）对法的影响

计算机及网络时代，是人类掌握信息的阶段。人类明晰了信息和物质、能量之间的关系，信息不再仅仅是被记录和保存的对象，而是一份取之不尽用之不竭的无穷资源。因此，信息逐渐取代了有形物质在社会经济资源中的核心地位，成为社会基础经济资源，人类社会进入开放的信息经济时代。围绕信息而发生的大量的、迫切需要解决的社会问题，必须依靠信息法加以解决。信息法是以信息为客体建立起来的法律体系，当然地成为信息社会资源配置的核心法则。

综上，从狩猎时代到农业社会，从农业社会到工业社会，再到信息社会，人类信息活动是沿着点、线、面、多维立体的方向发展的。历史的每一次重大进步都是以信息传播手段产生革命性变革作为其鲜明的标志。不同的社会阶段生产力发展水平不同，生产方式不同，社会核心经济资源也就不相同。与之相适应，核心经济资源的配置法则也随之呈现出一个不断更迭演变的渐进过程（见表 0 - 1）。

---

① 王凡. 人类文明和信息革命的关系[EB/OL]. (2012 - 07 - 22)[2014 - 05 - 07]. http://www.weiweikl.com/ZHWM11.htm.20120722/20140507.

表 0－1 社会及立法演进的历史趋势

时间	表征性资源	表征性科学技术	代表性工具	社会形态	核心法律
古代	原材料	原材料科技	人力工具	农业社会	不动产法
近代	能源	能源科技	动力工具	工业社会	动产法
现代	信息	信息科技	智能工具	信息社会	信息法

第二节 信息社会法制建设的紧迫性

信息社会是社会信息化程度在社会形态上的表现，而一个国家信息化发展程度与它的信息化法制建设的重要性成正比。

一、信息社会提出的背景

1959 年，美国著名学者和思想家丹尼尔·贝尔基于对社会产业结构的观察和分析，认识到一系列不寻常的变化特征，首次探讨了信息社会问题，提出“后工业社会”的概念。贝尔认为当时的社会正经历着五个方面的变化，即产业结构由传统的农业或制造业转向新兴的服务业；国民生产总值的构成发生变化，根据 1969 年国际经济合作与发展组织的统计数据，美国农业、工业和服务业生产总值占国民经济生产总值的比例分别为 3%、36.16%和 60.14%[①]；从业人员从农业或工作领域转向服务业；专业和技术人员的数量从 1940 年的 390 万人增加到 1964 年的 860 万人；科学技术转化的速度明显加快。二战以后，技术从发明到投入大规模生产的周期越来越短，这一方面促进了生产力的发展和人类生活质量的提高，另一方面也造成了严重的公共环境问题，给社会造成许多影响深远的后果。

基于以上的发现，丹尼尔·贝尔认为社会已从产品生产的阶段过渡到了服务性社会阶段，他将这种新的社会阶段定义为“后工业社会”。

二、信息社会的概念

1963 年，日本社会学家梅棹忠夫在其所著的《信息产业论》一文中，提出“未来的社会将是以信息产业为中心的社会”的观点，在日本引起关注。次年 1 月，梅棹忠夫在《信息社会的社会学》一文中，首次使用了“信息社会”的概念，并最终取代“后工业社会”，被人们广泛接受。

1980 年，美国未来学家阿尔文·托夫勒所著的《第三次浪潮》让“信息社会”这一概念

① 张文娟.信息社会概念溯源——背景产生发展[J].情报科学，2007(7)：1006－1010.

引起世界性关注。托夫勒以科学技术为核心，把人类历史的发展划分为三次浪潮，第一次浪潮掀起了农业社会和农业文明；第二次浪潮导致了工业社会和工业文明；第三次浪潮则引领人类达到信息社会，产生现代文明。

2003 年，在瑞士日内瓦举行的信息社会世界峰会通过的《原则宣言》中提出“建设一个以人为本、具有包容性和面向全面发展的信息社会。在此信息社会中，人人可以创造、获取、使用和分享信息和知识，使个人、社会和各国人民均能充分发挥各自的潜力，促进实现可持续发展并提高生活质量”。这个定义从个人和社会的视角对信息社会这一全新的社会形态进行了界定，揭示了信息社会所特有的内涵。

三、信息社会的发展阶段

信息社会的含义是随着社会发展动态变化着的，到目前为止大致经历了三个发展阶段，正向第四个阶段过渡。

第一阶段“3C”社会。20 世纪 80 年代，信息技术在经济、社会、生活、政治等各领域不断应用并逐步推进，典型应用体现在“3C”，即通信化、计算机化和自动控制化领域。因此，这一阶段较为流行的说法是“3C”社会。

第二阶段“E”社会。20 世纪 90 年代，随着多媒体信息技术的应用，特别是互联网的发展，给人类社会带来了一场前所未有的深刻社会变革，人类社会进入“E”社会(Electronic Society)。在“E”社会中，能够实现任何人和任何人在任何时候和任何地点的通信与联系，即“3A”通信(Anyone，Anytime，Anywhere)。“E”社会的兴起标志着人类社会正式步入信息社会的初级阶段。

第三阶段“泛在信息社会”。从 21 世纪开始，泛在信息社会相继被多国和区域性组织列为领先全球和振兴经济的基础战略。所谓泛在信息社会即“U”社会(Ubiquitous Society)，要实现“4A”通信(Anyone，Anytime，Anywhere，Anything)，即能够实现任何人和任何人，任何人和任何物(对象)，在任何时候和任何地点的通信与联系。“U”社会是一个“人—机—物”组成的动态开放的网络社会，它将极大地拓展人们对物理世界的了解和提高人们对物理世界的掌握能力，促进各领域信息活动的进一步深化和提升，引领人类社会走向信息社会的高级阶段。

第四阶段“智慧社会”。“智慧社会”是在党的十九大报告中提出的概念，是信息社会在新的技术和社会条件下的升级。这一概念的提出，明确了信息化从“辅人”“拟人”走向“共生”的社会动力学发展规律，要求各项设施、政府政务、经济体系、文化生活和社会治理等各方面全面实现智慧化，为信息化建设指明新方向和新目标。

信息社会的到来与未来智慧社会的发展，持续带来经济增长方式的改变与原有资源环境之间的矛盾，带来经济的快速发展与社会事业发展滞后之间的矛盾，带来传统生产关系与信息生产力发展不相适应的矛盾，这三大矛盾所引发的社会现象也需要通过建立新型国家信息法律体系加以解决。

四、信息社会的特征及对法制的需求

作为一种新型的社会形态，信息社会在政治、经济、生活等各个领域表现出全新的特征，具体表现为四个方面，即知识型经济、网络化社会、数字化生活以及服务型政府。

（一）知识型经济需要信息法制

与传统的农业经济和工业经济相比，信息社会的经济模式发生了巨大变化。信息社会中，信息和知识成为比物质和能源更重要的资源，信息经济活动超过传统的大规模物质生产而成为新的经济增长点。

与此相适应，农业社会和工业社会中的以确认和规范有形财产为核心准则的法律体系，在信息社会中将凸显为以调整和保护信息、知识等无形资产为核心准则的法律体系。

（二）网络化社会需要信息法制

网络化是信息社会的典型特征。然而，网络世界不同于传统社会，它的开放性、虚拟性、数字化、技术性和交互性等特征，也带来了前所未有的社会矛盾和冲突，信息侵权、网络犯罪、越境数据流的非法截取、信息市场不正当竞争等不良现象层出不穷。这些问题除一部分可以借助政策、纪律、规章、道德及其他社会规范予以调整外，更为重要的是需要依托法律武器来强制性地予以保障，这迫切需要建立一种新型的国家信息法律体系。

（三）数字化生活需要信息法制

在信息社会中，信息技术广泛应用于人们日常生活的方方面面，人们的生活方式和生活理念已发生了深刻变化，表现为生活工具数字化、生活方式数字化、生活内容数字化等。

然而，在现阶段，数字化生活的普及程度并不均衡，使得城乡、区域、政治、经济、文化、人与自然等方面未能实现协调发展，制约了社会发展整体水平的提高，这迫切需要信息法制解决这些社会发展过程中的矛盾。

（四）服务型政府需要建立信息法制

传统政府是管制型政府，它是以国家干预为理论基础的政府管理模式，主张政府对国家经济社会生活的全面干预，用政府调控代替市场调节。而服务型政府主张政府权能的有限性，实现从全面参与到有限参与、从直接管理到宏观调控、从管理向服务的转变。服务型政府的基本职能是提供公共服务和公共产品，其特征是科学决策、高效治理、互动参与和公开透明，其服务对象是社会和公众。因此，政府的公共服务应当建立以社会和公众为主体的绩效与评价体系，这就需要以政府信息公开的法律制度作为保障。通过政府信息公开，改变政府与企业、公民之间的信息不对称，做到透明化、公共化，切实保障公民知情权的实现，进而使公民真正参与公共服务的决策和实现对政府行为的监督。

第三节　信息法律与信息政策

信息法律是指对信息活动中的重要问题进行调控的法律措施，是信息法制化建设的前提和关键。但法律并不是解决社会信息问题的唯一手段和途径。信息政策，是国家机关和社会团体根据一定历史时期的任务和目标制定的，有关发展或管理信息事业的方针、原则和办法，它是调整国家信息实践活动并借以指导、推动整个信息事业发展的行动指南。信息政策同信息法律一样，也是解决人类信息矛盾的重要手段。

从社会发展进程看，信息法比信息政策出现得更早些，这可能是由于当时社会条件的限制所致，人们的信息活动主要是以微观、具体的形式表现出来。20 世纪 60 年代以后，由于信息技术飞速发展，出现了许多涉及国家宏观层面的管理问题，各国政府才开始重视国家信息政策的研究。

一、信息政策与信息法律的区别

信息政策和信息法律调整的都是信息领域的各种社会关系，但它们却有着不同的调节内容和方向，侧重点并不相同。信息政策与信息法律在形成过程、实施方式、作用范围、作用的时效性以及可操作性程度方面都具有明显差异。

（一）形成过程和表现形式不同

信息政策是由政党和国家有关组织和部门制定的，是一种行政手段，它往往代表着政治组织的利益和意志，并且制定的程序相对简易，内容原则以及解释余地宽泛；而信息法律是一种法律手段，它是由国家权力机关制定的，代表着国家的利益和意志，并且具有明确性、稳定性和执行的强制性。

（二）实施方式不同

信息政策的基本功能是导向，其主要通过做思想工作和说服教育的方式来实现，不具备强制力的属性；而信息法律的主要功能是规范或者控制，具有普遍的强制约束力。

（三）作用范围不完全相同

信息政策一般原则性较强，着眼于宏观调控。但由于信息政策一般是为了实现某一具体目标而制定的，其调整对象相对集中；而信息法律则比较具体详尽，侧重于微观调控。同时，法律必须兼顾公平与效率，对所有的信息主体都具有法律效力。因此，相对而言，信息法律调整的对象更普遍、更基本，作用范围更广泛，社会影响力更大。

（四）作用的时效性不同

信息政策一般在一定的历史时期内发挥作用，随着信息环境的变化要不断调整、补充和完善，因而具有阶段性、灵活性和可变性的特点，作用的时效较短。信息政策的制定需具有一定的前瞻性，应事先对一些信息活动进行规范。

信息法律则是在成熟经验的基础上确立下来的比较具体的行动规范，作用的时效较长，而且它的制定、修改和废除都要经过严格复杂的法定程序，具有相当的稳定性。但这种稳定性的要求也导致信息法律在一定时期必然表现出滞后性，即落后于信息矛盾和信息问题的发生。

（五）可操作性存在差异

信息法律比信息政策的可操作性强。一方面，信息法律调整的是现实的社会关系，必须明确规定信息主体的具体权利和义务，如涉及的一些经费、人员、设施比例等都要明确具体；另一方面，信息法律是由国家强制实施的，需要明确规定相应的机构、人员职责等，确保法律的执行。相比之下，信息政策的制定程序相对简易，变异性较大，依靠行政手段发挥作用，强制力小，可操作性差。

综上，信息法律是比信息政策更成熟的形态，更有权威性和科学准确性，因而也能更好地调节相应的信息活动的权利义务关系。

二、信息政策与信息法律的联系

信息法律与信息政策虽在调整信息活动社会关系上有着不同的调节内容和方向，有着不同的侧重点，但也有着密切的联系。信息政策与信息法律在本质上是相同的，两者之间具有一种相辅相成、共同促进的关系，既不能把它们对立起来，又不能相互替代。

(一) 信息政策和信息法律具有本质上的同一性

两者在本质上是完全相同的，都属于国家对信息活动和信息资源管理进行调控的重要手段，具有很强的规范性，而且两者的产生和发展也总是相辅相成的。世界各国的信息政策和信息法律尽管由于价值观和文化传统的不同而存在着差异，但是在同一个国家内，其信息政策和信息法律必然是相互一致的。

(二) 信息政策是信息法律的重要基础

信息法律是在信息政策的框架中制定的，由成熟的政策转化而来。一般信息政策几经推敲、反复修改、不断实践补充，最终经条文化和规范化而成为法律。信息法律的实施是以信息政策为指导的，只有正确地理解信息政策，并以信息政策为指导，才能真正地把握信息法律的实质，全面而有力地实施信息法律，并且随着形势发展、信息政策的调整变化，应适时修改并完善信息法律体系。

(三) 信息法律是保障信息政策得以贯彻和实施的重要法律手段

信息法律对于信息政策的制定和实施有一定的制约性，信息政策不能违背法律。一方面，信息政策的制定机构与制定过程应合法；另一方面，信息政策可能造成的负效应应当受到信息法律的控制，并具体体现在信息法律的有关条文中。此外，信息政策如果不借助于信息法律就难以真正贯彻与实现。

(四) 信息法律与信息政策可相互转化

一部分成熟的政策得以升华，最终以法律的形式固定下来；而信息法律出台后，又成为新的信息政策制定的重要依据，成为执行与调整信息政策的坚强后盾及有力手段。

三、正确处理信息政策与信息法律的关系

信息政策与信息法律的区别和联系，要求我们在实践中要正确处理两者的关系。

首先，必须坚持依法治国。信息活动中的各种经济关系和社会关系常常虚无缥缈、变幻莫测，加之信息领域，特别是在网络上的违法犯罪现象呈现持续增加且迅速蔓延的趋势，诉诸法律常常是遏制其生长和蔓延的有效途径。

其次，信息政策具有灵活性，要充分发挥信息政策对信息资源的组织、管理和开发，以及对信息产业的发展、信息市场的建设所具有的重要的指导和协调作用。

因此，信息政策与信息法律同为实现社会信息化的规范和调整手段，发挥着各自不可替代的作用。在认识和处理两者关系的时候，要采取辩证的态度，既不能简单地将两者等同起来，又不能割裂两者之间的有机联系。

本章参考文献

[1] 赵正群.信息法概论[M].天津：南开大学出版社，2007.
[2] 马海群.信息法学[M].北京：科学出版社，2002.
[3] 查先进.信息政策与法规[M].北京：科学出版社，2004.
[4] 朱庆华，等.信息法教程[M].北京：高等教育出版社，2017.
[5] 钟义信.信息社会概念、原理、途径[J].北京邮电大学学报(社会科学版)，2004(4)：1－7.
[6] 张新红.对信息社会的一些基本认识——在“信息社会50人论坛”的主旨演讲[J].中国信息界，2011(10)：6－8.
[7] 单美贤.泛在信息社会的概念溯源及基本特征[J].贵州社会科学，2013(2)：33－38.
[8]《走进信息社会：中国信息社会发展报告2010》课题组.走进信息社会：理论与方法[J].电子政务，2010(8)：25－30.

第一章 信息法概述

人类社会的信息立法已有400年[①]的时间，但以信息法的现象及其规律为研究对象的信息法学的兴起才不过几十年的时间。[②] 信息法学的基本理论包括信息法的概念、调整范围、调整对象、特点、作用、地位、构成体系、信息法律关系以及信息法的发展历史等基本问题。

第一节 信息法的基本概念

信息法是调整信息领域的法律、法规、规章等规范性法律文件的统称，它是适应社会信息化发展而逐步构建起来的制度体系，是我国法律体系中一个新兴的内容。信息法与传统法律相比，具有保护客体的无形性以及权利义务的多元性等特征。

一、信息法定义

国外理论界普遍认为"信息法是一个国家为管理信息产业而制定的以一定信息经济关系为调整对象的法律规范的总和"[③]。我国学者从20世纪90年代开始，也分别从信息科学、法学和信息产业政策的角度对信息法概念进行了广泛、持续的探究，形成了多种颇有见地的观点。

（一）典型信息法定义介绍

（1）俄罗斯信息法学家科佩洛夫认为：信息法是"信息环境——信息生产、转换和消费环境中产生并受国家力量保护的社会规范和关系的体系，信息法律调节的主要对象是信息关系，即实现信息过程——信息生产、收集、处理、积累、存储、检索、传递、传播和消费过程时产生的关系"[④]。

（2）查先进认为：信息法是由国家立法机关批准制定，并由国家执法机关的强制力保证实施的，调节信息领域经济关系和社会关系的法律规范的总称。[⑤]

（3）胡昌平认为：信息法是指由国家制定的，调整在信息的取得、使用、转让和保护等

① 1623年英国颁布的《垄断法》被认为是世界上第一部具有现代意义的专利法，也是人类社会信息立法的开端。

② 1991年6月，在荷兰召开了第一届国际信息法学会议，并出版了会议论文集《面向21世纪的信息法学》，信息法学首次作为学科门类公开"亮相"，由此，标志着信息法学这门学科的诞生。

③ 赵正群.信息法概论[M].天津：南开大学出版社，2007：18.

④ 科佩洛夫.信息法体系[J].赵国琦，译.国外社会科学，2000(5)：39－46.

⑤ 查先进.信息政策与法规[M].北京：科学出版社，2004.

过程中所产生的各种利益问题和安全问题的全部法律规范，而不只是其中的某一部分或某一方面的法律规范。[①]

(4) 乌家培认为：信息法是国家为信息产业制定的以一定信息经济关系为调整对象的法律规范的总称。[②]

(5) 周庆山认为：信息法是调整人类在信息的采集、加工、存贮、传播和利用等活动中发生的各种社会关系的法律规范的总称。[③]

(6) 王志荣认为：信息法是调整信息安全与准确、信息公开与保密、信息垄断与共享、信息监管与利用等方面产生的社会关系以及在与信息有关的信息技术和信息产生发展过程中产生的一系列社会关系的法律规范的总称。具体地讲是国家管理国家信息资源、公共信息资源和个人信息资源控制、使用关系的法律规范，特别是以信息保密、信息共享的权利义务为内容的法律关系的总和。[④]

以上定义虽然对信息法的内涵和外延在表述上不尽相同，但存在两方面的共同点：一是强调信息法的调整范围是人类信息活动；二是强调信息法的调整对象是信息活动领域的各种社会关系。

(二) 信息法的调整范围

信息法的调整范围是人类的信息活动领域。信息活动是指人们从事的与信息直接相关的一切活动。

1. 信息活动的类型

人类信息活动涉及的领域十分广阔，信息活动的内容也极为丰富。从信息法角度划分，信息活动可分为信息学和法学两个维度。

一是信息学维度的信息活动，是指人们进行的以信息为中心或标的的一系列活动，包括信息的获取(或称采集、收集)，信息的加工、处理，信息的传播(或称传递、传输)，信息的存储(或称保留、贮存)以及信息的开发利用等各类活动。围绕着这些活动就形成了各种社会关系，如信息获取关系，信息加工、处理关系，信息传播关系，信息存储关系和信息利用关系等。

二是法学维度的信息活动，是指将信息视作财产的活动。在承认信息产权的情况下，信息所有人对信息的所有权包括占有、使用、收益、处分四项权能，并且这些权能可依法与信息所有人发生分离。因此，把信息活动分为信息的占有、信息的使用、信息的收益以及信息的处分四类。其中，信息的占有就是信息的采集或获取，以及信息的持有和保留；信息的使用包括信息的加工、处理、传播等。需要注意的是，信息是一种广义上的财产，信息的使用从广义上来理解总是有收益的。但就使用方式而言，信息使用可以划分为有偿使用和无偿使用。在有偿使用的情况下，信息被作为商品，通过有偿转让、许可使用等方式

---

① 胡昌平.信息管理科学导论[M].北京：高等教育出版社，2001.

② 乌家培.信息化的理论与实践[J].中国信息协会通讯，2001(11)：4.

③ 周庆山.信息法教程[M].北京：中国人民大学出版社，2003.

④ 王志荣.信息法概论[M].北京：中国法律出版社，2003.

来取得收益。在无偿使用的情况下，信息的使用是不能或不应以营利为目的的，信息是被作为共享资源或公共物品来被公众使用的。信息的处分包括决定信息是公开传播还是予以贮存、保留、不予公开等。

与信息的占有、使用、收益和处分活动相适应，在信息活动中产生了各种相应的社会关系，并且这些关系之间具有非常密切的联系。

2. 信息法调整范围的局限性

随着社会的发展，人类的信息活动范围不断扩大，信息法的调整范围也将不断调整。当然，并不是所有的信息活动都在信息法的调整范围之内。

第一，并非所有信息活动中的社会关系都属于信息法的调整范围。对一些特定的社会关系，除了信息法可以加以调整之外，民法、行政法、经济法、刑法等也参与调整。如网络中黑客犯罪所引起的社会关系由刑法去加以调整；又如信息部门的劳动关系、行政管理关系，由信息法与其他部门法共同参与调整。由此可以看出，信息法是调整信息活动领域内的社会关系的，但不能说信息活动领域的社会关系只有信息法才能加以调整，也不能把凡是调整信息活动领域的法律规范统统归入信息法体系。

第二，信息法所针对的信息是有限的。信息具有普遍性和共享性的本质属性。同时，信息还具有时效性、无形性、资源性以及与载体的不可分性等特征。从法学意义上讲，并非所有信息都能成为法律调整和规范的对象。能够受到信息法保护的信息必须具有社会性、传播性和法定性。因此，从事信息活动，有必要先对作为活动对象的信息进行正确认识，从而可以预测到所从事的信息活动是否能够得到法律保护，是否会受到法律的禁止和制裁。

基于此，信息法调整范围具有一定的局限性。“只有依法能够成为法律事实的信息活动，才属于信息法所规范的信息活动领域，只有在这种信息活动中产生的信息法律关系，才是信息法所要调整的社会关系。”①

（三）信息法的调整对象

1. 社会关系

所谓社会关系是相对于人与自然的关系而言的，指人们（包括自然人、法人和非法人组织以及国家）在各种社会活动中形成的纷繁复杂的现实关系。一切政策、法律、道德等规范措施，其功能都是调整社会关系的。信息法作为一种法律规范，自然也用以调整社会关系。当然，并不是所有社会关系都能成为法律调整的对象。

2. 法律关系

法律关系是经由法律确认和调整的那一部分现实的社会关系，是特殊的社会关系，其主要内容是人们行为过程中产生的权利和义务关系。法律关系具有以下几个特点。

（1）是规范化的社会关系。社会关系是客观存在的，不是由法律所创立的。法律关系是按照国家意志的要求，使实际存在的社会关系规范化、稳固化而形成的。

---

① 马海群. 信息法学[M]. 北京：科学出版社，2002.

(2) 其实质是权利义务关系。法律关系是一种明确的、固定的权利义务关系，这种权利和义务可以是由法律明确规定的，也可以是由法律授权当事人在法律的范围内自行约定的。权利义务关系是法律关系与其他社会关系的重要区别。

(3) 是有国家强制力保障的社会关系。法律关系中的权利与义务的规定，都是国家意志的体现，反映国家维持社会秩序的态度。当法律关系受到破坏时，就意味着国家意志所授予的权利受到侵犯，意味着国家意志所设定的义务被拒绝履行。这时，权利受侵害一方就有权请求国家机关运用国家强制力，责令侵害方履行义务或承担未履行义务所应承担的法律责任，也即对违法者予以相应的制裁。

(4) 是一种调整性的社会关系。法律关系不同于法律规范，它是现实的、特定的法律主体所参与的具体社会关系。因此，特定法律主体的意志对于法律关系的建立与实现也有一定的作用，如多数民事法律关系。

(5) 总是以相应的现行法律为前提的。不同的社会关系受不同法律的规定和调整，如民事法律关系、行政法律关系等。在信息法调整的过程中形成的就是信息法律关系。因此，从另一个角度而言，任何一种法律规范也只能在具体的法律关系中才能得以实现。

因此，信息法的调整对象仅限于信息活动领域的社会关系，并且是由信息法所确认的、表现为主体间权利义务关系的信息法律关系。

当然，需要注意的是，法律不是唯一规定和调整社会关系的规范。除法律外，还有伦理道德规范、政策制度规范等，而且某一现实社会关系在初始总是先由习惯、道德加以默认和实行，而后才经法律规范成为法律关系。因此，法律关系的成立只是意味着相关社会关系的高度规范化，但在调整社会关系方面仍然需要伦理道德、制度政策等其他规范予以配合补充。

二、信息法律关系

信息法调整的社会关系是由一系列人类信息活动产生的。人类的信息活动范围广泛，在这一系列活动中将会产生一定的矛盾和冲突，这有赖于信息法通过确立主体对客体行使的权利和承担的义务来加以规制和协调。

信息法律关系，是指在国家协调信息运行过程中，根据信息法规范所形成的、以信息主体之间的权利和义务关系为表现形式的特殊社会关系。信息法律关系是法律关系的一种具体表现形式，总是以人身关系或信用关系、契约关系为基础。

(一) 信息法律关系的构成

和所有的法律关系一样，信息法律关系由法律关系的主体、客体和内容构成。

1. 信息法律关系的主体

简称主体，是指信息法律关系的参加者，即信息法律关系中的权利享有者和义务承担者。主体是构成信息法律关系的第一位要素，是信息法律关系中最积极、最活跃的因素。

在信息法律关系中，主体的资格和条件由法律加以规定。主体依不同的标准可有不同的分类。如从信息活动的角度，主体可分为信息生产主体、信息获取主体、信息处理主体、信息存储主体和信息传播主体等；从法学角度可分为信息占有主体、信息使用主体、信息收益主体和信息处分主体；从法律形态上看，主体又可分为自然人主体、法人主体和非法人组织主体以及国家主体。

由于信息活动的普遍性，信息法律关系所涉及的主体范围十分广泛，包括了社会生活中存在的、能够和有资格享有权利和承担义务的全部主体形式。

2. 信息法律关系的客体

简称客体，是主体权利和义务所指向的对象。信息法的客体是信息。信息是物质的基本属性，是能被人们所感知的事物状态的表现方式。作为客体的信息，其所承载的利益本身是法律权利和法律义务联系的中介。

(1) 信息客体的类型。从信息法律关系的角度，可对信息作如下分类：

一是依拥有信息的主体，可将信息分为国家信息、公共信息、商业信息和个人信息等；

二是依存在状态，可将信息分为公开信息、半公开信息和非公开(秘密)信息；

三是依载体不同，可将信息划分为口头信息、实物信息和文献信息；

四是依信息产生的领域，不同的社会活动领域产生不同的信息内容，如科学信息、技术信息、军事信息、经济信息、政务信息、市场信息等；

五是依信息的商品属性，可将信息分为商品性信息和非商品性信息。

(2) 信息作为客体的局限性。信息具有资源性，且取之不尽，用之不竭，由此更凸显信息资源的价值性和明显的权利、利益属性，其在法律规范的调整下便成为各权利主体权利和义务内容的附着物。但也正是由于信息的普遍存在和复杂性，信息作为法律关系的客体具有明显的局限性。这种局限性主要体现在以下两方面。

第一，并非所有的信息都能成为客体。只有那些能够满足信息主体的利益或需要，同时又能得到国家法律确认和保护的信息才能成为客体。比如说，反动、淫秽的书刊，虽然能够满足某些信息主体的利益或需要，但却是为国家法律所禁止或不予保护的信息，就不能成为客体。

第二，客体的范围是处于不断变化之中的。人们对信息的认识受到经济、社会、法律发展水平等多种因素的制约，随着社会的不断发展以及人们对信息认识的不断深化，作为客体的信息，其范围及形式也将不断动态调整。

3. 信息法律关系的内容

简称内容，是指主体之间的信息权利与信息义务，并且该权利与义务共同指向的对象是信息客体。

(1) 信息权利。它是法律主体依法为或不为一定行为，以及要求他人做出相应的行为的可能性，在必要时可请求有关国家机关以强制性的协助实现其信息权益。信息权利源于法律规定，受法律的保护，是法律主体实现其信息活动目的的法律手段，且以义务人履行相应的义务作为保证。

(2) 信息义务。它是法律主体依法为或不为一定行为的必要性，规定了人们应履行的某种责任。信息义务包括三层含义：一是法律对主体行为的一种约束，其目的是实现权利主体的权利或不影响其权利的实现，或者说义务主体履行其信息义务，是保证信息权利有效实现的必要条件；二是主体应当自觉履行信息义务，如果违反法定的信息义务，侵犯信息权利，就应当承担相应的法律责任；三是义务的相对性，信息义务是有限的而不是无限的，即具有义务的主体只需在法律规定的范围内为或不为一定行为，超越法律规定的限度，就不能约束主体的自由。

值得注意的是，信息义务中的信息保密义务具有特殊的重要意义。许多信息产品的超额经济价格就来自其所处的秘密状态。这种秘密状态一旦改变，权利主体不仅会失去其获取超额经济价格的能力，甚至其对信息产品的占有权也永远不可复得。因此，在制定法律等各种调整手段、方法时(特别是对科技新成果的占有和使用方面)应明确权利主体的绝对占有权，强调义务主体的保密义务。

(3) 信息权利与信息义务的关系。权利和义务是法律调整的特有机制，是法律行为区别于道德行为最明显的标志，也是法律和法律关系内容的核心。

信息权利与信息义务是密切相关的，两者的关系表现为对立统一、相互依存。

首先，信息权利和信息义务是相对立的。在法律调整状态下，权利是受法律保障的利益，其行为方式表现为意志和行为的自由；义务则是对法律所要求的意志和行为的限制，以及利益的付出。

其次，信息权利与信息义务又是统一的，两者相互依存。没有无义务的权利，也没有无权利的义务。一方面，权利主体权益的实现有赖于义务主体履行相应义务。另一方面，履行信息义务之所以必要，是因为这是有效实现信息权利的需要，如果没有信息权利，也就无所谓信息义务了。反之，如果没有信息义务，则信息权利也将不复存在。

此外，信息权利与信息义务都不是绝对的：权利应得到限制，即权利人在享有权利的同时不得滥用信息权利，不能影响他人合法权利的行使，这是权利人在享有信息权利的同时，也必须承担的最基本的信息义务；而权利人的这些义务，也正是义务人的权利。义务人在承担一定义务的同时也获得一定的权利。

总之，信息法是通过规定主体的权利与义务，并通过权利义务机制来规范信息活动、调整信息关系的。因此，信息法的核心内容是确定法律主体的信息权利与信息义务，以及违反信息义务应承担的法律责任。

(二) 信息法律责任

一般而言，法律责任是法律关系之外的问题，但由于法律主体对法定义务的违反即应承担法律责任，因而法律责任与法定义务联系甚为密切。从广义上讲，法律责任和法律义务同义，因而理论上也有观点将其视为法律关系构成的第四个要素。

1. 信息法律责任的概念

信息法律责任，专指违法者对自己实施的违反信息法的行为必须承担的某种法律上带有强制性、惩罚性的责任。这种法律责任同违法行为密切联系，即凡是实施了违法行为的主体，都必须对国家和受害者承担相应的法律责任。这是一种追诉性的责任。

信息法律责任与信息义务虽然有密切联系，但毕竟是两个不同的概念，各有其不同的本质。信息法要求当事人应为的行为，称为信息义务，其与信息权利是相对应的。信息义务的履行即为信息权利的实现，义务的违反即发生责任。可见，信息法律责任以信息义务的存在为前提。要先有信息义务，然后才谈得上法律责任。无信息义务，即无信息法律责任。虽有信息义务存在，如果义务人能正确履行义务，也不发生信息法律责任。

2. 信息法律责任的构成要件

法律责任由法律来规定，由国家机关依法追究。法律责任的构成（违法行为）应具备四个要件：

（1）必须有违反信息法规范的行为。

（2）必须是侵犯信息法所保护的社会关系的行为。

（3）行为人在主观上有过错。

（4）行为人必须具有法定责任能力。

3. 信息法律责任的方式

信息法律责任包括三种方式，即民事责任、行政责任和刑事责任。

（1）民事责任。民事责任是指由于民事主体违约、不履行其他民事义务，或者侵害他人的人身财产、人身权利所造成法律后果所应承担的法律责任。民事责任主要分为违约责任和侵权责任。承担民事责任的方式主要有：停止侵害；排除妨碍；消除危险；返还财产；恢复原状；修理、重作、更换；继续履行；赔偿损失；支付违约金；消除影响、恢复名誉；赔礼道歉。在法律允许的条件下，民事责任可以由当事人协商解决。

（2）行政责任。行政责任是指因行政违法行为而应承担的法律责任。行政责任由国家行政机关或其他行政主体依法定职权和程序确定，针对行政管理相对人违反法律法规、但尚未构成犯罪的行为。行政责任大体可分为行政处分和行政处罚两种方式。

行政处分又称纪律处分，是指国家机关、企事业单位、社会团体等，按照隶属关系，对机构所属的工作人员实施的一种行政制裁。行政处分的种类主要有：警告、记过、记大过、降级、撤职、留用察看、开除等形式。

行政处罚，是指具有行政处罚权的机关依法对自然人、法人或者其他组织实施的一种行政制裁。行政处罚主要有五种，即警戒罚，财产罚，行为罚，人身罚和法律、行政法规规定的其他行政处罚。

（3）刑事责任。刑事责任是指违反法律造成严重后果，已涉及犯罪而应承担的法律责任。刑事责任由国家审判机关依法给予行为人以相应的刑事制裁。根据《中华人民共和国刑法》（以下简称“《刑法》”）的规定，刑事责任分为主刑和附加刑：主刑是对犯罪分子适用的主要刑罚方法，只能独立适用，不能附加适用，对犯罪分子只能判一种主刑。主刑主要包括管制、拘役、有期徒刑、无期徒刑、死刑。附加刑是既可以独立适用又可以附加适用的刑罚方法，即对同一犯罪行为既可以在主刑之后判处一个或两个以上的附加刑，也可以独立判处一个或两个以上的附加刑。附加刑包括罚金、剥夺政治权利、没收财产。

由此可见，行为人的违法行为表现不同，其应承担的信息法律责任也不同。一般而言，民事责任是以恢复侵权行为发生前的原状、补偿受害人的损失为目的；而行政责任则侧重于对违法行为人的惩戒和处罚；刑事责任则仅针对情节恶劣、后果严重的违法行为。

三、信息法的特点

信息法作为相对独立的法律部门，它除了具有法律的一般特征，如国家意志属性、国家强制性、权利义务法定性、具有普遍效力外，还具有其本身的特点。

（一）客体的无形性和知识性

信息法律关系的客体是信息，它是人类社会的智力成果和精神财富，是无形物，如知识产权便是典型的无形财产权。由于这种无形性，使得共享成为信息的本质属性，即信息具有重复使用性；一人使用，并不排斥他人同时使用；可在不同载体间转换而不损失其使用价值；但生产具有风险性，如容易复制等。因此，从保护无形财产出发，信息法并不排斥非权利人对保护客体的获取，而是排斥未经许可的仿制、假冒或剽窃等不法获取利益的行为。

（二）信息权利与义务的多元性

信息主体的信息权利，既可以体现财产权利，也可以体现精神权利，还可体现为精神权利与财产权利的结合；既可以体现出公民的基本政治权利，也可体现为国家主权。由此可见，信息主体的权利具有广泛性、多元性，同时不同信息主体，如国家、组织和个人对信息客体在不同的关系环节享有不同的权利，相应地也承担不同的义务。

（三）信息法渊源的广泛性

法的渊源，是指法的本源、起源，从形式上讲，是指法的各种具体形式。法律界通常解释为“根据法律效力来源的不同而形成的不同法律类别”①。

在我国，信息法是由一些具有不同效力等级的规范性法律文件所组成，这些法律规范包括宪法、民法、刑法、行政法、经济法以及其他相关法律法规。除此之外，还有国家行政机关公布的有关信息活动的规范性文件、技术规范等。信息法的国际渊源是指我国加入或承认并生效的国际条约及惯例。

（四）内容的技术性和战略性

信息技术在信息活动中扮演着重要角色，各国在制定信息法规时，都非常重视将重要的技术规范确认为法律规范，如为防止计算机犯罪，“防火墙”“半导体芯片”“域名”等具有明显高技术特征的专业名词普遍出现在各国制定的法律中。因此，信息法实际上是法律规范和技术规范有机结合的产物，旨在调整信息活动中人与信息技术应用的关系。

与此同时，信息化日益发展成为关系一个国家政治、经济和军事实力的象征和标志，因而当今世界各国都将信息技术和产业的发展作为国家的战略目标和方针。

---

① 余能斌，马骏驹. 现代民法学[M]. 武汉：武汉大学出版社，1995.

（五）计算机、互联网成为信息立法整治的重点

网络时代的到来使人类的生活方式、思维方式等发生了重大改变，随之而来的计算机和网络犯罪带来了更为严重的社会危害性，而且有愈演愈烈的态势。自20世纪90年代以来，世界各国纷纷开始了加强计算机和网络立法。在网络安全、网络信息服务与管理、网络知识产权保护、电子商务、个人信息保护等方面，全方位地推进和加强网络立法，完善网络安全法律体系，这是网络法治化建设的时代需求，也是网络化社会发展的必然趋势。

四、信息法的作用

信息社会的健康发展有赖于信息法律作用的充分发挥。信息法的作用是指信息法对信息活动的主体之间形成的社会关系所发生的一种影响，它表明了国家权力的运行和国家意志的实现。信息法的作用可以分为规范作用和社会作用。规范作用是从信息法是调整人类信息行为的社会规范这一角度提出来的，而社会作用是从信息法在社会生活中要实现一种目的的角度来认识的，两者之间的关系为：规范作用是手段，社会作用是目的。

（一）信息法的规范作用

信息法的规范作用，是指通过规范主体的信息活动，产生相应的影响，实现信息法的各项具体目标。具体可分为以下几方面。

1. 指引作用

即信息法对信息活动主体行为的指引作用。在信息社会里，每一个参与信息活动的主体都享有信息权利，同时也承担相应的信息义务。信息法通过规定相关主体的法律义务和法律责任，通过指引进而规范人们的信息活动，强化对信息权利的法律保护。这既是信息法指引作用的具体体现，也是信息法最直接、最基础的目标。

2. 评价作用

即信息法作为尺度和标准对信息活动主体行为的作用。评价信息活动主体的行为，需要有一定的、客观的评价准则。信息法是人类信息活动中一个重要的、普遍的评价准则，即根据信息法来判断主体的某种行为是否合法。与国家信息政策、社会信息道德规范等其他评价准则相比，信息法还具有比较明确、具体的特征。

3. 预测作用

即信息法具有可预测性的特征。人们根据信息法律的规定可以预测主体间将有怎样的行为以及行为的后果如何，从而对自身的行为作出安排。信息法的预测作用为各方当事人的彼此信任和风险处置提供了法律基础。

4. 强制作用

即对违法犯罪者行为的作用。信息法既可以用来制裁、强制、约束信息活动领域的违法犯罪活动，也表现在对于违法犯罪行为的预防，以提升社会成员的安全感。

5. 教育作用

这是对一般人的行为的作用，包括正面教育和反面教育。正面教育指人们的合法行

为以及其法律后果对一般人的行为具有示范作用。反面教育指某些人因违法而受到制裁,也同样对一般人以至受制裁人本人有教育作用。

(二)信息法的社会作用

信息法的社会作用主要体现在维护特定群体的社会关系和社会秩序,大致包括三个方面。

1. 协调和解决信息矛盾

法制作为公共选择的制度安排,需要对处于社会矛盾中的权利主体的利益与社会公众的利益进行协调,以达到制度安排的均衡目标。信息法正是通过规范信息主体的信息活动,使之适度有序,协调和解决各类信息矛盾,兼顾效率与公平。

2. 保护信息主体的信息权利

这是信息法规范的核心内容。由于各类信息主体的各项权利与公民权利、组织权利、社会公共利益和国家安全密切相关,保护信息主体的权利是建立信息社会基本秩序的基础。因此,它是信息法最直接、最基础的目标。一般来说,信息法通过规定相关主体的法律义务和法律责任,来强化对主体信息权利的法律保护。同时,通过信息法的实施,能够产生对国家利益、社会公共利益的积极保护作用。

3. 推动经济与社会的良性循环和协调发展

这是信息法社会作用的最终体现。信息技术和信息经济的发展带来一系列新型的社会矛盾,妨碍经济社会的协调发展。解决这些矛盾,促进经济社会协调发展是信息法体系的价值取向和要求。通过不断完善信息法律体系,规范主体的信息行为,协调和解决信息矛盾,将有利于促进信息产业的进一步发展,维护网络社会和网络经济的健康有序,这些都在整体上体现出信息法对社会经济的良性运行和协调发展的基础作用。

第二节 世界范围内信息立法的发展历程

从世界范围看,信息立法是人类社会发展到商品经济阶段的产物。当信息摆脱自然经济条件下无偿占有、使用和处分的状态,作为独立的商品形态出现时,用法律的手段来保护基于信息商品而获得的权利就成为可能。

一、国外信息立法的形成与发展

国外信息立法的发展主要经历了三个阶段,即以民商法为主的知识产权保护期、以保护公众利益为主的社会公共信息服务立法期和计算机及网络立法期。

(一)以民商法为主的知识产权保护期(17世纪至19世纪早期)

人类早期的知识商品大都体现在工艺、制造等环节,因此,世界上最早的信息立法也就产生在这一领域。在13世纪至14世纪的欧洲,已出现了由封建王室赐予工匠或商人的类似于专利的垄断特权,它为后来知识产权制度的形成打下了基础。

1. 早期信息立法的产生

1623年，英国颁布了《垄断法》，该法被誉为世界上第一部具有现代意义的专利法。该法案颁布前英国的专利授权是通过皇室钦赐的形式实现的，该法案颁布后通过法律的手段授权，这是世界立法史上一次巨大的进步，也是世界信息立法的开端。

2. 知识产权制度初步确立

1710年，英国颁布了《安妮女王法》，这是英国第一部关于版权的法令，也是世界上第一部现代意义的版权法。

1809年，法国制定的《备案商标保护法令》被认为是最早的商标成文法。1875年，法国又颁布了确立全面注册商标保护制度的商标权法。

至此，传统的知识产权制度框架（主要指专利制度、商标制度、版权制度）初步形成。到19世纪末，绝大多数西方资本主义国家都建立了自己的知识产权制度。

综上，这一时期，人类社会信息立法的特点是集中于文学、科技和生产领域，法律保护的主体主要是知识的所有者或创作者。

（二）以保护公众利益为主的社会公共信息服务立法期(19世纪中至20世纪末)

这一时期，伴随着工业革命的进一步发展，人们在满足生存需要的同时，开始有了越来越多的精神需求。首先，劳动生产率的大幅度提高，使人们在劳动之余有了闲暇，转而寻求精神生活的满足。其次，大机器生产使得社会积聚了一定的剩余商品，一批不专门从事物质生产的阶层，即脑力劳动者开始出现。这些脑力劳动者追求真理、追求进步思想，既有信息需求，同时又是信息的主要生产者，他们推动了社会的整体进步。再次，社会中接受教育的人数不断增多，公众的识字率不断提高，社会文化不断普及。最后，新型的机器印刷的出现，使得文献信息的生产速度加快，社会信息总量激增。

以上转变使得整个社会对信息的生产和需求已经不仅仅局限于文学、科技和生产领域，整个社会信息传递的渠道增多，信息交流的广度和深度大大加强，促使信息立法的重心向公共信息服务立法转移。这一时期，公共信息服务立法集中在以下两个方面。

1. 公共图书馆、档案馆、博物馆等社会公共设施的集中立法

早在1537年法国颁布了《蒙特斐利法》，建立呈缴本制度。19世纪初，在普及公共教育思想的影响下，被视为一种教育机构的公共图书馆开始建立，并在此后的几十年间得到了快速发展。政府意识到图书馆在公共教育中的巨大作用，开始通过立法的形式使图书馆事业得到法律保障。1848年，美国马萨诸塞州议会通过了在波士顿市建立公共图书馆的法案，这是世界上第一部公共图书馆法案；1850年，英国议会通过了世界上第一部全国性的《公共图书馆法》，规定每万人的地方设一所图书馆，地方政府应对本地区的成人和儿童提供图书馆服务，经费从房地产税中提取。

近代档案立法始于18世纪末的法国。1794年，法国颁布了《穑月七日档案法令》。该法令规定具有学术和历史价值的档案资料移交图书馆保存，突出体现了集中管理档案的思想。该法令既是法国档案工作的第一部根本法，也是世界上把档案工作作为一项专门事业进行管理的第一部档案法规。

2. 政府信息公开法律制度的建立和发展

随着民主宪政的发展，人民的知情权的意识不断提高。同时，随着社会信息化程度的提高，政府信息巨大的规模及资源价值日益凸显，社会对政府公开信息的要求越来越普遍和迫切。

现代政府信息公开法律制度的典范是美国 1967 年实施的《信息自由法》，它奠定了政府信息"以公开为原则、不公开为例外"的基本原则。

综上，这一时期世界信息立法扩展到图书档案资料等公共知识领域和政府信息领域，立法保护主体由知识的创造者扩展到公众。

(三) 计算机及网络立法期(20 世纪中后期至今)

1969 年，美国国防部建立的一个名为 ARPAnet 的网络，通过四台主机把美国的几个军事及研究机构用计算机主机连接起来，形成最初的计算机网络。1983 年，用于异构网络的 TCP/IP 协议成功推出，促使了 Internet 的诞生，但此时的 Internet 使用一直仅限于研究与学术领域。1991 年，美国商用互联网协会(CIEA)宣布用户可以把它们的 Internet 子网用于任何的商业用途，从而使 Internet 开始走向商业化。截至 2023 年 4 月，全球互联网用户达 51.6 亿，占世界总人口的 64.4%[①]，成为世界上信息资源最丰富的计算机公共网络。

网络的普及使得信息管理与资源的社会利用、信息公开化和商业化以及保密和个人隐私保护等问题日益突出，信息法保护客体的范围从知识扩大到社会信息的各个方面，这都需要新型信息法律加以调整。从 20 世纪中后期开始，世界范围内的计算机与网络信息立法大致经历了以下三个发展阶段。

1. 早期计算机及网络立法

早期的计算机及网络立法主要侧重于保护关键性信息基础设施。1973 年，瑞典颁布的《数据法》是世界上第一部涉及计算机犯罪惩治与防范的法律；1977 年，美国颁布的《联邦计算机系统保护法》，首次将计算机系统纳入法律的保护范围；1987 年，美国制定了《计算机安全法》，这是美国计算机安全的基本法律，目的在于提高联邦计算机系统的安全性和保密性；1996 年，美国通过《1996 年电信法》，这是世界上第一部对网络环境下国家信息基础设施建设较全面规范的一部法律。

2. 互联网知识产权保护

与传统知识产权相比，网络环境下的知识产权呈现新的特征，如内涵扩大、无形性加深、专有性弱化、地域性淡薄等，这些变化给知识产权保护带来严峻挑战。各国普遍开始关注互联网知识产权问题，纷纷对早期著作权、商标权等相关法律进行修订，增加对计算机软件、数据库等新的作品形式的保护，加强对互联网域名注册的管理。为加强国际贸易间的知识产权保护，1994 年知识产权保护的国际标准《与贸易有关的知识产权协议》(即"TRIPS 协议")正式签订。

---

① Meltwaterand We Are Social. 2023 全球数字用户概括报告[EB/OL]. (2023-04-03)[2023-10-04]. http://www.lmtw.com/mzw/content/detail/id/223562/keyword_id/9.

3. 网络安全立法期

为了使互联网所缔造的广袤无垠的网络世界健康、快速地发展，各国政府普遍开始加强互联网安全立法，从维护个人信息安全、电子商务安全、电子政务安全、国家信息安全等方面，构建严密的信息安全立法体系。网络信息安全立法使信息立法的步伐大大加快，从而促进了整个信息法律体系的完善。

总之，信息立法的发展经历了从早期注重对作品、科技、知识创作者及所有者的经济财产的保护，到对公众的受教育权及知情权的保护，以及在信息化和网络环境下对个人信息、商业秘密、国家安全全方位的保护，这一发展历程与人类社会各发展阶段相适应，体现了社会发展对法制建设的客观需求。

二、我国信息立法的发展过程

我国封建社会持续了较长的历史时期，同近代西方国家相比，虽然法治手段相对薄弱，但对信息立法保护的探索开始得更早。早在两宋时期，我国社会文化空前繁荣，理学、文学、史学、艺术以及科学技术领域硕果累累，出现了知识产权立法的萌芽。中华人民共和国成立后，信息立法更是进入快速发展期。

（一）早期知识产权立法

宋代出版业异常繁荣，出现了世界上最早的版权保护现象。如《书林清话》所载南宋绍熙年间（1190—1194 年）刊印的《东都事略》，目录后有长方牌记“眉山程舍人宅刊行，已申上司，不许覆板”。这可以看作世界上最早的由版权所有者发出的版权声明。[①] 我国第一部真正意义上的著作权法是 1910 年由清政府颁布的《大清著作权律》，内容涵盖了版权的概念、作品的范围、作者的权利、取得版权的程序、版权的期限和版权的限制等。

我国第一部保护发明创造的法规是 1898 年清政府颁布的《振兴工艺给奖章程》。辛亥革命后，民国政府于 1912 年颁布的《暂行工艺品奖励章程》具有明显的现代专利法的意义。1944 年，国民党政府颁布了中国历史上第一部专利法。

第一部商标法规是 1902 年清政府颁布的《商标注册试办章程》。

（二）中华人民共和国信息立法

中华人民共和国成立后，更确切地说是从 20 世纪 80 年代改革开放开始，中国才真正步入信息法制建设的发展轨道。

1. 建立健全知识产权立法（20 世纪 80 年代）

从 1980 年到 1989 年的十年时间里，我国在知识产权建设方面取得了丰硕成果，建立起了比较完善的知识产权保护体系，走过了一些发达国家上百年才能完成的立法过程。主要表现为：

1983 年实施《中华人民共和国商标法》（以下简称“《商标法》”）。

1985 年实施《中华人民共和国专利法》（以下简称“《专利法》”）。

---

① 冯念华.宋代版权保护研究[D].天津：南开大学，2005.

1987 年实施的《中华人民共和国民法通则》(以下简称"《民法通则》")中，知识产权作为一个整体首次在中国的民事基本法中得以明确，即首次明确公民和法人享有知识产权。

1991 年实施《中华人民共和国著作权法》(以下简称"《著作权法》")。

可以说，在 20 世纪 80 年代，我国建成了知识产权法律制度的基本框架。

1980 年，我国正式成为世界知识产权组织第 90 个成员国。至今，我国相继加入《保护工业产权巴黎公约》(以下简称"《巴黎公约》")、《商标国际注册马德里协定》(以下简称"《马德里协定》")、《保护文学和艺术作品伯尔尼公约》(以下简称"《伯尔尼公约》")等一系列知识产权保护国际公约。

2. 保密和保护为主的信息立法期(20 世纪 80 年代末至 90 年代)

改革开放一方面带动了我国社会的快速恢复和高速发展，但另一方面也带来了现实的和潜在的泄密风险，这一时期国家信息立法的重点集中在保密与安全上。

1982 年修订的《中华人民共和国宪法》(以下简称"《宪法》")提出了"国家秘密"的概念，为 1987 年颁布的《中华人民共和国档案法》(以下简称"《档案法》")、1988 年通过的《中华人民共和国保守国家秘密法》(以下简称"《保密法》")、1993 年通过的《中华人民共和国国家安全法》(2014 年更名为《中华人民共和国反间谍法》)提供了立法依据。1986 年颁布的《中华人民共和国邮政法》(以下简称"《邮政法》")明确了通信自由和通信秘密的法律保护；1993 年通过的《中华人民共和国反不正当竞争法》(以下简称"《反不正当竞争法》")明确提出商业秘密的保护等。

3. 计算机网络立法期(20 世纪 90 年代末)

20 世纪 90 年代，在世界互联网大潮的冲击下，我国信息立法的重点集中在信息安全和网络规范领域。如 1994 年，国务院发布《中华人民共和国计算机信息系统安全保护条例》，这是我国有关网络安全管理的第一部法规；1997 年，刑法中首次加入有关计算机犯罪的条款；1997 年，公安部发布《计算机信息网络国际联网安全保护管理办法》，首次规定禁止利用国际联网制作、复制、查阅和传播九种违法信息；2000 年，全国人大常委会发布《全国人民代表大会常务委员会关于维护互联网安全的决定》，它在很长一段时间内是我国法律效力最高的网络安全立法文件；2000 年，国务院发布的《中华人民共和国电信条例》和《互联网信息服务管理办法》亦是这一阶段比较重要的两项规范。

4. 信息化安全保障立法阶段(21 世纪初至今)

2004 年，《中华人民共和国电子签名法》(以下简称"《电子签名法》")出台，成为我国第一部真正意义上的信息化立法。此后，我国陆续出台了《中华人民共和国政府信息公开条例》(以下简称"《政府信息公开条例》")、《中华人民共和国网络安全法》(以下简称"《网络安全法》")、《中华人民共和国密码法》(以下简称"《密码法》")、《中华人民共和国个人信息保护法》(以下简称"《个人信息保护法》")等重要的国家法律、法规，立法聚焦在网络空间安全等，为国家信息化的深度发展保驾护航。

第三节 信息法的地位及其体系结构

在信息活动中产生的社会关系是信息法独特的调整对象。目前，虽然我国还没有一部基于部门法地位的信息基本法，但是信息活动的广泛性和复杂性决定了信息法必然具有庞大的构成体系，且在国家法律体系中占有非常重要的地位。

一、信息法的地位

信息法的地位，通常指信息法在国家法律体系中的地位，即在法律体系中有没有信息法独立存在的位置。

(一) 法律体系

法律体系，是指由一国现行的全部法律规范，按照不同的法律部门分类组合而形成的一个呈体系化的有机联系的统一整体。法律部门，又称部门法，是根据一定标准、原则所制定的同类规范的总称。因此，法律体系又称为部门法体系。

1. 法律部门

我国现行的法律体系由七大法律部门构成，即宪法及宪法相关法、民法商法、行政法、经济法、社会法、刑法、诉讼与非诉讼程序法。

2. 法律形式

在我国，由于制定规范性文件的国家机关不同，文件的名称和效力也不同。总的来说，在同级国家机关之间，权力机关制定的要高于其他国家机关；在上下级国家机关之间，上级机关制定的要高于下级机关制定的文件。按照国家机关权限和效力的不同，一般可以把法律规范文件分为三类：第一类是宪法；第二类是法律；第三类是从属于宪法和法律的其他规范性文件。具体包括：

(1) 宪法。宪法是具有最高法律效力的规范性文件。宪法作为国家根本法，规定了国家法律的基本宗旨和目标，为具体法律的制定提供了依据。

(2) 法律。法律可以分为两类，一类是基本法律，另一类是基本法律之外的法律。基本法律是由全国人民代表大会制定的，基本法律之外的法律是由全国人民代表大会常务委员会制定。它们的效力仅次于宪法。

(3) 行政法规。行政法规是国务院根据宪法和法律规定制定的规范性文件，其效力仅次于宪法和法律。国务院制定的行政法规必须有全国人民代表大会及其常务委员会授权。

(4) 部门规章。部门规章是国务院各部委根据法律和国务院的决定，在本部门的权限内发布的规范性的命令、指示。

(5) 地方性法规。《中华人民共和国立法法》(以下简称"《立法法》")规定："省、自治区、直辖市的人民代表大会及其常务委员会根据其行政区域的具体情况和实际需要，在不同宪法、法律、行政法规相抵触的前提下，可以制定地方性法规。”

(6) 地方规章。地方规章是指由省、自治区、直辖市和较大的市的人民政府根据法律和法规，并按照规定的程序所制定的普遍适用于本行政区域的规定、办法、细则、规则等规范性文件的总称。

(7) 国际条约。国家及其他国际法主体间所缔结的以国际法为基础，确定其相互关系中的权利和义务的一种国际书面协议。

3. 法律位阶

国家法律体系是由数量庞大的法律法规所构成的纵横交错的整体，其突出特征是内在结构和内容的协调统一。这种统一性要求各大法律部门在横向上相互衔接，各种法律渊源在纵向上保持协调，而这种协调需要通过等级的方式，即法律位阶加以体现。

所谓法律位阶，是指一国法律体系内不同等级的法律文件的效力层级，即每一部法律规范性文件在法律体系中的纵向等级。处在上位阶的法律称为上位法，处在下位阶的法律称为下位法。在我国，按照宪法和立法法规定的立法体制，法律效力位阶共分六级，从高到低依次是：宪法、基本法、普通法、行政法规、地方性法规和行政规章(见表 1－1)。

表 1－1　我国法律形式和效力层级

法律形式	制定机关	效力
宪法	全国人民代表大会	最高
基本法	全国人民代表大会	仅次于宪法
普通法	全国人民代表大会常务委员会	
行政法规	国务院	低于宪法和法律
地方性法规 自治条例 单行条例	省、自治区、直辖市及省、自治区人民政府所在地的市和经国务院批准的较大的市的人民代表大会及其常务委员会	只在本辖区内有效，效力低于法律和行政法规
部门规章 地方规章	国务院各部、委	低于法律和行政法规
	省、自治区、直辖市及省、自治区人民政府所在地的市和经国务院批准的较大的市人民政府	低于法律和行政法规，低于同级或上级地方性法规
国际条约	国家缔结的协议	具有法律效力

认定法的效力层级一般应遵循四方面原则：

第一，宪法至上。宪法是一国的根本大法，在法律体系中的地位至高无上，一切法律、行政法规、地方性法规、自治条例和单行条例、规章都不得与宪法相抵触。

第二，上位法优于下位法。这是法律效力层级所遵循的一般原则。法的效力层级主要受立法主体地位的影响。一般来说，立法主体在国家机构中的地位越高，法的效力就越高。因此，一旦下位法的规定与上位法发生冲突时，应当适用上位法。

第三，新法优于旧法。也称"后法优于前法"，指同一机关制定的法律、法规以及规章，新的规定与旧的规定不一致的，适用新的规定。

第四，特别法优于一般法。指同一机关制定的法律、法规以及规章，特别规定与一般规定不一致的，适用特别规定。

（二）关于信息法的部门法地位的讨论

由上可知，目前我国七大法律部门中还不包括信息法。我国法学界对于信息法是否应该或是否能够作为一个独立的法律部门，尚存在较大的争议。概括起来有以下两类观点：

1. 信息法应成为一个独立的法律部门

这类观点认为：现代社会信息技术迅猛发展，信息活动领域日益扩大，信息活动中产生的各种社会关系成为信息法特定的调整对象，这是信息法作为一个独立的部门法而存在于法律体系中最主要的根据；同时，对部门法的划分应随着法律的发展和人们认识水平的提高而作相应的调整和改变。从信息法的兴起到现阶段的发展过程看，信息立法带有历史的必然性，具有社会发展的时代特征。因此，信息法成为独立的法律部门是信息社会发展的必然结果。

2. 信息法不应成为一个独立的法律部门

这类观点认为：信息法律关系隐含于其他社会关系之中，因此信息法的"规范和调整活动，原则上可以分解至已有的法律部门中，将其类聚为与其他部门法相并列的信息法律部门似乎没有必要，也不现实。例如，可以将信息技术应用过程中发生的社会关系和矛盾纳入科技法的范畴"①。

信息法有特定的调整对象，就是人类信息活动领域的社会关系。但人类信息活动具有普遍性的特点，与其他的人类活动关系非常密切。现行众多的信息法律规范散见于其他各类法律法规中，涉及面极广，其部门法体系结构将过于庞大，难以维持法律体系的适当平衡原则。

人类社会刚刚进入信息时代，人们对信息、信息活动尚缺乏全面的认识，对信息法理论的研究和认识尚不成熟，如在信息法律规范是否有共同的调整对象、调整方法，以及调整对象和调整方法究竟是什么等基本认识上还不清晰，没有达成共识，信息法制的实践环节也尚不完善。

二、信息法的体系结构

信息法的体系结构是指由各个子系统的法律规范的分类组合所形成的一个内在和谐统一的信息法整体。这是一个关系到信息法律框架建立和完善的重要课题。我国的信息

① 赵正群. 信息法概论[M]. 天津：南开大学出版社，2007：23.

立法起步较晚，在许多领域存在立法空白，已有的信息法律规范长期处于凌乱、无纲领性状态。因此，我国信息立法的任务还相当繁重。当前，我国信息立法的首要任务就是要对信息法律体系作出系统分析，明确它所应包含的各项法律制度，并由此形成信息法的大体框架，以便有计划、有步骤地建立和完善我国的信息法律体系。

(一) 信息法体系设计的基本原则

信息法体系设计的基本原则是我国信息法律制度建设的总体准则，是一个国家法律体系构建基本原则在信息活动领域的具体表现。它的指导思想应贯穿于整个信息立法活动的始终，是立法主体据以进行立法活动的重要准绳，以使立法活动的形式和结果不致偏离立法者所希望的目标和结果，达到预期的立法目的。

1. 效益原则

效益原则源于成本-收益分析这一经济学基本原则。信息立法应充分考虑如何通过法律手段来降低成本、提高效益、建立激励机制，不能仅仅为立法而立法，致使信息立法的成本超过了其实施所获得的收益。因此，效益原则既是目的性原则，也是评价性原则。

2. 科学性原则

所谓科学性，指信息立法应该正确地反映和体现客观规律。它要求立法者在立法时，从一国现实的国情出发，遵循客观事物的内在规律性，不能随意地任性地立法，不能主观臆测。正如马克思曾经指出的那样："立法者应当把自己看作一个自然科学家，他不是在制造法律，不是在发明法律，而仅仅是在表述法律。他把精神关系的内在规律表现在有意识的现行法律之中。"

3. 吸收借鉴原则

信息立法过程中，既要有正确理论的指导，也需要对古今中外有益经验的吸收和借鉴；既要吸收信息立法方面的直接经验，也应吸收其他立法以及其他方面实践的经验。

4. 统一协调原则

在进行信息法体系结构设计时，应注意多方面的协调和统一，包括信息立法与社会信息化发展相协调、信息法与其他法律部门的协调、国家信息法体系内部的一致性以及对各方面利益的协调。

5. 稳定与发展原则

信息立法必须保持一定的稳定性和连续性，尽可能地避免对该制度进行频繁的修改和破坏，否则会损害法律法规的严肃性和权威性。因此，在立法技术上既要注意法律规定的准确性和可操作性，又要留有发展的余地。

(二) 信息法体系的具体构成

信息法是围绕信息客体建立起来的法律体系，由于信息能承载财产、人格、国家安全、参政监督等不同性质的利益，而且信息管理和安全保护也存在一些特殊的规则和制度，在信息社会这一大背景下，信息法比以往的土地法和动产法要复杂得多。

从信息所承载的各种性质的利益出发，可将信息法体系划分为知识产权法律制度、信息保护法律制度、社会公共信息服务法律制度和信息安全保障法律制度。

1. 知识产权法律制度

知识产权法律制度是关于人类智力成果所有者对静态的各种财产性知识产品的所有权问题的基本法律制度,包括著作权法、专利法和商标法以及网络环境下新型知识产权问题,如计算机软件、数据库、网络域名等的法律保护问题等。《中华人民共和国民法典》(以下简称"《民法典》")和 TRIPS 协议均将"商业秘密"纳入知识产权客体予以保护,但由于商业秘密的特殊属性,更适于将其纳入信息保护法律制度范畴。

2. 信息保护法律制度

信息保护法律制度是以保护特定主体的信息权益为主要目的的基本法律制度,主要保护体现人格尊严的个人信息、体现企业权利的商业秘密和体现国家利益的国家秘密信息。它主要包括个人信息保护法、商业秘密法和保密法等法律法规。

3. 社会公共信息服务法律制度

社会公共信息是与私人领域信息相对的概念。社会公共信息服务法律制度是以保障公众知情权和知识获取权为主要目的的基本法律制度,包括政府信息公开法、公共图书馆法、档案法、网络信息服务管理办法以及文博、新闻出版、统计等方面的法律法规。

4. 信息安全保障法律制度

信息安全保障法律制度是调整国家、组织以及个人之间在维护信息安全活动中所形成的社会关系的基本法律制度,其制度建设的目的是提高信息安全防护能力,有效防范和惩治各种信息违法行为、创建安全的网络环境。信息安全保障法律制度主要涉及国家关键信息基础设施、特殊信息化领域,如电子政务和电子商务、电子签名、病毒防范等方面的法律法规。

随着信息产业和信息市场以及网络技术的发展,在以上信息领域的立法会更多,也更加复杂,其体系结构的划分标准和范围也有待于进一步加以研究和论证。在相当长的一个时期内,信息法体系结构将随着社会信息化程度的不断提高而持续动态调整,持续推进体系化建设,逐步完善。

本章参考文献

[1] 朱庆华,颜祥森,袁勤俭. 信息法教程(第三版)[M]. 北京:高等教育出版社,2017.
[2] 齐爱民. 中国信息立法研究[M]. 武汉:武汉大学出版社,2009.
[3] 黄瑞华. 信息法[M]. 北京:电子工业出版社,2004.
[4] 周庆山. 信息法[M]. 北京:中国人民大学出版社,2003.
[5] 马海群. 信息法学[M]. 北京:科学出版社,2002.
[6] 齐爱民. 论信息法的地位与体系[J]. 华中科技大学学报(社会科学版),2006(1):39-44.
[7] 查先进. 信息化浪潮下国家信息法的部门法地位[J]. 中国图书馆学报,2003(5):27-30.
[8] 刘胜题. 信息法律关系的概念与要素[J]. 上海理工大学学报(社会科学版),2004(3):17-19.

第二编 知识产权法律制度

《宪法》第二十条：国家发展自然科学和社会科学事业，普及科学和技术知识，奖励科学研究成果和技术发明创造。

《宪法》第四十七条：中华人民共和国公民有进行科学研究、文学艺术创作和其他文化活动的自由。国家对于从事教育、科学、技术、文学、艺术和其他文化事业的公民有益于人民的创造性工作，给予奖励和帮助。

知识产权法律制度保护人类的创新性智力成果。智力创造活动具有随机性、突发性、不可预测性的特点，是高风险、高投入的过程。而创新性智力成果本质上属于一种信息，具有使用上的共享性，可以被多人同时使用或被多人反复使用，即消费上无对抗性、无排他性的产品，因而在经济学上被称为“公共产品”。如果这些成果被不加限制地利用，将导致创新者无法通过创新活动获取利益，甚至都难以收回其在创新过程中投入的高额成本，那么，也就不会有人去从事创新活动。因此，通过法律为创新性智力成果设定财产权，就成为人类社会中一种无可回避的选择。知识产权制度通过有效保障创新者自身利益的机制，激励人们从事智力创造，生产出更多的创新性智力成果，从而为社会创造更多财富。

第二章　知识产权法律制度概述

从总体上讲，知识产权是一种新型的财产形态，它的出现是商品经济和科学技术融合发展的结果。商品经济的发展，使知识产品的生产者对其知识产品的权利意识增强，也为知识产品的市场流通开辟了广阔的空间。科学技术的发展则为知识产品的生产、利用及价值实现提供了必要条件。当社会生产力发展到一定阶段后，知识产权就在法律中作为一种财产权横空出世。

第一节　知识产权制度的演进

知识产权制度在世界上有着悠久的历史，可以说，人类社会的发展史，同时也是人类社会的发明史。早期的人类已经懂得通过发明改善生活，也正是这种发明促使知识产权制度在全球从萌芽走向勃兴。世界范围内，知识产权制度的发展大体经过了萌芽期、初创期、进一步完善期和国际化发展期四个阶段。

一、萌芽期（13 世纪至 16 世纪）

人类早期的知识商品大都体现在工艺、制造等环节，世界上最早的信息立法也就产生在这些领域。在 13 世纪至 14 世纪的欧洲，已出现了由封建王室赐予工匠或商人的类似于专利的垄断特权，如 10 世纪，雅典政府授予一名厨师独占使用其烹饪方法的特权；1236 年，英格兰国王亨利三世授予波尔多一名市民制作各色布匹的垄断权，期限为 15 年；英格兰国王爱德华三世分别于 1331 年和 1367 年，授予约翰·肯普经营纺织、漂染等技术的垄断权和两名钟表工匠的经营特权，这为后来知识产权制度的形成打下了基础。当然，这种由王室授予发明人特权的做法，不同于现代专利的申请授权制度，它并不实际授予发明人进行某种活动的独占权，其目的仅是使接受者免受封建行会章程的限制，充其量是当权者的恩赐。

二、初创期（17 世纪至 18 世纪早期）

这一时期，欧洲因工商业逐渐繁荣而成为世界经济的中心，同时也成为世界上最早的信息立法的诞生地。

（一）专利法的出现

世界上第一个建立专利制度的国家是威尼斯共和国，而真正具有现代意义的专利法典则诞生于英国。

1.《威尼斯专利法》

1474 年,威尼斯共和国颁布了世界上第一部专利法——《威尼斯专利法》。该法规定:任何人在本城市制造了前所未有的、新而精巧的机械装置者,一俟改进趋于完善至能够使用,即应向市政机关登记;本城其他任何人在 10 年内未经许可,不得制造与该装置相同或相似的产品,如有制造者,上述发明人有权在本城任何机关告发,该机关可令侵权者赔偿一百金币,并将该装置立即销毁。

以上规定明确显示了专利保护的基本特征:① 保护对象——仅限于机械装置;② 授予专利的实质条件——新颖性、实用性;③ 授予专利权的形式条件——登记取得,且登记是强制性的;④ 专利权内容限定——“制造”;⑤ 专利权时间限制;⑥ 对侵犯专利权的行为课以损害赔偿责任与销毁侵权产品的法律后果。

显然,这部专利法已具有现代专利制度的某些特征和要素,发明的财产价值得到认可,且成功地在授予发明人专利权与发明人向社会公开发明技术方面建立了对价关系,对后世专利制度的建立功不可没。但该法的创设目标,是政府当局为解决市政建设问题而网罗民间的技术秘密,因而,其保护对象单一,内涵相当简单和粗糙,带有浓厚的封建特权色彩,与现代专利制度不可同日而言。

2. 英国《垄断法》

16 世纪中后期,英国工商业发展迅速,致使专利特许权数量增多,特别是在伊丽莎白一世女王统治的后期和詹姆斯一世继位初期,原本为促进技术开发的特许权被滥用,成为权贵巧取豪夺的工具,严重破坏了市场的竞争秩序,导致民怨沸腾。

17 世纪初,工商业主、商业团体与封建权贵围绕王室特许权的定义、范围与效力等问题开展了激烈交锋。迫于议会及舆论压力,伊丽莎白一世女王宣布改变滥发垄断专利的做法,允许专利效力接受法院审查。1603 年发生的“达西案”,给法院提供了审查女王专利特许权的契机。

典型案例

达 西 案

1598 年,英国伊丽莎白一世女王为原告达西颁发了进口、制造、销售扑克牌的专利特许权。1603 年伦敦商人艾伦因制造和销售该扑克牌,被达西以侵犯其专利权为由诉至法院。这本是一个普通的侵权诉讼案,但该案审理过程中由于一些著名法学家参与经历了三次辩论,因此为英国社会对专利垄断、王室特权的合理性提供了一次全方位审查的机会。在案件审理过程中,被告代理人提出:只有针对那些通过自己的经营活动或发明创造,向国内引入有利于公共利益的新产业,或者有利于产业发展的新动力机械者,国王授予的垄断特权才是正当的,否则,任何垄断都不合法。这一论断被该案法官采纳,迫使伊丽莎白一世女王取消了达西专利,此后更是成为判断垄断专利合法性的法律原则。法院判决指出,对不是新发明的已有物品授予垄断特权,违反了普通法。

迫于压力，1610 年，英王詹姆斯一世宣布废除先前授予的所有专利的效力，1623 年，英国颁布了《垄断法》。

《垄断法》明确了限制君主权力干涉、保护私权的理念，提出了“一切垄断都为非法”这一反垄断的基本原则。该法将其保护对象锁定于新产品以及制造新产品的方法上，授予发明人在本国独占实施或者制作相应产品的特权，规定了对专利技术给予保护的有效期限为 14 年等。《垄断法》所体现出的对技术合法垄断、有限保护等原则被诸多国家专利法承袭沿用，且规定专利不得抬高物价、破坏贸易，亦符合现代专利法中专利权人与社会公共利益之间利益平衡的原则。因此，英国《垄断法》被称为现代专利法的鼻祖，标志着现代专利制度的开端。

继英国后，美国于 1790 年、法国于 1791 年、荷兰于 1817 年、德国于 1877 年、日本于 1885 年先后颁布了本国的专利法。

(二) 版权法的诞生

15 世纪中叶，印刷出版业在欧洲是一项新兴行业。围绕着印刷出版，两大利益主体达成共识：一是统治者应对新思潮的冲击，需要加强对印刷出版的控制；二是印刷出版商为避免擅自翻印者的竞争，希望得到出版印刷某些图书的垄断权。在此背景下，英国等国开始实行由王室向印刷出版商颁发图书专印许可证的制度。英国资产阶级革命后，王权统治崩溃，图书专印许可证制度也于 17 世纪末终止，其结果致使非法翻印图书的行为迅速蔓延。由于印刷出版商不断向议会寻求法律保护，建立新的保护制度成为亟待解决的问题，1710 年 4 月 10 日议会最终通过《安妮女王法》。

该法规定：作者享有为期 21 年的印制该图书的专有权利；对于已经完成但未印制出版的图书，作者享有为期 14 年的印制其图书的专有权利；14 年保护期期满后，作者如果仍在世，该保护期可再延长 14 年；取得作者授权的人，包括书商和印刷商，都可享有此项权利，未经权利所有者的许可而印制或销售其图书便构成侵权。

《安妮女王法》是英国第一部关于版权的法令，也是世界上第一部现代意义的版权法。该法在历史上第一次从法律上确认了作者对于自己作品的印刷出版的支配权，使版权不再是由王室赐予的特权。该法关于保护主体、权利期限、登记注册和缴纳样本制度以及侵权惩罚等方面的规定，确立了现代版权立法的基本模式，影响和启发了后来的版权立法。

三、进一步完善期(18 世纪至 19 世纪末)

这一时期，知识产权制度在世界各国普遍实行并不断丰富和完善，逐步形成了英美法系的版权制度和大陆法系的著作权制度。

(一) 版权保护制度的新发展

《安妮女王法》颁布后，欧美各国也相继颁布了版权法。其中美国版权法在理论和实践上都与英国的传统一脉相承。例如在 1783 年至 1786 年美国有 12 个州通过的版权法均是以《安妮女王法》为基础的，1790 年 5 月 31 日，美国国会通过的第一个联邦版权法，依然遵从着英国的先例。

与英美法系强调版权的作者财产权利且兼顾出版者利益不同，大陆法系著作权制度更强调作者的精神权利。18 世纪，法国在大革命期间废除了原有的各种特许权，包括出版者的特许权后，在新的著作权制度中突出了作者和作者的权利，如 18 世纪末颁布的《表演权法》和《作者权法》，更强调对作者专有权的保护。在同一时期的德国，以康德为代表的学者提出：作品不仅能给作者带来经济利益，而且反映了作者的人格，是作者精神的外延的观点，直接导致了作者精神权利的产生和发展。因此，大陆法系的著作权制度超越了对财产权利的保护，把版权保护制度推向了一个新的发展阶段。

（二）商标法的出现

13 世纪时，欧洲已出现了具有现代商标内涵的标记。当时，欧洲大陆盛行各种行会，并要求在商品上打上行会认可的标记，从而起到区分生产者的作用。世界上最早的商标是 1262 年意大利人在他们制造的纸张上采用水纹作为产品标志。

第一次商标侵权纠纷出现在英国。该案件发生在 1618 年，由一个布商假冒另一布商的标志而引起。经法院判决，对商品提供者专用标识实施保护。但此后英国长期停滞在以判例保护商标的方式上，未形成进一步的立法。世界上建立商标制度最早的国家是法国，1804 年法国颁布的《拿破仑民法典》第一次肯定了商标权应与其他财产权同样受到保护。1809 年，法国颁布了《备案商标保护法令》，该法令再次申明了商标权与其他有形财产权具有相同的地位，这是世界上最早的保护商标权的成文法。此后，英国于 1862 年、美国于 1870 年、德国于 1874 年先后颁布了注册商标法。

到 19 世纪末，绝大多数西方资本主义国家都建立了自己的知识产权制度（主要指专利制度、商标制度、版权制度）。

四、国际化发展期（19 世纪末至今）

知识产权具有地域性的特点。这一特点成为垄断资本家扩张国际市场、在世界范围攫取更大利润的制约条件。19 世纪中期以后，一些国家开始谋求知识产权国际保护，开拓知识产权国际化道路。

（一）知识产权国际保护框架初步形成

在 1883 年之前，知识产权的国际保护主要是通过双边国际条约的缔结来实现，但各国知识产权制度整体上处于“各自为政”“各行其是”的状态。1883 年，《巴黎公约》问世，标志着世界知识产权制度逐步向国际化、现代化的特点转变。随着《伯尔尼公约》《马德里协定》《成立世界知识产权组织公约》（以下简称“WIPO 公约”）等相继缔结，在一个世纪左右的时间里，这些多边国际条约构成了知识产权领域国际保护制度的基本法律框架，在协调各国知识产权制度差异，减少国际交往中的知识产权纠纷方面发挥了重要作用。

（二）当代知识产权保护国际标准的建立

1994 年，世界贸易组织缔结一项多边贸易协定，即《与贸易有关的知识产权协定》（TRIPS 协议），该贸易协议明确“知识产权”包括著作权与邻接权、商标权、地理标志权、工业品外观设计权、专利权、集成电路布线图设计权和未披露的信息专有权七项内容。它是迄今为止对各国知识产权法律和制度影响最大的国际条约，是当代知识产权保护的国际标准。

知识产权国际公约、条约的制定，使得知识产权保护对象逐步增多，知识产权的种类也有所增加。在对各国知识产权制度的建立和完善起到重要推动作用的同时，这些国际公约、条约本身又是知识产权法律制度的重要组成部分，也使知识产权制度逐步在世界范围设立和扩展开来。

第二节　知识产权概述

知识产权，其原意为“知识(财产)所有权”或者“智慧(财产)所有权”，也称为智力成果权。民法理论将其列为物权、债权之外的第三种权利。据考证，“知识产权”这一术语最早产生于17世纪中叶，由法国学者卡普佐夫提出，后来比利时著名法学家皮卡第将知识产权的含义发展为“一切来自知识活动的权利”。1967年WIPO公约签订以后，知识产权开始成为国际社会普遍接受的通用概念。我国于1987年施行的《民法通则》中正式使用“知识产权”一词。(注:《民法通则》已于2021年1月1日废止)

一、知识产权定义及范围

知识产权是指人们就其创造性智力劳动成果所依法享有的专有权利，通常是国家赋予创造者对其智力成果在一定时期内享有的专有权或独占权。

知识产权涉及经济、管理、科技和法律等不同领域，类型复杂，认识各异。目前，法律界对知识产权也尚无定论。WIPO公约签订之前，人们基本从狭义的角度理解知识产权，认为知识产权包括著作权、专利权和商标权。随着社会的发展，人们开始从广义的角度认识知识产权。WIPO公约和TRIPS协议虽然并没有对知识产权的概念作出界定，但两者均以列举加概括的方式确立了更为广泛的知识产权范围(表2-1)。

表2-1　知识产权范围

序号	WIPO公约	TRIPS协议
1	与文学、艺术和科学作品有关的权利	著作权(含邻接权)
2	与表演艺术家的表演活动、与录音制品和广播有关的权利	地理标志权
3	与商品商标、服务商标、商号及其他商业标记有关的权利	商标权
4	与工业品外观设计有关的权利	工业品外观设计权

续 表

序号	WIPO 公约	TRIPS 协议
5	与人类的创造性活动在一切领域内的发明有关的权利	专利权
6	与科学发现有关的权利	集成电路布图设计(拓扑图)权
7	与防止不正当竞争有关的权利	未披露过的信息专有权

我国是 WIPO 公约的成员国。我国在 1987 年施行的《民法通则》在“知识产权”一节中明文规定了著作权、专利权、商标权、发现权、发明权以及其他科技成果权等,采用的也是一个较为广义的知识产权概念。

因此,从社会发展进程来看,知识产权的范围不是一成不变的,它会随着社会经济及国际交往的发展不断扩展。

二、知识产权的特征

知识产权保护人类创造性智力成果,其具有四个主要法律特征:专有性、地域性、时限性和财产权与人身权的统一性。

(一) 专有性

又称独占性、垄断性、排他性等,是指产权所有人对其智力成果享有独占的、排他的权利。专有性是所有权的共同特点。有形物的占有是天然排他的,因而法律对有形物的排他性支配权的保护相对容易,只要保护其占有状态即可。而信息具有共享性,对信息占有上的排他是非常困难的。因此,如果法律要保护权利人对信息的排他性支配权,仅保护权利人的占有状态是不够的,还需强制排除任何未经许可的对信息的占有和使用。知识产权的专有性具有以下两个特征。

1. 对同一项智力成果,不允许有两个以上同一属性的权利并存

对有形物而言,相同的物的不同个体,可以有不同的所有权人,每个所有权人通过排他支配、控制该物体而获得自身利益。而对同一项智力成果,不论其是否被多人反复发明或创作,也不论其可以复制成多少份,该成果上的利益只能由法律认可的特定主体专有,即非权利人可以掌握该成果,但不能享有该成果的所生利益。同时,非权利人对该成果的掌握,并不导致权利人丧失该成果及该成果所生利益。可以说,有形物通过“客体排他”实现“权利专有”,而知识产权则是“客体共有,权利排他”。①

2. 主要表现为排斥非权利人对智力成果的非法仿制、假冒或剽窃

如上所述,对有形物的专有权主要表现为排斥非权利人对该物的非法侵占、使用妨害或毁损,而智力成果从共享性出发,并不排斥非权利人对该成果的获取,而是排斥未经许

① 郑成思,朱谢群.信息与知识产权[J].西南科技大学学报,2006(1):5.

可的仿制、假冒或剽窃等获取利益的行为。

（二）地域性

地域性是指知识产权只在一定的地域或空间内有效。知识产权保护的客体具有共享性，而各国知识产权法律制度相互独立，因而同一智力成果，在同一时间，基于不同国家、地区的各自立法会设定不同内容或不同类别的知识产权。需要说明的是，知识产权的地域性特征不能混同于法律的地域效力。各国的物权法也有相应的地域效力，但任何有形物都不具有共享性，因而物权并不受地域和空间的局限。

当然，随着经济的全球化和知识产权制度的国际化，知识产权发生域外效力已经成为可能，特别是一系列国际条约的签订，也使得知识产权的立法日益呈现出一体化的趋势。

（三）时限性

知识产权是一种有时间期限的权利，这种期限是通过法律硬性规定的。有形物的财产权利是以有形物的存在为前提的，有形物的灭失必然导致其权利人权利的丧失。因此，有形物的财产权无须法律作出特殊规定。而知识产权的客体是无形的智力成果，具有非损耗性和永续性的特征。如果允许权利人对其成果无限期地独占，势必对人类的知识传播和技术发展带来不利影响，因此知识产权法硬性规定了知识产权的存续期限。一项知识产权在法律规定的保护期届满或权利人放弃权利后消失，该成果从此进入公有领域，任何人均可无偿使用。

（四）财产权与人身权的统一性

知识产权具有财产权和人身权的双重属性，即在理论上所称的“两权一体性”，这使得知识产权得以脱离民事权利中的人身权利或财产权利而成为一种独立的民事权利类型，并与其他民事权利相区别。

知识产权的“两权一体性”来源于知识产品的人格与财产的融合性。一方面，智力成果的诞生是人脑高级思维的结果，与特定主体密切相关，任何人都无法替代。因而，人身权利方面的内容在一些国家知识产权中处于相对重要的地位。另一方面，智力成果具有商品属性，可以作为商品进行交换，且能产生巨大的经济效益。因此，绝大多数国家法律都承认知识产权是一种财产权。

在我国，财产权和人身权的统一性在著作权中表现得最为明显，专利权次之，而商标权的人格权属性一般不甚明显。

三、我国知识产权法律制度的体系构成

知识产权法是指因调整知识产权的归属、行使、管理和保护等活动中产生的社会关系的法律规范的总称。知识产权法的综合性和技术性特征十分明显，在知识产权法中，既有私法规范，也有公法规范；既有实体法规范，也有程序法规范。知识产权法不是一部单行的法律，而是由众多的相关法律法规共同构成，除宪法、民法典、刑法中的相关规定外，还包括法律、行政法规和规章、司法解释以及国际条约。

(一) 宪法、刑法和民法典中的相关规定

1. 宪法相关规定

宪法是国家的根本大法,是各级法律法规的立法依据。我国《宪法》第二十条规定:“国家发展自然科学和社会科学事业,普及科学和技术知识,奖励科学研究和技术发明创造。”第四十七条规定:“中华人民共和国公民有进行科学研究、文学艺术创作和其他文化活动的自由。国家对于从事教育、科学、技术、文学、艺术和其他文化事业的公民有益于人民的创造性工作,给予奖励和帮助。”

2. 刑法相关规定

刑法是我国现行的知识产权司法保护的重要一环。“侵犯知识产权罪”作为一个独立的犯罪类别,规定于“破坏社会主义市场经济秩序罪”中,以刑法基本法的形式规定了对于此类犯罪的惩罚。

3. 民法相关规定

从法律部门的归属上讲,知识产权法属于民法,是民法的特别法。民法的基本原则、制度和法律规范大多适用于知识产权。我国《民法典》规定,民事主体依法享有知识产权,对知识产权及其保护作出原则性规定,为著作权法、专利法、商标法等知识产权专门法立法提供上位法基础。

(二) 单行法律

我国知识产权保护的单行法律有四部,即《专利法》《商标法》《著作权法》和《反不正当竞争法》。

(三) 行政法规

我国保护知识产权的行政法规主要包括:《中华人民共和国专利法实施细则》《中华人民共和国商标法实施条例》《中华人民共和国著作权法实施条例》《中华人民共和国计算机软件保护条例》《中华人民共和国植物新品种保护条例》《集成电路布图设计保护条例》以及《网络信息传播权保护条例》等。

(四) 司法解释

由最高人民法院、最高人民检察院发布的有关知识产权刑事案件司法解释,主要有:《关于办理知识产权刑事案件具体应用法律若干问题的解释》《最高人民法院关于审理侵害知识产权民事案件适用惩罚性赔偿的解释》《最高人民法院关于审理著作权民事纠纷案件适用法律若干问题的解释》《最高人民法院关于审理涉及计算机网络著作权纠纷案件适用法律若干问题的解释》等。

(五) 我国已加入的知识产权国际条约

截至目前,我国已加入了大部分知识产权的国际多边条约,其中最重要的是 WIPO 公约与 TRIPS 协议。其中,WIPO 管理着包括《巴黎公约》、《伯尔尼公约》在内的 26 个多边条约,我国已加入 16 个。2001 年 12 月,我国正式成为世界贸易组织(WTO)成员并开始履行 TRIPS 协议。此外,我国还加入了《国际植物新品种保护公约(1978 年文本)》《世界版权公约(1971 年巴黎文本)》《保护非物质文化遗产公约》《保护和促进文化表现形式

多样性公约》以及《生物多样性公约》。这些公约的有关规定已成为我国知识产权法的重要组成部分。

第三节　知识产权与相关概念

知识产权法是保护人类智力劳动成果传统的、最主要的法律保护制度。随着社会信息化的发展，人类智力成果的形式逐渐多样化，出现了传统法律制度不能涵盖的范围和内容，随之出现了与其含义密切相关的其他概念，主要包括信息产权和信息权利。

一、信息产权

信息产权概念的出现，是社会信息化发展的客观需要，但它与传统知识产权保护制度之间不可避免地产生交叉和碰撞。厘清信息产权与知识产权的关系，明晰信息产权的权利内容是信息法面临的一个重要而紧迫的问题。

(一) 信息产权的提出

信息产权理论是澳大利亚学者迈克尔·彭德尔顿教授在其1984年出版的著作中提出的，随后引起世界范围内学者们的关注和讨论。信息产权概念的提出主要基于以下两个背景。

一是传统知识产权受到挑战。数字技术的推广和网络应用的普及带来许多新型社会关系，导致传统知识产权保护的不周延性，如由于域名注册引发的商标侵权问题、传统作品的数字化及其网络传播问题、数字技术成果如计算机软件和数据库保护问题等。

二是新型法律关系的出现。随着社会信息化的发展，需要保护的信息客体日益增多。如电子计算机所存储的信息、个人信息、政府公务信息等，这些客体不能被传统知识产权理论所包容，但其内容又实实在在承载着主体的权利和利益。再从主客体角度看，虽然某些客体表现为受版权保护的对象(如数据)，但受保护的主体却从数据所有人转变为数据的来源，即数据的被收集人等。

随着新的客体以及新型法律关系的出现，迫切需要一种新的理论学说对其加以诠释，从而引发了关于信息产权问题的讨论。

(二) 信息产权法律关系

由以上分析可知，信息产权解决信息作为一种财产的归属问题，包括对信息财产性质的确认、信息产权权利人的确认和信息产权具体内容的确认。

1. 信息产权客体

信息产权以“信息”为客体，但不是所有的信息都可成为客体。作为信息产权客体的信息必须具备可控性、可识别性、财产性和法定性特征，这与知识产权的客体在属性上具有同一性。知识产权所保护的人类智力成果，就其本质而言算是一种特定信息，其范围在历经近四个世纪的发展过程中得到确认。而信息产权的客体范围目前尚未达成共识。一般而言,信息产权的客体应当包括“未能被纳入传统知识产权范围,但需要法律给予保护的信息,如个人信息、政府政务信息、会计信息、环境信息、计算机信息等”[①]。

2. 信息产权主体

信息产权跳出了传统知识产权所关注的个体权利保护目标,把调整重点放在信息传播环节的设置。因此,信息产权主体涵盖广泛,涉及信息的创造者、所有者、保管者、使用者以及传播者。

3. 信息产权权利内容

权利的设立是建立在客体基础上的。由于客体的存在形态和结构特征不同,基于客体所能产生的利益不同,实现利益的行为方式不同,权利制度的设计必然各异。

(1) 财产权性质。无论是知识产权还是信息产权,其权利性质均为财产权。产权原指传统民法中的有体物财产所有权。知识产权制度则从有形财产和无形财产的对立角度,借用有体物财产的概念完成了无体物理论的合理性和合法性的制度建构,将专利权、商标权和著作权等知识产权确认为产权。

“产权”一词在使用时有两个特点:一是权利的性质是财产权,二是主要确认财产的初始权利,解决归属问题。信息产权概念中“产权”一词也应是在以上产权内涵上使用的,主要解决信息作为一种财产的归属问题。

(2) 权利类型。知识产权的权利内容分成人身权和财产权两大类型。信息产权是全面保护信息所有人、传播人、利用人的法律制度,从这个角度看,它也应是既规制人身权也规制财产权的法律制度。但与知识产权不同的是,信息产权所保护的个人信息、政府公务信息和计算机信息等,“因其不具备直接的、显性的人格属性,其承载的人身权和财产权的内容、侧重点也应根据信息的具体特征有所不同。”[②]如个人信息立法中保护的应是个人信息决定权、更正权、查询权、保密权等。

知识产权与信息产权具有截然不同的权利内容,这主要缘于两者在法律意义上的财产内涵不同。知识产权所保护的“知识”必须具有“创造性”,即只有那些对社会的文化繁荣、科技进步、市场良性竞争具有正面影响和推动力的智力成果才能成为法律意义上的财产,智力创造是知识产权权利归属的依据。而信息产权中的信息并不稀缺,反而可以因无限共享而增值。信息创造者在与信息脱离的情况下,同样可以通过信息的传播、流动而持续获取利益。因此,信息产权的关注点不再是信息的实际占有和各方主体的利益均衡,而是客体本身的属性及其传播和开发利用。

二、信息权利

社会信息化的进程并不仅仅只是外在表现出的生产工具的信息化、产业的信息化以

---

① 蒋瑞雪. 信息产权与知识产权的比较[J]. 安庆师范学院学报(社会科学版),2008(11):97-100.
② 同上。

及社会生活的信息化，更为重要的是它成了一种社会结构深深地影响着人们的行为方式。信息作为现代社会重要的资源形式，成为人们社会行为中不可或缺的参与因素，从而衍生出以信息为客体的新型权利，即信息权利。

(一) 信息权利的含义

无论是知识产权还是信息产权，两者共同使用的“产权”一词凸显的是知识或信息客体的财产属性，并不能够客观地反映权利主体对信息所享有的全部权利性质，这就使得使用一个比产权外延更广的概念成为必要。

美国是首先对信息权利作出法律界定的国家。1999年颁布的《统一计算机信息交易法》第一百零二条第三十八款指出，信息权包括所有根据有关专利、版权、计算机集成电路布图设计、商业秘密、商标和公开权的法律所享有的权利，以及其他任何法律基于权利主体对信息所享有的利益而赋予权利主体的、不依赖于合同的、控制或排除他人使用或获取该信息的权利。因此，信息权利是比信息产权外延更加广泛的权利类型，泛指所有以信息为客体的且不受合同约束的权利，其具体的权利内容既可以是财产性权利，也可以是非财产性权利。

(二) 信息权利内容

信息权利是以信息作为权利客体的一种新型法律权利类型，是由多个子权利构成的法律权利束，这些子权利包括信息产权、知情权、隐私权、信息传播自由权、信息环境权和信息安全权等。

1. 财产权利

从信息立法诞生开始，标志着信息作为一种财产成为共识，传统知识产权的权利内容以及新型信息产权的权利内容都是信息权利中财产权的构成。

2. 人格权利

与信息相关的权利中是否仅包含了财产性质的权利呢？答案当然是否定的，这也是在信息产权之外强调信息权利的主要原因。

首先，信息中涉及隐私权的支配问题。隐私权一般认为包括隐私隐瞒权、隐私利用权、隐私维护权和隐私支配权。其中，隐私支配权是核心权力。尽管隐私权的具体权利会涉及财产内容，即隐私权利人对特定资源的支配权利会产生财产，但是个人依据隐私权所支配的信息，在法律上并未获得财产的地位。各国法律中对于隐私权内容的规定并不完全一致，但均承认隐私权是与私人信息有关的人身权。

其次，信息中涉及知情权问题。知情权有广义知情权和狭义知情权之分。广义知情权包括了公民对政府信息、公益性机构和社会团体信息的知情权，以及消费者知情权和公民对个人隐私信息的知情权。狭义知情权指公民对政府信息知悉、了解、获取的权利。从狭义角度分析，该权利以信息为对象，但这种信息并不是作为一种财产被获取的。例如，公民在获取政府信息之后，可以对信息进行加工、利用、传播，取得一定的收益，但这些权利并不包含在知情权的内容当中，也不是出于保护人身的需要。因此，知情权是作为一种实现政治权利的媒介被获取的。很显然，侵犯公民的知情权不是侵犯公民的财产权，侵犯政治权利的责任承担与侵犯财产权利的责任承担在法律理论和具体方式方面均是不同的。

3. 其他权利

除财产权、人格权外，信息权利中还包含信息传播自由权、信息安全权等权利类型。信息传播自由权同知情权一样，是以限制公共权力，特别是政治权力为目的的权利概念，但其权利内容体现为发布和传播信息的权利；信息安全权是指保证公民和企业等法人组织的信息内容及信息资源具有完整性、保密性、可用性和可靠性，不受他人非法知悉、利用和公开的权利。

三、知识产权、信息产权与信息权利的关系

从外延上看，信息权利最广，它包括传统知识产权和新型信息产权的财产权类型，同时也包括知情权、隐私权、信息传播自由权、信息安全权等非财产权利类型。

从内涵上来讲，知识产权、信息产权解决知识和信息的初始权利问题，这种权利可以是专有的，也可以是共有的，实质是信息支配权的归属问题，它是信息商品流通的基础和前提，表现为特定主体对财产性信息的控制权；信息权利则确认有关信息的一切权利，表现为以信息为对象的各种权利，既通过信息产权解决信息的静态归属问题，也通过知情权、自由权、安全权等解决信息的流动问题，同时也确认有关信息的公权，例如知情权。

知识产权是信息产权的核心内容；信息产权的内容应包括对财产性信息（包括知识产权客体）的享有、使用、加工、公开、传播、许可使用或传播、收益等支配权。该项权利从本质上属于财产权的范畴，但是其中涉及一些人身权。例如著作权中的署名权、修改权和保护作品完整权等。

从权利产生的过程看，知识产权、信息产权和信息权利都是应社会发展的客观需求而产生，在不同角度发挥着对人类信息活动中产生的社会关系的调节作用。在信息社会中，不论是知识产权还是信息产权和信息权利，不论是财产性的信息权利还是非财产性的信息权利，依然会随着社会发展不断丰富和完善，不同制度追求的价值目标始终都是通过有效的、充分的信息流通来保障政治文明、经济发展和社会进步。

本章参考文献

[1] 王迁. 知识产权法教程（第六版）[M]. 北京：中国人民大学出版社，2019.

[2] 王兵. 知识产权基础教程[M]. 北京：清华大学出版社，2009.

[3] 蒋瑞雪. 信息产权与知识产权的比较[J]. 安庆师范学院学报（社会科学版），2008(11)：97－100.

[4] 杨宏玲，黄瑞华. 信息权利的性质及其对信息立法的影响[J]. 科学学研究，2005(1)：35－39.

[5] 李晓辉. 信息权利——一种权利类型分析[J]. 法制与社会发展，2004(4)：75－82.

[6] 齐爱民. 论信息财产的法律概念和特征[J]. 知识产权，2008(2)：23-27.
[7] 郑成思，等. 信息与知识产权的基本概念[J]. 中国社会科学院研究生院学报，2004(10)：41-49.
[8] 杨利华. 英国《垄断法》与现代专利法的关系探析[J]. 知识产权，2010(4)：77-83.

第三章 著作权法律制度

引导案例

京剧脸谱绘画大师汪鑫福自20世纪20年代起至90年代去世前陆续创作了大量京剧脸谱，相当部分都收藏在中国艺术研究院陈列室中。2000年1月，经北京森淼圆文化传播有限公司组织联系，由艺术研究院提供图片及文字，九州出版社出版了《中国戏曲脸谱》一书，该书中使用了汪鑫福绘制并收藏在陈列室中的177幅京剧脸谱，但没有为汪鑫福署名。

汪鑫福的外孙季成是涉案脸谱的继承人，于2010年8月起诉要求中国艺术研究院、九州出版社、北京世纪高教书店三被告停止侵权，向其赔礼道歉，赔偿经济损失。

北京市海淀区人民法院审结了这起侵犯著作权纠纷案，判决三被告停止侵权、中国艺术研究院和九州出版社赔偿季成经济损失3.54万元及合理费用1万元。

在我国，著作权即版权。著作权分为狭义著作权和广义著作权。狭义著作权指著作权权利内容，包括发表权、署名权等人身权利和使用权、获得报酬权等财产权利。广义著作权则包括著作权权利内容和与著作权有关的权利（如表演者权、出版者权等）。著作权法律制度是有关获得、行使和保护著作权以及与著作权有关权益的法律制度。著作权法的立法目的是为保护文学、艺术和科学作品作者的著作权，以及与著作权有关的权益，鼓励有益于社会主义精神文明、物质文明建设的作品的创作和传播，促进社会主义文化和科学事业的发展与繁荣。

在整个知识产权领域，著作权权利内容的形成和发展与科学技术发展的关系最为紧密。尽管专利权是涉及科技发明的权利，但就其权利内容本身而言，与科学技术的进步与否没有因果关系，即科学技术无论怎样发展，专利权的权利内容变化不大。著作权则不同，科学技术的每一次变革，都促使作品的创作、使用、传播方式发生变化，由此带来对传统著作权保护制度的巨大冲击和挑战。从英国《安妮女王法》对作品复制权、发行权的保护，到声、光、电技术发展带来的对表演权、放映权、广播权、摄制权的保护，再到今天对信息网络传播权、数字版权的保护，著作权的权利内容不断扩张。当今社会，著作权法律制度已成为保护文学、艺术和科学领域成果的最重要的法律制度。

第一节 我国著作权法律制度的历史沿革

无论是东方或者西方的知识产权法学者，都无例外地认为著作权是随着印刷术的采用而出现的。我国是纸张和印刷术等传媒技术的发明者，曾对人类文明的发展做出了杰出贡献。清末著名版本学家叶德辉（1864—1927 年）在其《书林清话》卷二中有"翻版有例禁始于宋人"的记载，这表明我国自宋朝开始就已经有了版权保护的实践。然而到了近代，由于我国仍处于封建专制统治之下且对外又实行闭关锁国政策，导致我国现代著作权制度的建设比西方晚了整整两百年。

一、宋代版权保护的兴起

作品能够被大量复制和传播是产生著作权保护的客观条件。印刷术的出现，使得复制作品的成本大大降低，印刷商可以通过大量复制作品而获取高额利润，由此就产生了给予作品特殊保护的必要。

（一）宋代版权保护的成因

宋代处于我国封建社会鼎盛时期，商品经济发展迅猛，农、商、手工等各业都取得了引人注目的成就。与此同时，宋代文化也空前繁荣，除文学、艺术、史学、思想、科技等领域产生的累累硕果外，市民文化的兴起使得民间涌现出许多文学社团，这些文学社团创作了大量具有独创性的优秀作品。随着印刷术的普及，图书文献的出版印刷实现规模化，形成了真正意义上的印刷业，由此带动了文学、艺术、医药、科技类作品开始在社会各阶层广泛传播。但与此同时，大量印制作品所产生的丰厚利润，也使得盗版行为随之横行，如一些献书者巧换名目、近作伪古、一卷多分等现象时有发生[①]，这在客观上促使印刷者以及作者本人对作品与利益的保护意识不断加强，版权保护观念逐渐形成。

（二）宋代版权保护的内容

宋代版权保护的主要内容是防盗版。由于盗版猖獗，印刷者的权益受损。对财产权益最为敏感的出版商先于作者向朝廷提出保护其印刷出版财产权的要求。南宋四川眉州（今称眉山）人王称（亦有称"王偁"），在其所撰《东都事略》初刻本目录页附着一方醒目牌记："眉山程舍人宅刊行，已申上司，不许覆板"。"已申上司，不许覆板"与现代的"版权所有，不准翻印"如出一辙，此牌记被认为是世界上最早的"版权声明"或"专有出版权声明"。[②] 这标志着南宋时出版者为维护自己的商业利益，已公开声明对自己刻印的书籍具有专有出版权。从出版者的版权要求到获得官府批准，版权保护制度已具雏形。

---

① 邓建鹏. 宋代的版权问题——兼评郑成思与安守廉之争[J]. 电子知识产权，2005(4)：64.

② 陈宁. 宋代版权保护成因初探[J]. 图书与情报，2007(4)：120－122.

当然，宋代保护版权、防盗版的措施，仅是朝廷文化管制政策的一部分，如同“禁令”，并且体现出局部性、区域性、个别性的特征，保护力度有限。从保护主体的角度而言，真正享有特权的是出版商而不是作者。正如叶德辉所作评价曰：“可见当时一二私家刻书，陈乞地方有司禁约书坊翻板，并非载在令甲，人人之所必遵。特有力之家，声气广通。可以得行其志耳。”[①]由于缺乏打击盗版的真正有效方式，宋代盗版依然猖獗，大名鼎鼎的理学家朱熹、文学家苏轼都饱受盗版之苦。

二、清代著作权立法

继宋代之后，元明两代以及清代中期以前的版权保护基本是继承宋代，无论是形式上还是实践上，都没有超越宋代，致使社会上盗版猖獗，甚至有愈演愈烈之势。清代后期，我国版权保护开始与国际接轨，清政府颁布了中国历史上第一部版权法《大清著作权律》。

（一）清代后期著作权保护的历史背景

清代后期著作权保护的发展，主要受到三方面因素的影响：第一，戊戌变法推动了科举制度的改革乃至废除，学堂取代了书院、义学等，课本成为社会的一大需求，出版业出现了前所未有的繁荣；第二，“西学东渐”之风使得翻译外国人文和社科著作蔚然成风，译著成了炙手可热的商品，出版商、著作者、译者等人数增加，版权纠纷日益增多；第三，鸦片战争后，西方列强纷纷抢占中国市场，出于保护本国商业利益的目的，强烈要求清廷出台包括版权在内的知识产权体制。

在矛盾、利益、竞争的共同作用下，清政府不得不开始考虑对版权的法律保护。如迫于外商的压力，1903 年“版权”一词首次出现在《中美通商行船续订条约》中，标志着中国开始以法律形式对版权保护予以确认。与此同时，国人权利意识、利益意识日渐增强，如 1903 年 10 月，严复翻译的《社会通诠》出版，为此，他与商务印书馆签订了版税合约，言明“此书版权系稿、印两主公共产业。若此约作废，版权系稿主所有”，“此约未废之先稿主不得将此书另许他人刷印”[②]等内容。这是我国第一个版税合同，反映了版权保护开始对象化、实体化。凡此种种，促使清政府对著作权进行立法保护的社会空间的形成。

（二）清代著作权保护的内容

自 1904 年起，清政府着手制定版权法，在立法过程中，翻译、参考了大量西方国家的法律及法律体系。1910 年 12 月，我国历史上首部具有现代意义的著作权法《大清著作权律》颁布，内容分通例、权利、期限、呈报义务、权利限制、附则等，共 5 章 55 条，具体内容包括：

1. 著作权及著作物的定义

著作权，即“凡称著作物而专有重制之利益者曰著作权”；著作物，即“文艺、图画、贴本、照片、雕刻、模型等是”。

---

① 陈宁. 宋代版权保护成因初探[J]. 图书与情报，2007(4)：120－122.

② 中国出版史大事记：清朝[EB/OL]. [2022－05－19]. https://wenku.baidu.com/view/.

2. 权利期限

著作权的“权利期间”为作者终生；在著作者去世之后，继承人继承其著作权的年限为30年。

3. 实名注册制度

著作权须按相关程序和要求向民政部申请注册，获得民政部注册后方受到法律保护。

4. 权利限制

《大清著作权律》对著作权的权限进行了较为详细的规定。规定了合著著作的著作权，与此同时对口述著作、译著、阐发新理之著作的相关内容作出规定并规定了诉讼权利。同时规定法令约章及文书案牍、各种善会宣讲之劝诫文、著作权年限已满的著作等不得享有著作权的八种情形，目的在于维护公共利益的需要。

5. 禁例

禁例也就是保护著作权的禁止性规定。其中规定了按照程序注册的著作，他人不得翻印仿制，以及不得通过各种假冒的方法侵害其著作权。规定不得假托他人的姓名发行自己的著作，但是用别名的则不加以限制。规定了著作权的合理使用制度，比如因编著教科书、参考书而使用他人著作的不视为侵犯他人著作权的行为等。

6. 罚例

罚例即罚则，规定了对假冒者和知情的销售者侵害他人著作权行为的处罚。

7. 附则

附则中规定了《大清著作权律》的生效日期、溯及力、注册费等内容。

(三)《大清著作权律》的意义及局限

《大清著作权律》吸收了近现代西方的先进知识，借鉴了西方权利保护理念，是清政府自觉融入著作权立法的世界潮流，以政治强权来维护著作者、出版商的私人利益的意志体现，标志着中国现代版权保护法制的正式确立。同宋代的版权制度相比，《大清著作权律》体现了著作权保护的三方面变化：第一，著作权保护主体由以出版商为主转到以著作者为主；第二，直接肯定了著作者的财产权益，并针对各种侵权行为制定了补救措施；第三，政府角色由文化传播的钳制者转为版权利益相关人的保护者。

总之，《大清著作权律》开辟了由政府主导的国家层面的著作权立法新纪元。自此以后，从清末到民初的出版物上开始出现“版权所有，翻印必究”等字样。当然，由于历史的局限性，《大清著作权律》未尽成熟，如吸收了大量欧美法律观念，律条杂抄众国。加之封建官僚体制、文官政治的局面没有改变，因而在著作权注册呈式、继续呈式，以及著作权立案、侵权处罚等方面的规定，仍体现了封建王朝的统治特点。另外，因其颁布后不久，清朝灭亡，该律并未得到实施。

《大清著作权律》虽未及实施，但却对民国时期的著作权法律制度产生了十分深远的影响。民国时期，北洋政府和南京国民政府分别于1915年和1928年各颁行了一部著作权法，两者在相关概念、术语，实名登记制度，著作权保护期限等方面，整体延续了清政府的著作权法律制度。

三、中华人民共和国著作权保护法律制度

中华人民共和国成立以后，特别是1978年党的十一届三中全会以来，为了鼓励文学、艺术和科学创作，保护作者的合法权益，我国文化出版等有关部门相继制定了图书期刊出版、剧本上演、电影摄制、录音录像、广播电视节目录制和播放等方面的付酬办法。但是，由于没有著作权立法，致使社会上侵犯著作权的行为较为普遍，对内挫伤了作者和作品传播者的积极性，妨碍了文化科学事业的发展，对外则影响了国际文化科学交流，妨碍了对外开放政策的贯彻执行，因此制定著作权法势在必行。

（一）中华人民共和国著作权立法

1990年9月7日第七届全国人大常委会第十五次会议通过了《中华人民共和国著作权法》，于1991年6月1日起实施。1991年5月30日，国家版权局发布了《中华人民共和国著作权法实施条例》，与《著作权法》同日实施。

此后，根据社会发展的需要，《著作权法》分别于2001年、2010年和2020年进行了三次修正。

（二）著作权法律保护体系

中华人民共和国成立以来，特别是改革开放至今，我国创新产业、文化产业日益成为驱动经济发展的强大动力。与之相适应，建立科学完善的创新成果、文化作品的保护制度，充分保护创作者的独占性权益和激发其创新、创作动力，就成为著作权法律保护制度的更高追求目标。目前我国已建立起对著作权法律保护的民事、行政、刑事三大保护体系。

1. 民事保护体系

民事保护体系，是在民事法律的范畴内，对于著作权的性质、权益属性以及侵权行为作出明确界定。我国1987年颁布的《民法通则》中，首次明确了知识产权是民事权利，“公民、法人享有著作权（版权），依法有署名、发表、出版、获得报酬等权利”。《著作权法》成为知识产权民事保护体系中系统保护作者权利、维护作者利益的重要构成。

2. 行政保护体系

行政保护体系是指在著作权保护过程中，国家机关为强化著作权的保护实施，对责任主体、执法依据、执法标准以及侵权行为所应当受到的行政处罚等作出规定。相较于民事保护而言，行政保护有着更为突出的主动性、便易性、威慑性的特点。为使较为严重的侵权行为在民事责任之外承担更为严重的行政责任，国家又相继出台了《中华人民共和国著作权法实施条例》《著作权集体管理条例》《信息网络传播权保护条例》《广播电台电视台播放录音制品支付报酬暂行办法》等法规；作为国家著作权保护的行政主体，国家版权局出台了《互联网著作权行政保护办法》《关于在打击侵犯著作权违法犯罪工作中加强衔接配合的暂行规定》《著作权行政投诉指南》《计算机软件保护条例》《著作权行政处罚实施办法》等一批部门规章，更有力地细化了著作权法的实施。

3. 刑事保护体系

刑事保护体系就是通过刑事处罚的形式来对侵犯著作权的犯罪行为进行惩处，达到

惩治侵权犯罪、威慑侵权行为、净化社会创新环境和竞争环境的目的。与民事和行政保护体系相比，刑事保护体系是著作权法律保护体系中最严厉、最具有威慑性，同时也是必不可少的一环。我国《刑法》中专门规定了侵犯著作权罪和销售侵权复制品罪。

第二节　著作权法律关系

著作权是指自然人、法人或者非法人组织对文学、艺术和科学作品享有的专有权利的总称。围绕著作权所产生的社会关系经著作权法的调整而成为著作权法律关系。与其他法律关系一样，著作权法律关系包括主体、客体及内容。

一、著作权的客体

《著作权法》第二条规定："中国公民、法人或者非法人组织的作品，不论是否发表，依照本法享有著作权。"因此，著作权的客体是作品。

（一）作品的范围

作品是指文学、艺术和科学领域内具有独创性并能以一定形式表现的智力成果。受《著作权法》保护的作品，包括：

（1）文字作品，是指小说、诗词、散文、论文等以文字形式表现的作品。

（2）口述作品，是指即兴的演说、授课、法庭辩论等以口头语言形式表现的作品。

（3）音乐、戏剧、曲艺、舞蹈、杂技艺术作品。其中，音乐作品，是指歌曲、交响乐等能够演唱或者演奏的带词或者不带词的作品；戏剧作品，是指话剧、歌剧、地方戏等供舞台演出的作品；曲艺作品，是指相声、快书、大鼓、评书等以说唱为主要形式表演的作品；舞蹈作品，是指通过连续的动作、姿势、表情等表现思想情感的作品；杂技艺术作品，是指杂技、魔术、马戏等通过形体动作和技巧表现的作品。

（4）美术、建筑作品。美术作品，是指绘画、书法、雕塑等以线条、色彩或者其他方式构成的有审美意义的平面或者立体的造型艺术作品；建筑作品，是指以建筑物或者构筑物形式表现的有审美意义的作品。

（5）摄影作品，是指借助器械在感光材料或者其他介质上记录客观物体形象的艺术作品。

（6）视听作品，是指摄制在一定介质上，由一系列有伴音或者无伴音的画面组成，并且借助适当装置放映或者以其他方式传播的作品，如电影作品和电视剧作品。

（7）工程设计图、产品设计图、地图、示意图等图形作品和模型作品。图形作品，是指为施工、生产绘制的工程设计图、产品设计图，以及反映地理现象、说明事物原理或者结构的地图、示意图等作品；模型作品，是指为展示、试验或者观测等用途，根据物体的形状和结构，按照一定比例制成的立体作品。

（8）计算机软件，是指计算机程序及其有关文档。计算机程序，是指为了得到某种结果而可以由计算机等具有信息处理能力的装置执行的代码化指令序列，或者可以被自动转换成代码化指令序列的符号化指令序列或者符号化语句序列。同一计算机程序的源程序和目标程序为同一作品。文档，是指用来描述程序的内容、组成、设计、功能规格、开发情况、测试结果及使用方法的文字资料和图表等，如程序设计说明书、流程图、用户手册等。

(9) 符合作品特征的其他智力成果。

(二) 著作权作品的构成要件

著作权法意义上的作品概念与人们通常所理解的作品概念不同，并非所有满足上述形式条件的作品都能成为著作权客体。一件作品要成为著作权客体，必须具有独创性、可复制性和合法性三个构成要件。

1. 独创性

独创性是作品成为著作权客体的前提条件，也是实质条件，是指作品必须是作者独立创作的，不是抄袭、剽窃或篡改他人的作品。其中，创作是指直接产生文学、艺术和科学作品的智力活动。为他人创作进行组织工作，提供咨询意见、物质条件，或者进行其他辅助活动，均不视为创作。

在对作品独创性的理解上应该注意以下三点。

一是独创性不同于新颖性，即不要求作品的主题、思想、事件等一定是首创。著作权法不排斥他人再创作同样主题的作品。

二是独创性不同于创造性，通常只要求作品是作者自己选择、取舍、设计、组织、表达、综合的结果，即著作权法侧重于保护作品中思想和情感的表达方式而不是思想本身，这与专利法着重保护技术内容的精神有很大区别。

三是独创性与作品的文学艺术或科学价值以及社会评价无关。

案例 3－1

王永民诉中国东南技术贸易总公司侵害著作权案

《五笔字型计算机汉字输入技术》(以下简称“《五笔字型》”)一书系王永民个人创作和出版发行的作品；《电脑通用汉字输入法——五笔字型(王码电脑产品技术说明书)》(以下简称“《说明书》”)系王永民与他人合作并出版发行的作品。上述作品均以推广使用“优化五笔字型编码及其键盘使用方法”为主要内容。中国东南技术贸易总公司(以下简称“东南公司”)出版《东南汉卡用户手册》(以下简称“《手册》”)，该资料一套四册，作为东南汉卡的配套资料随东南汉卡一并出售，以介绍“简繁五笔字根汉字输入系统”使用方法为主要内容。

原告诉称：被告出版发行的《手册》从描述对象、整体结构、写作手法等方面，抄袭篡改了原告所著的《五笔字型》和《说明书》两部作品中的内容。其表现为：

第一，《手册》第一册的前七章抄袭了原告编写的上述作品的文章框架和创意结构；

第二，在该册第八章中引用原告所著的字根助记歌，而未注明作者姓名、作品名称；

第三，该册第三章第七节的字根助记歌也是抄袭原告的字根助记歌；

第四，《手册》第三册的一半篇幅是将原告的五笔字型码本稍加改动后加以利用。

被告的上述行为侵害了原告所享有的著作权。原告要求被告停止侵害，在新闻媒介上公开道歉，并赔偿经济损失 10 万元。

2. 可复制性

可复制性指作品必须以某种有形形式表现出来，并可通过印刷、复印、临摹、拓印、录音、录像、翻录、翻拍等方式复制一份或多份。一般而言，任何一种文学、艺术和科学作品都是人的思想或情感的一种外在表现。它是人通过文字、符号、色彩或声音等媒体对所认知的客观世界加以表现的产物。因此，如果这种认识还仅是停留在人脑内部，没有通过某种媒体表现出来，如某种构思或设想，就不能算是一件作品而受到著作权法的保护。

案例 3－2

梅忠恕诉上海蓝波高电压技术设备有限公司侵犯著作权案

原告梅忠恕为某冲击电压发生器的主要研制人员之一，他于 1991 年 5 月拍摄了系列冲击电压发生器及其塔窗试验照片。

某次会议期间，原告梅忠恕在上述拍摄的多幅成套照片中，选取摄影效果最好的冲击电压发生器整体中景照与塔窗试验瞬间电火花照各一张赠予罗某。事后，被告上海蓝波高电压技术设备有限公司（以下简称“蓝波公司”）从罗某处获得上述照片两张，在未事先征求并获得原告梅忠恕同意的情况下，印制于本公司“先进技术企业”广告上，并将冲击电压发生器照片刊登于向国内外公开发行的《高电压技术》杂志广告增面上，以上均未具名摄影作品作者，事后被告也未向原告支付稿酬。

诉讼期间，被告提出冲击电压发生器既为安装于户外高电压试验场，且为静态装置，对之进行整体的或局部的任意角度的摄制，并非只能由原告所完成，被告方人员亦可拍摄同样的照片，并提供了上述冲击电压发生器之照相底片。经鉴定，被告提供的底片为翻拍原告拍摄的照片所致。

3. 合法性

合法性是指作品的内容、形式应该符合法律规定，尤其是著作权法的规定。违反宪法及其他法律法规或不适用著作权法保护的作品，都不能成为著作权客体。

(三) 不受著作权法保护的作品

作品的种类和数量繁多，著作权法仅保护其中具有独创性的、特定的智力成果，其他成果则由其他法律制度加以保护。我国著作权法明确规定了三类不适用著作权法保护的作品。

(1) 法律、法规,国家机关的决议、决定、命令和其他具有立法、行政、司法性质的文件及其官方正式译文。这些官方文件体现的都是国家或政府的意志,不适用著作权法保护。

(2) 单纯事实消息。指通过报纸、期刊、广播电台、电视台等媒体报道的仅有简单的时间、地点、事件等内容的消息,其报道目的主要在于使公众迅速知晓,因而不适用著作权法保护。如果新闻中反映了作者的语言文字风格及对新闻事件多方面的人物挖掘,以及新闻评论中的相应看法和观点,且具有独创性,就属于智力成果,应该属于新闻作品,而不是单纯事实消息。

(3) 历法、通用数表、通用表格和公式。这些成果已为人类普遍使用、都是人类共同的财产,对其限制利用将妨碍社会文化、科技的发展,因而不适用于著作权法保护。

案例 3-3

新闻报道转载案

原告金报电子音像出版中心,在其经营的人民网登载了一篇有关第 36 届世界期刊大会的新闻报道及发言人的照片。报道大致内容如下:"……第 36 届世界期刊大会今天进入第二天,今天进行的主要议题是……在昨天的开幕式上,国务委员陈至立……库墨菲尔德等先后在开幕式上致辞。大会秘书长、新闻出版总署副署长李东东主持开幕式。共有来自全球 45 个国家和地区的 1000 多位期刊出版业精英出席了此次大会。"报道同时刊发了各发言人的照片。被告北方国联信息技术公司经营的网站未经许可进行了全文转载,但注明了出处和作者姓名。原告认为,自己通过合同已取得了记者职务作品的著作权,被告的行为构成侵权。

二、著作权主体及著作权归属

著作权主体,即著作权人,指依法对文学、艺术、科学作品享有著作权的人。根据我国著作权法的规定,著作权人包括创作作品的作者,以及未参加作品创作而依法承受著作权的自然人、法人和非法人组织。在一定条件下,国家也可以成为著作权主体。

(一) 主体类型

依照著作权的取得方式,可将著作权人划分为原始主体和继受主体。原始主体一般为作者,其因直接创作作品而享有完整的著作权权利;继受主体,指作者以外,通过转让、继承或接受馈赠等方式获得著作权的权利人。继受主体的权利从原始主体处获得,以原始主体著作权的合法存在为前提条件。因此,继受主体不能享受完整的著作权权利,只能取得全部或部分的著作财产权。

依照权利人性质划分,还可将著作权人划分为自然人、法人和非法人组织。

(二) 作者

著作权基于作者的创作行为而产生,因此,我国《著作权法》第十一条规定,"著作权属

于作者”。但作者并不能完整代指“著作权人”或“著作权主体”概念,因此,著作权法意义上的作者是较宽泛的概念,包括:

1. 自然人作者

自然人通过自己的独创性劳动创作作品,是著作权最基本的原始主体。《著作权法》将创作定义为“直接产生文学、艺术和科学作品的智力活动”,很明显,能够直接创作作品的人,只可能是有思想情感的自然人。我国《著作权法》第十一条规定,“创作作品的自然人是作者”,也明确了作者的自然人身份。

2. 组织作者

在著作权法意义上,还可将法人或非法人组织视为作者。有时候作品的创作并不体现直接创作者的意图,而是受单位委托,代表单位的意志并以单位的名义进行。我国《著作权法》第十一条规定:“由法人或者非法人组织主持,代表法人或者非法人组织意志创作,并由法人或者非法人组织承担责任的作品,法人或者非法人组织视为作者。”因此,“视为作者”的法人或者非法人组织,与自然人作者一样,是著作权的原始主体,享有完整的著作权。

3. 关于作者的认定

我国《著作权法》第十二条规定:“在作品上署名的自然人、法人或者非法人组织为作者,且该作品上存在相应权利,但有相反证明的除外。”这也是国际上通行的做法。同时规定了“为他人创作进行组织工作,提供咨询意见、物质条件,或者进行其他辅助工作,均不视为创作”,这些活动的提供者不能成为作者。

(三) 特殊作品作者及著作权

一般情况下,直接创作作品的作者是著作权的原始主体。但由于作品或者作品创作过程的复杂性,仅遵循以上原则不能解决有些特殊作品的著作权归属问题。为此,《著作权法》特别规定了以下特殊作品的著作权归属。

1. 改编、翻译、注释、整理作品及著作权

此类作品是在已有作品的基础上产生,也称为演绎作品。《著作权法》第十三条规定:“改编、翻译、注释、整理已有作品而产生的作品,其著作权由改编、翻译、注释、整理人享有,但行使著作权时不得侵犯原作品的著作权。”这是因为演绎作品是以原作品为基础,对原作品具有依赖性。因此,演绎作者对演绎作品享有的著作权,并不是完整的著作权,不能独立地行使。同样,若他人再使用以上演绎作品进行出版、演出和制作录音录像制品等,应当取得该演绎作品的著作权人和原作品的著作权人的双重许可,并支付报酬。

2. 合作作品及著作权

合作作品是两人以上合作共同创作的作品。《著作权法》第十四条规定:“两人以上合作创作的作品,著作权由合作作者共同享有。”

合作作品包括可以分割使用和不能分割使用两种情况。可以分割使用的合作作品,作者对各自创作的部分可以单独享有著作权,但行使著作权时不得侵犯合作作品整体的著作权;不能分割使用的合作作品,则只存在一个合作作品的整体的著作权。对于合作作

品权利的分配和行使，可以由合作作者协议确定。如果没有协议，或者协议没有约定的权利，则由合作作者共同行使。

3. 汇编作品及著作权

汇编作品是将两个以上的作品、作品的片段或者不构成作品的数据或者其他材料进行选择、汇集、编排而产生的新作品。《著作权法》第十五条规定，汇编作品的著作权由汇编者享有，但汇编者行使著作权时，不得侵犯原作品的著作权。

4. 视听作品及著作权

视听作品中的电影作品和电视剧作品是一种特别的作品类型，其制作是一个比较复杂的、系统的智力创作过程，要有提供资金和组织拍摄的制片者，由编剧、导演、摄影、作词、作曲等作者共同创作完成。考虑到制片者的巨额投资和视听作品的商业运作，《著作权法》第十七条规定，制作者享有电影作品和电视剧作品的著作权；编剧、导演、摄影、作词、作曲等作者享有署名权和获得报酬权。视听作品中剧本、音乐等可以单独使用的作品的作者有权单独行使其著作权。

案例 3－4

陈立洲、王雁诉珠江电影制片公司和王进侵害著作权纠纷案

原告陈立洲和王雁于 1987 年初写成电影文学剧本《寡妇村的节日》和分镜头剧本，珠江电影制片公司于 1987 年 4 月决定采用该电影文学剧本拍摄电影，由陈立洲担任导演，并依规定付给陈立洲和王雁稿酬 8000 元，从而取得该电影文学剧本的摄制权。1987 年 8 月初，摄制组在福建省泉州市拍摄中，陈立洲与摄制组的工作人员发生矛盾，拍摄工作难以进行。珠江电影制片公司决定改由王进担任导演，编剧仍为陈立洲、王雁。王进接手后，编写了电影分镜头剧本。该分镜头剧本和拍摄成的电影《寡妇村》，在一些情节、人物和时空、场景等方面，对原著《寡妇村的节日》做了增删改动。但是，删改后的《寡妇村》与原著的主题思想、主要情节和主要人物关系基本上一致。

原告诉称，被告写的电影分镜头剧本对原著的许多主要情节、细节、对白和人物性格等方面的描写，进行了大量的删改，如将体现作者主题构思的关于乌蛋丘（乌蛋丘是海边一堆黑色大石头，是主要人物活动的一部分场所）的描写内容全部删去，背离了原著强调的立意和风格，损坏了原著所特有的情调和韵味。被告篡改了原著，违反了《中华人民共和国民法通则》第一百一十八条的规定，请求停止侵害，赔礼道歉，赔偿损失。

被告珠江电影制片公司和王进辩称：王进编写的电影分镜头剧本在主题思想、主要情节和主要人物关系方面，是尊重原电影文学剧本的。原告把乌蛋丘这一堆石头当作体现作者主题构思的说法，是想象出来的推理。请求驳回原告的诉讼请求。

5. 职务作品

自然人为完成法人或者其他组织工作任务所创作的作品是职务作品。职务作品的著作权归属分为两种情况。

(1) 著作权归单位。《著作权法》第十八条规定,主要是利用法人或者其他组织的物质技术条件创作,并由法人或者非法人组织承担责任的工程设计图、产品设计图、地图、示意图、计算机软件等职务作品,报社、期刊社、通讯社、广播电台、电视台的工作人员创作的职务作品,法律、行政法规规定或者合同约定著作权由法人或者非法人组织享有的职务作品,作者享有署名权,著作权的其他权利由法人或者非法人组织享有。

(2) 著作权归作者。除上述情况外,依据“著作权属于作者”的基本原则,一般职务作品的著作权应归作者享有,但作者所在的法人或者非法人组织有权在其业务范围内优先使用。作品完成两年内,未经单位同意,作者不得许可第三人以与单位使用的相同方式使用该作品。

6. 委托作品

委托作品是指受托人根据与委托人签订的委托合同创作的作品。《著作权法》第十九条规定:“受委托创作的作品,著作权的归属由委托人和受托人通过合同约定。合同未作明确约定或者没有订立合同的,著作权属于受托人。”

案例 3-5

“天然养殖基地景点中的群鹿肖像”摄影作品著作权纠纷案

2002 年 6 月,原告拟到被告下属公司乌兰坝马鹿养殖场拍照片,在征求公司意见时公司向原告提出要求,让原告从不同的角度多拍几张“鹿群肖像”照,由公司挑选效果好的用于产品宣传,公司提供胶卷等物质条件。原告作出对应承诺后,公司向原告购买了拍照用胶卷、安排专车送原告到公司的鹿场拍照,还负责了拍照期间的食宿。原告完成拍照后按约送到公司,公司挑选了三张使用于产品宣传。

几年后,原告以照片被使用于产品外包装为由,诉被告未经其许可超范围使用其作品,构成侵权;而被告反诉要求依法确认涉案三张照片的著作权系由法人承担责任并由法人提供物质条件而形成的职务作品,摄影作品的权属应当归被告法人享有,法人有权在自有业务范围内无偿使用。

7. 美术、摄影作品

《著作权法》第二十条规定:“作品原件所有权的转移,不改变作品著作权的归属,但美术、摄影作品原件的展览权由原件所有人享有。作者将未发表的美术、摄影作品的原件所有权转让给他人,受让人展览原件不构成对作者发表权的侵犯。”

(四) 继受主体

通过继承、遗赠、转让等继受方式获得著作权的权利人,称为著作权的继受主体。根据我国著作权法的有关规定,继受主体取得著作权主要有两种情形。

1. 继受主体因继承、遗赠等取得著作权

著作权属于自然人的，自然人死亡后，其相关著作财产权在法律规定的保护期内，依照继承法的规定转移；著作权属于法人或者非法人组织的，法人或者非法人组织变更、终止后，其著作财产权在法律规定的保护期内，由承受其权利义务的法人或者非法人组织享有。

案例 3-6

冯某等诉江苏三毛集团公司侵害著作权案

1997 年，张乐平的配偶冯某及子女 8 人起诉江苏三毛集团公司未经原告同意，擅自将张乐平创作的“三毛”漫画形象作为企业的商标进行注册并进行广泛宣传，已构成对张乐平及其继承人的严重侵权，要求判令被告停止侵权行为，公开登报赔礼道歉，赔偿经济损失。

被告辩称：被告依照《中华人民共和国商标法》的规定申请“三毛”牌商标，而申请行为不是侵权行为；国家工商行政管理总局依法核准被告申请注册的“三毛”商标，被告依法使用，故不构成对原告的侵权。原告作为著作权人的继承人，不享有对被继承人人身权的继承，故要求被告向其赔礼道歉没有法律依据。

2. 继受主体因转让合同取得著作权

我国《著作权法》第二十七条规定，著作权的财产权利可通过合同方式进行转让。通过订立书面合同，受让人可以成为著作权人，可以以自己的名义行使权利。

必须说明的是，著作权中的人身权是不能继承和转让的，因此，著作权的继受主体只能享有全部或部分的财产权，而且在行使其财产权时不能损害原始主体的人身权利。

(五) 国家主体

国家是特殊的民事主体，在某种情况下，国家也可以成为著作权人。《著作权法》第二十一条规定，著作权属于法人或者非法人组织的，法人或者非法人组织变更、终止后，没有承受其权利义务的法人或者非法人组织的，其著作权由国家享有。当然，国家也有可能通过受捐赠、遗赠或签订转让合同等方式成为著作权的继受主体。

三、著作权的内容与限制

我国采用著作权自动取得制度，不论作品发表与否，著作权自作品创作完成之日起产生，无须履行任何法律手续。同时，我国实行作品自愿登记制度，作者等著作权人可以向国家著作权主管部门认定的登记机构办理作品登记，其目的是维护作者或其他著作权人和作品使用者的合法权益，有助于解决因著作权归属造成的著作权纠纷，并为解决著作权纠纷提供初步证据。当然，作品不论是否登记，作者或其他著作权人依法取得的著作权不受影响。

(一) 著作权的内容

著作权的内容即著作权人依法享有的专有权利的总和，是著作权法最为核心的内容。

著作权内容既明确了各项专有权利的含义,更明确了他人不可实施的受专有权利控制的行为。著作权主要包括人身权和财产权两方面的内容。

1. 著作权的人身权利

作品是作者思想、情感的载体,体现了作者独特的人格。为此,著作权法赋予了作者著作人身权。著作人身权又被称为精神权利,是指作者因创作作品而依法享有的与其特定人身紧密联系而无直接财产内容的权利。著作人身权的确立,主要是确保当作者的财产权等权利保护期结束后,人们可自由使用该作品,但无权更动作者的署名和作品的内容,有效保障作品以原样传播而不致被侵害。我国《著作权法》规定了四项著作人身权利。

(1) 发表权,即决定作品是否公之于众的权利,还包括决定以何种形式发表和在何时何地发表的权利。发表权只能行使一次。作品一旦经作者发表,发表权就用尽了,任何人就都不再发生侵犯发表权的问题。

(2) 署名权,即表明作者身份,在作品上署名的权利。

(3) 修改权,即修改或者授权他人修改作品的权利。

(4) 保护作品完整权,即保护作品的内容、观点、形式等不受歪曲、篡改的权利。

保护作品完整权与修改权是互相联系的,侵犯修改权往往也侵犯了作者的保护作品完整权。但修改权与保护作品完整权两者的侧重点不同,修改权是为了更好地表达作者的意志,保护作品完整权主要是从维护作者的尊严和人格出发,防止他人通过对作品进行歪曲性处理而损害作者的声誉。

著作人身权只能由作者或者著作权原始主体所有,基本不受合理使用、法定许可使用和强制许可使用的限制,不可转让。

2. 著作权的财产权利

著作权中的财产权利又称经济权利,是指著作权人享有的以特定方式利用作品并获得经济收益的权利。由于作品的使用有各种不同的目的和方式,而且随着技术的发展,新的使用方式不断涌现,所以与作品的使用紧密联系的著作财产权也有着复杂多样的内容。截至目前,我国《著作权法》规定了十三项财产权利。

(1) 复制权,即以印刷、复印、拓印、录音、录像、翻录、翻拍、数字化等方式将作品制作一份或者多份的权利。

(2) 发行权,即以出售或者赠与方式向公众提供作品的原件或者复制件的权利。

(3) 出租权,即有偿许可他人临时使用视听作品、计算机软件的原件或者复制件的权利,计算机软件不是出租的主要标的的除外。

(4) 展览权,即公开陈列美术作品、摄影作品的原件或者复制件的权利。

(5) 表演权,即公开表演作品,以及用各种手段公开播送作品的表演的权利。

(6) 放映权,即通过放映机、幻灯机等技术设备公开再现美术、摄影、视听作品等的权利。

(7) 广播权,即以有线或者无线方式公开传播或者转播作品,以及通过扩音器或者其他传送符号、声音、图像的类似工具向公众传播广播的作品的权利(不包括信息网络传播权规定的权利)。

(8) 信息网络传播权,即以有线或者无线方式向公众提供,使公众可以在其选定的时间和地点获得作品的权利。

(9) 摄制权,即以摄制视听作品的方法将作品固定在载体上的权利。

(10) 改编权,即改变作品,创作出具有独创性的新作品的权利。

(11) 翻译权,即将作品从一种语言文字转换成另一种语言文字的权利。

(12) 汇编权,即将作品或者作品的片段通过选择或者编排,汇集成新作品的权利。

(13) 应当由著作权人享有的其他权利。

在著作财产权的理解上应注意两方面:一是作品的新的使用方式层出不穷,无论如何都列举不全。因此,从理论上讲,作品有多少种使用方式,作者就有多少种权利。著作权立法有一个一般原则,凡是没有进行明文限制,其权利归作者。另外,著作财产权中的大部分甚至绝大部分内容,都需要专业机构的协助,是一般的著作权人无法独立实现的。因此,原始著作权人通常经过签订著作权转让或许可使用合同来行使其权利,取得经济收益。

与著作人身权不同,著作财产权依法受到合理使用、法定许可使用和强制许可使用的限制,依法可以转让和继承。

案例 3-7

金勋诉学苑出版社、新华书店王府井书店侵犯著作权纠纷案

金勋是《圆明园复旧图》的作者。该图形象地再现了圆明园三园被焚毁前的盛况,系我国仅存最早的一份圆明园三园总图,具有珍贵的历史价值和学术价值。1954 年,金勋将此图献给了毛泽东主席,此图目前在国家图书馆珍藏。金勋于 1976 年去世。两被告从 2005 年 10 月开始,擅自对《圆明园复旧图》中的景点名称进行了改动,且将其名称改为"圆明园原貌图",并大量出版、发行、销售。金勋的继承人认为两被告的行为侵犯了其著作权,于是向法院提起诉讼。

(二) 著作权的限制

为了保证作品,特别是优秀作品的正常使用,并使之得到广泛、及时的传播与交流,在对著作权人实行权利保护的同时,对其权利的行使需要作出必要、适当的限制。在这一问题上,我国《著作权法》规定了三个方面的限制措施,即规定了著作权的保护期限、合理使用制度和法定许可制度。

1. 著作权的保护期限

著作权的保护期是指著作权人对作品享有专有权的有效期间,即在法律规定的一定期限内,著作权依法受到保护。保护期限届满,作品即自动进入公共领域,任何人均可无偿使用。

(1) 著作人身权的保护期限。著作人身权是与特定人身紧密联系的,一般来说,对著作权中的人身权利是不设期限的。我国《著作权法》第二十二条规定:"作者的署名权、修改权、保护作品完整权的保护期不受限制。"而对于发表权,《著作权法》则予以了同财产权一样的时间限制。这是因为,发表权与其他几项人身权利相比有其特别之处。首先,发表权与作品的使用密切相关,是后续以复制、发行等方式使用作品的前提;其次,发表权与财产权益直接相关,但不能说发表行为就是在行使财产权;最后,从满足社会公众的精神需求,促使作品及早传播的角度出发,有必要对发表权的保护在时间上予以限制。

(2) 著作财产权的保护期限。我国《著作权法》规定,自然人的作品,其著作财产权的保护期为作者终生及其死亡后五十年,截止于作者(合作作品则为最后死亡的作者)死亡后第五十年的 12 月 31 日;法人或者非法人组织的作品,著作权(署名权除外)由法人或者非法人组织享有的职务作品,电影、电视剧等视听作品以及摄影作品,其发表权和著作财产权的保护期均为五十年,发表权截止于作品创作完成后第五十年的 12 月 31 日,财产权截止于作品首次发表后第五十年的 12 月 31 日。

2. 合理使用制度

合理使用是指使用者在一定情况下使用作品,可以不经著作权人同意,不向其支付报酬而不被视为侵权的作品使用行为。我国《著作权法》规定的合理使用包括以下十三种情况。

(1) 为个人学习、研究或者欣赏,使用他人已经发表的作品;

(2) 为介绍、评论某一作品或者说明某一问题,在作品中适当引用他人已经发表的作品;

(3) 为报道新闻,在报纸、期刊、广播电台、电视台等媒体中不可避免地再现或者引用已经发表的作品;

(4) 报纸、期刊、广播电台、电视台等媒体刊登或者播放其他报纸、期刊、广播电台、电视台等媒体已经发表的关于政治、经济、宗教问题的时事性文章,但著作权人声明不许刊登、播放的除外;

(5) 报纸、期刊、广播电台、电视台等媒体刊登或者播放在公众集会上发表的讲话,但作者声明不许刊登、播放的除外;

(6) 为学校课堂教学或者科学研究,翻译、改编、汇编、播放或者少量复制已经发表的作品,供教学或者科研人员使用,但不得出版发行;

(7) 国家机关为执行公务在合理范围内使用已经发表的作品;

(8) 图书馆、档案馆、纪念馆、博物馆、美术馆、文化馆等为陈列或者保存版本的需要,复制本馆收藏的作品;

(9) 免费表演已经发表的作品,该表演未向公众收取费用,也未向表演者支付报酬,且不以营利为目的;

(10) 对设置或者陈列在公共场所的艺术作品进行临摹、绘画、摄影、录像;

(11) 将中国公民、法人或者非法人组织已经发表的以国家通用语言文字创作的作品翻译成少数民族语言文字作品在国内出版发行;

(12) 以阅读障碍者能够感知的无障碍方式向其提供已经发表的作品;

(13) 法律、行政法规规定的其他情形。

应当注意的是,在合理使用过程中应当充分尊重作者著作权,即应当指明作者姓名、作品名称,并且不得影响该作品的正常使用,也不得不合理地损害著作权人的合法权益。合理使用规定也适用于对出版者、表演者、录音录像制作者、广播电台、电视台的权利限制。

案例 3-8

北影录音录像公司诉北京电影学院案

原告北影录音录像公司 1992 年 3 月与作家汪曾祺签订协议,取得其小说《受戒》在 3 年内的电影、电视剧改编、拍摄的专有使用权。双方又于 1994 年续签了转让合同,有效期延长至 1998 年 3 月。根据合同,原告是小说《受戒》改编权及拍摄权的唯一合法享有者。

吴琼为被告北京电影学院 89 级学生。1992 年吴琼将小说《受戒》改编为电影剧本,作为课堂作业上交学校。电影学院选定该剧本为毕业作品进行拍摄,而且拍摄该片之前,曾向作者征求意见,汪曾祺表示小说《受戒》改编、拍摄权已转让给北影录音录像公司。电影学院又与北影录音录像公司协商,该公司未明确表示同意北京电影学院拍摄《受戒》一片。1993 年 4 月,北京电影学院投资人民币 5 万元,并组织该院 89 级学生联合摄制电影《受戒》。该影片拍摄完成后在电影学院小剧场放映两次,观众为学院教师和学生。1994 年,电影学院经有关部门批准携带《受戒》等学生电影作品参加法国朗格鲁瓦学生电影节,该电影节的主题是"向北京电影学院致敬"。《受戒》在朗格鲁瓦学生电影节上放映过一次,观众主要是参加电影节的各国教师及学生,其间,组委会曾对外销售过少量门票,所以不排除有少量当地居民观看过影片。该片后入围法国克雷芒电影节,但事实上并未参加克雷芒电影节。

被告称《受戒》是全长仅 30 分钟的短片,被告拍摄《受戒》一片主观上无恶意。原告称被告"将其侵权结果由校内扩展到校外,由国内扩展到国外"是毫无根据的夸大其词,并称"带来无法弥补的精神及财产损失"更是危言耸听。原告在既缺乏事实基础又未正确理解法律的前提下,对被告提起诉讼,严重损害了被告的声誉,已在社会上造成难以挽回的损害。请求法院驳回原告的诉讼。

3. 法定许可制度

法定许可,是指依照法律的规定,可不经作者或其他著作权人的同意而使用其已经发表的作品,但应当按照规定向著作权人支付报酬的作品使用行为。我国《著作权法》第二十五条规定:"为实施义务教育和国家教育规划而编写出版教科书,可以不经著作权人许可,在教科书中汇编已经发表的作品片段或者短小的文字作品、音乐作品或者单幅的美术作品、摄影作品、图形作品，但应当按照规定向著作权人支付报酬，指明作者姓名或者名称、作品名称，并且不得侵犯著作权人依照本法享有的其他权利。”

在适用这一条款时应注意：第一，教科书是指课堂教学所用的正式教材，而不应当包含教学参考书和教学辅导材料等；第二，使用他人已经发表的作品用于教科书，须符合法律确定的量的要求；第三，作者事先声明不许使用的不得使用。

法定许可和合理使用都是对著作权行使的限制，它们有相似之处，也有不同的地方。相同的是：使用的作品必须是已发表的作品；使用无须征得著作权人的同意。不同的是：合理使用的公益性更强，一般没有商业目的，而法定许可一般均为商业使用。正因为这样，合理使用无须付酬，而法定许可必须向著作权人支付报酬。

第三节　与著作权有关的权利

我国著作权法制度中包含两类权利，一类是著作权，其保护的客体是作品；另一类是与著作权有关的权利，其保护的客体是作品传播过程中所产生的成果。由于与著作权有关的权利与作品之间存在着一定关联，因此这一权利又被称为“邻接权”或“相关权”。

一、邻接权的含义

邻接权，也称作品传播者权，是指作品传播者基于传播过程中的创造性劳动而依法取得的专有权利。一般而言，邻接权的权利内容包括表演者权、音像制作者权和广播电视组织权等。

(一) 邻接权产生的背景

邻接权制度产生于19世纪末20世纪初。随着录音录像及无线电广播技术的产生和不断发展，作品的传播方式不再限于出版或是现场表演，其传播途径更加复杂，如现场直播、录音录像制品的制作等。这些新的作品使用行为使得社会公众可以足不出户地欣赏作品，而表演者和音像制品制作者的活动却因独创性程度不高而无法享有著作权保护，这显然是不公平的，长此以往也必将导致产业投资的动力不足。因此，如何保护为传播作品而投入大量资金和劳动的作品传播者的利益就摆在了各国立法者的面前。由于表演以及录音录像制品的制作与作品密切相关，因此多数国家在立法中选择了在著作权法中增设一种新型的与著作权并列的权利类型，邻接权由此产生。

邻接权制度首先出现在西欧。1961年，第一部保护邻接权的国际公约在罗马缔结，即《保护表演者、录音制品制作者和广播组织的国际公约》(简称“《罗马公约》”)，邻接权制度逐渐成为各国著作权法中的重要组成部分。

(二) 邻接权与著作权的关系

从联系的角度看，著作权和邻接权都是基于人的创造性劳动而产生。邻接权源于著作权，作品的存在是传播的前提，也是相关权益产生的前提和基础，所以传播者在享有权益的同时，也负有尊重作品著作权人、不侵犯他人著作权的义务。同时，邻接权又是著作权制度的完善和发展，可以促使作品以更多的形式、在更大的范围内传播。从这个角度讲，著作权人应将自己作品许可给他人通过创造性劳动产生邻接权。因此，著作权和邻接权两者紧密联系，相互依存。

从区别的角度看，第一，两者保护客体不同。著作权保护的客体是作品，邻接权保护的则是作品的传播形式。第二，权利侧重点不同。著作权保护的重点在作品作者的智力劳动，而邻接权侧重保护的是传播作品过程中投入的劳动和资金。第三，主体类型不同。著作权主体多是自然人作者，而作为邻接权主体的作品传播者通常是法人。第四，除去财产权利外，著作权还有极强的人身权性质，而邻接权通常只侧重保护经济利益，一般不具人身性（表演者享有的两项人身权除外）。

二、与著作权有关的权利内容

我国《著作权法》在第四章中具体规定了作品传播者的权利和义务，但并未使用"邻接权"一词，而是使用了"与著作权有关的权利"这一用语，且与一般邻接权不同的是，除表演者权，录音录像制作者权和广播电台、电视台播放权外，还规定了图书、报刊出版者权。

（一）图书、报刊出版者权

图书、报刊出版一般是指通过排版方式将作品制成图书、报刊，并向社会出售的行为，是作品发表的主要方式。对于出版者权利的保护，是现代著作权法律制度中的重要内容，其内涵一般可被著作权中的复制权和发行权涵盖。我国著作权法中将图书、报刊出版者权纳入与著作权有关的权利范畴，规定了出版者的专有出版权和版式设计权两项权利。

1. 专有出版权

所谓专有出版权，是出版者对著作权人交付出版的作品，按照合同约定享有的、排除他人出版该作品的权利。专有出版权具有排他性，其本质特征是禁止权，其权利内容包括：

（1）著作权人在出版合同约定的专有出版权期限内，在合同约定的地区内，不能再行使出版权（作者的复制和发行的权利），只有在合同期满或者出版社严重违反合同义务时，出版权才重新回归著作权人。

（2）出版社在享有专有出版权期间，只能自己出版，不得许可他人出版。

（3）其他人不得以印刷方式复制发行该作品，侵犯享有专有出版权的出版社的利益。

出版者应通过与著作权人订立合同的方式取得专有出版权。若著作权人未在合同中声明让予的是专有出版权，则出版者不得主张享有排他性的专有出版权。专有出版权的期限由出版合同约定。当出现以下情况时，专有出版权消灭：第一，合同约定的期限届满；第二，图书脱销后，图书出版者拒绝重印、再版，著作权人提出终止合同；第三，出现了合同约定的专有出版权消灭的事项等。

案例 3－9

钱锺书、人民文学出版社诉胥智芬、四川文艺出版社著作权纠纷案

原告钱锺书系《围城》一书的著作权人。1980 年，人民文学出版社获得《围城》一书的专有出版权。1991 年，钱锺书书面授权将《围城》继续交由人民文学出版社出版，并言明待《著作权法》实施时，再按国家有关规定签订正式出版合同。1992 年，双方正式签订了出版合同。

被告四川文艺出版社于 1990 年向被告胥智芬约稿，对《围城》一书进行汇校，但并未取得钱锺书的许可。胥智芬汇校时所依据的底本，分别是 1946 年 2 月至 1947 年 1 月连载于《文艺复兴》月刊上的版本、1947 年 5 月上海晨光出版公司初版本和 1980 年 10 月人民文学出版社重印本。四川文艺出版社从 1991 年 5 月至 1992 年 7 月，共出版发行《围城》汇校本一书总计 12 万册，其中印有“汇校本”字样的为 3 万册。

1991 年 5 月，四川文艺出版社出版《围城》汇校本不久，即接到钱锺书和人民文学出版社提出的异议。该社当时承认其行为属于侵权，并认为是在纯属过失的情况下出版了《围城》汇校本，愿意赔礼道歉、赔偿损失。可是在 1991 年 8 月以后，该社仍继续大量出版《围城》汇校本，数量达 8 万册之多。

原告诉称：两被告未经原告同意，对《围城》进行汇校并予以出版，侵害了原告对《围城》一书的演绎权和出版使用权。为此，要求两被告停止侵权，在全国性报纸上公开向原告赔礼道歉，赔偿损失。

被告称：《围城》汇校本体现了作者的创造性劳动，具有文献价值和学术价值，是与原作品《围城》不同类型的演绎作品。由于汇校是对原作品的一种演绎使用方式，汇校本作为演绎作品，没有使用原告人民文学出版社出版的作品原版本；况且人民文学出版社获得专有出版权的日期，应自与钱锺书在 1992 年 3 月 18 日签订出版合同之日起算，被告在此之前对该作品的使用，人民文学出版社无权主张权利。故被告并不侵害人民文学出版社的专有出版权。

2. 版式设计权

所谓版式设计，是对印刷品的版面格式的设计，包括对版心、排式、字体、行距、标题等版面布局因素的安排。版式设计权是出版者对版式设计依法享有的专有权，即除出版者外，其他人未经许可不得使用。

我国《著作权法》规定的版式设计权的保护期为十年，截止于使用该版式设计的图书、期刊首次出版后第十年的 12 月 31 日。

专有出版权同版式设计权截然不同。出版者在取得著作权人许可的情况下可以对著作权人的作品享有专有出版权。因此，专有出版权是直接从著作权中派生出来的，它不能独立于作品而存在；而版式设计权有其独立的客体，因而能够自立存续。即便相关作品的保护期届满了，出版者的版式设计权也仍然继续存在。专有出版权的有效期取决于当事人的约定，而版式设计权的有效期为十年。另外，专有出版权的法定主体只限于图书出版者，而版式设计权的主体包括图书、报刊出版者。

(二) 表演者权

表演指演奏乐曲、上演剧本、朗诵诗词等直接或借助技术设备以声音、表情、动作公开再现作品的行为。表演者是作品的传播者，表演的过程是对作品再创作的过程。表演艺术家富有艺术创造性的表演，可能使一个本无声名的作品成为舞台名作。因此，表演者的创造性劳动奠定了其享受权利的基础。

1. 表演者权内容

所谓表演者权，是指表演者因在表演活动中付出的创造性劳动而依法取得的对其表演的专有权利。我国《著作权法》第三十九条规定了表演者对其表演享有的权利：① 表明表演者身份；② 保护表演形象不受歪曲；③ 许可他人从现场直播和公开传送其现场表演，并获得报酬；④ 许可他人录音录像，并获得报酬；⑤ 许可他人复制、发行、出租录有其表演的录音录像制品，并获得报酬；⑥ 许可他人通过信息网络向公众传播其表演，并获得报酬。

以上第①、②项属表演者精神权利的范围，因而保护期不受限制，其权利的内容同表演者人身相连，不可转让，不受剥夺。第③至第⑥项为财产权，表演者以前款第③项至第⑥项规定的方式使用作品，还应当取得著作权人许可，并支付报酬。表演财产权的保护期为五十年，截止于该表演发生后第五十年的12月31日。

表演者的财产权仅为一项禁止权而非许可权，即表演者有禁止他人未经其许可而将其表演播放或录音录像的权利，但授权他人对其表演进行广播、录音录像的权利则是与著作权人共享的权利。

案例 3-10

"模仿秀"侵权案

模仿秀一直是一种大众喜闻乐见的娱乐活动。一部作品一旦火了，模仿者就会纷至沓来。卢某就是一位模仿者，他凭借模仿刀郎参加了不少演出，但并没有经过授权。2019年6月29日，卢某参加泰州某公司举办的"蓝色经典·梦之蓝姜堰群星演唱会"商业演出时，在没有得到授权的情况下，再次演唱了刀郎《2002年的第一场雪》《情人》两首歌曲。这次北京啊呀啦嗦音乐文化发展有限公司把卢某连同演出主办者泰州某公司一起诉至法院，要求停止侵权，赔偿损失。

刀郎作为《2002年的第一场雪》《情人》的词曲作者，对其享有完整的著作权。经刀郎授权，北京啊呀啦嗦音乐文化发展有限公司拥有上述音乐作品的著作权，有权授权第三人以各种方式使用该作品。

2. 表演主体

我国《著作权法》规定，表演者包括自然人表演者（演员）和演出单位（剧团、歌舞团等),演出单位可以分为表演法人及非法人组织。

演员为完成演出单位的演出任务进行的表演为职务表演,演员享有表演人身权,其他权利归属由当事人约定。当事人没有约定或者约定不明确的,职务表演的权利由演出单位享有。职务表演的权利由演员享有的,演出单位可以在其业务范围内免费使用该表演。

(三) 录音录像制作者权

录音录像制作,指用机械、光学、电磁、激光等科学技术手段,将作品音响或者图像记录在唱片、磁介质、激光盘或其他载体上的行为。在这一过程中,录音录像制作者付出的创造性劳动也应当受到著作权法的保护。

所谓音像制作者权,即录音录像制作者对其制作的录音录像制品依法享有的专有权利。其权利内容表现为:许可他人复制、发行、出租、通过信息网络向公众传播并获得报酬;将录音制品用于有线或者无线公开传播,或者通过传送声音的技术设备向公众公开播送的,也应当向录音制作者支付报酬。

应当指出,录音录像制作者对其制作的录音录像制品并不享有完全的权利,在许可他人复制、发行、通过信息网络向公众传播录音录像制品时,被许可人应当同时取得著作权人、表演者许可,并支付报酬;被许可人出租录音录像制品,还应当取得表演者许可,并支付报酬。

录音录像制作者的权利仅为财产权,保护期为五十年,截止于该制品首次制作完成后第五十年的 12 月 31 日。

(四) 广播电台、电视台播放权

广播电台、电视台对其播放的节目依法享有专有权利,这一权利是基于播放产生的,基于作品创作的权利不在此范围之内。广播电台、电视台制作的节目有两类:一是视听作品,属于创作作品,应受著作权保护;二是制作录音录像制品供电台、电视台播放,应享受音像制作者的权利。

1. 广播电台、电视台播放权内容

我国《著作权法》规定广播电台、电视台有权禁止未经其许可的行为包括:① 将其播放的广播、电视以有线或者无线方式转播;② 将其播放的广播、电视录制以及复制;③ 将其播放的广播、电视通过信息网络向公众传播。其中,转播禁止权的保护期为五十年,截止于该广播、电视首次播放后第五十年的 12 月 31 日。

2. 广播电台、电视台播放行为的限制

广播电台、电视台的播放行为是基于他人创作的作品,因此我国《著作权法》对广播组织使用他人作品进行了限制。

第一,广播电台、电视台播放他人未发表的作品,应当取得著作权人许可,并支付报酬;

第二,广播电台、电视台播放他人已发表的作品,可以不经著作权人许可,但应当按照规定支付报酬;

第三,广播电台、电视台行使权利不得影响、限制或者侵害他人行使著作权或者与著作权有关的权利；

第四，电视台播放他人的视听作品、录像制品，应当取得视听作品著作权人或者录像制作者许可，并支付报酬；播放他人的录像制品，还应当取得著作权人许可，并支付报酬。

案例 3-11

宝丽金唱片等23家公司诉许某非法复制、发行其录音制品著作权案

宝丽金唱片有限公司等23名原告，分别系在中国香港地区和台湾省注册的制作、发行音像制品、作品的企业。被告许某系台湾某唱片公司和香港某唱片公司的董事。

1993年3月至5月，许某在合资企业江苏某公司任副总经理期间，委托其胞弟以虚设的香港城市唱片有限公司的名义，与江苏某公司签订了12份CD唱盘《加工契约书》。随后，许某将在香港、台湾等地加工，载有23名原告制作的录音制品的CD唱盘模板，通过邮寄或随身携带的方式带至苏州，提供给江苏某公司按《加工契约书》进行复制制作。江苏某公司按此协议先后共复制制作出含有23名原告录音制品中共306首歌曲、乐曲的31个品种的CD唱盘95 331片。许某又委托其弟和妻弟谢某以台湾某公司和香港某公司的名义，先后提取了这些制作完成的CD唱盘，并在大陆、香港及台湾等地予以销售。以后，许某以每片1美元的加工价格与江苏某公司结算了上述数量CD唱盘的费用。

宝丽金唱片有限公司等23名原告认为，许某的行为严重地侵犯了23名原告的著作权，遂向上海市第二中级人民法院提起诉讼，要求法院判令许某立即停止侵权活动，登报向23名原告赔礼道歉，并赔偿经济损失。

第四节　著作权的保护

著作人身权属于作者专有，具有专属性；而著作财产权作为一种无体财产权，是可以流转的，流转的过程也是著作权人实现权利的过程。著作权可以以两种方式流转：一种是权利的许可使用，另一种是权利的转让。根据我国《著作权法》的规定，著作权许可使用和转让都应当通过合同实现。而未经许可或转让的，且不属于“合理使用”和“法定许可”的使用行为即造成侵权，侵权者应承担法律责任。

我国现行的著作权保护系统，以国家机关的保护职能为标准，可以分为著作权的行政保护和司法保护，后者包括民法保护和刑法保护。

一、著作权侵权行为及其法律责任

著作权侵权行为，是指未经作者或其他著作权人同意，又无法律依据，擅自对受著作权保护的作品进行使用或其他擅自行使著作权人专有权利的行为。在我国，著作权侵权行为的法律责任有民事责任、行政责任和刑事责任。

依照我国《著作权法》的规定，侵害著作权人的发表权、署名权、获取报酬权、表演权以及其他作品使用权等十一项行为，需承担停止侵害、消除影响、赔礼道歉、赔偿损失等民事责任。

有些著作权侵权行为不仅侵害了著作权人的权利以及与著作权有关的权利，同时，扰乱了文化市场的秩序，损害了社会公共利益，其行为的性质和后果相对严重。这些侵权行为人除应当承担民事责任外，还应根据程度不同承担行政责任。这些侵权行为包括：未经权利人许可，通过各种渠道向公众传播其作品或录音录像制品；出版他人享有专有出版权的图书；故意删除或者改变客体的权利管理信息；制作、出售假冒他人署名的作品的。这些行为应承担的行政责任包括：由主管著作权的部门责令停止侵权行为，予以警告，没收违法所得，没收、无害化销毁处理侵权复制品以及主要用于制作侵权复制品的材料、工具、设备以及罚款。

如果侵权行为构成犯罪，侵权人应当承担刑事责任。我国《刑法》第二百一十七条和第二百一十八条分别规定了侵犯著作权罪和销售侵权复制品罪，可视情节轻重处有期徒刑或拘役，并处或单处罚金。

二、著作权侵权的赔偿标准

我国《著作权法》确立了以一般赔偿原则为主、以法定赔偿为辅的赔偿原则。即侵犯著作权或者与著作权有关的权利的，侵权人应当按照权利人的实际损失给予赔偿；实际损失难以计算的，可以按照侵权人的违法所得给予赔偿；权利人的实际损失或者侵权人的违法所得难以计算的，可以参照该权利使用费给予赔偿；赔偿数额还应当包括权利人为制止侵权行为所支付的合理开支；权利人的实际损失、侵权人的违法所得、权利使用费难以计算的，由人民法院根据侵权行为的情节，判决给予五百元以上五百万元以下的赔偿。

三、著作权纠纷的解决途径

当事人遇有著作权合同纠纷或者著作权人的权利被侵害时，可以通过协商的方式解决其间的争议。但是如果双方协商不成，或者对损害赔偿等民事责任的承担难以协商一致，则需要通过以下三种途径解决他们之间的争议。

（一）调解

调解是在第三方的主持下，协调双方当事人的利益，使双方当事人在自愿的基础上解决争议的方式。用调解的方式能够便捷地解决争议，又不伤双方当事人的和气，因此提倡解决著作权纠纷首先运用调解的方式，比如请求著作权行政管理机构进行调解。调解应当在当事人自愿的原则下进行，一方当事人不能强迫对方当事人接受自己的意志，第三人也不能强迫调解。

当事人不愿调解、调解不成或者达成调解协议后一方反悔的，就需要寻求其他途径解决纠纷。

（二）仲裁

仲裁是根据当事人达成的仲裁协议或者合同中的仲裁条款，由仲裁机构按照一定的仲裁程序依法对纠纷作出裁决。

没有仲裁协议，一方申请仲裁的，仲裁委员会不予受理。当事人达成仲裁协议的，应当向仲裁机构提请仲裁，一方向人民法院起诉的，人民法院不予受理。仲裁裁决作出后，当事人不能就同一纠纷再申请仲裁或者向人民法院起诉。对仲裁裁决，当事人应当自觉履行，一方不履行的，对方可以向人民法院申请强制执行。如果仲裁裁决有仲裁法规定的可以撤销或者不予执行的法定情形的，当事人可以申请人民法院撤销或者不予执行仲裁裁决。

仲裁是当事人解决争议的一个重要途径，具有当事人自愿、程序简便、专家断案、气氛平和、保密性强、裁决具有终局效力等特点。

（三）诉讼

诉讼是当事人通过人民法院的审判解决其著作权纠纷的一种方式。如果当事人之间发生了著作权合同纠纷或者著作权人的权利受到侵害，可以依照民事诉讼法的规定，向人民法院提起诉讼，以保护自己的合法权益。

第五节　新技术环境下的著作权保护

信息技术的飞速发展为人类从事各种社会活动带来了极大便利，但同时也带来了前所未有的问题与挑战。在著作权法领域，新技术环境使得著作权的保护内容不断扩大和深化，如计算机软件、数据库等新的作品类型的出现，以及作品在网络空间的传播等，必然要求将原有规范有形作品的著作权法延伸至新技术环境，明晰新环境下著作权的内容及保护。我国著作权法对新技术环境下的著作权问题作出了特殊规定，涉及计算机软件保护、数据库保护和作品的信息网络传播权。

一、计算机软件的著作权保护

目前，世界各国对计算机软件保护的通行做法是以著作权保护，1990 年，我国《著作权法》也明确将计算机软件列入受保护的作品范围。但计算机软件作为著作权法保护的客体，与其他传统作品形式有着明显的不同，因此根据《著作权法》的规定，1991 年国务院另行制定了《计算机软件保护条例》。2001 年，依据新修订的《著作权法》，为适应我国加入世贸组织后与 TRIPS 协议接轨的需要，国务院发布了新的《计算机软件保护条例》，新条例从 2002 年 1 月 1 日起施行。此后，该条例又分别于 2011 年和 2013 年进行了两次修订。

（一）软件著作权的客体

软件著作权的客体是指计算机软件，即计算机程序及其有关文档。计算机程序是指为了得到某种结果而可以由计算机等具有信息处理能力的装置执行的代码化指令序列，或者可以被自动转换成代码化指令序列的符号化序列或者符号化语句序列。文档是指用来描述程序的内容、组成、设计、功能规格、开发情况、测试结果及使用方法的文字资料和图表等，如程序说明、流程图、用户手册等。

1. 客体的构成要件

受保护的软件必须由开发者独立开发，并已固定在某种有形物体上。这表明要成为受著作权保护的客体，软件必须具有原创性和可复制性，抄袭的作品、开发者头脑中的软件设计思想都不受法律保护，这与著作权作品所应具备的条件是一致的。同时，同一计算机程序的源程序和目标程序为同一作品，也就是说，无论源程序还是目标程序，都受到著作权法的保护，他人未经许可不能擅自使用。

2. 计算机软件的特点

计算机软件是一类特殊的人类智力成果，它兼具文字作品的形式和技术成果的内涵。因此，计算机软件不仅具有传统文学、艺术和科学领域作品的欣赏与学习功能，还具有技术成果的实用功能。

3. 不受保护的软件

软件由许多的要素构成，但并不是所有要素都受著作权的保护。根据《计算机软件保护条例》的规定，对软件的保护不延及开发软件所用的思想、处理过程、操作方法或者数学概念等。

（二）软件著作权的主体

软件著作权的主体即软件著作权人，是指依法对软件享有著作权的自然人、法人或者其他组织。

根据《计算机软件保护条例》的规定，软件的著作权由软件开发者享有。所谓软件开发者，是指实际组织开发、直接进行开发，并对开发完成的软件承担责任的法人或者其他组织；或者依靠自己具有的条件独立完成软件开发，并对软件承担责任的自然人。《计算机软件保护条例》规定：中国公民、法人或者其他组织对其所开发的软件，不论是否发表，均享有著作权；外国人、无国籍人的软件首先在中国境内发行的，依法也享有著作权；外国人、无国籍人的软件，依照其开发者所属国或者经常居住地国同中国签订的协议或者依照中国参加的国际条约享有的著作权，受法律保护。

对软件的职务作品和非职务作品、合作作品和委托作品等特殊作品的著作权归属，《计算机软件保护条例》的规定与《著作权法》的规定是一致的，这里不再详述。

软件著作权可以转让，也可以继承，所以软件著作权的主体也包括原始主体和继受主体。

（三）软件著作权的内容和期限

软件作为一类作品形式，其主要权利内容与保护期限的规定符合著作权法规定的一般要求，但由于软件区别于传统作品的特殊性，其权利内容与一般作品的权利内容又有所不同。

1. 软件著作权的内容

软件开发者对开发的软件同时享有人身权和财产权。

(1) 软件人身权，是表明开发者身份以及在软件上署名的权利。具体包括发表权、署名权和修改权三项。所谓修改权，即对软件进行增补、删节，或者改变指令、语句顺序的权利。《计算机软件保护条例》规定，软件的合法复制品所有人有权为了把该软件用于实际的计算机应用环境或者改进其功能、性能而进行必要的修改。但法律同时规定，除合同另有约定外，未经该软件著作权人许可，不得向任何第三方提供修改后的软件。

同一般作品的人身权相比，软件人身权中没有被赋予保护作品完整权，这是因为：软件首先是一种技术作品，为了推动技术的进步，不应限制他人在已有软件的基础上开发新的软件。

(2) 财产权。软件著作财产权包括复制权、发行权、出租权、信息网络传播权和翻译权等。其中，发行权，即以出售或者赠与方式向公众提供软件的原件或者复制件的权利；出租权，指有偿许可他人临时使用软件的权利，但是软件不是出租的主要标的的除外；翻译权，是指将原软件从一种自然语言文字转换成另一种自然语言文字的权利。此外，软件著作权人还享有许可权、转让权和获得报酬权，即软件著作权人可以许可或转让其软件著作权，他人行使其软件著作权，并有权获得报酬。

从以上内容可看出，软件著作权的内容与传统作品著作权的内容在很大程度上是相同的，但软件著作权中不包括展览权、表演权、摄制权等权利。这是因为软件不是文学、艺术作品，它的使用不以展览、表演等方式进行。

案例 3-12

北大方正公司诉高术公司侵犯软件著作权案

北大方正是方正 RIP 软件、方正文合软件的著作权所有者。而高术公司和其全资子公司的业务，均主要集中于电子出版系统及网络应用系统的开发、生产、集成和服务。1999 年 5 月以前，这两个公司都是北大方正软件的代理商，他们在销售激光照排机时，都要配套使用北大方正和红楼研究所开发的方正 RIP 软件、文合软件和方正字库。1999 年 5 月，由于双方发生分歧，双方终止代理关系。但此后，方正发现被告一直在非法复制销售方正 RIP、方正文合、方正字库等软件。

自 2001 年 6 月起，方正公司职员“乔装”成用户多次和被告联系商谈购买激光照排机和安装方正 RIP 等软件相关事宜。2001 年 7 月至 8 月，该职员在租用的临时地点，以普通用户的名义，向被告签订供货合同，内容为日本网屏公司出品单价为 415 000 元的 KATANA FT-5055A 照排机一套。合同签订后，被告的技术人员进行了照排机的安装、调试工作，在主机中安装了方正世纪 RIP PSPNT v2.1 版、方正文合 v1.1 版、方正字库等盗版软件，并留下装有上述软件的光盘四张、加密狗两个及被告公司工作单一份。上述行为北京市国信公证处公证员均在场并进行了公证。随后,北大方正向法院提出诉讼,并索赔300万元。

2. 软件著作权保护期限

软件著作权自软件开发完成之日起产生。自然人的软件著作权,保护期为自然人终生及其死亡后五十年,截止于自然人死亡后第五十年的12月31日;软件是合作开发的,截止于最后死亡的自然人死亡后第五十年的12月31日。法人或者其他组织的软件著作权,保护期为五十年,截止于软件首次发表后第五十年的12月31日,但软件自开发完成之日起五十年内未发表的,不再受到保护。

(四) 软件著作权的限制

为了维护社会公众利益,保障软件的正常使用,促进软件开发技术的发展,《计算机软件保护条例》规定了对软件著作权的限制。

1. 合理使用

为了学习和研究软件内含的设计思想和原理,通过安装、显示、传输或者存储软件等方式使用软件的,可以不经软件著作权人许可,不向其支付报酬。

2. 软件的合法复制品所有人享有的权利

根据使用的需要把该软件装入计算机等具有信息处理能力的装置内;为了防止复制品损坏而制作备份复制品。这些备份复制品不得通过任何方式提供给他人使用,并在所有人丧失该合法复制品的所有权时,负责将备份复制品销毁;为了把该软件用于实际的计算机应用环境或者改进其功能、性能而进行必要的修改;但是,除合同另有约定外,未经该软件著作权人许可,不得向任何第三方提供修改后的软件。

3. 相似开发

软件开发者开发的软件,由于可供选用的表达方式有限而与已经存在的软件相似的,不构成对已经存在的软件的著作权的侵犯。

4. 善意持有人

软件的复制品持有人不知道也没有合理理由应当知道该软件是侵权复制品的,不承担赔偿责任;但是,应当停止使用,销毁该侵权复制品。如果停止使用并销毁该侵权复制品将给复制品使用人造成重大损失的,复制品使用人可以在向软件著作权人支付合理费用后继续使用。

(五) 软件著作权的保护

未经软件著作权人许可的侵权行为,依不同情况,分别承担民事责任、行政责任和刑事责任。

1. 民事责任

根据《计算机软件保护条例》第二十三条的规定,软件著作权侵权行为包括:未经软件著作权人许可,发表或者登记其软件的;将他人软件作为自己的软件发表或者登记的;

未经合作者许可，将与他人合作开发的软件作为自己单独完成的软件发表或者登记的；在他人软件上署名或者更改他人软件上的署名的；未经软件著作权人许可，修改、翻译其软件的以及其他侵犯软件著作权的行为。对以上侵权行为，侵权人均应当根据情况，承担停止侵害、消除影响、赔礼道歉、赔偿损失等民事责任。

2. 行政责任

根据《计算机软件保护条例》二十四条的规定，未经软件著作权人许可的侵权行为同时损害社会公共利益的，还应承担行政责任。可以由著作权行政管理部门责令停止侵权，没收违法所得，没收、销毁侵权复制品，可以并处罚款；情节严重的，著作权行政管理部门并可以没收主要用于制作侵权复制品的材料、工具、设备等。具体侵权行为包括：复制或者部分复制著作权人的软件的；向公众发行、出租、通过信息网络传播著作权人的软件的；故意避开或者破坏著作权人为保护其软件著作权而采取的技术措施的；故意删除或者改变软件权利管理电子信息的；转让或者许可他人行使著作权人的软件著作权的以及其他侵犯软件著作权的行为。

3. 刑事责任

侵权行为情节严重触犯刑律的，依照刑法关于侵犯著作权罪、销售侵权复制品罪的规定，依法追究刑事责任。

为及时制止侵权行为或避免自身合法权益受到难以弥补的损害，软件著作权人在有证据证明或证据可能灭失或者以后难以取得的情况下，可在提起诉讼前向人民法院申请采取责令停止有关行为以及财产或证据保全措施。

二、数据库保护

现代数据库是指按照一定的数据结构来组织、存储和管理大量数据集合的基础应用软件。对于数据库的法律保护，国际上一般将其作为"汇编作品"纳入著作权法律保护范围。我国现行的《著作权法》中未明确地将数据库列为著作权保护的客体，但依国际惯例，一般认为《著作权法》第十五条适用于数据库保护，即"汇编若干作品、作品的片段或者不构成作品的数据或者其他材料，对其内容的选择或者编排体现独创性的作品，为汇编作品，其著作权由汇编人享有，但行使著作权时，不得侵犯原作品的著作权"。

由上可知，并非所有数据库都能得到著作权法的保护，根据著作权法保护的一般原则，数据库获得著作权法保护的首要条件是独创性，没有独创性的数据库应被排除在著作权保护的范围之外。数据库的独创性，是指数据库制作者对数据库所包含的数据、资料等的选择上和其安排形式上具有独到的创意，体现了制作者独立的劳动价值，在这一点上，其与传统作品并无不同。对于这些属于单纯数据、资料汇集的数据库加以法律保护的原因在于：虽然它们的内容缺乏原创性，但是在对于内容的选择和格式的编排上同样耗费了制作者大量的劳动与资金投入，如果不对其提供任何法律保护，也有失公正。

需要强调的是，对于数据库的保护并不延及数据库所包含的数据或者事实材料本身，这些数据或者材料仍属于作者著作权的范畴。因此，数据库制作者在行使著作权时，不得侵犯原作品的著作权。

案例 3－13

海南某公司诉海口某公司数据库侵权案

海南某公司 1998 年投资 180 万元完成开发并出版发行了《中国大法规数据库》，在法规的分类、分类编码方面，对法规题目、颁布单位的编辑格式和使用省略格式方面以及内容、注释的编辑格式和编排体例方面，都体现了制作者的独创性，且《中国大法规数据库》1998 年已获国家版权登记。2000 年，被告海口某公司将《中国大法规数据库》解密后，上传到其经营的“司法在线”网站上，可供用户阅读、下载、拷贝或直接打印。海南某公司将该侵权的网上法规数据库，经过公证将其下载作为证据，向海口市中级人民法院起诉，要求被告承担侵权损害赔偿责任。

三、信息网络传播权保护

传统的作品传播方式是一种单向被动的信息传递方式，作品由传播者单向提供，公众则只能在传播者指定或规定的时间、地点欣赏该作品。网络的产生，带来信息传播模式上的革命。被上传至网络的作品，可供任何用户，在任何时间、任何地点以任何自己喜欢的方式欣赏该作品，这使得信息的传播变成一种双向作用的交互式传播方式。当网络成为作品的传播途径，作者的著作权保护问题就随之而来。

(一) 信息网络传播权的产生

1996 年，世界知识产权组织通过两个被称为“因特网条约”的国际公约，即《世界知识产权组织版权条约》(简称“WCT”)和《世界知识产权组织表演和录音制品条约》(简称“WPPT”)，设立了信息网络传播权。这一权利是对作者、表演者和录音录像制作者网络空间权利的保护，也是对《伯尔尼公约》所确定的传播权保护体系的发展和完善。此后，美国、日本等国家纷纷依据各自的立法体系将此权利纳入本国的著作权保护中。

2000 年，我国《最高人民法院关于审理涉及计算机网络著作权纠纷案件适用法律若干问题的解释》中明确：将作品通过网络向公众传播，属于著作权法规定的使用作品的方式，著作权人享有以该种方式使用或者许可他人使用作品，并由此获得报酬的权利。这表明网络信息传播权的保护已成为我国的司法实践。

2001 年修订的《著作权法》中将“信息网络传播权”正式写入法律之中，明确规定著作权人对其作品享有信息网络传播权；表演者、录音录像制作者对其表演、录音录像制品享有向公众传播并获得报酬的权利。至此，权利人享有的著作权以及与著作权有关的权利中增添了新的权利内容。

2005 年国家版权局和信息产业部联合发布《互联网著作权行政保护办法》，其中明确规定了侵犯信息网络传播权的一系列行为，为保护著作权人的信息网络传播权营造了好的社会环境。

2006 年,国务院颁布了《信息网络传播权保护条例》,并于 2013 年修订。

(二) 信息网络传播权保护的意义

网络的诞生带来了信息传播使用方式前所未有的革命,同时也带来了著作权保护的严峻挑战,建立信息网络传播权保护的法律规范,具有十分重要的意义。

1. 保障著作权人的权利

网络信息传播权使得传统的著作权保护制度延伸到虚拟空间,有利于遏制日益严重的网络侵权行为,应对日益增多的网络侵权纠纷,是著作权人在网络传播过程中的权利得以充分有效实现的保障。

2. 有利于创新作品传播途径,发挥网络传播作品的潜能

互联网与传统传播媒介相比,具有多方面的传播优势,非常有利于各类作品的传播,能够为公众获取和使用作品提供极大便利。

3. 有利于平衡各方利益

知识产权保护的基础是通过保护私权来增加社会公共利益,如何实现权利人、网络服务提供者、作品使用者的利益平衡是信息网络传播权保护制度要解决的问题。通过对权利保护、权利限制以及网络服务提供者责任免除等一系列规定,有利于保持权利人、网络服务提供者、作品使用者的利益平衡,达到制度设计的最终目标。

(三) 信息网络传播权的权利内容

信息网络传播权的内容是指权利人对作品的信息网络传播权能的处分方式,一般包括作品的网络传播权、许可权和获得报酬权。

1. 作品的网络传播权

即作者的作品上网权,一般可分为作品的网络上载权、网络公开展览权和网络下载权。其中,根据网站上载方式的不同,是否将作品复制在网站的计算机硬件上,以及临时复制的用途的不同,对信息网络传播权的保护也有所不同。

2. 许可权

即作者授权他人将其作品传输上网的权利。任何组织和个人通过信息网络向公众提供他人的作品、表演、录音录像制品,应当取得权利人的许可。他人未经许可不得擅自将作品复制、转载及传输上网等。

3. 获得报酬权

指通过信息网络向公众提供他人的作品、表演、录音录像制品,应当向权利人支付报酬。

(四) 信息网络传播权的特殊保护内容

基于网络传播的特点,我国对信息网络传播权的保护还涵盖了权利人为保护信息网络传播权而采取的技术措施以及说明作品权利归属或者使用条件的权利管理电子信息。

1. 技术措施

技术措施属预防性措施,是对法律保护模式的有效补充、强化和扩展,已经成为著作权保护立法的通行做法。《信息网络传播权保护条例》不仅禁止故意避开或者破坏技术措

施的行为，而且还禁止制造、进口或者向公众提供主要用于避开、破坏技术措施的装置、部件或者为他人避开或者破坏技术措施提供技术服务的行为。

有学者认为，规避或破解技术措施的行为不是直接侵犯著作权的行为，更不是一种侵犯著作财产权的行为，技术措施权利人在这里所享有的权利也不是著作权。有关国际条约和国内立法中规定这种侵权行为仅仅因为这种行为与著作权有着非常密切的关系，仅仅是作为保护著作权的方式之一。

2. 权利管理电子信息

在传统出版物版权页上有关作者和出版日期等权利管理信息，与出版物合为一体，具有不可更改性。而网络环境下，权利管理信息以数字化的形式出现，很容易被他人伪造、篡改和消除，从而给权利人在网络传播中权利的实现带来很大的损害和风险。因而，保护用来说明作品权利归属或者使用条件的权利管理电子信息，也成为信息网络传播权中的一项内容。《信息网络传播权保护条例》规定：禁止故意删除或者改变权利管理电子信息的行为；禁止提供明知或者应知未经权利人许可被删除或者改变权利管理电子信息的作品。

(五) 对信息网络传播权的限制

基于计算机网络交互性、开放性、便捷性的特点，考虑到权利专有与社会公共利益的平衡，《信息网络传播权保护条例》中对信息网络传播权的限制包括合理使用和法定许可两个方面。

1. 合理使用

《信息网络传播权保护条例》结合网络环境的特点，将《著作权法》规定的合理使用情形延伸至网络环境，排除其中不存在信息网络传播方式的个人使用、免费表演、临摹外，其余，如课堂教学、国家机关执行公务等通过网络提供权利人作品的行为均可不经权利人许可、不向其支付报酬。

此外，考虑到我国图书馆、档案馆、纪念馆、博物馆、美术馆等机构，为长期保存和发挥已购置的数字作品的作用，《信息网络传播权保护条例》还规定以上机构可以不经著作权人许可，通过信息网络向本馆馆舍内服务对象提供本馆收藏的合法出版的数字作品和依法为陈列或者保存版本的需要以数字化形式复制的作品，不向其支付报酬，但不得直接或者间接获得经济利益。

2. 法定许可

为了发展社会公益事业，《信息网络传播权保护条例》在完全符合互联网公约有关要求的基础上，结合我国实际，规定了为发展教育的法定许可和为扶助贫困的法定许可两种情形。

(六) 纠纷解决

网络侵权与传统侵权只是行为发生的环境不同，两者在本质上是相同的，即行为人由于过错侵害他人的财产和人身权利的行为，且依照法律的规定，这些致人损害的行为应当承担相应的法律责任。

1. 法律责任

如果他人侵犯了著作权人的信息网络传播权，应按照《著作权法》，承担停止侵害、消除影响、公开赔礼道歉、赔偿损失等民事责任；同时损害公共利益的，可以由著作权行政管理部门责令停止侵权行为，没收违法所得，并处罚款；构成犯罪的，依法追究刑事责任。

2. “通知与删除”的侵权纠纷处理简便程序

对于实践中侵犯信息网络传播权涉及金额较小的纠纷，《信息网络传播权保护条例》参考国际通行做法，建立了处理侵权纠纷的“通知与删除”简便程序：权利人认为网络上的作品侵犯其权利或者删除、改变了权利管理电子信息，可以书面要求网络服务提供者删除该作品或者断开与该作品的链接；网络服务提供者根据权利人书面通知，立即删除涉嫌侵权的作品或者断开与该作品的链接，并转告服务对象；服务对象认为其提供的作品未侵犯他人权利，提出书面说明要求恢复的，网络服务提供者立即恢复被删除的作品，还可以恢复与该作品的链接，同时转告权利人。

3. 责任免除

《信息网络传播权保护条例》中特为网络服务提供者(ISP)设定了责任免除条款。ISP包括网络信息服务提供者(ICP)和网络接入服务提供者(IAP)，它们是连接权利人和作品使用者的纽带。降低ISP通过信息网络提供作品的成本和风险，才能有效促进网络产业的发展。同时，ISP为服务对象提供侵权作品的行为，往往不具有主观过错。为此，在借鉴一些国家有效做法的基础上，《信息网络传播权保护条例》对ISP的提供服务规定了四种免除赔偿责任的情形。

一是ISP提供自动接入服务、自动传输服务的，只要按照服务对象的指令提供服务，不对传输的作品进行修改，不向规定对象以外的人传输作品，不承担赔偿责任。

二是ISP为了提高网络传输效率自动存储信息向服务对象提供的，只要不改变存储的作品、不影响提供该作品网站对使用该作品的监控、并根据该网站对作品的处置而做相应的处置，不承担赔偿责任。

三是ISP向服务对象提供信息存储空间服务的，只要标明是提供服务、不改变存储的作品、不明知或者应知存储的作品侵权、没有从侵权行为中直接获得利益、接到权利人通知书后立即删除侵权作品，不承担赔偿责任。

四是ISP提供搜索、链接服务的，在接到权利人通知书后立即断开与侵权作品的链接，不承担赔偿责任。但是，如果明知或者应知作品侵权仍链接的，应承担共同侵权责任。

案例3-14

刘某诉搜狐爱特信信息技术(北京)有限公司侵犯著作权案

原告刘某1995年翻译出版了西班牙著名作家塞万提斯的名著《堂吉诃德》。2000年10月，原告访问搜狐网站时，发现通过点击该网站“文学”栏目下的“小说”，即进入搜索引擎页面，通过其中三个网站的链接，可在页面上全文浏览或下载其翻译作品，而原告从未授权或者许可包括搜狐在内的任何网站上载《堂吉诃德》一书。原告认为被告的行为严重侵犯了其著作权，因此向法院提起民事诉讼，明确要求被告搜狐公司立即停止侵权，赔礼道歉并赔偿原告10万元损失。案件开庭审理时，原告当庭明确要求被告断开与上载其翻译作品的网站的链接。

2000年11月23日，被告搜狐公司回应：原告把通过搜狐网站能访问到《堂吉诃德》的原告的中文译本和搜狐非法登载原告的译著作品《堂吉诃德》两种情形混为一谈。被告认为自己并没有对原告实施侵权行为，因为被告所属网站"搜狐"与登载原告该译著的另外三个网站建立了链接，故当用户访问"搜狐"网站并点击《堂吉诃德》时，实际已经离开"搜狐"网站而开始访问被链接的网站，"链接"与"登载"不是一个概念。因此原告要求搜狐公司承担赔礼道歉和赔偿损失的民事责任，于法无据。至11月30日，被告才断开链接。12月20日案件审结。这是我国第一件因网络链接而引起著作权纠纷的案件。

本章参考文献

[1] 胡康生.中华人民共和国著作权法释义[M].北京：法律出版社，2002.
[2] 王迁.知识产权法教程(第六版)[M].北京：中国人民大学出版社，2019.
[3] 刘春田.知识产权法[M].北京：高等教育出版社，2015.
[4] 崔国斌.著作权法：原理与案例[M].北京：清华大学出版社，2014.
[5] 郭禾.知识产权法案例分析[M].北京：中国人民大学出版社，2006.
[6] 陈旭.上海法院知识产权案例精析[M].北京：人民法院出版社，1997.
[7] 最高人民法院公报编辑部.中华人民共和国最高人民法院公报全集[M].北京：人民法院出版社，1995.
[8] 石谷.江苏三毛集团侵犯美术作品著作权案：商标权与著作权的对抗[J].中国企业家，1998(9)：52-54.
[9] 杨洪逵.宝丽金唱片有限公司等诉许华乐非法复制、发行其录音制品著作权侵权案[J].中国法律，1997(2)：11.
[10] 周翔.北大方正公司诉高术公司侵犯软件著作权案[J].知识产权，2002(9)：34-41.
[11] 刘月珍.数据库享有著作权[N].中华工商时报，2003-03-17.

第四章 专利法律制度

2015 年 10 月，搜狗科技公司和北京搜狗信息服务有限公司（以下简称“搜狗信息公司”）针对百度网讯公司旗下的“百度手机输入法”产品及其使用向北京知识产权法院提起 8 项专利侵权诉讼请求，并索赔 8000 万元；同年 11 月，搜狗信息公司向北京知识产权法院、上海知识产权法院及上海市高级人民法院提起 9 项专利侵权诉讼请求，控百度输入法侵犯其享有的专利权，并提出 1.8 亿元的赔偿请求。搜狗信息公司在这一系列案件中索赔金额累计高达 2.6 亿元，而两家互联网巨头之间的纠纷也成了“中国互联网专利第一案”。此案也为整个行业带来示范效应，而以专利保护为准则的市场竞争才是中国制造的创新驱动力。

“专利”一词具有专利技术和专利权利的双重含义。专利技术是指获得专利权的发明创造，它是世界上最大的技术信息源，据实证统计分析，专利包含了世界科技信息的 90%～95%。[①] 专利权是发明创造人因其发明创造在一定时期内享有的独占实施权，保护专利权是专利法律制度的核心。

专利法律制度是知识产权法的重要组成部分，指国家运用法律手段，通过《专利法》的实施，借助授予专利权来鼓励和保护发明创造。对于广大的科技人员而言，通过申请专利，既可以保护自己的发明成果，通过占据新技术及其产品的市场空间获得相应的经济利益，同时也有利于推动科技进步和经济发展。专利法律制度也是国际上通行的一种管理制度，其主要特征是法律保护、科学审查、公开通报和国际交流。

第一节 我国专利法律制度的历史沿革

古代中国创造了灿烂的科技文明，最为显赫的成就当属造纸、活字印刷术、火药和指南针这四大发明。据丁・尼达姆所著《中国的科学与文明》一书统计，在 15 世纪前的 1500 年中，从中国传入欧洲的仅革命性的或重大的技术发明就达 35 种，更有不计其数的普通发明。但在同一时期仅有 4 种技术，如螺钉、钟表装置等从欧洲传入中国。早在

---

① 白硕，孙俊. 我国专利法律制度的历史沿革[J]. 法制与社会，2010(3)：41－43.

1620 年，英国哲学家弗朗西斯・培根就在其著作中阐明没有任何帝国、教派、星球，能比这些技术发明对人类事务产生更大的动力和影响。

15 世纪中期后，中国封建统治者开始趋向于施行闭关锁国和禁锢国民思维的国家政策，民间创造发明受到严重的抑制。而与此同时，西方的文艺复兴运动和科技革命蓬勃兴起，资本主义萌芽，工业化不断扩展。与之相适应，专利保护开始在西方兴起，从 1623 年英国制定《垄断法》到 19 世纪初，现今的西方发达国家大都建立起了专利制度并全面实施，使西方科技、军事、经济全面超过了中国。

一、清朝专利制度的建立

最早将西方专利思想引入中国的是太平天国的领导人之一洪仁玕。1859 年，在洪仁玕主持制定的《资政新篇》中提出鼓励发明创造，建立专利制度的主张。针对“兴车马之利”“兴舟楫之利”和“兴器皿技艺”的不同发明，规定若达到“至巧”“精奇利便”等条件，均应“准以自专其利，限满准他人仿做”。同时还规定，根据发明的不同等级，给予不同的保护期限，即“器小者赏五年，大者赏十年，益民多者年数加多”。可见，这些内容已初步具备现代专利制度的基本思路与框架。当然，《资政新篇》只是洪仁玕提出的施政建议，虽作为官方文书正式颁行，但在太平天国后期的政局下已无法施行。

清朝时出现了中国历史上第一个“钦赐”专利，专利人是我国早期民族资产阶级的代表人物郑观应，他于 1881 年就上海机器织布局采用的机器织布技术，向光绪皇帝申请专利，1882 年即得到皇帝的批准授予，期限为十年。

1898 年，清政府颁布了中国历史上第一部专利法规《振兴工艺给奖章程》。该章程规定，凡发明新方法制造重要的新产品，或者新方法兴办重大工程而有利于国计民生者，可以获准五十年的专利；一般的新产品可获准三十年的专利；即使仿造西方的产品，也可以获准十年的专利；并且依据发明的大小，可分封专利人大小不等的官职。《振兴工艺给奖章程》是革新民族志士对振兴中华的心血体现，但因戊戌变法失败，在其颁布后两个月就被废止了。

二、民国时期专利制度的发展

民国时期专利制度的发展可以分为北洋政府时期和南京国民政府时期。

(一) 北洋政府时期的专利制度

在 1912—1928 年北洋军阀时期，专利法律制度较之清末有所进步。

1912 年辛亥革命胜利后，中华民国北洋政府工商部颁布了《奖励工艺品暂行章程》。该章程首次明确了先申请原则，规定“工艺上之物品及方法首先发明及改良者，得呈请专利”；确立了专利审查制度，对发明及改良的“工艺品”给予执照，许其制造品于五年之内得专卖之；首次引入了权利转让继承、强制实施和违法责任原则。从内容上看，该章程是我国首个具有明显的现代专利法意义的规定。

1923 年，中华民国北洋政府又颁布了《暂行工艺品奖励章程》，与前述章程相比出现了以下变化：专利不仅保护发明或改良的制造品，而且保护发明方法；在同时颁布的施行细则中，对专利的申请、继承与转让的程序都作了明确规定；根据申请专利内容，将专利保护年限分为三年至五年，确属发明创造者才可享有；外国人不准在我国申请专利等。

北洋政府时期的专利制度受制于当时特定的政治制度与利益格局，收效甚微。从1912年到1928年，批准专利数仅有121件，平均每年专利数只有7件，专利法律制度基本没有起到保护、促进社会经济发展的目的。

（二）南京国民政府时期的专利制度

1927年国民政府定都南京，随即于次年颁布了《奖励工艺品暂行条例》。该条例基本上沿用了北洋政府时期的规定，只是将专利的年限扩大为十五年、十年、五年及三年四种，并且对应褒奖者颁发褒章。

出于准备内战的需要，技术改进与发明相对增多，社会对专利注册、专利保护的要求进一步增强。在这种情况下，南京国民政府于1932年10月颁布了《奖励工业技术暂行条例》，并在1939年进行了修订，其中增加了对于"新型"（实用新型）和"新式样"（外观设计）的保护；1939年和1940年，南京国民政府先后颁发了《国民政府抄发奖励工业技术暂行条例的训令》《奖励工业技术补充办法》等，初步形成了一个比较完整的国民政府专利法规体系。

1940年11月，国民政府正式建立专利管理机构，并在经济部内设立工业专利办法筹备委员会，负责起草完全意义上的专利法。1944年5月29日，我国历史上第一部比较完整的包括发明、新型、新式样的《中华民国专利法》正式公布。该法规定发明专利的保护期限为十五年，新型为十年，新式样为五年，均自申请之日起算。遗憾的是这部专利法的实施日期定为1949年1月1日，由于当时正处于国内战争时期，这部中国第一部正式颁布的专利法根本未有机会实施。

三、中华人民共和国专利制度的发展

中华人民共和国成立后，宣布废除了包括《中华民国专利法》在内的国民政府时期的法律，中华人民共和国的专利法律制度重新开始建立。

（一）初建阶段

1950年，中央政府颁布了中华人民共和国成立后有关专利的第一项法规，即《保障发明权与专利权暂行条例》，并于同年10月颁布了该条例的实施细则。该条例最大的特点是采取了发明权与专利权的双轨制，发明人可以自由选择申请发明权或者专利权，并分别获得发明权证书或专利权证书。1953年4月，我国著名化学家侯德榜的"侯氏制碱法"获得国家批准授予的第一项发明权，有效期为五年。然而遗憾的是，在之后长达十三年的时间里，国家只批准了6项发明权、4项专利权，这部条例在保障专利权、鼓励科技创新方面并未发挥出实际效用。

1963年，国务院废止了《保障发明权与专利权暂行条例》，颁布了《发明奖励条例》，对那些具备新颖性、实用性，其技术水平处于国内或国际领先的发明创造，授予发明证书，将原有的双轨制变成了单一的发明权制度。这种单轨的发明权，意味着科技成果归国家所有，发明人只能享受一定数额的奖金。对发明人而言，它实际上只是一项能够获得精神奖励和物质奖励的权利，并不是一种智力成果私人专有权，不具备知识产权的专有财产性质。在随后长达十五年的时间里，中国的发明创造遭遇严重挫折。

(二) 立法阶段

1984 年 3 月 12 日，《中华人民共和国专利法》终于出台，这是中国专利制度发展史上一个重要的里程碑。《专利法》规定了对发明、实用新型和外观设计的保护，规定了授予专利权的实质性要件、专利的申请和审查程序、专利权的无效程序和侵权的法律救济。该法也考虑到我国即将加入《巴黎公约》的前景，体现了国民待遇、优先权、专利独立三大原则。当然，这部法律是在特殊环境下制定的，虽然参考了世界各国的专利制度和有关的国际条约，但也受到中国当时的制度和认识条件限制。

之后为了适应经济、社会发展的需要，《专利法》分别于 1992 年、2000 年、2008 年和 2020 年进行了四次修正。其中，前两次修正的原因更多的是出于适应世界交往的需要，如入关复谈、加入 WTO；2008 年版《专利法》修正适逢国家知识产权战略实施，这才从真正意义上体现出中国对自主创新与经济社会发展的迫切需要在专利法律上的觉醒；第四次修正的宗旨则在于提高专利质量，促进我国从专利大国向专利强国迈进。

(三) 我国专利法体系构成

目前，我国已构成较完备的专利法律法规体系，具体包括：

1. 国家法律

《专利法》是我国专利法律制度中的核心内容。

2. 行政法规和规章

我国有关专利保护的行政法规除《中华人民共和国专利法实施细则》外，还包括《专利代理条例》《中华人民共和国植物新品种保护条例》《中华人民共和国知识产权海关保护条例》等。

与专利保护相关的部门规章包括《专利审查指南》《专利行政执法办法》《专利实施强制许可办法》《专利实施许可合同备案管理办法》《专利权质押合同登记管理暂行办法》以及《中华人民共和国植物新品种保护条例实施细则（林业部分）》和《中华人民共和国植物新品种保护条例实施细则（农业部分）》等。

3. 司法解释

最高人民法院的司法解释主要包括《关于审理专利纠纷案件适用法律问题的若干规定》《关于在诉前停止侵犯专利权行为适用法律问题的若干规定》《关于审理专利纠纷案件若干问题的解释》等。

第二节 专利法律关系

专利权，是指依照专利法的规定，权利人对其获得专利的发明创造在法定期限内所享有的独占权或专有权。专利法就是调整因专利权的认定、专利技术的实施而产生的各种社会关系的专门法律，具体明确专利权的归属问题、发明创造的利用问题以及对专利权的保护问题，是专利制度的核心内容。

一、专利权的客体

专利权的客体是专利权所指向的物，即受专利法保护的对象。依世界各国的专利法，对于保护客体的规定不尽相同。大多数国家只保护发明，但也有一些国家还保护实用新型和外观设计。我国《专利法》的立法宗旨中强调“鼓励发明创造，推动发明创造的应用”，同时明确：“本法所称的发明创造是指发明、实用新型和外观设计。”由此，我国《专利法》保护的对象包括发明、实用新型和外观设计三种。

（一）发明

一般而言，发明是指创造出新的事物或方法。专利法律制度中的发明，是专利法最重要的保护对象。

1. 发明的定义

发明，是指对产品、方法或者其改进所提出的新的技术方案。发明的内涵包括：

首先，发明不同于发现。发现是揭示自然界已经存在的但尚未被人们所认识的自然规律和本质的。发现不能获得专利。

其次，发明是一种新的技术方案。它不同于技术的概念，广义的技术也可能包括一些仅仅是名称、设想或愿望，而不具备具体的实施办法的内容。发明是运用自然规律或本质去解决具体问题的，是经过实践证明可以直接用于工业生产、制造出某种具体的物品（或者具备实现的可能性）的具体方案或方案的构思。

2. 发明的种类

发明可以分为产品发明和方法发明两类。

产品发明是指人工制造的各种有形物品的发明，如新的机器、设备、材料、工具、用具等的发明。一项发明如获得的是产品专利，则受保护的对象是产品本身而不是产品的制作方法。

方法发明是指关于把一个物品或物质改变成另一个物品或物质所采用的手段的发明，如新的制造方法、化学方法、生物方法的发明等。在我国，如果一项产品制造方法获得了发明专利，则专利法对它的保护不仅是方法本身，而且延及由此方法制造的产品。

由于发明是可以产生一种全新的产品或者方法的技术方案，是科技含量和创造性都较高的一种发明创造，因此，各国专利法都将发明作为专利保护的基本对象。

（二）实用新型

实用新型是指对产品的形状、构造或者其结合所提出的适于实用的新的技术方案。同发明相比：实用新型与发明具有共同的特征，如创新性和实用性。因此，究其实质实用新型也是一种发明，只不过其创造性和技术水平的要求要低于发明专利。实用新型通常被称为“小发明”，取得专利的实用新型被称为“小专利”。

然而，实用新型与发明毕竟是两类不同的客体，其不同之处体现在以下两方面。

其一，实用新型的客体必须是一种产品。非经加工制造的自然存在的物品，以及一切有关的方法均不属于实用新型专利的保护范围。

其二，实用新型是针对产品的形状、构造或组合而言。实用新型必须是对产品的外部形状、内部结构或者二者的结合提出的一种新的技术方案。单纯以美感为目的的产品的形状、图案、色彩或者其结合的新设计不属于实用新型的技术方案。

（三）外观设计

外观设计是指对产品的整体或者局部的形状、图案、色彩或者其结合以及色彩与图案、形状的结合所做出的富有美感并适于工业应用的新设计。外观设计与发明和实用新型的共同特征也在于其创新性和实用性，即能应用于产业上并形成批量生产。此外，可作为专利保护的外观设计还应具备以下特征。

第一，外观设计的载体必须是产品。产品是指任何用工业方法生产出来的物品。不能重复生产的手工艺品、农产品、畜产品、自然物等，不能作为外观设计的载体。

第二，构成外观设计的是产品的形状、图案或者其结合或者它们与色彩的结合。产品的色彩不能独立构成外观设计。

第三，外观设计应富有美感。

由此可见，外观设计的性质与发明和实用新型不同。发明和实用新型强调的是创新的技术，技术性是它们的必备要素，而外观设计强调的是新颖的造型艺术效果，它是艺术方案而不是技术方案。

（四）不授予专利权的发明创造

实行专利制度的目的是利于社会发展，因而对可能造成社会危害的发明要予以限制。在立法实践中，各国专利法和一些有关专利的国际公约都对专利权的客体进行了一定的限制。我国《专利法》根据本国实际情况和国际公约的要求、专利保护制度的发展等，对不授予专利权的发明创造作出了明确规定。

1. 不能授予专利权的发明创造

《专利法》规定了两种不授予专利权的情况：

一是对违反法律、社会公德或者妨害公共利益的发明创造，不授予专利权；

二是对违反法律、行政法规的规定获取或者利用遗传资源，并依赖该遗传资源完成的发明创造，不授予专利权。严格地讲，保护遗传资源并不属于专利法的内容，但由于依赖遗传资源完成的发明创造，一旦被授予专利权，便具有了独占性，使提供遗传资源的国家不仅不能分享专利权人因此获得的经济利益，还要支付专利使用的许可费用，这对于遗传资源的提供国来说是不公平的。

我国是一个遗传资源较为丰富的国家，随着我国经济的发展和开放程度的不断提高，遗传资源流失的情况时有发生，最有代表性的如我国的野生大豆、北京鸭等遗传资源的流失。为保护我国丰富的生物遗传资源，维护我国因遗传资源所应获得的正当利益，通过专利制度对遗传资源进行保护，在《专利法》总则中规定以依赖违法手段获得或利用的遗传资源所完成的发明创造不授予专利权是十分必要的。

案例 4-1

我国野生大豆遗传资源流失案

美国孟山都公司于 2000 年 4 月向全球包括中国在内的 101 个国家申请一项有关高产大豆及其栽培、检测的国际专利，试图垄断高产大豆的专利权，控制源自中国的野生大豆的栽培和检测。这一恶行被绿色和平组织揭发后引起了世界各国的广泛关注。

这项专利的野生大豆豆种亲本源自上海附近的一种野生大豆，孟山都公司通过这株野生大豆亲本，从中发现了与控制大豆高产性状密切相关的基因“标记”，并通过大豆品种杂交，培育出含有该“标记”的大豆，以据此申请 64 项专利来保护其发明的高产大豆。长达 90 多页的专利申请书对专利保护范围做了逐一说明，这些高产的基因“标记”不仅单保护大豆一种植物，更包括大麦、燕麦、卷心菜、油菜、土豆、花生等一系列可以植入高产基因“标记”的作物。

我国栽培大豆的历史长达 4000 年以上，据调查显示，中国拥有世界上已知野生大豆品种的 90%，共计超过 6000 种。大豆是中国最重要的五谷之一，大豆遗传资源流失将严重侵犯包括中国在内的世界各国农作物生产的经济利益，并威胁到全球生物多样性的保护。

2. 不适于《专利法》保护的发明创造

《专利法》规定对某些不能直接用于产业生产，技术性、实用性不足，不适合用《专利法》保护的对象，不授予专利权。

(1) 科学发现。科学发现是指对自然界中已经客观存在的未知物质、现象、变化过程及其特性和规律的发现和认识，这些发现和认识本身并不是一种技术方案，不是《专利法》意义上的发明创造。

(2) 智力活动的规则和方法。其是指人的抽象思维运动，它的作用仅是指导人们对其表达的信息进行思维、判断和记忆，不需要采用技术手段或者遵守自然法则，不具备技术特征，如新棋种的玩法。

(3) 疾病的诊断和治疗方法。疾病的诊断和治疗方法以有生命的人体或者动物作为直接实施对象，目的是治疗疾病，因而不能为少数人所独占；同时，这类治疗或诊断方法无法在产业上制造或使用，不具备实用性。

(4) 动物和植物品种。其是指以生物学方法培养出来的动植物新品种，它们是有生命的物体，是自然生成的，不是人们创造出来的，不能以工业方法生产，因而不具备《专利法》意义上的创造性和实用性，故不能授予专利权。

值得注意的是，《专利法》规定对于动物和植物品种的生产方法，可以依法授予专利权。这种生产方法，是指非生物学的方法，不包括生产动物和植物，主要是生物学的方法。

这类方法由于有技术成分的介入，并对最终达到的目的或效果起了主要的控制作用或者决定性的作用，因而可以被授予专利权；同时，《专利法》未对微生物品种及其生产方法作出限制，因此，对于微生物品种和微生物品种的生产方法，可以授予专利权。

(5) 原子核变换方法以及用原子核变换方法获得的物质。由于用原子核变换方法获得的物质关系到国家的经济、国防、科研和公共生活的重大利益，关系国家安全，不宜公开，各国大多对此类物质不授予专利权。

(6) 对平面印刷品的图案、色彩或者二者的结合做出的主要起标识作用的设计。这类设计的功能在于将特定产品从同类产品中区分出来，对产品本身的外观设计并无改进，授予其专利权，不利于我国外观设计整体水平的提高。同时，此类外观设计的标识功能与商标权、著作权的区分功能发生重叠，容易导致法律适用上的混乱，以不授予专利权为妥。

二、专利权主体及权利归属

专利权的主体，是指具体参与特定的专利权法律关系并享有专利权的人。依据我国《专利法》的规定，专利权的主体可以是发明人或者设计人、合法受让人、职务发明创造人的所在单位以及外国人。

(一) 发明人或者设计人

《专利法》所称发明人或者设计人，是指对发明创造的实质性特点做出创造性贡献的人。其中，发明人是指发明的完成人；设计人是指实用新型或者外观设计的完成人。发明人或设计人必须是直接参加发明创造的且对发明创造的实质性特点做出创造性贡献的自然人，无论其发明创造是基于职务的还是非职务的。而法人和其他组织不能成为发明人或设计人。

发明人或者设计人从事的是非职务发明创造，则其有申请专利的权利；申请被批准后，该发明人或者设计人即为专利权人。发明人或者设计人是名誉权不是财产权，因此只能变更不能转让。

(二) 职务创造发明人所在单位

《专利法》第六条规定：“执行本单位的任务或者主要是利用本单位的物质技术条件所完成的发明创造为职务发明创造。职务发明创造申请专利的权利属于该单位，申请被批准后，该单位为专利权人。该单位可以依法处置其职务发明创造申请专利的权利和专利权，促进相关发明创造的实施和运用。”

执行本单位的任务所完成的发明创造，包括在本职工作中做出的发明创造，也包括履行本单位交付的本职工作之外的任务所做出的发明创造等；主要是利用本单位的物质技术条件所完成的发明创造，是指发明人在发明创造过程中，全部或者大部分利用了本单位的资金、设备、零部件、原材料或者不对外公开的技术资料等产生的发明创造，且这种利用对发明创造的完成起着必不可少的决定性作用。

不过，对于利用本单位的物质技术条件所完成的职务发明创造，《专利法》设定了合同优先原则，即单位与发明人或者设计人订有合同，对申请专利的权利和专利权的归属作出约定的，从其约定。这一规定体现了《专利法》对“私法自治”原则的尊重，也有利于调动广大科研人员进行发明创造的积极性。而对发明人或者设计人的非职务发明创造专利申请,任何单位或者个人不得压制。

(三) 合法受让人

与著作权的自动取得不同,专利权的取得需要申请。因此,专利相关的权利可分为专利申请权和专利权两类,两类权利均可转让。

合法受让人是指通过合同或继承方式依法取得该权利的单位或个人。专利申请权转让之后,如果获得了专利,那么受让人就是该专利权的主体;专利权转让后,受让人成为该专利权的新主体。

需要注意的是,专利申请权人是就一项发明创造向国家专利行政主管部门提出专利权申请的公民、法人或非法人单位。一旦获准授权,专利申请权人即成为专利权人。当然,并非所有专利申请权人都会提出专利申请,即使提出申请也未必能获得专利授权。因此,专利申请权人不一定会成为真正的专利权人。

转让专利申请权或者专利权的,当事人应当订立书面合同,并向国务院专利行政部门登记,由国务院专利行政部门予以公告。专利申请权或者专利权的转让自登记之日起生效。

(四) 外国人

外国人是指具有外国国籍的自然人和依据外国法成立并在外国登记的法人。按照国际上通行的原则,在坚持主权原则和平等互利原则的前提下,允许外国人在本国申请专利并获得专利权。为此,我国《专利法》规定了两种情况:一是在中国没有经常居所或者营业所的外国人、外国企业或者外国其他组织在中国申请专利的,依照其所属国同中国签订的协议或者共同参加的国际条约,或者依照互惠原则,根据本法办理;二是在中国没有经常居所或者营业所的外国人、外国企业或者外国其他组织在中国申请专利和办理其他专利事务的,应当委托依法设立的专利代理机构办理。

三、专利授权的实质条件

一般而言,获得专利授权的发明创造必须具备的实质条件,也被称为专利"三性"要件,即新颖性、创造性和实用性,这是各国专利法普遍采用的准则,也是专利实质审查的内容。当然,由于发明、实用新型和外观设计的内涵有所差异,它们获得专利授权的实质条件也不尽相同。

(一) 发明和实用新型的授权条件

我国《专利法》规定,授予专利权的发明和实用新型,应当具备新颖性、创造性和实用性。

1. 新颖性

新颖性需具备两方面要素:一是该发明或者实用新型不属于现有技术;二是没有任何单位或者个人就同样的发明或者实用新型在申请日以前向国务院专利行政部门提出过申请,并记载在申请日以后公布的专利申请文件或者公告的专利文件中。

判断新颖性的关键要素包括:

(1) 专利申请日。国务院专利行政部门收到专利申请文件之日为申请日。申请日是判断新颖性的时间基准。如果申请人以邮寄方式提交申请文件,申请日为寄出的邮戳日;若享有优先权的,则指优先权日。

(2) 现有技术。现有技术是指申请日以前在国内外为公众所知的技术,为公众所知意味着这项技术已公开。所谓公开,包括出版物公开、使用公开和其他公开方式。出版物公开指该项技术内容在各种类型及载体的公开出版物上刊登。出版物不受地理位置、语言或者获得方式及年代的限制。使用公开,是指由于该项技术的应用而向公众公开了该项技术的内容,如新产品的制造、销售、使用和公开展示、表演等。使用公开的范围仅限于国内。以其他方式为公众所知,主要是指通过报告、讨论会发言、广播或者电视的播放等使公众得知技术内容。这种公开方式的范围也只限于我国国内。无论属于以上哪种公开方式,都意味着提出申请的内容已经公开,成为现有技术。

(3) 同样的发明或者实用新型。如果申请人提出的申请已由他人提出过并已记载在专利文件中,习惯上也称其为"抵触申请"。出现抵触申请时,为避免对同样的发明或者实用新型专利申请重复授权,则视先申请的发明或者实用新型为后申请的发明或者实用新型的现有技术,后一申请就失去了新颖性。

案例 4-2

用现有技术申请专利纠纷案

为了加快重庆市车联网系统建设,被告重庆市城投金卡信息产业股份有限公司(以下简称"重庆城投金卡")委托中兴通讯股份有限公司(以下简称"中兴通讯")研发"重庆基于无线射频识别技术(RFID)技术的城市智能交通管理与服务系统",该系统所涉及的 RFID 电子牌等产品交由南京中兴软创科技股份有限公司进行生产、销售。到 2012 年,这一项目一举成为全国规模最大、涉及面最广的基于 RFID 技术的交通物联网应用系统。

原告卢某从 1997 年下半年开始,投入了 300 余万元用以对 RFID 技术进行研究。2001 年 12 月,卢某就其技术方案向国家知识产权局提交了上述专利申请,并于 2005 年 9 月获得"机动车电子智能综合管理系统和管理方法"的发明专利。

卢某称重庆城投金卡的"基于 RFID 技术的城市智能交通管理与服务系统"侵犯了其所持有的涉案专利权,向法院提出判令重庆城投金卡立即停止使用涉案 RFID 电子标签、读写设备等产品,并连带赔偿其经济损失 6100 万余元的诉讼请求。同时,重庆城投金卡与合作方也向专利复审委员会提交了大量证明涉案专利不具备专利法所规定的创造性的证据。

(4) 不丧失新颖性的例外情况。新颖性是对申请专利的发明创造的基本要求,但也有例外。许多国家专利法都规定有所谓不丧失新颖性的公开,即在申请日前的一定期限内,发明创造在某些特定情况下的公开,可以不丧失新颖性。我国《专利法》规定,申请专利的发明创造在申请日以前六个月内，有下列情形之一的，不丧失新颖性：在国家出现紧急状态或者非常情况时，为公共利益目的首次公开的；在中国政府主办或者承认的国际展览会上首次展出的；在规定的学术会议或者技术会议上首次发表的；他人未经申请人同意而泄露其内容的。

2. 创造性

创造性是指与现有技术相比，该发明有突出的实质性特点和显著的进步，该实用新型有实质性特点和进步。

突出的实质性特点，是指发明与现有技术相比具有明显的本质区别，对于发明所属技术领域的普通技术人员来说是非显而易见的，他不能直接从现有技术中得出构成该发明全部必要的技术特征，也不能通过逻辑分析、推理或者试验而得到。如果通过以上方式就能得到该发明，则该发明就不具备突出的实质性特点。因而，创造性又被称为“进步性”或“非显而易见性”。

显著的进步，是指从发明的技术效果上看，与现有技术相比具有长足的进步。主要表现为：发明解决了人们一直渴望解决，但始终未能获得成功的技术难题；发明克服了技术偏见；发明取得了意料不到的技术效果；发明在商业上获得成功。

判断一项申请专利的实用新型是否符合创造性的标准，相对于发明专利来讲，要求要低一些，只要该实用新型有实质性特点和进步即可，不要求“突出”和“显著”。

3. 实用性

实用性是指该发明或者实用新型能够制造或者使用，并且能够产生积极效果。实用意味着该技术方案不能仅是理论性的或处在设想阶段的，它必须可以实施，即产品技术方案可制造出产品，方法技术方案必须能够实施；同现有技术相比，其实施所产生的经济、技术和社会的效果应当是积极的和有益的，且作为一种技术方案它应当可以重复实现。

案例 4-3

发明专利的实用性纠纷

谢某就“曲轴连杆法利用磁能”的发明向国家知识产权局提出专利申请。技术说明书记载的技术方案是：“先用两相同的方形(或其他形)永磁体，两边装上小滑轮，连同连杆曲轴一起由滑轮和轴承支撑在支架上，使两相同永磁体磁通量最大，磁力线最密的正面同极相向，中间平行插入一平面稍大于两永磁体平面的软铁片，或其他易磁化的材料，使两永磁体平面与软铁片平面保持在既平行而距离又相等，最接近而又不接触的位置，曲轴一端装上飞轮。这时，快速抽出软铁片，两同极相向的永磁体在相斥力的作用下同时向相反方向移动，通过连杆推动曲轴转到 180 度，同时也产生了所需要利用的动力。当又快速将软铁片插回两永磁体中间，曲轴借助飞轮的惯性冲过上止点绕过 180 度转到 360 度，又回到原来的位置；当曲轴借助飞轮的惯性冲过下止点时，如果又把软铁片抽出，两永磁体又同时移开。这样周而复始，两永磁体就不停地运动，从而不断产生所需要利用的动力。支架、连杆用非磁性材料制作。”谢某在复审请求书和复审意见陈述书中声称能量守恒定律对本发明是不适用的；本发明可以不停地运动，不断输出能量。

2003 年 10 月 24 日，国家知识产权局作出驳回决定，认为该申请不具备实用性，不能被授予专利权。

（二）外观设计的授权条件

外观设计虽属专利权保护的客体，但同发明和实用新型相比有着明显的区别，因此，在专利授权的实质条件上也有所不同。符合授权条件的外观设计应具有新颖性、创造性和非权利冲突性。

1. 新颖性

授予专利权的外观设计，首先须满足新颖性条件，即应当具备两方面要素：

其一，要求不属于现有设计；

其二，没有任何单位或者个人就同样的外观设计在申请日以前向国务院专利行政部门提出过申请，并记载在申请日以后公告的专利文件中。其中，现有设计是指申请日以前在国内外为公众所知的设计。

可见，外观设计的新颖性标准与发明和实用新型一致，其中“为公众所知”意味着公开使用，若在申请日以前有相同的实物公开销售或者使用，该申请即丧失新颖性。

案例 4-4

关于外观设计可专利性要件——新颖性的纠纷

原告于某于 2007 年 5 月 21 日向国家知识产权局申请了一种名称为“沙滩车(500CCGO-KART)”的外观设计专利，国家知识产权局于 2008 年 4 月 23 日公告并授予于某“沙滩车(500CCGO - KART)”外观设计专利权，专利号为 ZL20073011××××。该外观设计专利公告图包括主视图、俯视图、后视图、左视图、右视图、立体图 1、立体图 2。

被告 A 公司成立于 2007 年 9 月 20 日，经营范围为卡丁车、沙滩车整车制造；机动车零部件的制造、加工；自营和代理各类货物及技术的进出口等。

2008 年 6 月 18 日，于某以 A 公司未经授权，生产、销售与涉案专利相同(相似)的沙滩车构成专利侵权为由，向法院起诉，请求判令：① A 公司立即停止生产、销售与其外观设计专利相同或相近似的沙滩车产品；② A 公司赔偿原告经济损失 15 万元。

庭审中，被告 A 公司提供了两组图片，分别是在 2007 年 3 月法国《摩托市场》杂志和 2007 年 339 号(3 月 16 日至 3 月 21 日)周刊《报纸(卢尔地区)》平原刊上刊载的有关沙滩车图片，证明涉案侵权产品无论从形成车身的金属杆的数量、弯曲弧度和整体轮廓到车内的座椅形状和安排位置、车灯外形、座位上方的小块梯形帆布车顶等，均与杂志上刊载的沙滩车产品图片基本相同。同时A公司向国家知识产权局专利复审委员会提出涉案专利无效的请求。

2. 创造性

授予专利权的外观设计与现有设计或者现有设计特征的组合相比，应当具有明显区别，此处的“明显区别”就体现了外观设计的创造性。这种创造性要求该外观设计与现有的外观设计既不相同也不能相近似到足以混淆。具体来讲，申请的外观设计所依附的产品与已有产品的用途和功能不完全相同；申请的外观设计的形状、图案、色彩三个要素特征与现有设计特征不相同。当然，如果相同的设计，用在不同的产品中，不应认为是相同的外观设计。

3. 非权利冲突性

授予专利权的外观设计不得与他人在申请日以前取得的合法权利相冲突。外观设计主要体现的是产品的形状、图案、色彩或者其结合，要求体现美感，这容易导致外观设计与商标权、著作权、肖像权等权利相冲突。如果有他人在先已经取得了上述合法权利，则外观设计专利申请人便不得以这些商标、美术作品、肖像等作为产品的外观设计取得专利权。

四、专利权的内容

在得到国务院专利行政部门的批准授权后，专利申请人即成为专利权人。专利权是一种排他性的或称独占性的权利，也具有权利多样化的特点，包含专利人身权和专利财产权两个方面。

（一）专利人身权

同著作权的人身权一样，专利权的人身权也是一项精神权利，具有专有性。专利人身权最主要的权利内容是署名权。

署名权指专利发明人、设计人有权在专利文件中写明自己是发明人或者设计人。除发明人或者设计人外，其他任何人都不能享有署名权。由于署名权与发明人或者设计人本身不可分，亦与专利申请权和专利权归属的变化无关，其不可让与他人，也不因专利财产权的转让而消失，亦不能继承。

署名权是法律赋予发明人或者设计人的权利，发明人或者设计人可以行使，也可以不行使。不能以发明人或者设计人没有在专利文件中署名，而认为其不是发明创造的发明人或者设计人。

案例4-5

专利署名权纠纷

原告王某、被告李某原系粤茂公司员工，王某任技术员，李某任公司经理。王某在职期间，提交了一份名称为“挡光罩”的图纸以及有关设备照片，披露了一种太阳能硅片划线挡光装置结构。

2008 年 4 月，李某与王某合作设立帝尔公司，李某任公司董事长和法定代表人，王某为公司技术副总经理。2009 年 7 月，王某从帝尔公司离职，帝尔公司、李某个人分别与王某签订了《离职协议书》，王某向帝尔公司移交自公司成立以来的设计图纸资料，帝尔公司和李某各向王某支付了补偿金 17.5 万元。2009 年 11 月 17 日，帝尔公司申请了名称为“太阳能硅片激光划线挡光装置”的实用新型专利，该专利于 2010 年 10 月 27 日获得授权公告，登记发明人为李某，专利权人为帝尔公司。

原告王某称：诉争实用新型专利的技术方案是原告在投资帝尔公司之前独立完成的，且属于个人完成的非职务作品。原告被帝尔公司设法排挤出去后，被告帝尔公司和李某利用接触原告技术方案的机会，将不属于自己的发明侵占为己有并申请专利，直接侵害了原告合法权益。

被告帝尔公司、李某辩称：① 诉争实用新型专利发明人李某具有相关领域的技术背景知识，有关发明创造的技术方案系由李某提出。截至诉争实用新型专利的申请日，王某已从公司离职。② 原告王某虽在帝尔公司处工作，但其与帝尔公司并未就利用本案单位的物质技术条件所完成的发明创造订有合同，未对申请专利的权利和专利权的归属作出约定。

（二）专利财产权

专利财产权主要包含有实施权、转让权、标识权以及发明人或设计人获得奖励和收益权。

1. 实施权

实施权是专利权人对其专利产品或者专利方法或者外观设计的“实施”享有的专有权，这是专利权人的核心权利。

（1）实施权的内容。对于发明和实用新型权利人，实施权表现在：除另有规定外，任何单位或者个人未经专利权人许可，都不得实施其专利，即不得为生产经营目的制造、使用、许诺销售、销售、进口其专利产品，或者使用其专利方法以及使用、许诺销售、销售、进口依照该专利方法直接获得的产品。

这里需要注意：方法专利的实施范围要相对大于产品专利的实施范围，这也被称为“对专利方法的保护延及产品”。当然，仅仅是延及“依照该专利方法直接获得的产品”。

对外观设计专利权人，实施权表现在：任何单位或者个人未经专利权人许可，都不得实施其专利，即不得为生产经营目的制造、许诺销售、销售、进口其外观设计专利产品。

（2）实施权的行使方式。实施权有积极行使与消极行使两种方式。所谓积极行使，是指专利权人行使权利的主动状态，既可以自己实施其专利，也可以通过合同的方式许可他人实施其专利，并收取专利使用费；所谓消极行使，是指专利权人行使权利的被动状态，即专利权人有权禁止他人未经许可而实施其专利，又称“禁止权”。凡是任何单位或个人未经专利权人许可、又无法律依据而擅自实施其专利的，均构成对专利权的侵犯，应当依法承担法律责任。

依据我国《专利法》的规定，任何单位或者个人实施他人专利的，应当与专利权人订立实施许可合同，向专利权人支付专利使用费。被许可人无权允许合同规定以外的任何单位或者个人实施该专利。

(3) 共有权利人的实施权。专利申请权或者专利权的共有人对权利的行使有约定的，从其约定。没有约定的，共有人可以单独实施或者以普通许可方式许可他人实施该专利；许可他人实施该专利的，收取的使用费应当在共有人之间分配。除以上规定的情形外，行使共有的专利申请权或者专利权应当取得全体共有人的同意。

2. 转让权

专利申请权和专利权都可以转让。

专利申请权转让后，受让人成为新的专利申请权人，继受取得原专利申请权人的全部权利和义务。

专利权转让仅指财产权利。专利权人可以按照自己的意愿，依法有偿或无偿转让其专利权。专利权转让后，专利权的主体变更，受让人成为新的专利权人，对取得专利的发明创造享有独占权，同时应履行专利权人的义务，如缴纳专利年费等。

专利申请权或者专利权转让应按规定执行，如在国内转让专利申请权或者专利权的，当事人应当订立书面合同，并向国务院专利行政部门登记，由国务院专利行政部门予以公告；向外国人、外国企业或者外国其他组织转让专利申请权或者专利权的，应依法律、法规的规定办理手续。

3. 标识权

专利权人有权在其专利产品或者该产品的包装上标明专利标识。专利标识是表明该产品是专利产品的标志，通常是表明“专利”或者“中国专利”的文字或者符号，我国法律对此没有规定统一的样式，专利权人可以自己设计。专利号是指国务院专利行政部门授予专利权的序号。专利权人行使标识权，一方面可以起到宣传的作用，有利于取得消费者对该产品的信任，提高该产品的竞争力；另一方面也可以起警示作用，表明该产品的专利属性，他人未经专利权人许可不得随意仿造。

4. 发明人或设计人获得奖励和收益权

被授予专利权的单位应当对职务发明创造的发明人或者设计人给予奖励；发明创造专利实施后，根据其推广应用的范围和取得的经济效益，对发明人或者设计人给予合理的报酬。

国家鼓励被授予专利权的单位实行产权激励，采取股权、期权、分红等方式，使发明人或者设计人合理分享创新收益。

第三节　专利权的申请和审批

一项发明创造必须由申请人向国务院专利行政部门提出专利申请，经过法定的程序被审查、批准后，才能被授予专利权。专利权的申请和审批有一系列的原则和具体的内容、形式要求，是专利制度的重要组成部分。

一、专利的申请

专利申请人必须清楚专利申请的一般原则、申请途径、申请文件的内容和形式要求以及相关程序，这是顺利取得专利权的必要前提。

(一) 专利申请原则

世界各国专利法中都明确规定了专利申请的一些基本原则。我国《专利法》中明确的专利申请原则主要包括形式法定原则、单一性原则、先申请原则和优先权原则。

1. *形式法定原则*

专利申请及办理过程中的各种法定手续都必须采用书面形式，或者按国务院专利行政部门规定的其他形式办理，否则不产生效力。书面形式是世界各国普遍采用的原则，它是与口头表达相对的形式。随着计算机和网络技术的迅速发展，以电子文件方式代替传统的纸质文件已成为趋势，有些国家已开始推行专利申请的电子政务方式，我国也已于2004年启动电子方式的专利申请，但这与传统的书面原则并不矛盾，电子文件可视为特殊的书面文件。

2. *单一性原则*

单一性原则也称一申请一发明原则，指一件发明或者实用新型专利申请应当限于一项发明或者实用新型；一件外观设计专利申请应当限于一项外观设计。我国《专利法》也同时规定了单一性原则在特定情况下的处理方式，具体如下。

第一，属于一个总的发明构思的两项以上的发明或者实用新型，可以作为一件申请提出，称为合并申请。但提出申请的各项内容应当在技术上相互关联，包含一个或者多个相同或者相应的特定技术特征。所谓特定技术特征是指每一项发明或者实用新型作为整体考虑，对现有技术做出贡献的技术特征。

第二，同一产品两项以上的相似外观设计，或者用于同一类别并且成套出售或者使用的产品的两项以上外观设计，可以作为一件申请提出。

第三，同样的发明创造只能授予一项专利权。但是，同一申请人同日对同样的发明创造既申请实用新型专利又申请发明专利，先获得的实用新型专利权尚未终止，且申请人声明放弃该实用新型专利权的，可以授予发明专利权。

单一性原则，是世界上大多数国家在处理专利申请时所采取的原则，采用这一原则的目的是提高专利审查工作效率且合理收费。

3. 先申请原则

《专利法》规定：同样的发明创造只能授予一项专利权。因此，当两个以上的申请人分别就同样的发明创造提出申请专利时，专利权授予最先申请的人，即先申请原则。从此原则出发，申请人应及时将其发明创造申请专利，以防他人抢先申请。判断专利申请时间先后的标准是申请日。

4. 优先权原则

优先权是《巴黎公约》确立的基本原则。确立优先权有两个方面的作用：一是保护在先申请者处于优先的地位；二是不影响该发明创造的新颖性、创造性的日期界限。它包括外国优先权和本国优先权两种类型。

外国优先权，是指申请人自发明或者实用新型在外国第一次提出专利申请之日起十二个月内，或者自外观设计在外国第一次提出专利申请之日起六个月内，又在中国就相同主题提出专利申请的，依照该外国同中国签订的协议或者共同参加的国际条约，或者依照相互承认优先权的原则，可以享有优先权。

本国优先权，是指申请人自发明或者实用新型在中国第一次提出专利申请之日起十二个月内，或者自外观设计在中国第一次提升专利申请之日起六个月内，又向国务院专利行政部门就相同主题提出专利申请的，可以享有优先权。

（二）专利申请的修改或撤回

申请人可以对其专利申请文件进行修改，但是，对发明和实用新型专利申请文件的修改不得超出原说明书和权利要求书记载的范围；对外观设计专利申请文件的修改不得超出原图片或者照片表示的范围。

申请人可在被授予专利权之前随时撤回其专利申请。

（三）专利申请途径

申请专利有直接申请和委托申请两个途径。

中国单位或者个人在国内申请专利和办理其他专利事务的，可以直接向国务院专利行政部门申请，也可以委托依法设立的专利代理机构办理。

在中国没有经常居所或者营业所的外国人、外国企业或者外国其他组织在中国申请专利和办理其他专利事务的，应当委托依法设立的专利代理机构办理。

（四）专利申请文件要求

申请发明或者实用新型专利的，应当提交的文件包括请求书、说明书及其摘要和权利要求书等；申请外观设计专利的，应当提交请求书、该外观设计的图片或者照片以及对该外观设计的简要说明等文件。申请人提交的有关图片或者照片应当清楚地显示要求专利保护的产品的外观设计。

二、专利的审查与批准

国务院专利行政部门负责管理全国的专利工作，统一受理和审查专利申请，依法授予专利权。

（一）专利审查的程序

发明专利与实用新型、外观设计的审查程序不同。发明专利的审查分为四步，即初步审查—公布申请文件—发明专利申请的实质审查—审查意见反馈；实用新型和外观设计的审查则仅包括初步审查和合格授权两个步骤。

1. 初步审查

又称形式审查，是受理专利申请之后、公布该申请之前一个必要的步骤。初步审查主要审查专利申请是否具备完整的申请文件和其他必要的文件，以及这些文件是否符合规定的格式；申请文件有无明显的实质性缺陷等。

2. 公布申请文件

国务院专利行政部门对初步审查合格者，应自申请日起满十八个月即行公布其提交的专利申请，申请人也可请求早日公布其申请。

需要注意的是，公布发明专利申请并不意味着该发明已被授权，因此，他人实施早期公开的申请中的发明在法律上是不禁止的，不能认为是侵权。但同时为了保护申请人的权益，我国《专利法》第十三条规定了对发明专利申请人的临时保护条款，即“发明专利申请公布后，申请人可以要求实施其发明的单位或者个人支付适当的费用”。

3. 发明专利申请的实质审查

实质审查是指对申请专利的发明是否具备法律所规定的新颖性、实用性和创造性等可授予专利的实质要件进行审查，包括申请审查和主动审查两种方式。申请审查，指国务院专利行政部门可以根据申请人随时提出的请求，对其申请进行实质审查；主动审查，指国务院专利行政部门认为必要的时候，可以自行对发明专利申请进行实质审查。

4. 审查意见反馈

如果实质审查结果认定发明专利申请不符合专利法规定的授予专利的条件，国务院专利行政部门应当通知申请人，要求其在指定的期限内陈述意见，或者对其申请进行修改。若申请人无正当理由逾期不予答复的，则该申请即被视为撤回。

（二）专利授予与驳回

经实质审查的发明专利申请没有发现驳回理由的，由国务院专利行政部门作出授予发明专利权的决定，发给发明专利证书，同时予以登记和公告。发明专利权自公告之日起生效。

经初步审查的实用新型和外观设计专利申请没有发现驳回理由的，由国务院专利行政部门作出授予专利权的决定，发给相应的专利证书，同时予以登记和公告。实用新型专利权和外观设计专利权自公告之日起生效。

国务院专利行政部门在发明专利申请人陈述意见或者进行修改以后，仍然认定发明专利申请不符合专利法规定授予专利的条件，应当驳回其申请，不授予其专利权。

三、专利申请的复审

复审并不是专利审批的必经程序，而是仅当专利申请人不服驳回申请的决定时可以要求采取的补救措施。复审涵盖了包括发明、实用新型和外观设计的各类专利申请。申请人可以自收到通知之日起三个月内向国务院专利行政部门请求复审。国务院专利行政部门复审后,作出决定,并通知专利申请人。专利申请人不服复审决定的,可以自收到通知之日起三个月内向人民法院起诉。

四、专利权的期限、终止和无效

时间性是知识产权的共同特征,专利权也是在法律上被赋予一定期限的权利,到期即会终止。同时,由于受到各种原因的影响也会导致专利权的无效。

(一) 专利权的期限

我国《专利法》规定,自申请日起计算,发明专利权的期限为二十年,实用新型专利权的期限为十年,外观设计专利权的期限为十五年。另外,对于一些特殊情形,如发明专利在授权过程中的不合理延迟、新药上市审批占用的时间等,我国《专利法》也作出了期限不等的补偿规定。

当法律规定的专利期限届满或提前终止,尽管发明创造的技术本身还存在,但专利权人的独占使用权却不存在了,该发明创造成为社会共有财富,任何人均可无偿使用。

需要注意:为维持专利权的有效性,专利权人应按规定缴纳年费。

(二) 专利权的终止

专利权的终止特指专利权在期限届满前失效,该专利技术从此进入公共领域。根据我国《专利法》的规定,导致专利权终止的原因包括:专利权人未按规定缴纳年费、专利权人以书面声明放弃其专利权。

专利权在期限届满前终止的,由国务院专利行政部门登记和公告。

(三) 专利权无效宣告

专利权是由国务院专利性质机关依法批准授予的权利。但由于各种原因,难免会出现疏漏,特别是对于实用新型和外观设计的形式审查更是如此。宣告专利权无效的程序规定,旨在纠正专利申请审查过程中可能发生的失误,取消本来就不应当获得的专利权,是保证专利授权质量的必要手段。

按照我国《专利法》规定,宣告专利权无效的程序为:第一,向国务院专利行政部门请求宣告该专利权无效;第二,国务院专利行政部门及时审查和作出决定,通知请求人和专利权人并进行登记和公告;第三,对国务院专利行政部门作出决定不服的,可以自收到通知之日起三个月内向人民法院起诉。

专利权无效和专利权终止的区别在于:专利权终止是在保护期届满前失效,终止前的专利权是合法有效的;而请求宣告专利权无效的起始时间,为授予专利权的公告之日,因此,宣告无效的专利权视为自始即不存在。

虽然我国《专利法》规定对宣告专利权无效的决定不具有追溯力,但是因专利权人的恶意给他人造成损失的,应当给予赔偿。如果存在明显违反公平原则的,专利侵权赔偿金、专利使用费、专利权转让费等应当全部或者部分返还。

案例 4－6

“3cc 扑克牌”外观设计专利无效宣告请求案

专利权人曾某持有专利号为 200730060715.7、名称为“标贴(3cc 扑克牌)”的外观设计专利。美国扑克牌公司以该专利侵犯其在先商标权为由，向专利复审委提出了无效宣告请求，并提交了相关注册商标的注册证书及核准续展证明等相关文件作为证据。

专利复审委经审查后认为，该专利使用了与申请人在先商标相近似的标识，构成与合法有效的在先商标权的冲突。

专利复审委认为，该专利未经权利人许可使用了与在先商标相似的标识，在相关公众施以一般注意力的情况下，易于同在先商标发生混淆，导致对产品来源的误认，故该专利的实施将会误导相关公众，损害在先商标所有人的合法权益，应判定其与在先商标权相冲突，故作出宣告其全部无效决定。

五、专利权的限制

专利权的独占性要求未经专利权人许可，他人不能实施其专利。但是，没有绝对的权利，专利权也是如此。为防止专利权人滥用专用权，促进获得专利的发明创造的实施，平衡专利权人和国家、社会的利益，各国专利法都对专利权进行了一定的限制。我国《专利法》对专利权的限制表现为专利实施的强制许可和规定了不视为侵权的专利使用行为。

（一）专利实施的强制许可

强制许可也称为“非自愿许可”，是在某些特定情况下，国务院专利行政部门依照法律规定，不经专利权人同意而直接授权具备实施条件的单位或者个人实施专利的特殊许可方式。按照我国《专利法》规定，强制许可仅限于发明专利和实用新型专利。强制许可大致可分为五类。

1. 依申请给予的强制许可

国务院专利行政部门根据以下两种情况，可以根据具备实施条件的单位或者个人的申请，给予其实施发明专利或者实用新型专利的强制许可。

一是专利权人自专利权被授予之日起满三年，且自提出专利申请之日起满四年，无正当理由未实施或者未充分实施其专利的；

二是专利权人行使专利权的行为被依法认定为垄断行为，为消除或者减少该行为对竞争产生的不利影响的。

2. 国家处于紧急状态或为公共利益的强制许可

在国家出现紧急状态或非常情况时，或为了公共利益的目的，国务院专利行政部门可以给予实施发明专利或者实用新型专利的强制许可。

3. 对取得专利权的特殊药品的强制许可

为了公共健康目的，对取得专利权的药品，国务院专利行政部门可以给予制造并将其出口到符合中华人民共和国参加的有关国际条约规定的国家或者地区的强制许可。

4. 从属专利的强制许可

一项取得专利权的发明或者实用新型比前已经取得专利权的发明或者实用新型具有显著经济意义的重大技术进步，其实施又有赖于前一发明或者实用新型的实施的，国务院专利行政部门根据后一专利权人的申请，可以给予实施前一发明或者实用新型的强制许可。

在依照以上规定给予实施强制许可的情形下，国务院专利行政部门根据前一专利权人的申请，也可以给予实施后一发明或者实用新型的强制许可。

5. 特殊技术的强制许可

如为公共利益实施且实施行为构成垄断的涉及半导体技术的发明创造，可施行强制许可。

当然，强制许可是对专利独占权的限制，是违反专利权人意愿的行政干预。这种干预一方面是必要的，另一方面也必须是谨慎的，否则就违反了专利法保护专利权人利益的初衷。

（二）不视为侵权的专利使用行为

不被视为侵权的专利使用行为，也就不必向专利权人支付专利使用费。根据《专利法》第七十五条的规定，有下列情形之一的，不视为侵犯专利权。

1. 专利产品售出后的使用等行为

专利产品或者依照专利方法直接获得的产品，由专利权人或者经其许可的单位、个人售出后，使用、许诺销售、销售、进口该产品的，这在理论上称为“权利用尽”，即专利权人对合法实施专利获得的产品仅有一次收益权，产品一旦售出，专利权即已用尽，权利人不能再对专利产品的使用、转售等主张权利。

2. 在先使用行为

在专利申请日前已经制造相同产品、使用相同方法或者已经作好制造、使用的必要准备，并且仅在原有范围内继续制造、使用的，这在理论上称为“在先使用权”，旨在保护在该项发明创造申请专利前已使用该技术的人的合法权益。在先使用权的适用有严格的限制：一是该项技术应是在先使用人自己发明的或通过合法手段得到的；二是在先使用权仅可以在原有范围内行使，不得扩大，也不能转让给他人。当然，如果在先使用人在该技术申请专利之前即已制造出产品并公开销售的，则这种公开销售已使该技术丧失新颖性，在先使用人可以请求宣告该专利无效。

3. 外国运输工具的临时过境行为

临时通过中国领陆、领水、领空的外国运输工具，依照其所属国同中国签订的协议或者共同参加的国际条约，或者依照互惠原则，为运输工具自身需要而在其装置和设备中使用有关专利的，这也是国际惯例。

4. 科研使用行为

专为科学研究和实验而使用有关专利的。

5. 公务或医药使用行为

为提供行政审批所需要的信息，制造、使用、进口专利药品或者专利医疗器械的，以及专门为其制造、进口专利药品或者专利医疗器械的。

第四节　专利权的保护

对专利权的保护是专利制度的核心内容之一，也是专利法立法的直接目的。要有效维护专利权人的合法权益，必须对专利侵权行为进行明确界定，为权利受到侵害的专利权人提供有效的行政和司法救济。

一、专利权的保护范围

专利权的保护范围指专利权的法律效力所及的范围。明确保护范围，有利于划清专利侵权与非侵权的界限，既可以依法充分保护专利权人的合法权益，又可以避免不适当地扩大专利权保护的范围，损害专利权人以外的社会公众利益。专利权是一种无形财产权，其保护范围应由法律加以规定。我国《专利法》第六十四条规定："发明或者实用新型专利权的保护范围以其权利要求的内容为准，说明书及附图可以用于解释权利要求的内容。外观设计专利权的保护范围以表示在图片或者照片中的该产品的外观设计为准，简要说明可以用于解释图片或者照片所表示的该产品的外观设计。"

二、专利侵权行为及解决方式

专利侵权，是指未经专利权人许可实施其专利的行为，即以生产经营为目的制造、使用、销售、许诺销售、进口其专利产品或者依照其专利方法直接获得产品。

(一) 专利侵权的解决方式

因侵权行为引起纠纷的，应通过以下方式解决。

1. 协商方式

因侵犯专利权发生纠纷的当事人通过直接协商，以达成解决争议的办法。

2. 申请行政处理

被侵权人可以请求管理专利工作的部门处理侵权纠纷。管理专利工作的部门处理时，认定侵权行为成立的，可以责令侵权人立即停止侵权行为，当事人不服的，可以自收到处理通知之日起十五日内依照《中华人民共和国行政诉讼法》向人民法院起诉；侵权人期满不起诉又不停止侵权行为的，管理专利工作的部门可以申请人民法院强制执行。

进行处理的管理专利工作的部门应当事人的请求，可以就侵犯专利权的赔偿数额进行调解；调解不成的，当事人可以依照《中华人民共和国民事诉讼法》向人民法院起诉。

3. 诉讼方式

专利权人或者利害关系人，不愿协商解决或者协商解决不成的、不服行政处理决定的、对侵犯专利权的赔偿数额调解不成的，可以依照《中华人民共和国民事诉讼法》向人民法院起诉。

(二) 各类具体侵权纠纷的处理要求

实践中产生的专利侵权纠纷的类型不同，处理的要求也不相同。例如：

解决涉及新产品制造方法的发明专利侵权纠纷时，应要求制造同样产品的单位或者个人提供其产品制造方法不同于专利方法的证明。

解决涉及实用新型专利或者外观设计专利的侵权纠纷时，人民法院或者管理专利工作的部门可以要求专利权人或者利害关系人出具由国务院专利行政部门对相关实用新型或者外观设计进行检索、分析和评价后作出的专利权评价报告，作为审理、处理专利侵权纠纷的证据。

在专利侵权纠纷案件中，很大比例是对授权专利的新颖性提出质疑。被控侵权人可以用现有技术或现有设计进行抗辩，以证明自己使用专利行为的合法性，即被控侵权人有证据证明其实施的技术或者设计属于现有技术或者现有设计的，不构成侵犯专利权。

三、假冒专利行为及解决方式

假冒他人专利，是指非专利权人在自己的非专利产品或者其包装上标明专利权人的专利标记或者专利号，以达到欺骗消费者，获取非法利益的行为。这种行为产生的不良后果有：一是侵犯了专利权人的合法权益，二是欺骗了广大的消费者，三是扰乱了国家正常的专利管理秩序。对这一违法行为，应当依法追究其法律责任。

(一) 假冒专利行为

《专利法》所指假冒专利行为包括：

(1) 假冒标注行为，指在未被授予专利权的产品或者其包装上标注专利标识；专利权被宣告无效后或者终止后继续在产品或者其包装上标注专利标识；未经许可在产品或者产品包装上标注他人的专利号。

(2) 假冒销售行为，指销售前项所述产品。

(3) 虚假误导行为，指在产品说明书等材料中将未被授予专利权的技术或者设计称为专利技术或者专利设计，将专利申请称为专利，或者未经许可使用他人的专利号，使公众将所涉及的技术或者设计误认为是专利技术或者专利设计。

(4) 伪造变造行为，指伪造或者变造专利证书、专利文件或者专利申请文件。

(5) 其他使公众混淆，将未被授予专利权的技术或者设计误认为是专利技术或者专利设计的行为。

案例 4-7

佛山市某公司假冒专利案

当事人从事纸尿裤生产经营活动，虽获得重庆某公司授权使用“一种无纺布及其生产工艺”技术，但该技术当时正处于专利申请的实质审查阶段，尚未被授予专利权。当事人为生产产品所采购无纺布未使用上述技术，在产品生产流程中也没有使用重庆某公司的上述技术，却在交付的产品上标记了专利标识，共收取货款68 202.6元。

（二）对假冒专利行为的查处和处理

假冒他人专利，除应依法承担侵权损害的民事责任外，还应承担行政责任；构成犯罪的，依法追究刑事责任。

1. 行政处罚

管理专利执法的部门根据已经取得的证据，对假冒专利行为做出行政处罚，具体包括：责令假冒者改正并予公告；没收违法所得，可以处违法所得五倍以下的罚款；没有违法所得或者违法所得在五万元以下的，可以处二十五万元以下的罚款。

2. 刑事处罚

我国《刑法》第二百一十六条规定有“假冒专利罪”，这是《刑法》对专利犯罪的唯一规定，“假冒他人专利，情节严重的，处三年以下有期徒刑或者拘役，并处或者单处罚金”。2022 年 5 月 15 日实施的《最高人民检察院、公安部关于经济犯罪案件追诉标准的规定》中明确，假冒他人专利，涉嫌下列情形之一的，应予追诉。

第一，违法所得数额在十万元以上的；

第二，给专利权人造成直接经济损失在五十万元以上的；

第三，虽未达到上述数额标准，但因假冒他人专利，受过行政处罚二次以上，又假冒他人专利的；

第四，造成恶劣影响的。

（三）不属于假冒专利及免于罚款处罚的行为

依据《专利法》的规定，专利权终止前依法在专利产品、依照专利方法直接获得的产品或者其包装上标注专利标识，在专利权终止后许诺销售、销售该产品的，不属于假冒专利行为；销售不知道是假冒专利的产品，并且能够证明该产品合法来源的，由管理专利工作的部门责令停止销售，但免除罚款的处罚。

本章参考文献

[1] 王瑞贺. 中华人民共和国专利法释义[M]. 北京：法律出版社，2021.

[2] 王迁. 知识产权法教程(第六版)[M]. 北京：中国人民大学出版社，2019.

[3] 白硕，孙俊. 我国专利法律制度的历史沿革[J]. 法制与社会，2010(3)：41－42.

[4] 普官秀. 我国“野生大豆流失案”的法律思考[C]//环境保护部政策法规司，中国环境资源法学研究会，上海财经大学，上海政法学院. 2014 年《环境保护法》的实施问题研究——2015 年全国环境资源法学研讨会(年会)论文集. 2015：4.

[5] 胡姝阳. 走进“车联网专利第一案”[N]. 中国知识产权报，2014－07－09(011).

[6] 中国汽车维修行业协会法务部. 外观设计可专利性要件——“新颖性”案例简析[EB/OL]. (2017－12－05)[2022－01－10]. http://www.camra.org.cn/content/Content/index/id/7654.

[7] “3cc 扑克牌”外观设计专利无效宣告请求案[N]. 中国知识产权报，2011－05－12.

[8] 市场监管总局公布二十件知识产权执法典型案件[N]. 中国市场监管报，2022－04－22(A2).

第五章 商标权法律制度

引导案例

2014年，广药集团向广东省高级人民法院提起民事诉讼，要求判决广东加多宝赔偿自2010年5月2日始至2012年5月19日止因侵犯原告“王老吉”注册商标造成广药集团经济损失10亿元。2015年2月，广药集团向广东高院申请变更诉讼请求，申请将原10亿元赔偿金额变更为29.30亿元。同时，浙江加多宝等六家加多宝公司于2015年2月15日向广东高院提起反诉，请求广东高院判令广药集团赔偿六家加多宝公司经济损失10亿元。从一审到终审，两家公司的官司持续了五年，最终法院判决加多宝赔偿广药集团、王老吉公司共计100万元，要求加多宝公司立即停止发布包含“中国每卖10罐凉茶7罐加多宝”广告词的广告，停止使用并销毁印有“全国销量领先的红罐凉茶——加多宝”广告词的产品包装。

商标权法律制度是基于商标的本质特征，在法律形式上确立和保护商标持有人权益的一整套制度安排，包括权利的具体构成、权利的确认、权利的运用、权利的保护、与权利相适应的种种义务以及国家对商标的管理等。商标法是商标权法律制度的核心，是调整因商标的注册、使用、管理和商标权的保护而产生的各种社会关系的专门法律，是知识产权法律体系的重要组成部分。

第一节 商标权法律制度的历史沿革

如果仅将商标作为某种商品的标记，它早在公元前3000多年的古希腊时期就已存在，当时人们制作的陶器、金器等物品上，就刻有代表其独特性的文字或图形符号。不过最初这些标记的使用主要是用于记账、征税等事务性目的，并不具备现代商标属性。随着商品经济的发展，商标的形式日益完备，逐渐成为生产经营者竞争、垄断、牟利的工具和手段。为了制止他人的恶意假冒行为，便于消费者识别特定生产者及其商品，保护商品生产者的既得利益，19世纪中叶后，西方国家纷纷开始建立商标保护的专门法律。

一、国外商标立法的发展情况

物品上特殊标记的出现并不代表着商标成为管理的对象，从标记的自发使用到商标制度的建立，其间经历了漫长的历史过程，商品经济的发展、工商业的发达、日益激烈的竞争以及社会法制意识的提升，都为商标法律制度的建立提供了社会条件。

(一) 商标的出现

商标的起源和发展，是因商品的生产种类和品种逐渐丰富，人们需要用标记表明物品的归属，从而导致商标应运而生。在西方，商标雏形最早产生于西班牙，当时的游牧部落在自己拥有的牛马身上打上烙印，以标识牲畜的所有权。当然，此时标记尚无标识品牌之意。13 世纪时，欧洲大陆盛行各种行会，为便于管理，各行会要求其成员在商品上打上行会认可的标记，后来演进为图形商标，从而起到区分生产者的作用。这些标记开始具备现代商标的内涵。

19 世纪中叶后，现代意义上的商标正式出现，其中包括今天依然享有良好声誉的品牌。如 1865 年，美国宝洁公司的工人为了在堆满货物的码头上快速找到自家的商品，开始在苫盖商品的帆布上画上一个极大的圆圈和一颗星星，继而在 1882 年形成了以月亮和星星为题材的商标，并将星星定为 13 颗，喻示当时美国的 13 个州；1886 年，一种小型轻便的照相机诞生，名为“柯达”；同一时期，奔驰公司创始人戴姆勒在写给妻子的明信片上画了一颗三角星来标示工厂的位置，并宣称将有一颗耀眼的星星从此地升起，1909 年奔驰商标正式诞生。

(二) 近代商标制度的建立

商标制度的建立始于西方社会进入资本主义时期。虽然早期商标的产生是为了区分不同来源的商品，但也随之产生了伪造、仿制商标的情况，且日益增多。因为商品制造者在商品上印上标记的权利并没有得到法律保护，商标的合法使用人根本无法阻止他人的仿制和冒用。因此，在 19 世纪较为发达的资本主义国家，为了制止他人假冒商标的侵权行为，保证商品生产者及广大消费者的合法权益，维护社会经济秩序，立法机关开始通过法院采取一定的措施制止商标仿冒行为，并逐渐形成了独立的法律体系。

英国的商品经济是全球范围内发育和成熟最早的，与之相应，英国也是最早对商标提供具体法律保护的国家之一。早在 1816 年，英国法院就审理了一起冒用他人商标制造和销售布匹的案件。法官在最终判决中将冒用他人商标出售自己的布匹，以次充好、抢夺客户的行为定性为欺诈行为，应予以制止。这个案例表明早期对经营者的商标保护主要是通过制止欺诈行为而加以实施的。

近代商标制度首先发端于法国。早在 1803 年和 1809 年，法国先后颁布了两部《备案商标保护法令》，其规定虽较为零散不成体系，但成为世界上最早的有关商标注册的法律。1803 年，法国修订刑法，把假冒商标定为私自伪造文件罪，为追究商标假冒者的法律责任提供了刑法依据；1804 年，法国颁布《法国民法典》，规定了侵权责任法的一般原则，明确规定凡自身行为致使他人利益受损的，应负赔偿责任，为法院追究商标仿冒者的法律责任提供了民法依据。

1857 年，法国颁布世界上首部商标注册法——《关于以使用原则和不审查原则为内容的制造标记和商标的法律》，正式确立了系统的商标注册法律保护制度，标志着近代商标制度的建立。

继法国颁布商标法后几十年的时间里，德国、英国、瑞士、荷兰、西班牙、意大利等欧洲主要国家，以及美国和日本等都相继颁布了商标注册法。进入20世纪后，苏联以及东欧、亚洲、非洲、南美洲等地区的国家也先后制定了商标法律制度。至此，近代商标法律制度在全世界范围内普及并逐步发展成熟。

(三) 国际商标保护

1883年，在巴黎缔结的《巴黎公约》将商标纳入工业产权国际保护的范围，并对商标的注册、使用、转让、保护以及集体商标、服务商标、驰名商标作了统一规定。

《巴黎公约》之后，国际上又缔结了一系列保护工业产权的条约和协定，如1891年《马德里协定》、1957年《商标注册用商品和服务国际分类尼斯协定》、1966年《保护原产地名称及其国际注册里斯本协定》、1973年《商标注册条约》、1973年《建立商标图形要素国际分类维也纳协定》以及1981年《保护奥林匹克会徽内罗毕条约》等。

二、我国商标立法的发展情况

中国有着灿烂的古代文明和独特的吉祥文化，这些文化内容以原始社会部落的图腾形式、手工艺品及其物品上的符号和标记形式等的存在和演变，逐步孕育了商标的萌芽。

(一) 古代商标的出现

考古成果显示，在五千年前，中国半坡村精美的尖底瓶和鱼尾纹盆陶器上就刻有生产者的名字；在距今一千多年前制造的铜器、陶器、铁器等物品上，已经常可以看到工匠、作坊的名称或者符号、标记，表明这一时期商品标记已开始大量使用；而到唐朝时，在商品上标明工匠名称或者作坊名称已经是强制性的，其作用在于既可以以此区分不同生产者的商品，同时还具有质量监督作用。但尽管如此，由于这些标记的使用初衷并不全然体现在使消费者凭标记识别、购买自己的产品，因而还算不上真正意义的商标。

北宋时期，商品标记的形式更为多样化，除文字外，还出现了图形或者图文并用的商标。现保存在中国历史博物馆的"白兔"商标，就是北宋时期山东一家制造细钢针的刘家针铺的铜版标志。该商标构成为一只白兔图形，配有"认门前白兔儿为记"的文字，这是迄今为止我国发掘的比较完整的商标标记。

(二) 近代商标法律制度的建立与发展

由于我国古代商品经济的发展十分缓慢，商标立法迟迟没有起步。直到20世纪初的清末，商标法律制度才开始出现。

1. 清末商标法的诞生

鸦片战争打破了清朝长期实行的闭关锁国政策，社会经济发生巨变。在外国势力的不断施压下，1902年，清政府与英国所签订的《中英续议通商行船条约》以及随后与美国、葡萄牙、日本等国签订的不平等条约中，都包含了有关对商标保护、商标注册和商标管理的内容。

1904年，由清政府商务部拟定，并经由光绪皇帝钦定的，我国商标史上第一个商标法规《商标注册试办章程》正式对外颁布，并在国内各大报纸全文刊出。该章程实行注册原则和申请在先原则，有效期 20 年；对假冒商标采取不告不理原则；对涉外商标纠纷实行“领事裁判权”。

2. 北洋政府时期商标法律制度的确立

北洋政府时期是我国商标立法史上的一个极为重要的发展时期。在这一时期，我国商标法律制度得以确立，并出现了一些标志性事件。

1923 年，北洋政府对外颁布了我国商标史上第一部内容完整的商标法律——《商标法》；

依法正式成立了我国商标史上第一个中央政府商标注册管理机构——北洋政府农商部商标局；

商标局按照《商标法》审定、核准注册了第一件产品商标①；

结束了完全由英国人控制的、长达 20 年的海关商标挂号制度，并收回了被英国人强占的对商标行政管理所行使的权利；

编辑出版了我国商标史上第一本宣传商标法律、法规，公告商标注册等内容的综合性刊物——《商标公报》。

3. 国民政府时期商标法律制度的发展

国民政府时期是我国商标法发展史上的又一个重要时期，不仅持续时间比较长，而且政府制定、颁布和修正商标法律、法规也较多。比如，1925 年，国民政府在广东地区颁布的《商标条例》和《商标条例施行细则》；1930 年，国民政府公布的《商标法》及《商标法施行细则》；1935 年，国民政府又对《商标法》进行修正等。在抗战期间，国民政府还颁布过《非常时期上海特区及各游击区商人呈请商标注册成立办法》等商标法规。20 世纪 40 年代，国民政府经济部就商标注册收费做了调整，对《商标法施行细则》也进行过两次修改。

(三) 中华人民共和国商标法律制度体系的建设

中华人民共和国成立以后，商标事业进入了一个崭新的历史时期。商标立法受到立法机关和政府的重视，商标法律不断完善，逐步建立起了比较完整、系统的商标权法律法规体系。

1. 早期商标部门规章的制定

长久以来，我国在商标管理与保护方面，一直认可和接受来自欧洲大陆的商标注册制度，将商标注册当作商标权利获得的途径，因此，中华人民共和国成立后所制定的部门规章主要也是围绕商标注册管理。

1949 年 10 月，中央人民政府贸易部设立商标局，负责管理全国商标工作，实行全国性商标统一注册管理制度；1954 年 3 月，中央工商行政管理局对外颁布《未注册商标暂行管理办法》，要求各地工商行政管理机关对各类企业所使用的商标，动员申请注册，以此避

---

① 1923 年 5 月，江苏无锡茂新面粉厂为自己从 1910 年就开始使用的声誉卓著的“兵船”牌商标申请商标注册并获得批准，“兵船”牌商标也成为按照当时颁布的《商标法》办理注册的第一号商标。

免厂商之间因商标相同或近似而抢先注册；1957年1月，国务院转发了《中央工商行政管理局关于实行商标全面注册的意见》，其主要内容就是要求企业使用的产品商标必须进行注册。

2. 早期商标行政法规的制定

为了尽快恢复和发展国民经济，避免注册商标出现混乱局面，国家颁布了以下两部行政法规。

1950年，颁布《商标注册暂行条例》，这是中华人民共和国成立之后的第一部比较完备的商标行政法规，旨在保障一般工商业者的商标专用权。该条例确定由中央私营企业局商标处统一受理商标注册申请，商标实行自愿注册原则和申请在先原则。此外，还明确规定了申请人的资格，异议程序、异议裁定及对违反商标法规行为的处罚等。

1963年，颁布《商标管理条例》，这是中华人民共和国发布的第二部商标行政法规。这部法规并未涉及保护商标专用权的问题，而是以商标管理为手段对企业产品质量进行行政管理的强制性规定。

3.《中华人民共和国商标法》的颁布和实施

改革开放后，我国商标法律制度的建立进入了一个全新的发展时期。

1979年，当时的国家工商总局经研究决定，恢复全国性的商标统一注册制度。

1982年，《中华人民共和国商标法》审议通过，并于1983年3月1日起正式施行。该法将原有全面注册改为自愿注册制度，将保护商标专用权作为重要内容，明确了商标侵权行为的责任和处理办法以及建立商标评审制度。《商标法》的颁布和施行，标志着我国商标事业进入了一个新的阶段，开创了商标注册和管理的新局面，同时也标志着我国知识产权法律制度开始建立。

从1983年实施至今，《商标法》历经1993年、2001年、2013年和2019年四次修正。

第二节　商标概述

当今社会，商标已成为企业和国家发展的重要战略性资源，是推动市场经济发展的强大动力。商标权作为一种重要的知识产权，已不仅仅是企业竞争的有力工具，在一定程度上还反映出一个地区乃至一个国家的经济实力、发展水平和整体形象。

一、商标的概念及功能

商标的概念与功能是制定商标法时应有的基本认识，也是建立商标法律制度的重要起点，对商标法的立法目的、立法指导原则会产生直接影响，也会在商标法律制度的导向和规范化的要求中得以具体体现。

（一）商标的概念

一般而言，商标是能够区别不同企业商品或者服务的一种特定标记，便于消费者通过商标对该商品的生产经营者和服务者加以识别和选择。因此，可识别性作为商标的本质属性和主要特征，通常都会出现在各国对于商标的定义之中。如世贸组织的 TRIPS 协议以及欧盟商标条例中对商标的定义都体现出“区别”的内涵。

我国《商标法》中对商标的界定，也采用了国际上通常采用的商标定义，具体表述为“任何能够将自然人、法人或者其他组织的商品与他人的商品区别开的标志，包括文字、图形、字母、数字、三维标志、颜色组合和声音等，以及上述要素的组合”。

（二）商标的功能

商标伴随商品经济的发展日益普及，现已无处不在，且发挥着日益广泛的作用，这与商标所具备的特定功能密切相关。商标的基本功能源于其独特标志的特性，并由此辐射到企业产品、服务、信誉、形象等多个方面。

1. 识别功能

商标具有可识别性，这是商标的基本功能、首要功能。通过附着在商品或服务设施上的商标，消费者可以将这种商品或服务和它的特定提供者联系起来，而与其他的生产经营者划清界限。商标诞生的本源就是识别商品及生产者，所以有此功能者方可成为商标，无此功能者自然不能作为商标使用。商标识别性作为基本功能，由其延伸开来，才派生出商标的其他功能。

2. 品质保障功能

商品生产者和服务提供者通过商标明确身份，而消费者也通过商标来辨别商品或服务的提供主体，旨在对其质量作出鉴别。在如今日益激烈的竞争环境中，商标的使用可促使生产经营者注重商品或服务的质量，并努力维持其稳定状态，这成为影响企业兴衰的一个重要因素。

3. 广告宣传和促进销售功能

通过商标发布商品信息，推介商品是企业进行商业宣传的常用方式。借助商标可以吸引消费者的注意力，加深消费者的印象，并借助商标催化消费者在同类商品和服务中作出特定选择的行为。因此，商标在广告宣传方面的优势是显而易见的，也是企业开拓市场、提高竞争能力的有力工具。

4. 彰显企业信誉功能

商标虽然是形式化的标识，但其核心是企业基于商品和服务的品质而积累起来的信誉，这种信誉才是企业竞争力的根本。商标是无形资产，商标使用的范围越广泛，这种积累和彰显信誉的功能就越强。从某种程度上讲，企业竞争也是商标的竞争。

二、商标的种类

随着社会商品及服务的极大丰富，商标的种类也日益多样化。根据不同的标准，可以将商标划分为多种类型。

（一）依性质划分

按性质可将商标分为注册商标和未注册商标。世界各国在商标保护上的规定有所不同。在大多数国家，商标需要注册才能得到保护，单纯地使用商标不产生任何权利。我国的商标制度采取自愿注册原则，在商标使用上自然就有注册商标和未注册商标之分。

1. 注册商标

注册商标，是指经商标局核准注册的商标。注册商标的所有者依法享有商标专用权，并受到法律保护。虽然我国实行自愿商标注册原则，但同时规定：对法律、行政法规规定必须使用注册商标的商品，必须申请商标注册，未经核准注册的，不得在市场销售。

2. 未注册商标

未注册商标，是指未经国家商标主管机关核准注册而自行使用的商标。由于我国商标法仅保护注册商标，因此未注册商标使用人不拥有商标专用权，其商标不受商标法保护。

现阶段，世界上仍然没有商标法的国家，如马尔代夫、马绍尔群岛等，在这些国家保护商标的通常方式是通过在当地有一定影响力的报纸上刊登警示性公告，向公众宣称自己对某件商标的所有权。

(二) 依市场声誉和知名度划分

依据商标在市场上的声誉和知名度，可以将商标分为驰名商标和普通商标。

1. 驰名商标

驰名商标的概念源于《巴黎公约》，又称为周知商标。由于驰名商标具有很高的商业价值，所以世界各国的商标法都对驰名商标给予特殊的法律保护，在保护范围和保护力度上都远大于普通商标。

在我国，驰名商标的含义可以概括为：为相关公众广为知晓并享有较高声誉的商标。《商标法》规定了认定驰名商标应当考虑的因素，包括：相关公众对该商标的知晓程度，该商标使用的持续时间，该商标的任何宣传工作的持续时间、程度和地理范围，该商标作为驰名商标受保护的记录，该商标驰名的其他因素。同时，《商标法》及《中华人民共和国商标法实施条例》中都规定了保护驰名商标的具体条款。2014 年，由国家工商行政管理总局制定实施的《驰名商标认定和保护规定》是规范我国驰名商标认定工作，保护驰名商标持有人的合法权益的专门规章。

2. 普通商标

与驰名商标相对应的，就是普通商标，即在正常情况下使用未受到特别法律保护的绝大多数商标。

(三) 依功能划分

依功能不同，可将注册商标划分为商品商标、服务商标、集体商标和证明商标四类。

1. 商品商标

所谓商品商标，是指定使用在商品上的有形商标，通过其使用可将商品生产者或经销者的商品同他人的商品区别开来。商品商标除具有区别商品不同出处外，还是商品质量和特点的标志。

2. 服务商标

所谓服务商标，是指定使用在服务上的商标。由于服务是无形的，服务商标仅使用在具体服务中，除具有区别不同服务提供者的功能外，也能表明服务质量和特点。

3. 集体商标

所谓集体商标，是指以团体、协会或者其他组织名义注册，供该组织成员在商事活动中使用，以表明使用者在该组织中的成员资格的标志。集体商标具有以下特征：

(1) 以集体名义注册，但不属于某个特定的自然人、法人或者其他组织，而是属于由多个自然人、法人或者其他组织组成的社团组织，具有“共有”和“共用”的特点；

(2) 通常仅供该组织成员使用，集体组织不使用，不是该组织的成员也不能使用；

(3) 只限集体成员在商事活动中使用；

(4) 其作用是表明使用者在该组织中的成员资格，以便与其他集体的成员的商品或者服务相区别。

集体商标使用人数多，有利于取得规模经济效益，有利于形成市场优势。但集体成员使用集体商标，并不排除其使用自身所拥有的商标。

4. 证明商标

所谓证明商标，是指由对某种商品或者服务具有监督能力的组织所控制，而由该组织以外的单位或者个人使用于其商品或者服务，用以证明该商品或者服务的原产地、原料、制造方法、质量或者其他特定品质的标志。

证明商标具有以下特征：

(1) 注册人必须是对某种商品或者服务具有检测和监督能力的组织。该组织应对商品或者服务的质量进行管理，对使用证明商标的行为进行监督。

(2) 由证明商标注册人以外的单位或者个人使用于其商品或者服务之上，而商标注册人本身不能使用。

(3) 其作用是证明该商品或者服务的原产地、原料、制造方法、质量或者其他特定品质，并不标记商品或服务的来源主体。

证明商标由对某种商品或者服务具有监督能力的组织所控制，使用该商标的商品或者服务的特定品质能够得到保证，因而证明商标的使用，有利于企业向市场推销商品和服务，也有利于消费者选择商品和服务。

(四) 依构成要素划分

商标由多种要素及其组合构成，每一种要素或其组合即可构成一种商标类型，如文字商标、图形商标、字母商标、数字商标、三维标志商标、颜色组合商标、声音商标及组合商标。

第三节 商标权法律关系

商标权，又称商标专用权，是商标所有人对其经国家商标主管机关核准注册的商标依法享有的专有权利。我国是实行商标权注册取得制度的国家,商标权客体仅限于注册商标。商标权主体是商标注册人及其合法继受人,其商标专用权受法律保护。

一、商标权客体

商标权作为一种无形财产权,需依附于某一具体的客体才能确定其权利保护的具体内容。根据我国《商标法》的规定,只有注册商标才能成为商标法律关系的客体,受到国家法律的保护。

(一) 注册商标的类型

我国《商标法》规定,注册商标包括商品商标、服务商标、集体商标和证明商标四种类型。在商标权客体中有一些特殊情况需要注意。

1. 驰名商标

鉴于驰名商标所具有的巨大商业价值,我国《商标法》制定有一些条款对其加以特殊的保护。商标持有人提交其商标构成证据材料后,商标局、商标评审委员会应当依照《商标法》第十四条的规定,根据审查、处理案件的需要以及当事人提交的证据材料,对其商标驰名情况作出认定。

如果是未注册的驰名商标被他人注册或使用,则可适用《反不正当竞争法》。

需要注意的是:与其他注册商标相比,集体商标和证明商标有其特殊性。为此,除适用《商标法》的一般规定外,还应适用国家知识产权局对集体商标、证明商标管理和保护的专门规定。

2. 地理标志

所谓地理标志,是指标示某商品来源于某地区,该商品的特定质量、信誉或者其他特征,主要由该地区的自然因素或者人文因素所决定的标志。地理标志可以作为集体商标和证明商标申请注册。其商品符合使用该地理标志条件的自然人、法人或者其他组织可以要求使用该证明商标或要求成为拥有集体商标的团体、协会或者其他组织的会员;当然,成为会员并不是使用该地理标志的前提条件。

3. 特殊商品注册商标

法律、行政法规规定必须使用注册商标的商品,必须申请商标注册,未经核准注册的,不得在市场销售。比如烟草。

(二) 注册商标的授予条件

商标是商品和服务的标志,也是企业品质和信誉的象征。从商标的基本功能出发,申请注册的商标,应当有显著特征,便于识别,并不得与他人在先取得的合法权利相冲突。

1. 标志的显著性

商标应具有显著特征,是基于其易于识别的基本功能,这决定了商标必须具备独特的个性,不允许与他人标志雷同混淆。《商标法》中规定的“不得作为商标注册”的标志,如仅有本商品的通用名称、图形、型号的;仅直接表示商品的质量、主要原料、功能、用途、重量、数量及其他特点的;以三维标志申请注册商标的,仅由商品自身的性质产生的形状、为获得技术效果而需有的商品形状或者使商品具有实质性价值的形状的等。这些都是基于标志缺乏显著特征。这样的标志如被核准注册，取得商标专用权，则意味着其他的生产经营者都不能继续使用该商品的通用名称、图形、型号，不能标示商品的质量、原料等，不符合公平原则。

2. 易识别性

商标的显著特征主要是通过构成要素的外在特征而获得的，但如果某些商品或服务商标在长期使用过程中，基于良好的质量和口碑而获得了消费者的认可，在此基础上也会产生明显的识别性，从而获得商标注册的条件。我国《商标法》规定：标志经过使用取得显著特征，并便于识别的，可以作为商标注册。

反之，如果使用的初衷就在于削弱识别性的商标，是不能成为注册商标的。我国《商标法》规定：就相同或者类似商品申请注册的商标是复制、模仿或者翻译他人未在中国注册的驰名商标，容易导致混淆的，不予注册并禁止使用；就不相同或者不相类似商品申请注册的商标是复制、模仿或者翻译他人已经在中国注册的驰名商标，误导公众，致使该驰名商标注册人的利益可能受到损害的，不予注册并禁止使用。

3. 标志与他人的在先权利不相冲突

在先权利，是指他人在该商标申请注册前已经取得的合法权利，包括商标权、著作权、肖像权、商号权、外观设计专利权等。若要将他人享有在先权利的文字、图形、外观设计、音乐等用作商标，必须征得权利人的同意，否则即构成侵权，当然也不能获得核准注册。这一规定既体现了商标权与其他权利之间的衔接和协调，也为制止利用商标法先申请原则而抢先注册他人创设商标的不正当竞争行为提供了明确的法律依据，有利于建立诚实信用的商业道德和健康公平的市场竞争环境。

案例 5－1

使用他人在先美术作品注册商标

原告陈某在 2007 年至 2010 年创作了三幅图形美术作品，并于 2010 年 6 月至 8 月间在深圳数字作品备案中心对三幅作品进行了备案。被告公司擅自将原告上述三幅美术作品于 2012 年 7 月 11 日分别申请注册了三个商标。原告起诉被告行为侵害了原告对上述三幅作品享有的署名权、复制权、发行权、信息网络传播权、改编权、修改权、保护作品完整权等著作权权利。请求法院判令被告立即停止侵权，赔偿原告 4.3 万元并刊登声明赔礼道歉和消除影响。

被告公司辩称，其与商标代理公司签订了合同，申请注册的三个商标均系商标代理公司提供并保证不侵权，且这些商标被告均未使用过。

4.《商标法》禁止作为商标使用的标志

商标可以使用的文字、图形等数量繁多，数不胜数，但基于某些原因，其中也有很多不能作为商标使用。比如，有的标志与国名、地名及其他官方标志、宗教标志等相同或近似，容易引起误会和争议；有的标志违反公共道德，会造成不良影响。对这样的标志，各国商标法一般都禁止其作为商标使用。而且值得注意的是，这种规定属于禁止性规定，适用于所有商标，包括未注册商标。我国《商标法》中规定的禁止作为商标使用的标志包括：

（1）同中华人民共和国的国家名称、国旗、国徽、国歌、军旗、军徽、军歌、勋章等相同或者近似的，以及同国家机关的名称、标志、所在地特定地点的名称或者标志性建筑物的名称、图形相同的；

（2）同外国的国家名称、国旗、国徽、军旗等相同或者近似的，但经该国政府同意的除外；

（3）同政府间国际组织的名称、旗帜、徽记等相同或者近似的，但经该组织同意或者不易误导公众的除外；

（4）与表明实施控制、予以保证的官方标志、检验印记相同或者近似的，但经授权的除外；

（5）同“红十字”“红新月”的名称、标志相同或者近似的；

（6）带有民族歧视性的；

（7）带有欺骗性，容易使公众对商品的质量等特点或者产地产生误认的；

（8）有害于社会主义道德风尚或者有其他不良影响的。

另外，我国县级以上行政区划的地名或者公众知晓的外国地名，一般不得作为商标。但是，地名具有其他含义或者作为集体商标、证明商标组成部分的除外；已经注册的使用地名的商标继续有效。

案例 5-2

城隍商标争议行政纠纷诉讼案

1997 年 8 月 22 日，上海城隍珠宝总汇申请注册第 1218394 号城隍商标，并于 1998 年 10 月 28 日获准注册，核定使用在“宝石、金刚石、珍珠（珠宝）、翡翠、玉雕、戒指（珠宝）、手镯（珠宝）、项链（宝石）、贵金属耳环、银饰品”等商品上。2010 年 1 月 8 日，城隍商标经商标局核准转让给上海城隍珠宝有限公司。

2009 年，中国道教协会正式向原国家工商行政管理总局商标评审委员会提出涉案“城隍”商标撤销申请，理由之一是“城隍”是道教神灵的名称，是道教信徒普遍尊奉的偶像，作为商标注册和使用严重损害了道教界的宗教感情。此案历经商标评审委员会行政裁决、北京一中院一审、北京高院二审等程序。

二、商标权主体

商标权主体即商标权人，是依法享有商标专用权的权利人，包括商标注册人及其合法继受人，按权利产生的先后顺序，又可称为原始主体和继受主体两类。

（一）原始主体

商标权的原始主体是商标注册人。商标注册人包括以下几类。

1. 自然人、法人或者其他组织

根据我国《商标法》的规定，自然人、法人或者其他组织在其生产经营活动中，对其商品或者服务需要取得商标专用权的，应当向商标局申请商标注册。申请被核准后，即成为商标权主体。

2. 共有商标主体

在现实生活中，不可避免地存在着两个或者两个以上的自然人、法人或者其他组织，对其商品或者服务，需要共同享有和使用同一商标专用权的情况。为此，《商标法》规定，两个以上的自然人、法人或者其他组织可以共同向商标局申请注册同一商标，共同享有和行使该商标专用权。

两个或者两个以上的主体共同拥有一个商标，称为共有商标，共有商标的主体即为共有商标主体。应当注意的是，共有商标的主体必须是两个或两个以上，但共有商标的客体是唯一的。共有商标的数个主体如何共同享有和行使该商标专用权，需要由各主体之间订立共有一个商标的协议，确定相互之间的权利义务关系。当然，共有主体与原始主体并不相互排斥。

3. 外国人或者外国企业

根据《商标法》规定，外国人或者外国企业在中国申请商标注册的，按其所属国和中华人民共和国签订的协议或者共同参加的国际条约，或者按对等原则，经核准后也可成为商标权主体。

(二) 继受主体

商标权可以继承，也可以转让，还可能因为企业的兼并重组而被新设立的企业接收。这些经继承、转让、接收等继受途径取得商标权的权利人，就成为商标权的继受主体。

对于注册商标的转让，特别应当注意的是，商标注册人对其在同一种商品上注册的近似的商标，或者在类似商品上注册的相同或者近似的商标，应当一并转让；转让注册商标时，当事人应当签订转让协议，经商标局核准并予以公告后，受让人自公告之日起才成为商标继受主体，享有商标专用权。

三、商标权内容

我国《商标法》规定，经商标局核准注册的商标为注册商标，商标注册人享有商标专用权，受法律保护。这意味着注册商标的权利人不仅在事实上拥有某个商标，而且还在法律上得到了国家的确认和社会的认可。当然，商标权人在享有法律赋予的权利的同时，也应承担相应的义务。

(一) 商标权权利内容

商标权人享有商标专用权，以核准注册的商标和核定使用的商品为限。商标权是一项排他性的独占权利，包含着两层权利内容：一是权利人在依法核准的商品或服务上使用该注册商标的权利；二是禁止他人未经许可在相同或类似的商品或服务上使用该商标的权利。

1. 专有使用权

专有使用权是商标权最重要的内容,也是商标权中最基本的核心权利。所谓商标的使用,是指将商标用于商品、商品包装或者容器以及商品交易文书上,或者将商标用于广告宣传、展览以及其他商业活动中,用于识别商品来源的行为。应当注意,专有使用权仅限于在注册时所核定的商品或者服务项目上使用,而不及于类似的商品或者服务项目;商标权人也不得自行改变注册商标、注册人名义、地址或者其他注册事项。

2. 禁止权

禁止权是指注册商标所有人有权禁止他人未经其许可,在同一种或者类似商品或服务项目上使用与其注册商标相同或近似的商标。商标权具有与财产所有权相同的属性,即不受他人干涉的排他性,其具体表现为禁止他人非法使用、印制注册商标及其他侵权行为。

由此可见,商标权包括专有使用权和禁止权两个方面。两种权利的区别在于不同的效力范围。使用权涉及的是注册人使用注册商标的问题,禁止权涉及的是对抗他人未经其许可擅自使用注册商标的问题;同时,注册人的专有使用权以核准的注册商标和核定使用的商品为限。而禁止权的效力范围则更为广泛,注册人对他人未经许可在同一种商品或类似商品上使用与其注册商标相同或近似的商标,均享有禁止权。

3. 转让权

转让权是权利人依法将其所有的注册商标有偿或无偿转让给他人的权利。注册商标的转让将导致商标权主体的变更,产生新的商标权人。即商标权转让后,受让人取得注册商标所有权,原来的商标权人即丧失商标专用权。

4. 许可使用权

许可使用权是指商标注册人依法通过签订商标使用许可合同,许可他人使用其注册商标并获得收益的权利。实际上,许可使用对于企业之间发展横向联合、扩大优质商品生产、活跃流通、满足消费者需要、提高社会经济效益等方面都具有积极的意义。《商标法》规定:商标注册人可以通过签订商标使用许可合同,许可他人使用其注册商标。商标使用许可包括独占使用许可、排他使用许可和普通使用许可。

商标许可使用需要注意以下问题:第一,许可人应当监督被许可人使用其注册商标的商品质量;第二,被许可人应当保证使用该注册商标的商品质量;第三,经许可使用他人注册商标的,必须在使用该注册商标的商品上标明被许可人的名称和商品产地;第四,许可人应当将其商标使用许可报商标局备案,由商标局公告。商标使用许可未经备案不得对抗善意第三人。

5. 续展权

续展权是指商标权人在其注册商标有效期届满前,依法享有申请续展注册,从而延长其注册商标保护期的权利。

(二)对商标权人的限制

对商标权人的权利限制,即是商标权人应承担的义务,主要包括以下几方面。

1. 依法使用注册商标，不得滥用商标权

《商标法》对注册商标的申请、使用、变更、转让、许可、续展等都作了详细的规定，商标权人应该自觉遵守。商标所有人申请注册和使用商标，应当遵循诚实信用原则；注册商标没有正当理由连续三年不使用的，任何单位或者个人可以向商标局申请撤销该注册商标。

2. 保证使用商标的商品和服务的质量

《商标法》规定，商标使用人应当对其使用商标的商品质量负责。这是商标权人最重要的义务。

3. 尊重他人在先使用权

若他人在商标局首次受理新放开商品或者服务项目之前已连续使用的，与新放开商品或者服务项目相同或者类似的商品或者服务上已注册的商标相同或者近似的，应允许他人继续使用；但是，首次受理之日后中断使用三年以上的，不得继续使用。

4. 按照规定缴费

办理商标注册申请、转让登记、续展及其他有关事项时，商标权人应按照商标法的规定缴纳费用。

案例 5－3

“全脑”商标权纠纷

“全脑”一般指左脑和右脑的有机结合，“全脑速读”系相关教育或学习方法，核心均是通过开发、训练和使用左右脑来提高思维、记忆能力和提高阅读速度。某研究院享有第 41 类“全脑速读 QNSD”（“速读”放弃专用）与“全脑”商标。但自其获得相关商标权前后，国内外大量研究院所及单位开始广泛使用“全脑”“全脑速读”。某公司网站名称为“×××全脑速记记忆训练网”，网页中包含多项含有“全脑速读”“全脑”文字在内的链接及栏目内容；此外，某公司还以“全脑速读”“全脑速读记忆”和“JS 全脑速读记忆”为关键词参加百度公司的竞价排名。故原告某研究院请求判令：① 被告某公司立即停止在其网站及各类宣传上对“全脑”“全脑速读”注册商标专用权的侵害和不正当竞争行为；② 百度公司立即停止发布“全脑速读”等关键字百度搜索竞价排名的网络广告；③ 被告某公司与百度公司在其网站首页位置，以及《人民法院报》或《知识产权报》上向原告某研究院公开道歉，消除影响等。

第四节　商 标 注 册

立法者在商标权保护问题上对法律的确定性和法律的公正性两者关系进行权衡的结果，决定了世界各国在对取得商标权的规定上呈现不同的选择。一般说来，商标权的取得有两个途径，即使用取得和注册取得。使用取得是指商标的首先使用人有权取得该商标的专用权，这种方式的优点是保护在先使用人的合法权益，防止他人恶意抢注，但其不利于对一般商标注册人的保护和商标纠纷的解决。因此，目前世界上采用这种做法的国家很少。注册取得，即以商标注册作为取得商标权的前提条件。这种方式的优势是注册事实客观、清晰，利于商标权的管理和保护，因而为包括我国在内的世界上大多数国家所采用。

一、商标注册的基本原则

商标注册原则是指国家在对商标注册申请进行受理并最终确认商标权归属时的基本依据和法律准则。根据我国《商标法》的规定，商标注册的基本原则包括自愿注册原则、先申请原则、在先权利原则、优先权原则和缴费原则。

（一）自愿注册原则

商标自愿注册原则，指商标使用人可以根据自己的意愿决定是否将使用的商标申请注册。但只有注册的商标才能取得商标专用权，受法律保护。未注册的商标可以在生产服务中使用，但其使用人无权禁止他人在同种或类似商标上使用与其商标相同或相近似的商标。《商标法》同时也规定了必须申请和使用注册商标的商品，如烟草，未经核准注册的，不得在市场销售。

（二）先申请原则

先申请原则是指在同一种商品或者类似的商品上，以相同或近似的商标申请注册的，商标局受理最先提出的申请，对在后的申请予以驳回。

（三）在先权利原则

商标注册的在先权利包括以下三个方面。

1. 他人合法的在先民事权利

申请注册的商标不能侵犯他人合法的其他民事权利，如姓名权、肖像权、著作权、外观设计专利以及企业字号等（如案例 3－6 所述的张乐平漫画作品侵权案）。

2. 他人在先使用商标的权利

当两个或者两个以上的申请人，在同一种商品或者类似商品上，分别以相同或者近似的商标在同一天申请注册的，商标局受理自收到通知之日起 30 日内提交其申请注册前已在先使用该商标的证据的一方申请，驳回未提交方的申请；我国《商标法》第二十四条第三款中将在先使用人列为主要商标异议人，就是法律尊重在先使用原则的具体体现。

3. 他人已使用并有一定影响的商标

我国《商标法》规定，申请商标注册不得损害他人现有的在先权利，也不得以不正当手段抢先注册他人已经使用并有一定影响的商标。这里“他人在先使用”，主要是指未注册商标，既包括在所有的商品和服务类别上均未注册的商标，也包括在某些商品或服务类别上已经注册、但在其他商品或服务项目上未注册的商标；所谓“有一定影响”，是指真正权利人的商标在相关地域、相关行业内具有一定的知名度，为相关公众所知晓并享有一定的声誉。这种尊重在先权利的原则有利于遏制他人对知名商标的恶意抢注行为。

案例 5-4

"星光大道"商标是"恶意抢注"还是"申请在先"？

2003 年 7 月 9 日，星光公司向商标局申请注册"星光大道"商标，并于 2005 年 1 月 7 日通过商标注册初审。2011 年 3 月，央视诉至北京市第一中级人民法院，要求撤销商标评审委员会(以下简称"商评委")对星光公司通过商标注册的裁定。

央视起诉称，"星光大道"是央视 1999 年开播的"星光无限"栏目的一个子栏目，后来"星光无限"改版为"星光大道"，拥有大量观众，属于"使用在先并有一定影响的商标"，因此，央视享有"星光大道"栏目的名称权及商标权。星光公司的注册行为属于"搭便车"的"恶意抢注"行为。

星光公司称，其申请注册商标"星光大道"，是源于 2003 年筹备举办"星光大道表演大赛"。此外，星光公司为把"星光大道"培养成知名品牌并进行商业开发，还于同年 11 月 11 日签订了"星光大道"的网络域名合同。

被告商评委认为，现有证据表明，央视"星光大道"栏目开播于 2004 年，故其所称的"在先名称权"理由不能成立，至今也没有充分证据证明星光公司具有"以不正当手段申请注册"的主观恶意，故法院应对其核准注册该商标的裁定予以支持。

(四) 优先权原则

优先权包括外国优先权和国内优先权。外国优先权是指商标注册申请人自其商标在外国第一次提出商标注册申请之日起六个月内，又在中国就相同商品以同一商标提出商标注册申请的，依照该外国同中国签订的协议或者共同参加的国际条约，或者按照相互承认优先权的原则，可以享有优先权。国内优先权是指商标在中国政府主办的或者承认的国际展览会展出的商品上首次使用的，自该商品展出之日起六个月内，该商标的注册申请人可以享有优先权。当然，按照《商标法》的规定，申请人要求优先权的，应当在提出商标注册申请的时候提出书面声明，并且在规定的期限内提交有关文件，否则视为未要求优先权。

(五) 缴费原则

商标注册申请需缴纳相应的费用。若申请人接到商标局予以受理的书面通知后，未按照规定缴纳费用的，商标局不予受理。

二、商标注册流程

商标注册包括申请、审查、初步审定及公告、异议、作出注册决定以及复审等环节。

(一) 商标注册申请

商标注册申请包括狭义和广义两个方面。狭义的商标注册申请仅指商品和服务商标注册申请、证明商标注册申请、集体商标注册申请等。广义的商标注册申请除包括狭义的商标注册申请的内容外，还包括变更、续展、转让注册申请，异议申请，商标使用许可合同备案申请,以及其他商标注册事宜的办理。

1. 申请主体及办理途径

如前所述,注册商标的申请主体包括两类:一类是国内自然人、法人或者其他组织,另一类是外国申请人。根据《商标法》的规定,国内申请人向商标局申请商标注册,可以直接到商标局办理申请手续,或是委托依法设立的商标代理机构办理;国外申请人在中国申请商标注册的,应当委托依法设立的商标代理机构办理,但在中国有经常居所或者营业所的除外。

2. 申请的要求

(1) 按类申请。商标注册申请人应当按照公布的商标注册用商品和服务国际分类表填报申请。

(2) 一标多类。商标注册申请人可以通过一份申请就多个类别的商品申请注册同一商标。

(3) 申请人为申请商标注册所申报的事项和所提供的材料应当真实、准确、完整。

(二) 注册申请的审查和核准

商标局收到商标注册申请文件后应进行审查,包括形式审查和实质审查。

1. 形式审查

形式审查大致包括三项内容:第一是申请书文件的审查,如文件是否齐全、填写是否规范、签字/印章是否缺少;第二是对商标图样规格、清晰程度及必要的说明的审查;第三是分类审查,即对填报的商品/服务项目的审查。

形式审查不合格的,商标局向申请人发出《商标注册不予受理通知书》;申请基本合格但部分内容需要补正的,向申请人发出《商标注册申请补正通知书》;通过了形式审查的商标注册申请经申请人缴费后,商标局向申请人发出《商标注册受理通知书》,正式受理商标申请。

2. 实质审查

实质审查是商标注册主管机关对申请的注册商标是否具备注册条件所进行的检查、资料检索、分析对比、调查研究,并决定给予初步审定或驳回申请等一系列活动。对于申请的实质审查,有的可以采取书面审查的方式,即通过申请材料的陈述了解有关情况,进行审查,但有的实质审查还需要进行实地核查,才能确认真实情况。实质审查包括对申请注册商标合法性的审查;对申请注册商标的显著特征审查以及对申请注册商标的新颖性审查。

(三) 初步审定与驳回

对申请注册的商标,商标局应当自收到商标注册申请文件之日起九个月内完成形式审查和实质审查,得以通过的申请可以获得核准注册的结论,这一过程称为"初步审定"。经过商标局初步审定对申请注册的商标作出初步核准决定的,即给予公告。当然,公告并不意味着对申请注册商标的核准注册,这个阶段申请人还未取得商标专用权。

申请注册的商标,凡不符合《商标法》有关规定的,由商标局驳回申请,不予公告。

(四) 异议申请及处理

对初步审定公告的商标,自公告之日起三个月内,在先权利人、利害关系人认为有违反《商标法》相关规定的，可以向商标局提出异议。商标局经调查核实后，自公告期满之日起十二个月内作出是否准予注册的决定。

（五）注册决定

商标局作出准予注册决定的，发给商标注册证，并予公告。至此，申请注册的商标正式成为注册商标，申请人获得商标专用权。

（六）商标注册申请的复审

复审程序不是商标注册的必经程序，但却是完善商标注册制度的必备程序。负责商标申请复审的主体是商标评审委员会，需要复审的事项包括：商标注册申请人对驳回申请、不予公告不服的；商标局作出不予注册决定，被异议人不服的。

当事人对商标评审委员会的决定不服的，还可以在规定期限内向人民法院起诉。

案例 5－5

《非诚勿扰》商标侵权案

2009 年，金某受电影《非诚勿扰》的启发，向国家工商总局申请注册“非诚勿扰”文字商标。2010 年取得商标注册证，核定服务项目为第 45 类，包括“交友服务、婚姻介绍所”等。随后，他以“非诚勿扰”为名开设了一家婚姻介绍所，创办了号称“中国第一实体婚恋加盟品牌”的婚恋交友网站，同年，江苏卫视大型生活服务类节目《非诚勿扰》开播并迅速走红。2012 年，金某一纸状书将江苏卫视《非诚勿扰》告上法庭，称江苏卫视商标侵权。

2014 年 12 月，一审法院以“《非诚勿扰》虽然与婚恋交友有关，但终究是电视节目，相关公众一般认为两者不存在特定的关系”为由，驳回了原告金某的诉讼请求；2015 年 12 月，二审法院判决江苏卫视立即停止“非诚勿扰”商标侵权行为，判决生效后节目一度改名为“缘来非诚勿扰”；2016 年，广东高院再审认为，《非诚勿扰》作为一档文娱节目，和现实中的婚介服务在服务对象、内容、方式上区别明显，不构成类似服务，江苏卫视没有侵犯金某的商标权，高院撤销二审判决，维持一审判决。

第五节　商标权期限及变化

申请人获得商标权并不意味着对该权利的终身享有，在一定情况下，商标权会发生变化，如法定保护期届满后未续展、注册商标被宣布无效等。

一、商标权的期限、续展及变更

商标权的期限即注册商标的有效期，是指商标专用权受法律保护的有效期限。我国《商标法》规定，注册商标的有效期为十年，自核准注册之日起计算。注册商标有效期满，需要继续使用的，可以申请续展注册，否则将导致注册商标被注销，商标专用权终止。

商标权的续展，又称注册商标的续展，是通过法定程序延续注册商标有效期的行为。商标权是一种标记权，只要权利人认为需要，可以通过续展程序将其商标专用权一直保持下去。我国《商标法》规定，注册商标的有效期为十年，自核准注册之日起计算。若期满后需要继续使用，商标注册人应当在期满前十二个月内按照规定办理续展手续；在此期间未能办理的，可以给予六个月的宽展期。每次续展注册的有效期为十年，自该商标上一届有效期满次日起计算。期满未办理续展手续的，注册商标将被注销，商标专用权随之消失。

当注册商标的内容发生变更，如注册人的名义、地址，商标标志或者其他注册事项发生变化时，需要变更注册商标。变更注册商标应提出变更申请。

二、商标权终止

商标权的终止即依据有关法律规定，注册商标被注销、宣告无效或撤销，商标权人丧失对其商标的专有权利。

（一）注册商标的注销

注册商标的注销属于商标权的自然终止，主要是基于商标权人的自愿放弃而导致的商标权失效。如商标注册人申请注销其注册商标或者申请注销其商标在部分指定商品上的注册；若注册商标的有效期届满，商标注册人未申请续展注册的，注销其注册商标。

（二）注册商标被宣告无效

已经注册的商标，如果违反《商标法》相关规定，或者以欺骗手段或其他不正当手段取得注册的，由商标局宣告该注册商标无效；其他单位或者个人，如在先权利人、利害关系人、驰名商标所有人，可以请求商标评审委员会宣告该注册商标无效。

由商标局予以公告无效的，该注册商标专用权视为自始即不存在。当事人不服商标局决定的，可按规定申请复审。当事人不服复审决定的，可向人民法院起诉。

（三）注册商标的撤销

因商标权人使用不当，商标局可依法撤销其注册商标。商标使用不当包括以下两种情形：一是商标注册人在使用注册商标的过程中，自行改变注册商标、注册人名义、地址或者其他注册事项的，且在限期内不改正的；二是注册商标成为其核定使用的商品的通用名称的，或者没有正当理由连续三年不使用的，任何单位或者个人可以向商标局申请撤销该注册商标，商标局作出撤销决定之日，其商标专用权终止。

案例 5-6

“1 号店 yhd. com”商标无效宣告案

“1 号店 yhd. com”商标（以下称“争议商标”）由陶某公司（以下称被申请人）于2015 年 2 月 6 日提出注册申请，核定使用在第 41 类“家教服务、组织表演（演出）、流动图书馆”等服务上，2017 年 8 月 7 日获准注册。2017 年 9 月 13 日，新某公司（以下称申请人）称：“1 号店”系列商标为申请人所独创并使用、注册，具有很强的显著性，经过申请人的大量使用和广泛宣传，申请人“1号店”系列商标具有极高的知名度和商业价值，与申请人之间具有唯一的对应关系。被申请人申请注册争议商标的行为，具有很强的主观恶意性，违反了诚实信用原则，是一种不正当竞争行为，争议商标的注册及使用将造成消费者的误认和混淆，并产生众多不良后果。因此，依据《商标法》规定，请求对争议商标予以无效宣告。

经审理认为，争议商标与申请人在先所有的“1号店 yhd.com”“1号店 The Store”商标在呼叫、文字构成等方面相同或相近。此外，被申请人还先后在不同类别的商品或服务上申请注册了90多件商标，且上述商标多被他人提出异议或无效申请或因与他人在先商标近似而未能获准注册。据此，可以认定被申请人的上述注册行为已明显超出了正常的生产经营需要，具有借助他人知名品牌进行不正当竞争或通过囤积买卖商标牟取非法利益的意图，已构成《商标法》第四十四条第一款“以欺骗手段或者其他不正当手段”取得商标注册之情形。

第六节　注册商标专用权的保护

商标是企业提供商品或服务的标志，是消费者了解企业的关键媒介，更是企业商品或服务质量、品牌形象和信誉度的集中体现。保护商标专用权对确保企业合法权益、维护健康有序市场秩序具有重要意义。

一、注册商标专用权权利范围

我国《商标法》规定：注册商标的专用权，以核准注册的商标和核定使用的商品为限。一般理解这一规定，注册人的权利范围仅限于其拥有权利的特定的商品和标志。但是，商标权是一种标记权，易识别是商标的基本功能，在视觉和听觉上的任何可能导致混淆的行为都会破坏注册商标的识别性，从而给权利人的权益带来损害风险。因此，对于商标权的保护范围应宽于其权利范围，以注册商标和核定使用的商品为限，凡是在相同或类似的商品上使用的与该商标标志相同或近似的商业标志，均属于该注册商标的保护范围。

二、商标侵权行为

商标侵权行为，是指未经商标权人许可，假冒和仿冒、销售、伪造和擅自制造注册商标以及其他妨碍商标权人使用注册商标，损害商标权人合法权益的行为。根据《商标法》规定，侵犯注册商标专用权的行为包括以下六个方面。

（一）商标的假冒和仿冒行为

商标的假冒和仿冒行为，是司法实践中存在的最为典型、发生最多的一种商标侵权行为。

1. 假冒和仿冒含义

未经商标注册人的许可，在同一种商品上使用与其注册商标相同的商标；未经商标注册人的许可，在同一种商品上使用与其注册商标近似的商标，或者在类似商品上使用与其注册商标相同或者近似的商标；在同一种商品或者类似商品上将与他人注册商标相同或者近似的标志作为商品名称或者商品装潢使用，误导公众的。以上均属商标假冒和仿冒行为。其中：

未经商标注册人的许可，是指未按照《商标法》的规定办理许可手续。实施此种行为，无论是故意还是过失，都会使消费者误认商品来源，从而损害到商标注册人的合法权益和消费者的利益。

同一种商品，是指在名称、用途、功能或销售渠道等方面相同的商品。

相同的商标，是指侵权商标与权利人的注册商标相比较，两者视觉上无差别。

近似商标，是指侵权商标与权利人的注册商标相比较，其文字的字形、读音、含义或者图形的构图及颜色，或者其各要素组合的整体结构相似，或者其立体形状、颜色组合近似，易使相关公众对商品的来源产生误认或者认为其来源与原告注册商标的商品有特定的联系。

类似商品，是指在功能、用途、生产部门、销售渠道、消费对象等方面相同，或者相关公众一般认为其存在着特定联系、容易造成混淆的商品。

特别应当注意，此类商标侵权案件中的相同商标和近似商标，是针对同一种商品和类似商品而言，如果两个相同商标和近似商标不是使用在同一种商品和类似商品上，则不属于商标侵权行为。

2. 假冒和仿冒注册商标行为的判断标准和原则

对于此类侵权行为的认定具有一定的难度。人们在长期的经营实践中归纳和总结了一些普遍适用的判断标准和原则。

第一，认定商品是否相同或者类似，应当以相关公众对商品的一般认识为准。目前来讲，在商标注册过程中，一般以商标局公布的商标注册用《类似商品和服务区分表》作为判断的参考。当然，在实践中，还要结合具体商品的功能、用途、交易方式和具体的服务行业、服务实施场所、服务对象等实际情况进行判断。

第二，认定商标相同或近似的原则：以相关公众的一般注意力为标准；既要对商标的整体比对，又要对商标主要部分比对，比对应当在比对对象隔离的状态下分别进行；判断商标是否近似，应当考虑请求保护注册商标的显著性和知名度。

（二）销售侵犯注册商标专用权的商品

这类侵权行为的主体是商品经销商，不管行为人主观上是否有过错，只要实施了销售侵犯注册商标专用权的商品的行为，都构成侵权。只是在行为人主观上是善意时，即销售不知道是侵犯注册商标专用权的商品，能证明该商品是自己合法取得的并说明提供者的，应停止销售，但可以免除其赔偿责任。

（三）伪造、擅自制造他人注册商标标识或者销售伪造、擅自制造的注册商标标识

商标标识是注册商标的载体，是商标使用的重要形式。伪造与擅自制造的区别在于商标标识本身的真假。但无论是伪造假的还是擅自制造真的他人注册商标标识的行为，其目的都在于以假充真、以次充好，且这些侵权行发生在流通环节，会产生扰乱市场经济秩序、损害消费者利益的严重后果。

（四）未经商标注册人同意，更换其注册商标并将该更换商标的商品又投入市场

在国外，某些国家将这种侵权行为视为"反向假冒"行为而加以禁止和制裁。与通常假冒他人注册商标的行为不同，"反向假冒"是在流通过程中，将别人使用在商品上的原注册商标换下，换上自己的商标，即在他人的商品上使用自己的商标，然后投入市场销售。这种行为侵犯了消费者的知情权，使消费者对商品来源产生误认。

（五）故意为侵犯他人商标专用权行为提供便利条件，帮助他人实施侵犯商标专用权的行为

这是指提供仓储、运输、邮寄、印制、隐匿、经营场所、网络商品交易平台等，这类行为实质上是在帮助他人侵权，所以也被称为帮助侵权或者间接侵权，从性质上而言也是对商标专用权的侵犯。

（六）给他人的注册商标专用权造成其他损害的

这类行为一般指将与他人注册商标相同或者相近似的文字作为企业的字号在相同或者类似商品上突出使用，容易使相关公众产生误认的行为；将与他人注册商标相同或者相近似的文字注册为域名，并且通过该域名进行相关商品交易的电子商务，容易使相关公众产生误认的行为等。

三、商标侵权纠纷的解决

依据我国《商标法》的规定，商标侵权纠纷解决有协商、行政和诉讼三种方式。

（一）协商解决方式

自行协商是根据《商标法》的民事性质特点，主要针对那些侵权行为轻微、社会危害不大的情况。应当注意，这种方式既不是起诉和投诉的前提条件，也不是一种必经的程序。它只是法律给双方当事人提供的一种可选的、处理商标侵权纠纷、制止商标侵权行为的便捷手段和方式。

（二）行政方式

行政方式是指由商标行政管理部门处理商标纠纷。侵权行为认定后，有三种处理措施：责令立即停止侵权行为、罚款和责令赔偿损失。

（三）诉讼方式

当商标权人的注册商标专用权被他人侵犯，商标权人在掌握一定被侵权证据后，依照《中华人民共和国民事诉讼法》向人民法院起诉，以维护自己的商标权。同行政方式相比，诉讼方式的查处力量大、执行力强。当然，因诉讼程序相对复杂，投诉人很难在没有专业律师的协助下单独实施。

四、商标犯罪的刑事处罚

实践中，大多数的商标侵权行为属于一般商标侵权，通过协商、行政或诉讼方式都可以得到解决。但对于侵权情节严重，构成犯罪的，则应依据《刑法》追究其刑事责任。我国《刑法》中涉及三项商标犯罪。

（一）假冒注册商标罪

假冒注册商标罪指未经注册商标所有人许可，在同一种商品上使用与其注册商标相同的商标的犯罪。其情节严重的，处三年以下有期徒刑或者拘役，并处或者单处罚金；情节特别严重的，处三年以上十年以下有期徒刑，并处罚金。

（二）销售假冒注册商标的商品罪

销售假冒注册商标的商品罪即销售明知是假冒注册商标的商品的犯罪。销售金额数额较大的，处三年以下有期徒刑或者拘役，并处或者单处罚金；销售金额数额巨大的，处三年以上十年以下有期徒刑，并处罚金。

（三）非法制造、销售非法制造的注册商标标识罪

指伪造、擅自制造他人注册商标标识或者销售伪造、擅自制造的注册商标标识的犯罪。情节严重的，处三年以下有期徒刑、拘役或者管制，并处或者单处罚金；情节特别严重的，处三年以上十年以下有期徒刑，并处罚金。

第七节　网络环境下的商标权保护

互联网为商标权人带来了更大的形象展示空间和利益获取空间。与传统媒介相比，网络的普及性和无国界性，使得商标权人对其产品的宣传和品牌的推广可以做到更短时间、更低费用、更广范围和更大信息量。当代社会，商标在网络上的应用已相当广泛，已成为商标权人创新营销的有力工具。然而，也正是基于网络的无国界性，使企业的商标权保护面临诸多困难和风险。如何实现在网络环境下对各种商标侵权（以下简称“网络商标侵权”）行为的发现和查处，是对商标权法律保护提出的新要求。

一、网络商标侵权的特点

网络商标侵权是在未经权利人授权或者许可，又缺乏合理使用的法律依据的情况下，利用网络或网络技术手段所实施的侵犯商标专用权的行为。网络商标侵权与传统环境下的商标侵权并没有本质上的区别，但由于在商标使用方式和侵权行为等许多方面表现出明显的不同，网络商标侵权有着与传统商标侵权不同的新特点。

（一）商标使用方式改变

传统的商标使用方式局限于商标的包装、商标的使用装潢以及商业广告与买卖合同中，是对商标的具体的、有形的使用；而网络环境下，商标的使用转变为新的方式，呈现出

多样化的特点，如以商标作为域名注册、使用商标作为搜索关键词等，呈现为抽象的、虚拟的使用方式。

(二) 商标侵权主体多元

与传统商务模式相比，电子商务的运行基于互联网，参与人数众多且分散。同时，除买卖双方外还同时涉及多个第三方主体，如网络运营商、终端开发商和运营商等，在商标侵权主体的责任认定上存在不确定性。

(三) 商标侵权监测难度增加

一方面，网络商标使用方式的改变使得网络商标侵权行为具有一定的隐蔽性，难以及时发现；另一方面，网络环境下跨地域的商标侵权很难被及时发现。众所周知，地域性是知识产权的基本特征，商标权亦是如此。商标权依照一国的法律产生，也只在该国地域范围内有效，其效力并不当然延伸至其他国家和地区。

(四) 网络商标侵权查处困难

从本质上讲，网络商标侵权与传统商标侵权没有区别，但由于两者发生的环境有着明显的不同之处，且新的侵权行为不断出现，使得法律规范的滞后性愈发凸显，查处困难，难以有效遏制网络商标侵权实际行为的发生和蔓延。

总之，互联网的发展在给商标权利人带来新的发展机遇的同时，也带来商标权益保护方面的风险和挑战。虽然目前对于网络商标权的保护还存在种种困难，但《商标法》规定不得侵犯商标权，这一基本原则并不会因侵权行为出现在网络环境而产生任何改变。因而，构建网络环境下良好的商标使用秩序、有效保护网络环境下商标权人利益是各国普遍面临和亟待解决的问题。

二、网络环境下的商标侵权方式

网络环境下的商标侵权行为的发生基于两个基础：商标内涵和网络平台。基于商标内涵的侵权，是指侵权人在网络媒体利用上直接使用他人商标的行为，如有些行为人直接选取、使用他人注册商标的图形、图像并入自己的网页，或将他人商标的图形设计成自己网页的图标，意图将自己经营的电子商务与商标权人的商品或服务相混淆等。这种侵权方式和纠纷处理的规则与传统商标侵权没有原则的区别。

(一) 域名侵权

1993 年因特网上出现 www 协议后，域名开始广受关注，与商标有关的域名注册和使用行为也随之出现。域名侵权指域名对于商标权的侵犯，主要表现在域名注册和使用中与他人商标权发生的冲突。常见的有域名恶意抢注、网络域名中包含他人注册商标英文单词或字母等。这种侵权方式的出现与域名的特征关系密切。

1. 域名的含义及其特征

域名，又称网域，是互联网用户在网络空间的地址名称。它由一串用点分隔的、以字母数字组成的符号序列构成，与用户用于上网的计算机互联网协议地址(Internet Protocol Address, IP 地址)相对应，以在传输数据时识别和定位特定的计算机。从技术上讲，域名只是网络中用于解决地址对应问题的一种方法，是一个技术名词；但从企业经营上看，域名已被誉为企业的“网上商标”，这是因为域名具有以下显著特征。

(1) 标识性。域名设计的目的就是为了用识别性的标记来定位和区分网络上的计算机，以方便人们的使用。因此，商业用户往往用商标、企业名称、品牌等作为域名，以体现其个性化、形象化的特征，如一看到“microsoft. com”，人们就会想到微软。标识性是域名与商标最密切的联系。

(2) 绝对唯一性。因特网上域名用于标识一个网络用户的地址，这种技术特征决定域名具有绝对唯一性，也称专有性，即任何人一旦注册取得域名，其他人都不能再注册和取得完全相同的域名。商标却不具备唯一性的特征，因为商标是可以按类别来区分的，不同类别的商标可以相同。

(3) 空间无限性。与商标不同，域名的使用没有地域限制，也没有商品及服务的限制，且规则全球通用，因此其效力范围覆盖全球。

(4) 时间永久性。与商标不同，任何域名一旦被注册和使用，正常情况下它的存在具有永久性，没有期限限制。

域名的这些特征及互联网技术成熟发展，使得域名具有了市场价值，得到市场认可后能带来可观的经济效益。但与此同时，域名注册也对传统的商标权保护产生猛烈的冲击。

2. 域名与商标争议的成因

首先，由商标的无形财产性所决定，这是产生域名侵权的关键因素。在激烈的市场竞争环境中，商标已不单纯是一种识别商品或服务来源的标志，更是企业商品或服务质量以及企业信誉的象征。在电子商务的运行模式中，域名是企业的门户，企业为便于客户在互联网上迅速、便捷地找到自己，常常会自然选择以自己商标中最具特点、最具识别性的部分作为域名，从而更好地巩固和延续已取得的竞争优势。因此，域名在某种程度上就像网络空间的商标，潜藏着巨大的商业价值和广告效应。这就使得一些商家见利忘义，利用网络的开放性及法律约束的漏洞进行恶意抢注或使用与别人商标相似的名称注册为域名，意图通过这种“搭便车”的行为牟取非法利益，从而严重损害商标权人的商业信誉及经济利益。

其次，由域名的唯一性和商标分类制度的差异所决定。如前所述，域名具有绝对唯一性，且实行“先到先得”的注册原则，而商标则具有主体的多元性特点。现存的商标法体系将商标分为不同的类别，并允许在每个类别中有一个民事主体具有商标权。这就意味着法律允许两个以上民事主体在一个国家领域内可能使用相同的商标，加之商标制度的地域性，在全球市场也存在多家企业在不同国家拥有相同注册商标的可能性。从权利内涵而言，域名权和商标权是两种相互独立的权利，域名所有人无法凭其享有的域名权对抗他人的商标专用权，而商标权利人也不能将商标权延伸至互联网的空间范围，由此就产生了同一商标的不同权利主体争夺同一域名的注册，以及其他非商标权人对域名抢先注册，即导致诸多“域名抢注”等事件的发生。

最后,受域名制度与商标制度各自独立的影响。在制度上,域名与商标分别由不同的部门核准注册和管理,由不同的法律、规则或规范来调整。例如在我国,商标注册遵循《商标法》的规定,域名注册则遵循《互联网络域名管理办法》。《商标法》并未规定将他人的注册商标作为域名注册和使用属于侵权行为;而域名注册时,虽然按规定"三级域名不得使用他人在中国注册过的企业名称或商标名称",但同时又规定"各级域名管理单位不负责向国家工商行政管理部门及商标管理部门查询用户域名是否与注册商标或者企业名称相冲突"。这在客观上造成域名与他人商标或商号出现相同或近似情形的可能,也给别有用心者可乘之机。

(二) 链接侵权

链接侵权,即在自己网页上未经允许使用他人的商标作为链接到该商标权人网页的"锚"。只要互联网用户在网页上点击超链接部分,被链接的网页就会弹出呈现在用户的计算机屏幕上。实践中,链接侵权者往往是自己设立一个网站,在自己的网站内设立很多链接,用户一点"锚"就会被链接到他人网站。当然,行为人的此种行为是否构成商标侵权,在于"锚"是否被链接设置者当作商标使用,以及该使用行为是否足以使消费者产生混淆。

(三) 隐形商标侵权

隐形商标侵权,是指将他人的商标埋置在自己网页的源代码中,这样用户在该网页上不会直接看到他人的商标,但是当用户使用网上搜索引擎查找该商标时,网页就会位居搜索结果的前列,从而损害商标权人的利益。因为这些行为经常发生在搜索引擎等网络查询站点向广大用户提供有偿或无偿的网络查询服务中,所以又叫搜索引擎商标侵权,其隐蔽性非常强,认定最为困难。判断这种侵权方式的关键在于看它是否引起公众误信。在美国一起此类案件中,被告在自己网页上未使用"可见"的原告注册商标,但却将原告的注册商标埋置在其网页的关键词中,只要用户以原告注册商标为主题通过搜寻引擎查询原告的信息,都被搜索引擎指引到被告的网页。该案最后由法院下永久性禁令禁止被告的此种"埋设"行为。

三、域名侵权行为及解决途径

当域名成为区别商品或服务来源的显著标志会给使用者带来无限商机时,域名侵权行为就会不可避免地出现,且很快成为网络商标侵权的重灾区。为有效解决域名侵犯商标权问题,我国构建起较为完善的保护体系,有效地保障了权利人的合法权益。

(一) 争议解决途径

域名注册和使用中发生商标侵权争议,当事人认定他人的上述行为对自身商标权造成侵害的,可依据《互联网域名管理办法》和《中国互联网络信息中心域名争议解决办法》等,向中国互联网络信息中心认可的争议解决机构提出投诉。争议解决机构成立专家组,根据投诉人和被投诉人提供的证据及争议涉及的事实,对争议进行裁决。

(二) 诉讼解决途径

当前我国在解决有关网络商标侵权问题的司法实践中,依据的相关法律以及有关的司法解释主要有:《民法典》《商标法》《刑法》《反不正当竞争法》及最高人民法院《关于审理涉及计算机网络域名民事纠纷案件适用法律若干问题的解释》等。对于涉及网络域名注册、使用等行为的民事纠纷,当事人可以向人民法院提起诉讼。

(三)仲裁机构仲裁

对于有争议的网络域名的注册和使用,当事人可基于协议提请中国仲裁机构仲裁。

总之,近年来我国对网络环境下商标的保护有了很大改善,但与迅猛发展的互联网应用相比,我国尚未形成一套完整有效的调节关于网络环境下商标权行使的法律体系,更好地保护网络环境下的商标权利之路依然任重道远。

本章参考文献

[1] 卞耀武. 中华人民共和国商标法释义[M]. 北京:法律出版社,2002.
[2] 王迁. 知识产权法(第六版)[M]. 北京:中国人民大学出版社,2019.
[3] 郑成思. 我国商标制度的沿革——商标制度的起源及发展(二)[J]. 中华商标,1997(6):38-40.
[4] 白大华. 中国商标制度[J]. 中国市场监管研究,2022(3):15-23.
[5] 左旭初. 中国商标法律制度的历史回顾[J]. 中华商标,2012(11):19-21.
[6] 李明德. 两大法系背景下的商标保护制度[J]. 知识产权,2021(8):8-12.
[7] 使用他人在先美术作品注册商标 法院一审认定侵犯复制权并赔偿[EB/OL]. (2019-08-19)[2022-01-12]. https://www.chinacourt.org/article/detail/2019/08/id/4322694.shtml.
[8] 刘杨. "城隍"商标争议案例解析[J]. 中国宗教,2015(4):48-49.
[9] 杨德嘉. 通用"全脑"难阻他人正当使用[J]. 中华商标,2009(8):33-35.
[10] 邝宪平. "星光大道"商标是"恶意抢注"还是"申请在先"[J]. 中华商标,2011(11):68-69.
[11] 关琳琳,郑立霞. "非诚勿扰"之非礼勿视——浅谈江苏卫视"非诚勿扰"案[J]. 中华商标,2017(2):11-14.

第三编 公共信息服务法律制度

《宪法》第二条:“中华人民共和国的一切权力属于人民。人民依照法律规定,通过各种途径和形式,管理国家事务,管理经济和文化事业,管理社会事务。”

《宪法》第二十二条:“国家发展为人民服务、为社会主义服务的文学艺术事业、新闻广播电视事业、出版发行事业、图书馆博物馆文化馆和其他文化事业,开展群众性的文化活动。”

相对于私人领域的信息,公共信息是指“所有发生并应用于社会公共领域,由公共事务管理机构依法管理,具有公共物品特性,并能为全体社会公众所共同拥有和利用的信息”[①]。公共信息的基本属性是公开,公共信息服务与公众的知情权、受教育权等密切相关,影响着公民的生活质量,也关系着社会经济与文明的进步与发展,是信息社会发展的基本要求。

随着社会信息化进程的逐步深入,全民信息意识,特别是信息权利意识不断觉醒,公众对公共信息的需求呈明显上升趋势,继而呈现出与对信息服务需求显著的正相关关系。公众对公共信息服务的基本要求体现为充分、便捷、高效和低成本;实践中,为了应对极其复杂的公共信息需求,就必须从制度层面规定公共服务有关主体的责任与义务,明确服务标准和要求,从而保证公共信息服务的公平、公正、有序、高效。政府信息公开法律制度是政府履行信息公开义务和公民知情权实现的根本制度保障,是现代民主政治发展的必然。

公共信息既包括政府信息,也包括公共图书馆、档案馆、博物馆及其他公益性组织等公共部门的信息,以及企业公开提供的供社会公众无偿利用的信息。

---

① 谭世贵.公共信息公开的理论探讨与制度建构[J].江汉论坛,2016(10):113-121.

第六章 政府信息公开法律制度

引导案例

2014年9月9日，湖北天发胜方管道工程有限公司施工人员在对新江口镇堰西路31号堰西面馆早餐店实施天然气管道入户安装过程中，发生天然气爆炸事故。事故发生后，湖北松滋市政府批准成立了有关单位参加的事故调查组。该调查组于2014年10月27日作出了调查报告。该调查报告内容认定安徽国汉建设监理咨询有限公司(以下简称"国汉公司")在施工现场存在安全监管缺失，对事故的发生负有责任，建议松滋市安监局对国汉公司处以12万元的罚款。同时，松滋市安监局向松滋市政府呈报了该事故调查报告的请示[松安监(2014)47号]。松滋市政府于2014年10月30日作出批复，同意事故调查组对有关责任单位和有关责任人员的责任分析和处理意见[松政函(2014)62号]。2014年12月5日，松滋市安监局作出行政处罚决定，决定给予国汉公司罚款12万元的行政处罚。国汉公司在先后向荆州市安监局和荆州市人民政府申请行政复议，均被以松滋市政府作出的62号批复是行政机关的内部行为，不属于行政复议范围为由不予受理的情况下，又先后向湖北省荆州市中级人民法院和湖北省高级人民法院起诉和上诉，诉讼请求均被驳回。2018年，中华人民共和国最高法院裁定驳回一审和二审法院的行政裁定，指令湖北省荆州市中级人民法院继续审理该案。

信息时代，社会对信息的需求广泛且庞杂，其中最集中的需求反映在政府信息方面。政府是公共信息最大的拥有者和控制者，政府信息不仅是政府活动的重要资源，更是社会的宝贵财富。政府信息公开法律制度的建立，有两个重要的法理基础，即人民主权理论和知情权理论。根据人民主权理论，政府所享有的一切权力均来自人民的权力和宪法的授权，因此，请求信息公开是人民所拥有的基本权利；根据知情权理论，公民有权知道他应该知道的事情，无论其是关乎公民当前的切身利益，还是关乎国家命运和社会发展大局，国家应最大限度地确认和保障公民知情权。只有政府真正履行信息公开的义务和责任，使公民充分知晓与自己权益相关的各种事务，公民才能真正把握自己的生活，并承担参与和监督的社会责任。

第一节 政府信息公开制度的起源及发展

政府信息公开是指政府主动或被动地将在公共事务管理中掌握的公共信息依法定的程序、范围、方式、时间向社会公开，以便社会成员能够方便地获取和使用。从世界范围看，政府信息公开制度的建立发端于18世纪，集中发展于二战之后。时至今日，世界各国政府信息公开制度建设，并未因社会制度、意识形态、发展阶段的不同而产生明显区别，不论是发达国家，还是发展中国家抑或是欠发达国家，都越来越重视并不断完善政府信息公开制度。

一、国外政府信息公开制度的起源和发展概述

17—18世纪的启蒙运动，是继文艺复兴后的又一次伟大的反封建专制、宗教愚昧及特权主义的思想解放运动，使充满理性之光的自由、民主和平等的思想在世界范围内播撒，为竞争性的议会政治对抗秘密性的君主政治、为公共领域的出版与言论自由对抗君主制下国家文件的私产属性奠定了思想基础。由此，公开行政秘密成为市民社会的一种普遍呼声。

（一）政府信息公开制度的起源

瑞典是世界上公认的最早确立政府信息公开制度的国家。1766年12月2日，瑞典议会制定了《出版自由法》。该法规定废止以往对出版物的事前审查，允许自由印刷并传播政府文件。同时规定普通市民和议员一样，为出版而享有要求法院和行政机关公开有关公文书的权利。该部法律被赋予基本法地位，在世界上首开政府信息公开法之先河，12月2日这一天，也成为瑞典的国家“信息公开日”。

需要指出的是，《出版自由法》中所确立的信息公开原则，其初衷是与出版联系在一起的，法律规定任何人基于出版的目的可以自由获取政府文件。因此，该法与现代意义上的政府信息公开立法有着明显的区别。

（二）政府信息公开制度的发展情况

1766年瑞典《出版自由法》颁布后，在其后漫长的一个多世纪的发展过程中，其所确立的政府信息公开原则并未在世界范围内产生明显的推动作用。直到200年后，世界上第二部具有代表性的信息公开法才于1966年在美国诞生。

1966年，美国通过了《信息自由法》，成为世界范围内政府信息公开法制化的真正开端。该法规定政府的记录和档案除某些内容免于公开外，原则上向所有的人开放。公民可以向任何一级行政机关提出查询、索取复印件的申请。行政机关必须公布本部门的建制和本部门各级组织受理信息咨询、查找的程序、方法和项目，并提供信息分类索引。公民在查询信息的要求被拒绝后，可以向司法部门提起诉讼，并应得到法院的优先处理。

美国《信息自由法》改变了传统的政府信息保密原则，它所确立的以公开为原则，不公

开为例外；政府信息面前人人平等；政府拒绝提供信息要负举证责任以及法院具有重新审理的权力等原则对世界各国政府信息公开制度的制定产生了深远影响。

自美国《信息自由法》颁布至 20 世纪 90 年代，丹麦（1970 年）、挪威（1970 年）、法国（1978 年）、荷兰（1978 年）、加拿大（1982 年）、澳大利亚（1982 年）、德国（1994 年）、韩国（1996 年）等 14 个国家相继颁布了政府信息公开的立法。到 2014 年，世界上颁布专门政府信息立法的国家已经达到了 95 个。2015 年 9 月 25 日举行的联合国发展峰会将公开获取信息作为 2030 年可持续发展的重要目标之一。"知的权利"已经被越来越多的国家和组织作为一项基本权利和自由写入了宪法和国际性的条约和文件。

二、我国政府信息公开法律制度发展历程

过去，我国涉及政府信息立法问题的，如《保密法》《档案法》及其他一些相关法律法规中，更多强调的是对政府信息的保密而非披露。20 世纪 90 年代开始，党和政府开始进行信息公开方面的改革实践，陆续推行村务公开、检务公开、警务公开、厂务公开等；1999 年，"政府上网工程"正式启动，这使政府信息公开更加制度化与规范化。这些措施加强了党和政府与人民群众的联系，促进了各地经济发展，提高了行政管理的效率，进一步完善了社会主义民主制度，同时也为制定政府信息公开法奠定了基础。

1999 年，中国社会科学院成立了"信息时代与政府公开制度研究"课题组，就政府信息公开的立法问题进行了研究和探讨。2002 年 5 月，该课题组接受国务院委托着手起草政府信息公开的相关立法。与此同时，地方立法工作也已经展开。2002 年 11 月，广州市政府制定了《广州市政府信息公开规定》，明确该规定旨在保障个人和组织的知情权，规范政府信息公开，增加行政活动的透明度，监督政府机关依法行使职权。这是我国由地方政府制定的第一部全面、系统规范政府信息公开行为的政府规章，对于我国政府信息公开法律制度的建设具有重要的开创意义。

2007 年，《中华人民共和国政府信息公开条例》颁布，这是我国政府信息公开领域第一部行政法规。该条例对政府信息公开的范围和主体、方式和程序、监督和保障等内容作出了具体规定。

第二节 政府信息公开及其法律制度概述

政府信息公开及其法律制度的建立，是一个国家政治文明、经济发展和社会进步的具体表现。从政府建设的趋势而言，完善的信息公开制度是顺应民主政治的必然之路。由于受到各种因素的影响，政府信息公开行为需要从法律制度上来进行规制，使得政府信息能够在有序、合理公开的同时，不会给国家、社会和公民的利益带来损害。

一、政府信息

在社会信息化构成中，政府是最主要的信息生产者、消费者和发布者。2016 年 5 月 9

日，李克强总理在全国推进简政放权放管结合优化服务改革电视电话会议上指出：目前我国信息数据资源80%以上掌握在各级政府部门手里，“深藏闺中”是极大浪费。① 政府信息不仅量大，而且具有权威性和价值特性。加强政府信息的管理，合理开发和利用这些资源，是我国乃至世界各国信息化战略的重要内容。

(一) 政府信息的含义

政府信息是指行政机关在履行职责过程中制作或者获取的，以一定形式记录、保存的信息。对于政府信息的含义，可从三个角度进行理解。

从性质上看，政府信息是与履行行政管理职责密切相关的信息。

从产生方式上看，政府信息不仅包括本机关在履行职责过程中制作、加工的信息，还包括在履行职责过程中从其他机关、组织、个人那里获取的信息。

从政府信息的存在形式看，它应当是以一定形式记录、保存的信息，既可以是纸质文件，也可以是胶卷、磁带、磁盘以及其他储存介质的文件。没有载体的口头消息、社会传闻不属于政府信息。

(二) 政府信息的类型

政府信息不仅数量庞大，而且种类繁多。可从以下角度对政府信息进行分类。

1. 按政府职能分类

政府职能包括决策、财政、人事和行政行为等。从政府职能角度，可将政府信息划分为公共信息和内部信息。公共信息是指政府掌握的涉及公众利益的社会公共信息，比如机构设置、人事信息、重大决策以及行政行为的依据、程序、时限、救济途径等信息。内部信息是指政府及其职能部门内部发生的，与公众利益无关的内部信息，包括内部财务收支、内部审计结果等，以保障公务员对与切身利益相关的事项的知情权。

2. 按信息状态分类

按信息状态可将政府信息划分为公开信息、限制信息和保密信息。公开信息是可以完全对社会公开的信息，如政府法规和规章、行政许可结果等；限制信息是只在指定的系统或部门之间以及本系统和部门内部共享的信息，或限制特定个体查阅利用的信息；保密信息是为了保护国家安全利益，为保障社会权利和个人权益，经《保密法》所规定的需要采取保密措施的信息，这类信息必须严格遵照法定权限进行管理。

3. 按信息内容分类

按信息内容可将政府信息划分为政治信息、军事信息、科技信息、经济信息和文化信息等。

需要说明的是，政府信息具有复杂性，无论从什么角度划分，各种类型的信息之间并不存在严格的分界线，彼此间常常有交叉和重叠，甚至在条件成熟时发生相互转化。

(三) 政府信息的特征

政府信息是相对于工商企业以及非政府组织所拥有的信息而言的，是社会信息资源

---

① 中国政府网.李克强：信息数据“深藏闺中”是极大浪费[EB/OL].(2016－05－13)http://www.gov.cn/xinwen/2016－05/13/content_5073036.htm.

的重要组成。同一般的信息相比，政府信息的特殊性体现在以下几方面。

1. 资源性

信息时代，政府信息已成为最核心的国家资源和战略性资源。首先，政府信息有着深刻的内涵和广阔的外延，包括信息内容、信息系统、信息网络以及相关的人才、资金等海量资源，是人们全面考察、评价社会情况，从事政治、经济、科技、军事、文化等活动所必不可少的战略资源，是有序地依法行政的资源条件，也是社会公共事务的管理和组织所不可缺少的资源条件。其次，政府信息资源有着较高的质量和可信度，常常比一般的信息资源更有价值。

2. 权威性

首先，政府信息的权威性来自政府组织的性质。政府是实现国家目标的行政机关，其组织原则是由宪法予以规定的，其权威性不容置疑。其次，政府信息的权威性由其真实性所决定。政府信息获取是以国家强制力作为保证、由相应法律规范所调整的权利，政府所使用和提供的信息具有真实性的特点，其权威性高于其他信息。最后，诚实是政府机关和国家公务员基本的职业要求，这就保证了信息处理的真实可靠，赋予了政府信息权威性。

3. 共享性

宪法规定政府是国家事务、公共事务和社会事务的管理者，政府信息集中反映了公共信息的主要内容，对国家、社会、个人具有重要的影响作用。因此，一般而言，政府信息一经产生，就应该及时开放共享，使其在尽可能大的范围内为更多的人所利用。

从经济属性的角度分析，政府信息不同于其他公共产品的独特之处在于：尽管它不是“免费的午餐”，但它却鼓励“搭便车者”。这是因为，“搭便车者”越多，政府信息的边际效益和外部经济性（社会效益）就越高[①]，其资源化的程度也就越高，而政府作为信息公共产品垄断者的地位也就越有积极的意义。

4. 保密性

政府信息中常常含有大量的敏感信息，这些信息的不适当公开往往会带来严重的后果，可能危及国家安全或政党利益，给公共利益、组织利益和个人利益带来损害。因此，保密性也是政府信息的特点之一，任何一个政府都不会忽视政府信息的保密性。

二、政府信息公开

对政府信息公开的要求是现代社会公民的一项基本权利，即知情权。知情权的理念源于社会契约论或人民主权论。为了维护社会秩序，人们拿出自己的一部分权力赋予政治共同体——国家。人民通过选出自己的代表进行国家管理的活动。因而，国家所享有的权力是来源于人民的，人民才是国家权力的主人。而公民以选举权为基础的参政、议政权，国政监督权等政治权利，还有思想、言论、新闻、出版等权利都必须建立在知情权的基

---

① 外部性是指经济主体的经济活动对他人和社会造成的非市场化的影响。分为正外部性和负外部性。正外部性是某个经济行为个体的活动使他人或社会受益，而受益者无须花费代价。所谓“搭便车现象”就是指某种事情产生了正外部性。负外部性是某个经济行为个体的活动使他人或社会受损，而造成外部不经济的人却没有为此承担成本。

础上。现代社会,知情权已在很多国家的宪法中得以明确。政府信息公开法律制度是政府履行信息公开义务和公民知情权实现的根本制度保障,是现代民主政治发展的必然。我国《宪法》第二条的规定,既是我国《宪法》中人民主权原则规定的体现,也是宪政对公民享有知情权与政府的信息公开义务的要求。

(一) 政府信息公开的含义

政府信息公开是指行政机关在行使国家行政管理职权的过程中,公开发布政府信息的行为。

政府信息公开可以从狭义和广义两个层面来理解。从狭义的角度看,政府信息公开仅指政务公开,属于办事制度层面的公开,强调的是行政机关要公开其执法依据、执法程序和执法结果;从广义的角度看,除政务公开外,还要求政府公开其所掌握的其他信息。而后者是当代社会政府信息公开的主流。

(二) 政府信息公开的意义

政府是国家、社会和公民的服务者。政府信息公开既是监督、评价政府工作的前提,也是公民满足社会信息需求的手段。

1. 公民知情权实现的前提

知情权是公民的宪法性权利。现代宪政国家均承认主权在民的观念,设计各种制度保障国民有效地参与民主决策的过程。国民作为主权者通过自己选出的代表管理国家,就必须充分获知与国家管理有关的各种情况,否则国民便无法监督国家机关及其公务人员的管理活动,无法对国家事务发表意见进而对其施加影响,国民主权的原则也就无异于空中楼阁。而国民充分获取有关信息的前提是政府必须公开信息。

2. 打造透明政府的手段

政府信息公开有助于打破政府部门对信息的垄断,大大提高管理的透明度。信息公开将政府工作置于公众广泛的监督之下,能有效地遏制和预防腐败。19 世纪英国著名的自由主义政论家阿克顿曾说过:“所有权力都易腐化,绝对的权力则绝对地会腐化。”而阳光恰好是最好的防腐剂,让政府的活动尽可能地暴露于阳光之下,则其腐败变质的可能性必将大大降低。

3. 搭建信息资源共享的平台

现代国家,政府的职能无处不在,广泛渗透于人们生活的方方面面。政府部门控制着社会信息流的主要内容,包括行政管理信息、市场信息、服务信息、宏观决策信息等。公开以上信息,对于减少、避免信息资源的重复采集与长期闲置,满足社会各界对信息资源的需求,最大限度地实现政府信息资源的有效共享具有重要的意义。通过政府信息公开搭建信息资源共享的平台,保证社会全体成员充分共享政府信息这一巨大的财富,使政府信息能够及时地转化为现实的社会物质财富。

三、政府信息公开法律制度

建立政府信息公开法律制度,是在立法上明确信息公开的权利主体和义务主体,规定信息公开的原则、内容、途径，以及义务人未履行法定义务应承担的法律责任和相对人依据法律可以寻求的司法救济。

(一) 政府信息公开法律制度的含义

政府信息公开法律制度是指国家行政机关和法律、法规以及规章授权和委托的组织，在行使国家行政管理职权的过程中，通过法定形式和程序，主动或依申请将政府信息向社会公众或特定的个人或组织公开的制度。[①]

政府信息公开法律制度，是一种承认公民对政府拥有的信息有公开请求权，政府对这种信息公开的请求有回答义务的法律制度。这一制度表明作为主权者的人民在任何时候都有权监督政府的行为，同时也有权参与国家的行政管理活动，以防止行政权力的不当或违法运作。

(二) 建立政府信息公开法律制度的目的

政府信息公开必须成为一项法律制度才有意义。

1. 为保障公众知情权提供具体法律依据

知情权是公民的一项基本权利。但如果知情权仅仅限于对宪法的解释或者是一般性、原则性的规定，而没有上升为具体化的制度，则仍然是一种抽象性的权利，公民在个人权、参政权、请求权等方面的作用亦无从实现。既然公民知情权的宪法基础在于人民主权、民主主义的参政议政、维护个人基本权利、发展个人人格等，而国家秘密等又有不断膨胀的趋势，那么知情权就必须具有请求权的性质，必须是一种积极主动地寻求获取信息、要求有关部门公开信息的权利。政府信息公开法律制度的建立，认可了知情权具有请求权的性质。依据知情权，公民有权要求政府保障其行使请求权而不受妨碍；而从另一方面讲，也正是对政府课以了公开信息的义务，这才使知情权具备了法律依据。

2. 规制政府信息公开

如果政府信息公开仅靠行政权力推动，缺乏法律基础，则会导致政府和公众之间的信息不对称状态，一些应该公开的政府信息就可能得不到公开。建立政府信息公开法律制度，就可以规制政府信息公开行为，一方面使行政机关的职责权限、行政程序及过程、行政结果、监督方式等为人民群众广泛知晓，从而打破信息不对称状态；另一方面使提供政府信息成为行政机关的一项法定义务，既不能随意拒绝，也不能随意停止，从而使政府的工作置于公众的监督之下，有效制约政府权力行使的非理性。

(三) 政府信息公开法律制度的基本原则

世界各国政府信息公开法律制度普遍遵循三大基本原则，即充分公开原则、平等原则和免费获取原则。

1. 充分公开原则

所谓充分公开，是指从履行法定义务角度，如果没有特定限制，政府应公开所有信息。对这一原则应该从以下几方面进行理解。

---

① 刘恒. 政府信息公开制度[M]. 北京：中国社会科学出版社，2004.

政府信息以公开为原则。政府信息公开不仅是结果的公开，更是过程的公开；不仅是办事制度和办事程序的公开，更重要的是政府及所属部门在履行职务过程中产生、收集、整理、使用、保存的涉及经济、科学以及社会各方面信息的公开。这些信息是国民经济信息的重要组成部分，它既是社会共同创造的财富，也是人们考察、评价社会情况，从事各种活动所必不可少的资源，应能充分自由地为公众所利用。

政府信息以不公开为例外。相对于公开来讲，不公开是由于某种特设原因造成的例外，例如，涉及国家秘密、企业的商业秘密和公民个人隐私的信息，政府机关内部规定的、与公民无关的日常办事制度信息，政府部门正在研究、尚未形成决议的信息等。

在坚持充分公开原则的同时，还特别应处理好公开与保密的关系。

2. 平等原则

平等就是人人都能够享有相同的权利。平等原则已经作为宪法位阶的一项基本原则，要求一切部门法律都必须遵守，政府信息公开法律制度自然也要遵循这一原则。

政府信息公开法律制度所强调的平等原则，指政府信息面前人人平等，意味着公民、法人和其他合法的社会组织，都具有平等的获取、使用和保护政府信息的权利。

3. 免费获取原则

免费获取原则是指公民在获取政府信息时无须付费。政府信息具有公共属性，如果允许收费，会增加公众获取政府信息的成本，不利于政府信息公开制度的实施。当然，政府机关提供政府信息不收费，是基于信息获取，但在提供过程中可向申请人收取预先确定标准的成本费用。从这一原则出发，政府应科学、合理地规划信息公开的方式和途径，有效降低政府信息公开的成本。

第三节　我国《政府信息公开条例》的主要内容

目前，我国还未制定政府信息公开的国家法律。2007 年 4 月 5 日颁布的《政府信息公开条例》是我国第一部国家层面制定的关于信息公开的行政法规，对保障公民知情权、建设透明政府、推动信息资源利用最大化有着重要意义。该条例在 2019 年进行了第一次修订。

一、政府信息公开法律关系

主体、客体和内容是政府信息公开法律关系的主要构成要素，其核心内容是确定权利义务关系。政府和公众作为政府信息公开活动的参与者，分别享有各自的权利，亦应承担相应的义务。

(一) 主体

信息公开包括两类主体，一是公开的义务主体，二是公开的申请主体。

1. 公开的义务主体

公开的义务主体是指各级政府及其职能部门以及依法行使行政职权的组织，它们是掌握信息、搜集信息、提供信息的一方，是信息公开义务人，应依法履行公开政府信息的义务。按照《政府信息公开条例》的规定，以下三类机构负有政府信息公开的义务。

（1）行政机关。公开政府信息是行政机关的责任，获取政府信息是公民的权利。按照规定，行政机关制作的政府信息，由制作该政府信息的行政机关负责公开。行政机关从公民、法人和其他组织获取的政府信息，由保存该政府信息的行政机关负责公开；行政机关获取的其他行政机关的政府信息，由制作或者最初获取该政府信息的行政机关负责公开。行政机关设立的派出机构、内设机构依照法律、法规对外以自己名义履行行政管理职能的，可以由该派出机构、内设机构负责与所履行行政管理职能有关的政府信息公开工作。两个以上行政机关共同制作的政府信息，由牵头制作的行政机关负责公开。

（2）法律、法规授权的具有管理公共事务职能的组织。如地震局、气象局、银监会、证监会、保监会、电监会等单位，虽然从属性上看是事业单位，但其依照有关法律、行政法规的授权而具有管理公共事务的职能，它们在履行公共管理职能的过程中制作或获取的信息也应该归入政府信息，这些单位也是政府信息公开的主体。

（3）与人民群众利益密切相关的公共企事业单位。许多提供社会公共服务的公共企事业单位，如教育、卫生健康、供水、供电、供气、供热、环境保护、公共交通等行业的工作，与人民群众的生产生活密切相关，直接影响到社会稳定和群众对政府的评价。这部分企事业单位在提供社会公共服务过程中制作、获取的信息，也应依照法律、法规和有关规定公开。

2. 公开的申请主体

在政府信息公开的法律关系中，公民、法人和其他社会组织是获得信息的一方，是信息公开的权利人，依法享有获取政府信息的权利；同时，任何公民、法人或者其他组织都可以根据自身生产、生活、科研中的特殊需要，向国务院部门、地方各级人民政府及县级以上地方人民政府部门申请获取相关政府信息，使申请公开政府信息成为公民、法人和其他组织的一项权利。

（二）客体

政府信息公开的客体是政府信息。政府信息指行政机关在履行职责过程中制作或者获取的，以一定形式记录、保存的信息。《政府信息公开条例》从切实保障人民群众的知情权、参与权、监督权出发，结合我国实际，从主动公开的政府信息、依申请公开的政府信息、不予公开的政府信息三方面对政府信息公开的范围作出规定。

1. 主动公开的政府信息

所谓主动公开，就是行政机关根据法律的规定和本行政机关的职权，在政府信息形成以后，主动向社会公开有关信息内容。主动公开是政府信息公开的重要方式，也是《政府信息公开条例》设定的一项重要制度。

行政机关应主动公开的政府信息包括：涉及公民、法人或者其他组织切身利益的，需要社会公众广泛知晓或者参与的，反映行政机关机构设置、职能、办事程序等情况的信息，如行政法规、规章和规范性文件；机关职能、机构设置等概况信息；国民经济和社会发展相关政策及统计信息；政府履行职能相关信息；财政预算、决算信息；政府集中采购项目相关信息；重大建设项目的批准和实施情况；社会公共政策、措施及其实施情况信息；突发公共事件相关信息；环境保护、公共卫生、安全生产、食品药品、产品质量的监督检查情况等信息，以及法律、法规、规章和国家有关规定应当主动公开的其他政府信息。

为了保证公开的要求能落到实处，《政府信息公开条例》还对设区的市级、县级人民政府及其部门以及乡镇人民政府应当主动公开的各类政府信息做了明确要求。

2. 依申请公开的政府信息

政府信息量大面广，涉及社会生产生活各方面。其中有相当一部分信息只涉及部分人和事，对特定公民、法人或者其他组织从事生产、开展科研等活动具有特殊的作用。为此，《政府信息公开条例》明确除行政机关主动公开的政府信息外，公民、法人或者其他组织可以向地方各级人民政府、对外以自己名义履行行政管理职能的县级以上人民政府（含相关派出机构、内设机构）申请获取相关政府信息。这一制度有利于保障公民、法人或者其他组织获取与自身生产、生活、科研等特殊需要相关的政府信息，也有利于充分发挥政府信息对经济社会生活的服务作用。

3. 不予公开的政府信息

除法律、法规、规章规定应当公开的政府信息外，《政府信息公开条例》对以下五类信息作出不予公开的规定。

第一，依法确定为国家秘密的政府信息，法律、行政法规禁止公开的政府信息，以及公开后可能危及国家安全、公共安全、经济安全、社会稳定的政府信息，不予公开。

第二，涉及商业秘密、个人隐私等公开会对第三方合法权益造成损害的政府信息，行政机关不得公开。但是，《政府信息公开条例》同时明确：第三方同意公开或者行政机关认为不公开可能对公众利益造成重大影响的，可以公开。

第三，行政机关的内部事务信息，包括人事管理、后勤管理、内部工作流程等方面的信息，可以不予公开。

第四，行政机关在履行行政管理职能过程中形成的讨论记录、过程稿、磋商信函、请示报告等过程性信息以及行政执法案卷信息，可以不予公开。

第五，行政机关向申请人提供的信息，应当是已制作或者获取的政府信息。除需要对保密的和非保密的信息进行区分处理的外，其他需要行政机关对现有政府信息进行加工、分析的，行政机关可以不予提供。

二、政府信息公开的基本要求及程序规定

建立政府信息公开法律制度的一个重要目的，就是确保政府信息公开在法律的框架下规范地进行，避免行政机关以各自利益为出发点的随意行为。行政机关公开政府信息应当维护公共利益，不得危及国家安全、公共安全、经济安全和社会稳定，这些方面集中体现了广大人民群众的根本利益，也是新的历史时期政府工作的重要目标。行政机关的一切工作都要围绕国家利益和社会公共利益，保护公民、法人和其他组织合法权益进行。为

此，行政机关必须依法规范地公布政府信息。

（一）政府信息公开的基本要求

政府信息公开应满足及时性、准确性和一致性以及便民三方面基本要求。

1. 及时性

及时性是对政府信息发布时限的要求。政府作为信息公开的义务人，行政机关应保障公众能及时地获取相关信息，满足其生产、生活的需要。为此，《政府信息公开条例》对各类信息公开的时限作出以下具体规定。

属于主动公开范围的政府信息，应当自该政府信息形成或者变更之日起 20 个工作日内及时公开；属于依申请公开的信息，自行政机关收到申请之日起算，能够当场答复的，应当当场予以答复；不能当场答复的，应当自收到申请之日起 20 个工作日内予以答复；需要延长答复期限的，应当经政府信息公开工作机构负责人同意并告知申请人，延长答复的期限最长不得超过 20 个工作日。

依申请公开的政府信息公开会损害第三方合法权益的，行政机关应当书面征求第三方的意见，所需时间不计算在相应的规定时限内。

2. 准确性和一致性

这是对政府信息内容的要求。

首先，政府公开的信息必须准确，行政机关发现影响或者可能影响社会稳定、扰乱社会管理秩序的虚假或者不完整信息的，应当发布准确的政府信息予以澄清。这样才能有效消除各种虚假信息对社会造成的不良影响。

其次，行政机关发布政府信息涉及其他行政机关的，应当与有关行政机关进行沟通、确认，保证行政机关发布的政府信息准确一致。为此，《政府信息公开条例》规定了两个方面的内容：一是要求行政机关应当建立健全政府信息公开协调机制，对于所发布的政府信息涉及其他行政机关的，应当与有关机关协商、确认；二是对于依照国家有关规定需要批准后才能对外发布的信息，应当履行相应的报批手续，未经批准不得对外发布。

同时，为确保一致性，各级人民政府应当加强依托政府门户网站公开政府信息的工作，利用统一的政府信息公开平台集中发布主动公开的政府信息。

3. 便民

为方便公众对主动公开信息的获取，行政机关应当建立健全政府信息发布机制，将主动公开的政府信息通过政府公报、政府网站或者其他互联网政务媒体、新闻发布会以及报刊、广播、电视等途径予以公开；行政机关可以根据需要设立公共查阅室、资料索取点、信息公告栏、电子信息屏等场所、设施；各级人民政府应当在国家档案馆、公共图书馆、政务服务场所设置政府信息查阅场所，并配备相应的设施、设备；行政机关还应编制、公布政府信息公开指南和政府信息公开目录，并应当及时更新；政府信息公开平台应当具备信息检索、查阅、下载等功能。

在依申请公开方面，行政机关应当建立完善政府信息公开申请渠道，为申请人依法申请获取政府信息提供便利；对于存在阅读困难或者视听障碍的公民，行政机关应当为其提供必要的帮助。

(二) 对公众申请的形式要件及内容要求

公民、法人或者其他组织申请获取政府信息的，应当向行政机关的政府信息公开工作机构提出，并采用包括信件、数据电文在内的书面形式；采用书面形式确有困难的，申请人可以口头提出，由受理该申请的政府信息公开工作机构代为填写政府信息公开申请。

政府信息公开申请应当包括下列内容：申请人的姓名或者名称、身份证明、联系方式；申请公开的政府信息的名称、文号或者便于行政机关查询的其他特征性描述；申请公开的政府信息的形式要求，包括获取信息的方式、途径。

(三) 对行政机关处理政府信息公开申请的程序规定

行政机关受理政府信息公开申请后，应当对申请人所需要的政府信息进行查找，然后应当区别不同情况答复申请人。

1. 针对公开权属

若申请公开的政府信息是属于公开范围的，应当告知申请人获得该政府信息的方式和途径，否则，行政机关应当告知申请人并说明理由。若申请公开的信息依法不属于本行政机关公开或者该政府信息不存在的，应当告知申请人，对于能够确定该政府信息的公开机关的，应当告知申请人该行政机关的名称、联系方式。

2. 针对公开内容

若申请公开的政府信息中含有不应当公开的内容，但是能够作区分处理的，行政机关应当向申请人提供可以公开的信息内容。

行政机关认为申请公开的政府信息涉及商业秘密、个人隐私，公开后可能损害第三方合法权益的，应当书面征求第三方的意见；第三方不同意公开的，不得公开。但是，行政机关认为不公开可能对公众利益造成重大影响的，应当予以公开，并将理由书面通知第三方。

3. 针对提供形式

对依申请可以公开的政府信息，行政机关应当按照申请人要求的形式予以提供；无法按照申请人要求的形式提供的，可以通过安排申请人查阅相关资料、提供复制件或者其他适当形式提供。申请公开政府信息的公民存在阅读困难或者视听障碍的，行政机关应当为其提供必要的帮助。

4. 针对提供费用

行政机关依申请提供政府信息，除可以收取检索、复制、邮寄等成本费用外，不得收取其他费用。申请公开政府信息的公民确有经济困难的，经本人申请、政府信息公开工作机构负责人审核同意的，可以减免相关费用。

三、监督、保障与救济机制

在行政管理活动中，极易发生行政机关对行政相对人的权益侵害，监督、保障与救济机制的建立，旨在避免行政公权力的“任性”行使，避免人民权益陷于一种危险状态。同时，从保障人民的合法权益角度出发，必须确保公民或组织在其合法权益受到行政违法或不当侵害的情况下享有充分的救济。

（一）政府信息公开工作的保障机制

政府信息公开的保障机制，是指为使政府信息公开工作顺利进行而采取的各种保障措施。《政府信息公开条例》对保障机制建设提出了五方面的要求。

1. 组织建设

为确保信息公开依法规范地开展，各级人民政府及其所属部门应当建立健全本行政机关的政府信息公开工作制度，并指定机构作为政府信息公开工作机构，负责本行政机关政府信息公开的日常工作。

2. 保密审查机制

根据规定，政府信息一般由制作或者保存该政府信息的行政机关负责公开。为确保信息公开的安全有序，行政机关应当建立健全政府信息公开审查机制，明确审查的程序和责任，依照《中华人民共和国保守国家秘密法》以及其他法律、法规和国家有关规定履行以下审查任务：对拟公开的政府信息的审查；对不予公开的政府信息的定期评估审查，并依审查结果对公开范围进行调整。

3. 考评机制

各级人民政府应当建立健全政府信息公开工作考核制度、社会评议制度和责任追究制度，定期对政府信息公开工作进行考核、评议。

4. 报告机制

县级以上人民政府部门和县级以上地方人民政府的政府信息公开工作主管部门应当定期公布本行政机关的政府信息公开工作年度报告。

5. 培训机制

政府信息公开工作主管部门应当对行政机关的政府信息公开工作人员定期进行培训。

（二）政府信息公开工作的监督和追责机制

政府信息公开工作主管部门应当加强对政府信息公开工作的日常指导和监督检查，对行政机关未按照要求开展政府信息公开工作的，予以督促整改或者通报批评；需要对负有责任的领导人员和直接责任人员追究责任的，依法向有权机关提出处理建议。

公民、法人或者其他组织认为行政机关未按照要求主动公开政府信息或者对政府信息公开申请不依法答复处理的，可以向政府信息公开工作主管部门提出。政府信息公开工作主管部门查证属实的，应当予以督促整改或者通报批评。

（三）违法行为及法律责任

政府若未能尽到信息公开义务，则必须承担相应的法律责任。

1. 违反保密审查规定的

行政机关违反《政府信息公开条例》规定，未建立政府信息发布保密审查机制的，由上一级行政机关责令改正；情节严重的，对行政机关主要负责人依法予以处分。

2. 行政机关违反《政府信息公开条例》的行为

行政机关违反《政府信息公开条例》规定的行为主要表现在不依法履行政府信息公开职能，不及时更新公开的政府信息内容、政府信息公开指南和政府信息公开目录等。有上述情形之一的，由上一级行政机关责令改正；情节严重的，对负有负责的领导人员和直接责任人员依法予以处分；构成犯罪的，依法追究刑事责任。

（四）救济途径

公民、法人或者其他组织认为行政机关在政府信息公开工作中侵犯其合法权益的，可以向上一级行政机关或者政府信息公开工作主管部门投诉、举报，也可以依法申请行政复议或者提起行政诉讼。

公共企事业单位未依照相关法律、法规和国务院有关主管部门或者机构的规定公开在提供社会公共服务过程中制作、获取的信息，公民、法人或者其他组织可以向有关主管部门或者机构申诉，接受申诉的部门或者机构应当及时调查处理并将处理结果告知申诉人。

本章参考文献

[1] 莫于川. 中华人民共和国政府信息公开条例释义[M]. 北京：法律出版社，2008.
[2] 查先进. 信息政策与法规[M]. 北京：科学出版社，2004.
[3] 傅荣校. 公共信息资源管理[M]. 北京：科学出版社，2011.
[4] 刘恒. 政府信息公开制度[M]. 北京：中国社会科学出版社，2004.
[5] 周毅. 公共信息服务制度的定位及其核心问题分析[J]. 情报资料工作，2014(4)：15－20.
[6] 毕洪海. 瑞典信息公开原则的诞生与演进[J]. 环球法律评论，2016(3)：94－112.

第七章 档案法律制度

引导案例

现收藏于国家博物馆的西周利簋是迄今为止我国发现最早的西周青铜器。它的制作者是“利”，其随武王征商取得胜利后，用武王的奖赏铸造了这件铜器来记录功劳并用来祭奠祖先。2002 年，利簋被确定为首批禁止出国（境）展览的文物；2003 年，利簋被列入第二批中国档案文献遗产名录；2012 年，利簋被《国家人文历史》杂志评为中国文物中的九大“镇国之宝”。利簋被列为镇国之宝的原因在于该器腹内底部所铸四行 33 字铭文：“武王征商，唯甲子朝，岁鼎，克昏夙有商，辛未，王在阑师，赐有（右）事（史）利金，用作檀公宝尊彝。”这一记载帮助专家推导出“武王伐纣”这一著名战役的发生时间是在公元前 1046 年 1 月 27 日，为商周两代的划分提供了重要年代依据，使我国的信史时间精确到“日”。

《档案共同宣言》指出，档案是决策、行动和记忆的记录。档案是代代相传的独特且不可替代的遗产。档案的管理从其形成开始，以维护其价值和意义。档案守护并服务于个人和团体的记忆，在社会发展中扮演重要角色。由此可以看出，档案是记录和记忆，档案工作则是服务和支撑，档案的价值和意义是通过对档案的管理来维护和持续的，而档案的管理离不开法制的保障。

中华人民共和国档案学建立伊始，对档案工作的性质就有了基本共识，即档案工作是一项服务性工作，是档案部门利用自身馆藏优势，为满足本单位及其他社会成员的需求而以档案及档案信息为媒介进行的一系列管理和提供服务的活动。在机关、企业事业单位，档案责任延伸到单位各项工作之中，包含在文件材料规范形成、完整归档、科学管理和开发利用的全过程之中。然而在传统的利用观念中，人们普遍认为档案服务强调面向单位内部，面向为管理者、官员和权力机关提供服务。1980 年，我国制定了开放历史档案的方针和具体办法，并于 1987 年正式纳入《档案法》。1989 年邓小平同志为《经济参考报》题词“开发信息资源，服务四化建设”，为我国信息服务业的发展指明了方向。1997 年 4 月，国务院信息化工作领导小组在全国信息化工作会议上提出我国国家信息化建设二十四字指导方针，即统筹规划、国家主导、统一标准、联合建设、互联互通、资源共享，并将开发信息资源作为我国国家信息化建设的重要任务之一，这更为档案信息资源建设指明了方向。2007 年《政府信息公开条例》颁布，档案服务呈逐渐开放的态势。但也正是这些有别于传统的变革需求，使档案开放服务面临新的挑战。

第一节　国内外档案法律制度发展概况

档案是人类活动的真实记录，从记事表意到保存备查，直到今天成为一种支撑社会发展不可或缺的信息资源，档案一直伴随着人类社会漫长的发展历程。古今中外档案工作从萌芽到发展完善的过程，也是档案法律制度从萌芽到发展完善的过程。

一、国外档案立法的发展

档案立法是伴随着档案以及档案工作的形成而产生的。从世界范围看，档案立法活动历史悠久，并经历了从古代立法、近代立法到现当代立法的发展过程。由于立法受到国家政体、经济发展和文化因素的影响，各国档案法律制度的模式也不尽相同。

（一）古代档案法规的萌芽

据考古发现，古代亚述国王亚述巴尼拔的王宫中留存有大量泥板档案。在这些档案中发现有亚述巴尼拔指示文官们到各省去收集泥板档案的训令，而且泥板上往往刻有“宇宙之王、亚述之王亚述巴尼拔”的字样，这表明当时已经有了档案文件的记录、报告和收集制度。另据考古发现，早在公元前2000年左右，两河流域的苏美尔人、古代巴比伦人已有了建立档案库和档案管理的规章和条款文件；古罗马时期已要求送交文件的官员宣誓确保文件的真实性，以防止伪造的文件混入国家档案库。在恺撒大帝执政罗马共和国时期，更进一步规定一切有关公务活动的记录材料，须保存于皇帝档案馆内，而法律的决议则须交到档案馆并在档案馆的登记簿上登记后方能生效。以上这些表明一些国家在古代就出现了档案法规的萌芽和雏形。

（二）近代档案立法的源起

近代档案立法的重大变革是开始出现独立的档案立法活动并制定专门的档案法规。近代档案立法始于法国。1794年6月25日（法兰西共和历二年穑月七日），法国大革命胜利后的国民议会审议通过，并由总统签署、颁布了世界上首部档案工作专门法令，史称“《穑月七日档案法令》”。该法令的主要内容包括对全国公共档案进行集中统一管理、建立中央-地方国家档案馆网、实现档案馆对社会公众开放等，该规定后被西欧档案工作者称为“档案工作的人权宣言”。《穑月七日档案法令》是法国档案工作的第一部根本法，也是世界上把档案工作作为一项专门事业进行管理的第一部档案法规，集中体现了资产阶级档案改革的思想与原则。19世纪至20世纪初，大部分西欧国家纷纷效仿法国制定了档案法规或条例，如1814年荷兰颁布《档案工作改革法令》，1838年，英国颁布世界上第一部档案法——《公共档案法》，至19世纪末，意大利、瑞典、比利时、丹麦等国都先后颁布关于档案工作的法令。

（三）现当代档案立法发展

与近代相比，现当代档案立法更加成熟和完善。二战后，现当代档案立法兴起。世界各国档案立法在一些原则和内容方面具有共性特征，比如确认档案的文化属性，运用国家权力保护档案，确定档案管理机构的独立地位，强调档案馆的开放性，注重运用新型档案管理技术和手段等。

由于制度及立法理念上的差异，世界各国在档案法立法形态上也存在明显差异。目前，主要存在两种立法模式。

一是中央集权制模式，也称法国模式。该模式档案法规可在全国范围内贯彻执行，档案法规全面规定公共档案和私人档案的管理、保护、开放和利用等问题，强调档案馆的公共属性，明确规定一般公共档案从形成之日起，满 30 年均可自由查用。这一立法模式形成集中式的档案管理体制，即由档案法授权国家档案局按集中统一管理原则掌管全国档案事务，地方档案机构受中央档案机构的领导和监督。当然，由于各国国情不同，集中式档案管理体制又可分为中国型、法国型、北欧型及俄罗斯型等。

二是联邦制模式，也称英美档案法模式。该模式实行联邦档案和地方档案分开管理的原则，其档案法体系多由联邦和地方档案法、联邦和地方档案行政规章所组成。因而这一模式的特点就是权力均等，地方档案馆不受中央或国家档案馆的任何一般性指导。这一立法模式形成分散式的管理体制，亦可分为美国型、英国型和瑞士型等。这一模式的另一特点是重视私人档案。

（四）档案立法国际化趋势

档案立法中有些问题涉及国际法，如被帝国主义国家掠夺的殖民地半殖民地国家档案归还问题、一个国家的公民利用其他国家或国际组织档案的问题、档案归属涉及几个国家的处置问题等。联合国教科文组织和国际档案理事会于 1972 年在巴黎出版了意大利档案学家 S. 卡布和 R. 古茨起草的《档案法示范草案》。该草案旨在提供一个适用于不同发展程度国家的档案法范本。其主要内容包括：国家历史档案是国家历史文化遗产，必须置于政府的保护之下；档案管理机构置于国家最高行政机关管辖之下，负有保护和开发利用国家历史档案遗产的责任；国家档案馆和地方档案馆承担档案的收集、保管、整理编目、技术保护、研究开发、编辑出版、提供利用等方面的具体任务；国家各级机关设立档案管理委员会，负责现行档案的接收、保管、分类整理、鉴定销毁、移交进馆等各项工作；政府机构之外的公共机构的档案作为公共财产对待，必须建立专门机构负责管理；政府对私人团体和个人所有的、具有重要历史价值的档案，可行使监督权和优先购买权；档案专业技术教育及档案管理人员的相关规定等。

二、我国档案立法的发展

结绳记事可以说是我国档案最早的起源。随着档案的产生，档案管理行为随之出现，并经历从零散规定到建立规章制度体系，再到档案立法的渐进的历史发展过程。从公元前 2070 年夏朝建立始，纵观我国 4000 多年的漫长历史，档案立法在不同历史环境、不同立法思想的指导下经历了不同的发展阶段而日益完善。

(一) 中国古代档案立法

公元前 4000 年左右至公元 1840 年是我国古代史发展阶段。公元前 21 世纪(约前 2070 年),中国史书中记载的第一个朝代夏朝建立,此后历经夏、商、周、秦、汉、隋、唐、宋、元、明、清等各时代的发展,国家机器日益完善。其中,档案作为统治者治理国家的记录和工具,其管理开始受到重视,各朝立法中都包含有对档案管理的一些规定。

1. 古代档案立法萌芽期——先秦

自夏代产生奴隶制国家后,据传夏末已经设立了专门撰写文件、记录史实和管理档案的太史令,说明夏代的文书档案管理已具雏形。

殷商对甲骨档案的集中和分类管理,表明当时已有了初步的归档制度和档案整理的具体做法。

西周时建立了庞大的、分工明确的史官机构——太史寮,分别管理不同部门的档案,同时各部门向王朝中央移交档案。"金匮石室"奠定了中国古代重要的档案保管方式,出现了真正意义的档案库。西周也是我国有史记载最早规定档案副本制度的朝代。

春秋战国时期,很多国家统治者都非常重视档案收集和保管工作,多数国家都明确规定:凡本国各项政治活动的记录、颁发的册令、各国间往来的文书等,都要收集起来交专门的史官保管。

以上这些都反映出我国古代社会各时期档案管理制度的变革。当然,这些有关档案管理的规定仅限于统治机构内部的管理习惯、做法和制度,零散且不成体系,但它们昭示着我国古代档案法规的萌芽,且对后世档案法规的发展以及逐步完善起了很好的铺垫作用。

2. 古代档案立法初步发展期——秦、汉

秦朝作为我国历史上第一个封建中央集权制国家,奉行法治,建国伊始秦始皇便颁行了统一的封建律法。在秦律中有许多与文书档案工作相关的法令,具体明确了文件制作要求,规定了文书档案传递制度和文书档案保管制度,还涉及文书档案人员任用及法律责任等诸多方面内容。与先秦不同,这一时期有关档案管理的规定已基本被纳入国家诸法合体的法律规范中了。

汉代档案立法主要表现在文书程限制度、典籍收集制度和档案典籍的保管制度。文书程限制度规定各类文书必须及时办理;典籍收集制度使得大量档案典籍被收集到王朝中央。刘歆编撰的《七略》曰:"武帝广开献书之路,百年之间,书积如丘山。"由此催生了石渠阁、兰台、东观等专门档案库的建立,它使得档案从皇室的宗庙中独立出来,不仅成为档案典籍的保管中心,后逐渐成为群儒议订五经、校勘书籍和从事著述的场所。我国第一部纪传体通史《史记》和我国第一部断代体史书《汉书》都是这一时期利用档案史料编纂而成的重要成果。

秦汉时期各种律典中有关文书档案工作的规定,在继承先秦传统的基础上,在内容的丰富性和法令的严密性方面都有了显著的发展,为唐朝档案法规的全面发展奠定了坚实的基础。

3. 古代档案立法全面发展期——唐朝

唐朝开启了我国古代档案立法的最初形态——档案律令。

档案律令出自唐代《唐律疏议》和《唐六典》中对文书档案管理的严密而详细的规定。档案律令的具体内容涉及文书程式、文书立卷归档制度、档案的汇交保存制度、档案的保管保密制度、档案的鉴定销毁制度、关于盗窃和失落档案的处罚制度等。为保证史官利用档案修史，唐朝专门制定了《诸司应送史馆事例》，这一法律性文件对档案史料收集的种类、范围、具体报送的机关、报送方法和报送时限等都作了详尽的规定。

唐代档案律令几乎涵盖了文书档案管理的所有工作环节，并把档案工作制度的实施同相应的法律制裁相联系，开创了我国古代依法治档的先河。当然，由于唐朝的整个国家立法是“诸法合一，民刑不分”，档案法规只是依附其中，未能自成体系，这也是中国封建社会自然经济占统治地位以及宗法观念广泛渗透的历史特点的反映。

4. 古代档案立法成熟期——宋、元

宋代是高度发达的中央集权社会，造就了我国封建社会档案法制建设的鼎盛时期。

北宋初期编制的《宋建隆详定刑统》(后世简称“《宋刑统》”)，是我国历史上第一部刊印发行的封建法典，其主体内容承自《唐律疏议》，无本质变化。由于《宋刑统》是一种敕、令、格、式[①](宋代四种法律形式)，即律令合编的法典结构，造成其内容庞杂、相互抵牾、不便检索等弊端。因而南宋孝宗时期，创立了以事分类的“条法事类”编纂法典的新体例，即将相同法律关系的法规集中在一起，以进一步增强法律的规范化和系统性。《庆元条法事类》是保存至今的唯一一部以条法事类为体例编纂的综合性法典，其中的文书门、架阁条法是有关文书和档案管理的法律条文，在法典中作为单独的内容，开始和职制、选举、赋役、刑狱等行政法、民法、刑法等并列，并处于显要的位置。

《庆元条法事类》的编制是我国古代档案立法史上的一个里程碑，它一改前朝相关文书和档案法规分散在民法、刑法、行政法等法律条文中，处于从属次要地位的模式，创立了宋代档案法规的新格局，标志着中国古代档案法规已基本定型。

元朝在文书档案立法上的主要贡献，就是把在历代前朝出现的、重在查勘文书有无虚错的照刷磨勘文卷的方法不断地细化，并最终确立为一项制度，史称“照刷磨勘文卷制度”，其目的在于提高文卷质量，防止官吏渎职，保证国家政令传递渠道的通畅。这一制度后为明、清所继承。

5. 古代档案立法完备期——明、清(初)

明朝初期，朱元璋亲自主持制定《大明律》，其中诸多门类之中汇集了对文书档案工作的规定。明王朝还专门颁布了《行移署押体式》和《行移往来事例》两个文书工作的立法性条例，以及与此相联系的行移勘合制度，作为全国各级政府必须遵守的法规，以保障文书在政府之间的正常运行，杜绝各种流弊。在档案管理制度方面，明朝档案工作的发展突出

---

① 宋朝的四种主要法律形式。“敕”出自皇帝而经由中书颁发；“令”从正面指令人们应为与不应为，其条文中无刑罚规定，违者按“律”“敕”中对应条文所规定的刑罚制裁；“格”规定如何实施令所规定的应为事项等；“式”则是规定公私文书的体例模式及名讳语词等的法规。

表现在收藏、保管、查阅、保卫等方面形成了具有独立性质的一整套详尽的规定，如建立主要收藏皇帝实录、圣训和玉牒的皇家档案库——皇史宬，以及专门保管明朝赋役档案黄册的后湖黄册库。

清朝（1840年鸦片战争前）档案法规主要反映在《大清律例》《大清会典》之中。《大清律例》是清代最重要的法典，其中《吏律》“公式”门下的各个条款都与文书档案工作相关，“职制”门及《兵律》《刑律》中也有许多与文书档案工作相关的法令。《大清会典》是清代的基本行政法典，既包括与行政相关的各个部门的法规，也包括档案法规。清朝前期的档案法规在参照和沿袭明朝规定基础上更趋严密，加重了档案违法处罚。此外，清朝还颁行了一批新规，如档案缮修制度、档案汇抄制度等。尤其值得注意的是，嘉庆年间，清内阁典籍厅对东大库全部9万件档案进行了一次系统的分类和整理，编制了《清理东大库分类目录》，这是我国封建社会第一个、也是最完整的档案分类整理方案，从此结束了古人简单的打包结捆的原始档案整理方式。

明清两代的律例、会典、则例的颁布标志着我国封建法律制度已十分发达，其中档案法规的内容集历代王朝档案法规之大成，使明清（初）的档案工作从收集、整理、保管到鉴定、销毁、保密等每一个基本环节都极为细密、完整、详尽，也使中国古代档案立法趋于完备。

（二）中国近代档案立法

1840年鸦片战争后，清朝档案立法出现了历史性的重大改变，显现出与以往迥然有别的时代特征。

1. 晚清半封建半殖民地性质的档案法规产生

近代档案法规的转型主要表现在以下三方面。

（1）文书程式发生了变化。外交文书程式如照会、申陈、章程、条约等大量出现，清政府对外不能自称天朝，对西方各国不能提书夷字，满文和汉字在对外交往中被降到了次要的地位。外文文书日益增多，公文文种、公文形式、称谓、行文关系都体现了半殖民地的性质。

（2）总理各国事务衙门、总税务司署等机构成立。总理各国事务衙门是清政府为洋务和外交事务而设立的中央机构，内设司务厅和清档房两个文书档案机构，制定了“清档”“办稿”等制度。总税务司署是负责全国海关关税和行政事务的政府机构，内设机要科和汉文科负责档案管理，并由洋人制定完全西化的档案管理制度和方法。

（3）在刊物上公布档案，出现了近代利用档案的新事物。在西方资本主义思想的影响下，清政府于1907年创办了刊布折件的《政治官报》，并制定了官报章程。这是清末档案利用工作的一次重大改革，档案服务对象从少数统治阶级逐步扩大到一般社会公众的臣民，标志着封建时代的中国开始出现档案管理开放化趋势。

2. 民国档案立法的转型期

民国时期政权几经更迭，史学界一般将其划分为三个时期，即南京临时政府时期（1912年1月至4月）、北洋政府时期（1912年3月至1927年6月）和南京国民政府时期（1927年4月至1949年10月）。这三个时期的档案立法在数量和内容上差异较大，也各具特点，但从整体上看，无论内容还是形式上都较古代档案立法有了质的不同，实现了从封建档案立法向效仿西方资本主义立法方式的明显转变，完成了从古代到近代的过渡。

(1) 档案管理内容已被正式纳入了行政立法范畴。在形式上，这一时期的档案法规摆脱了古代档案律令之“诸法合体”“民刑不分”的法律结构体系，档案管理的一切制度及实施，纯粹以行政法规的面貌出现。

(2) 近代档案行政法规体系初步建立。民国时期档案法规体系构成日渐丰富，已初步建立起中央政府、部门、地方及档案馆法规体系。以南京国民政府为例，中央政府颁布的法规，如《国民政府关于公文标点于 1934 年 1 月 1 日起实行的训令》(1933 年)；部门规章，如《保存机关旧有档卷令》；地方档案法规，如《广西省政府档案整理方案》(1935 年)；标志着民国档案馆事业开端的国史馆，编制有《国史馆档案管理办法》等。

此外，随着社会分工的发展，专业部门不断从综合部门中分化出来，专门档案的门类日益增多，针对会计档案、医疗档案、诉讼档案、统计档案、人事档案、气象档案等专门档案法规得以产生和发展，这是民国档案法规发展的重要表现。

综上所述，民国档案立法呈现出空前活跃的态势，较之古代立法内容更加丰富，类型更加多样，条例更加细密，且渐成体系。但严格说来，民国时期还没有产生真正意义上的、效力覆盖全国的档案法，档案法规所涉及的法令、规章、制度、办法等，还只是较低层次的行政法规，它们的内容还不可能在全国范围内取得主导地位。

(三) 中华人民共和国档案法规体系建设期

中华人民共和国建立之初，发展国民经济、巩固新生政权是党和政府的工作重点，档案工作因其在政治、经济、文化领域的独特功能而受到前所未有的重视，档案立法迎来空前发展机遇，独具特色的档案法律法规体系基本构建完成。

1. 国家档案事业的组织体系

(1) 确立组织机构。在苏联专家建议下，1954 年 11 月，第一届全国人大常委会第二次会议批准设立国家档案局，次年 11 月国务院批准颁发了《国家档案局组织简则》，规定“国家档案局在国务院直接领导下，掌管全国档案事务”。

(2) 确立领导体制。1959 年 1 月，中共中央发出了《关于统一管理党、政档案工作的通知》，明确“各级档案管理机构既是党的机构，又是政府机构”。由此确立了中华人民共和国档案工作领导体制的基本框架，也是我国档案事业进一步得到重视和发展的标志。

(3) 明确档案工作基本原则。1956 年 4 月，国务院颁布《关于加强国家档案工作的决定》，明确了国家全部档案的范围，规定了档案工作的性质、任务、管理体制，确立了“文书处理部门立卷归档”和“集中统一管理国家档案”的档案工作基本原则，从而奠定了我国档案事业建设的理论基础，其思想为后来的《中华人民共和国档案法》所吸收。

2. 建立规范基层档案工作的法规

(1)《机关档案工作条例》。该条例于 1983 年 4 月发布，对机关档案室工作的原则、体制、机构、人员、任务和文件材料的归档以及档案管理诸环节都作出了明确的规定，是我国机关档案工作的指南和依据。

(2)《科学技术档案工作条例》。该条例于 1980 年 12 月经国务院批准颁布，对科技档案的范围作出了原则的界定，规定了科技文件材料的形成和归档要求、科技档案管理基本制度和基本方法，这是新时期我国科技档案工作立法的一个里程碑。

3. 建立规范档案馆工作的法规

20 世纪 80 年代，为适应国家经济发展和改革开放，"大力发展和建设各级各类档案馆"成为我国档案事业发展的重点之一。1983 年，国家档案局发布《档案馆工作通则》，将档案馆的性质认定为"档案馆是党和国家的科学文化事业机构，是永久保管档案的基地，是科学研究和各方面利用档案史料的中心"。

4. 刑法保护

1979 年 7 月，第五届全国人大第二次会议通过的中华人民共和国第一部刑法，将针对档案的犯罪规定在分则第一章"反革命罪"，这是中华人民共和国成立以来，第一次把档案的保护和安全纳入国家基本法。

1997 年我国对刑法进行修订，将针对档案的犯罪挪至"妨害社会管理秩序罪"一章，定为"抢夺、窃取国有档案罪"。

5. 建立专门档案管理规范

20 世纪 80 年代起，国家档案局和有关专业主管部门大力开展专门档案的业务建设，先后联合制定和颁布了数十部专门档案法规。如《干部档案工作条例》(1980 年)、《艺术档案工作暂行规定》(1983 年)、《会计档案管理办法》《人民法院诉讼档案管理办法》(1984 年)、《商标档案管理暂行办法》《城市建设档案管理暂行规定》(1987 年)、《普通高等学校档案管理办法》(1989 年)等。

6.《中华人民共和国档案法》颁布

经过多年的努力，1987 年 9 月 5 日《中华人民共和国档案法》颁布。这是我国民主与法制建设中的一项新生事物，也是我国社会主义档案事业建设所取得的一项重大成果。它结束了我国没有档案法律的历史，开辟了依法安全地保护档案和有效地利用档案的新的历史阶段，对我国社会主义档案事业的建设和发展，更好地为社会主义现代化建设事业服务，具有重要的现实意义和历史意义。① 我国档案事业建设从此步入了法制阶段，从单纯的行政管理走向以法治档的轨道。

7. 健全地方性档案法规及部门规章

从 1995 年我国由省级人大常委会制定的第一部档案地方性法规《上海市档案条例》颁布起，全国 31 个省、自治区和直辖市均已制定了本行政区域的地方性档案法规，19 个省会市、国务院批准的较大的市和经济特区所在的市共制定了 23 项地方性档案法规，38 个省、自治区、直辖市和较大的市共制定了 70 项地方政府档案规章。目前，我国档案管理的各个主要环节均有法可依、有章可循，档案法规体系框架已基本建立，为档案事业的健康发展创造了良好的法制环境。档案法规体系日渐饱满，趋于完善，臻于成熟。②

---

① 冯子直.《档案法》产生的历史过程和重大意义[J]. 中国档案，2009(10)：21-23.

② 邓涛. 解读《国家档案法规体系方案》之一：档案法规体系建设的历史和现状[J]. 中国档案，2011(8)：31-32.

经过70多年的探索和实践,我国的档案事业取得了长足的发展,逐步走上了依法管理的轨道,我国建立的档案法规以及档案运行的各个环节,形成了以《中华人民共和国档案法》为统领,以档案行政法规、地方档案法规、部门规章和规范性文件为补充的适应全国档案事业发展需要的档案法规体系,这对于保障、规范和推动全国档案事业继续健康可持续发展,对于推动档案法治进程,奠定了坚实的制度基础。

第二节 档案法立法原则及调整对象

档案法律制度,是指国家制定的有关档案收集、整理、保护、利用等各种活动的法律规范总称,既包括国家权力机关根据宪法制定的档案法律、法令和其他各种法律、法令中有关档案的条款,也包括国家行政机关根据宪法、法律、法令在其职权范围内制定的关于档案管理的各种规范性文件。尽管各国档案立法体现出不同的模式和特征,但基于档案的本质属性,各国档案立法在立法原则和调整对象上还是具有某些一致性或相似性。

一、档案法立法原则

档案立法同国家其他立法一样,必须体现并维护国家和民族的利益,保障公民权益。档案具有保存社会记忆、传承人类文明的独特功能,因此在进行档案立法时,切忌仅从立法者或管理者单方面的管理动机出发。

(一)集中管理原则

集中管理原则的内涵包含三个层面:一是指在档案立法中强调国家全部档案的集中管理;二是对国家全部档案的统一立法;三是对档案事业的统一领导。这一原则由1794年法国颁布的《穑月七日档案法令》创立,经1918年苏联颁布的《列宁档案法令》进一步发展,1972年更是被国际档案理事会纳入《档案法示范草案》中广泛推广,至今已被各国档案立法从不同的程度上较充分地体现并发展。

(二)保护原则

保护原则强调维护档案的完整与安全。档案是社会实践活动的记录,具有直接性、连续性和关联性特征。为确保档案的功能价值具有长久的发挥空间,就必须通过立法确保档案的齐全、完整以及维护档案之间的有机联系,最大限度地延长档案的寿命。

(三)开放原则

利用是档案管理的最终目的,而开放是利用档案的前提。所谓开放档案,就是将一般可以公开和保密期限已届满的档案,解除"禁闭",向社会开放,允许公民在履行简便的手续后,即可通过一定的方式进行开发利用。开放原则最初由1794年法国颁布的《穑月七日档案法令》所创立,其也被誉为"档案工作的人权宣言"。随着信息化社会的到来以及对公民权利的日益关注,在档案立法中进一步确立开放原则是社会发展的必然要求。

（四）档案机构独立原则

各类档案机构是确保国家档案事业健康有序发展的重要保障。档案机构独立行使职能有利于档案工作、档案事业的发展，因此在各国立法中对于档案机构的设置都是重要内容。但各国立法中这一原则的体现不尽相同，有些表现为档案主管机关的独立，如我国、美国和法国；有的表现为档案馆的独立，如英国、日本、瑞典和芬兰均规定了中央级档案馆的独立。

二、档案法调整对象

档案法律规范主要调整各级各类档案馆、国家机关、企事业单位及其他社会组织和公民在档案形成、收集、管理和利用等事务中所发生的社会关系。

从法律部门的归属上看，档案法属于行政法，即规范我国档案事业、档案工作及档案保管利用活动的特别行政法，其调整对象为档案行政关系，具体包括档案行政管理关系、档案行政法制监督关系、档案行政救济关系和内部行政关系。

（一）档案行政管理关系

即档案行政主体在行使档案行政职权的过程中，与行政相对人之间产生的各种关系。档案行政主体实施的档案行政行为，如行政指导、行政许可、行政检查、行政处罚与奖励等，大部分都是以行政相对人为对象实施的，由此产生档案行政管理关系。这是档案行政关系中最基本、最主要的部分，我国现行《档案法》的主要条款多是为调整与规范档案行政管理关系而设定。

（二）档案行政法制监督关系

即档案行政法制监督主体在对档案行政主体及其工作人员是否依法行使行政职权和是否遵纪守法进行监督时所产生的各种关系。

（三）档案行政救济关系

即档案行政相对人认为档案行政主体的具体行政行为直接侵犯其合法权益，而请求有权的国家机关依法对行政违法或行政不当行为实施纠正，并追究其行政责任的过程中所产生的各种关系。

（四）内部行政关系

指档案行政主体内部发生的各种关系，包括上下级档案行政机关之间的关系，平行档案行政机关之间的关系，档案行政机关与其内设机构之间的关系，档案行政机关与其工作人员之间的关系，档案行政机关与法律、法规授权组织之间的关系以及档案行政机关与其委托行使某种档案行政职权的组织的关系等。

第三节 《档案法》主要内容

依法治档是依法治国的必然要求。《档案法》是我国最高权力机关颁布的关于档案事业发展的唯一一部专门性法律，为调整国家机关、企业事业单位和其他组织以及个人三者在档案领域的社会关系提供了法律准绳，自实施以来，在有效保护国家档案财富的完整与安全、积累和开发档案资源方面发挥了不可替代的作用。该法作为机关、企业事业单位和其他组织以及个人从事档案事务的行为准则，增强了全社会的档案意识，维护了公民的档案权利，使档案资源得到更有效的利用，扎实推进了社会主义现代化建设各项事业的发展。

一、概述

《档案法》颁布前，由于长期无法可依，造成人们对档案工作存在一些旧习惯和偏见，加之“文革”中大量档案被毁，档案机构被裁撤，人员被调离，档案工作濒于瘫痪。改革开放后，各项事业的快速发展一方面需要大量的档案材料作为支撑，另一方面大量新的档案材料又在不断生成，而当时的档案工作难以适应形势的要求。为此，加强档案管理成为恢复和发展我国档案事业的第一要务。

1987 年 9 月 5 日，我国历史上第一部档案法颁布，其立法目的是“为了加强对档案的管理和收集、整理工作，有效地保护和利用档案，为社会主义现代化建设服务”，突出强调对档案各项业务管理的规范化，这反映了当时的时代特征。

《档案法》颁布后，历经 1997 年和 2016 年两次修正，并于 2020 年进行再次修订。2021 年 1 月 1 日起开始实施的新档案法，全文共分八章五十三条，对国家档案管理范围、档案工作基本原则、档案管理体制、档案机构及其职责、档案的管理、档案的利用和公布、档案信息化建设、档案主管部门的监督检查以及法律责任等作出了具体规定。

二、档案的定义

据不完全统计，世界各国对档案的定义不下百种。我国《档案法》将档案定义为：“过去和现在的机关、团体、企业事业单位和其他组织以及个人从事经济、政治、文化、社会、生态文明、军事、外事、科技等方面活动直接形成的对国家和社会具有保存价值的各种文字、图表、声像等不同形式的历史记录。”这一定义揭示了档案概念所包含的四个要素，即档案的内涵、档案的来源、档案的特点以及档案的表现形态。

(一) 档案的内涵

档案是“历史记录”。所谓历史记录是指记录古代或过去发生过的事情的文献，这是档案与图书、文物、情报资料等文献的共同属性。但档案并不是一般的记录，在定义中强调档案是“直接形成”的记录，这明确了档案的特有属性。档案是人类在社会实践活动中直接形成的历史记录，意味着它是原始记载或者第一手材料，由此才具有最可靠的凭证作用。

(二) 档案的来源

档案来源表现在两个层面，一是形成主体，二是产生领域。从形成主体看，档案产生于机关、单位、组织和个人，包含了几乎所有的社会成员构成；从产生领域看，档案产生于经济、政治、文化、社会、生态文明、军事、外事、科技等领域，涵盖人类社会活动的方方面面。该定义明确了我国国家档案管理的范围,这有利于统一我国档案的认识基础。

(三) 档案的特点

档案有与其他文献共同的属性,如记录性、来源广泛性、表现形式多样性等。但定义中通过“直接形成的”和“具有保存价值的”两方面限定,明确了档案区别于其他文献的特性表现。

1. 原始性

这是档案的本质属性。档案的原始性源于它的形成目的,即永远与形成者及其职责的履行密切相关。档案不是为记录而记录,它伴随着一项工作的进程自然形成,它本身就是这项工作的一个组成部分。因此,档案不是为其他什么目的特意去编写的,它记录的是人们当时真实的思想、行为及结果,它既是一项工作持续开展的依据,本身又是这些工作的成果之一。基于这种原始性,档案具有了不可替代的真实性,因而具有了凭证和依据的作用。

2. 档案价值的多元性

指档案价值具有多重性。档案从具有现实效用的文件转化而来,经过系统整理和长期保存而具有了多重价值特性。美国著名档案学者谢伦伯格认为档案具有双重价值,其中,第一价值是对形成者的价值,也称原始价值,这一价值由文件当初被产生和被积累的特定目的所决定,如行政管理价值、法律价值、财务价值、科技价值等;档案的第二价值,是对其他单位、个人利用者的价值,也称从属价值,如证据价值、情报价值等,这些价值由原始价值衍生而来,表现为对文件形成者以外的利用者的意义和作用。因此在现实中,当档案不再被其形成者所利用时,并不说明此时的档案已没有价值了,实际上,档案的原始价值已转化为从属价值了,它的价值可以体现在诸多领域,包括经济的、历史的、文化的、科技的、美学的等。档案价值的这种扩展规律,正是档案馆产生的客观基础。

(四) 档案的表现形态

档案由载体形式和记录方式两个要素构成,两者结合使得档案的表现形态具有多样性。档案是在社会活动中直接产生的,因此档案的载体形式也必然随着社会生产力水平的变化而不断演化,经历了从绳结—甲骨—青铜—缣帛—纸张—磁盘—光盘—网络的发展过程,加之档案的长期保存特性,使得这些载体在相当长的历史时期内同生共存;载体形式也同时决定了档案内容的记录方式,经历了从物传—言传—文传—音传—像传—多媒体的综合呈现。随着科技的不断进步,档案载体及记录方式依然将动态演进。

三、档案工作基本原则

1956 年,为适应档案工作从机关范围向全国规模的发展,国务院颁发《关于加强国家档案工作的决定》,其中明确指出:“档案工作的基本原则是集中统一地管理国家档案,维护档案的完整与安全,便于国家各项工作的利用。”这是根据国家档案事业发展的形势,从全国范围考虑和确定的国家档案工作的基本原则。1987 年,这一原则被写入新颁布的《档案法》,具体表述变为:“档案工作实行统一领导、分级管理的原则,维护档案完整与安全，便于社会各方面的利用。”

(一) 统一领导、分级管理

这是档案工作的组织原则和管理体制。所谓统一领导，就是国家档案主管部门主管全国的档案工作，对全国档案工作实行全面规划和统筹安排，制定统一的档案法规和业务标准，提出统一的方针政策，实行统一的指导、监督和检查。所谓分级管理，是指档案事业实行国家—地方(县级以上)—乡镇三级分层负责的管理。县级以上地方档案主管部门主管本行政区域内的档案工作，对本行政区域内机关、团体、企业事业单位和其他组织的档案工作实行监督和指导；乡镇人民政府应当指定人员负责管理本机关的档案，并对所属单位、基层群众性自治组织等的档案工作实行监督和指导。

如上所述，我国档案事业的管理模式体现为集中式管理。从世界范围看，各国档案事业管理体制因国家的历史条件和国家结构形式的不同而有很大差异，除集中式管理模式外，还有很多国家实行分散式管理模式。应该说这两种模式各有所长，但比较而言，从档案及档案工作的特点出发，集中式管理模式具有更为明显的优势，更有利于档案事业的建设和发展。

(二) 维护档案完整与安全

这是对档案管理的基本要求。从档案独特的功能作用角度出发，只有维护档案的完整与安全，才能为档案工作提供高质量的物质基础。只有维护档案的完整与安全，才能确保档案功能价值的充分发挥。

所谓维护档案的完整，一是从数量上，要保证档案的齐全，保证应该集中和实际保存的档案不致残缺短少；二是从质量上，也就是从系统性方面维护档案内容的连续性，确保其有机联系，不能人为地割裂分散，或者零散地堆砌。

所谓维护档案的安全，一是力求档案实体本身不受损坏，尽量延长档案寿命，即保证档案管理中的物质安全；二是要保护档案免遭有意破坏，档案机密不被盗窃，不失密，即保证档案管理中的信息安全。

(三) 便于社会各方面对档案的利用

这是档案工作的根本目的，体现了我国档案工作的一个突出特点，也是对长期以来档案事业发展行之有效的实践经验的总结。其含义具体表现为以下几点。

1. 体现着档案工作的服务性质和最终目标

利用工作是连接档案和利用者之间的纽带，利用服务是档案工作服务性的直接体现。档案工作必须不断地提高服务效率和服务质量，为档案利用者尽可能地创造方便条件，档案和档案工作的价值才能真正实现。

提供档案利用是档案工作系统的总目标。全部档案管理活动的最终目的，都表现在提供档案信息为各项社会实践服务这个集中点上，作为一个系统，它的目的性必须明确。

2. 规定档案工作各业务环节的出发点，支配着档案工作的全过程

档案工作包含收集、整理、编目、鉴定、保管、统计等各项业务基础工作，这些工作内容都是档案工作专业性和科学性的具体体现。但这些工作都必须从利用服务出发，都应着

眼于提供便捷的服务和有效的利用,不能脱离系统总目标。

3. 明确了检验档案工作质量和效果的主要标准

档案工作做得是否有成效,是否与档案应有的功能和作用相匹配,最主要的是要看它是否能为单位、国家和社会做出贡献,能否创造显著的社会效益和经济效益,利用服务是取得这些效益的必要途径。

四、档案机构及其职责

《档案法》明确我国档案机构包括三种类型,即档案主管部门,机关、团体、企业事业单位和其他组织的档案机构以及中央和县级以上地方各级各类档案馆。

(一) 档案主管部门的职责

档案主管部门分为国家档案主管部门(即国家档案局)、县级以上地方各级人民政府档案主管部门和乡镇人民政府(街道办事处)。

国家档案局承担六项工作职责:根据有关法律、行政法规和国家有关方针政策,研究、制定部门规章、档案工作具体方针政策和标准;组织协调全国档案事业的发展,制定国家档案事业发展综合规划和专项计划,并组织实施;对有关法律、行政法规、部门规章和国家有关方针政策的实施情况进行监督检查,依法查处档案违法行为;对中央国家机关各部门、中央管理的群团组织、中央企业以及中央和国务院直属事业单位的档案工作,中央级国家档案馆的工作,以及省、自治区、直辖市档案主管部门的工作,实施监督、指导;组织、指导档案理论与科学技术研究、档案信息化建设、档案宣传教育、档案工作人员培训;组织、开展档案领域的国际交流与合作。

县级以上地方各级人民政府档案主管理部门履行四项职责:贯彻执行有关法律、法规、规章和国家有关方针政策;制定本行政区域档案事业发展规划和档案工作制度规范,并组织实施;监督、指导本行政区域档案工作,对有关法律、法规、规章和国家有关方针政策的实施情况进行监督检查,依法查处档案违法行为;组织、指导本行政区域档案理论与科学技术研究、档案信息化建设、档案宣传教育、档案工作人员培训。

乡镇人民政府履行三项职责:贯彻执行有关法律、法规、规章和国家有关方针政策,建立健全档案工作制度规范;指定人员管理本机关档案,并按照规定向有关档案馆移交档案;监督、指导所属单位以及基层群众性自治组织等的档案工作。

(二) 机关、团体、企业事业单位和其他组织档案机构的职责

《档案法》要求机关、团体、企业事业单位和其他组织应当履行三项职责:贯彻执行有关法律、法规、规章和国家有关方针政策,建立健全本单位档案工作制度规范;指导本单位相关材料的形成、积累、整理和归档,统一管理本单位的档案,并按照规定向有关档案馆移交档案;监督、指导所属单位的档案工作。

中央国家机关根据档案管理需要,在职责范围内指导本系统的档案业务工作。

(三) 国家档案馆的职责

国家档案馆是国家设立的集中管理档案的文化事业机构,它既是永久保管档案的基

地，又是为社会各方面利用档案资源提供服务的中心。国家档案馆包括综合档案馆和专门档案馆。综合档案馆是按照行政区划或者历史时期设置的，收集和管理所辖范围内多种门类和载体档案的档案馆，如各省、市、区（县）档案馆等。专门档案馆是收集和管理特定领域或者特殊载体形态档案的档案馆，如城建档案馆等。

按照统一领导、分级管理的原则，机关、企业事业单位和其他组织中凡是具有长期和永久保存价值的档案，都应按照规定向国家档案馆定期进行移交。因此，国家档案馆应承担四项主要职责：收集本馆分管范围内的档案；按照规定整理、保管档案；依法向社会开放档案，并采取各种形式研究、开发档案资源，为各方面利用档案资源提供服务；开展宣传教育，发挥爱国主义教育和历史文化教育功能。

按照国家有关规定设置的其他各类档案馆，应参照以上规定依法履行相应职责。

五、档案的管理

管理档案是档案工作的主要内容，也是档案法的核心内容。按照档案工作的业务流程，可将档案法相关规定分为归档与移交、档案安全保管、保密以及档案的鉴定销毁等方面。

（一）归档与移交

档案产生于各项社会活动的实践，按照集中统一管理国家档案的基本原则，档案要成为档案部门的管理对象，必须经过收集环节。从档案工作所处的不同阶段出发，收集工作可表现为归档和移交两部分内容。

1. 归档

归档是指文件处理部门将办理完毕且有保存价值的文件，经系统整理后交档案机构保存备查的过程。归档是各项业务工作的最终环节，接收归档则是档案工作的开端，它为后续档案工作各业务环节的开展奠定了基础。《档案法》第十四条规定：“应当归档的材料，按照国家有关规定定期向本单位档案机构或者档案工作人员移交，集中管理，任何个人不得拒绝归档或者据为己有。”

国家规定的应当归档的材料，即应纳入归档范围的应是“直接形成的对国家和社会具有保存价值的”的材料，原则上应包括：

第一，反映机关、团体组织沿革和主要职能活动的；

第二，反映国有企业事业单位主要研发、建设、生产、经营和服务活动，以及维护国有企业事业单位权益和职工权益的；

第三，反映基层群众性自治组织城乡社区治理、服务活动的；

第四，反映历史上各时期国家治理活动、经济科技发展、社会历史面貌、文化习俗、生态环境的；

第五，法律、行政法规规定应当归档的。

在明确归档范围的设定原则的同时，《档案法》也明确要求“国家规定不得归档的材料，禁止擅自归档”。

2. 移交

移交是指各立档单位将具有长久保存价值的档案向国家档案馆移交进馆的过程。《档案法》第十五条规定:“机关、团体、企业事业单位和其他组织应当按照国家有关规定,定期向档案馆移交档案,档案馆不得拒绝接收。”一般情况下,属于中央级和省级、设区的市级国家档案馆接收范围的档案,应当自档案形成之日起满二十年即向有关的国家档案馆移交。属于县级国家档案馆接收范围的档案,应当自档案形成之日起满十年即向有关的县级国家档案馆移交。当然,《档案法》也规定了档案移交的特殊情形,如专业性较强或者需要保密的档案可以延长向有关的国家档案馆移交的期限;已撤销单位的档案或存在安全保管风险的档案,经协商可以提前移交有关档案馆保管。国家鼓励单位和个人将其所有的对国家和社会具有重要保存价值的档案捐献或者寄存国家档案馆。

国家档案馆按照国家有关规定接收移交的档案,是其馆藏的重要来源。此外,国家档案馆还可以通过接受捐献、购买、代存等方式收集档案,进一步丰富馆藏内容。

案例7-1

私藏档案被处罚

某工厂工程师范某在退休前半年时间里,将本厂主导产品的铸造、理化技术资料和盖有“机密级”的图纸和设备维修技术标准等档案资料私藏,并准备分批带出厂变为己有,以便退休后利用这些产品图纸的工艺技术为外厂提供技术服务牟利。在其将档案资料带出厂区时,被门岗截获。范某私藏的档案和技术文件材料,一部分是范某向厂档案室借阅后久拖不还的;一部分是应当归档而范某拒不归档,长期放在个人手中的;还有的是直接从生产现场拿取的。

(二)档案的安全保管

安全保管是各类档案机构的首要职责,维护档案安全,既包括档案实体安全也包括档案信息安全。

1. 档案的保管措施

根据《档案法》的要求,各类档案机构应当建立健全档案安全工作机制,加强档案安全风险管理,提高档案安全应急处置能力。档案安全保管的具体措施包括:

(1)建立规章制度。建立科学的管理制度和查阅利用规范,制定有针对性的安全风险管控措施和应急预案。

(2)配置必要的设备设施。按照国家有关规定配置适宜安全保存档案、符合国家有关规定的专门库房,配备防火、防盗、防光、防尘、防有害气体、防有害生物以及温湿度调控等必要的设施设备。

(3)实施等级保护。根据档案的不同等级,采取有效措施,加以保护和管理。

（4）采用先进技术。配备适应档案现代化管理需要的软硬件设施设备。

（5）提供方便条件。编制档案目录等便于档案查找和利用的检索工具。

案例 7－2

“镇馆之宝”被拍卖

2010 年 7 月，某市一位区文联负责人在网上查阅资料时，无意中看到一则消息，内容是著名画家吴冠中的名画《苍山洱海》在北京以一百多万元的价格被拍卖！王某知道这幅画一直收藏在区档案馆，于是立刻向档案馆通报此事。

接到情况反映后，区档案馆十分重视，立即展开调查，发现这幅画仍在馆中。后经专家鉴定馆藏的《苍山洱海》是赝品！区档案馆向当地警方报案。经警方调查，该馆的藏品馆共有三道门，而藏品柜有两道锁，钥匙分别由两名工作人员保管。民警传唤了保管钥匙的张某和另一名工作人员，真相很快水落石出。原来，张某就是调包人。

张某，区档案馆工作人员，负责保管该档案馆 156 幅名人字画。由于那些字画长年无人问津，甚至连内部人员也分辨不出真假，张某便打起了歪主意。2007 年初，他与两个朋友商议，决定将名人字画调包后卖钱瓜分。经过策划，他趁另一名保管藏品柜钥匙的同事不备，悄悄配得另一把钥匙。同年 9 月，张某将《苍山洱海》和著名画家关山月的一幅画作盗出。随后，他请当地一名美术老师分别临摹了两幅赝品，偷偷放回原处。两幅真品在广州共卖得 35 万元，由张某及其两位朋友瓜分。

公安人员在调查中发现，张某涉嫌以偷梁换柱的方式盗窃作案三次，涉及 7 幅画作。同时发现，因该馆场馆老旧，准备择新址搬迁，所以一直未在场馆区安装监控设备。

2. 档案的安全保密

档案保密是防止档案中所记录的重要信息被应知悉范围之外的人或组织所获取。档案信息的安全保密与档案实体的安全密切相关，但同时也有可能独立于实体而发生。《档案法》针对容易出现档案信息泄密的环节及行为作出如下规定。

（1）保密档案。对于涉密档案的管理和利用，密级的变更和解密，应当依照有关保守国家秘密的法律、行政法规规定办理。为了有效保护国家秘密，对于保密档案应根据档案的不同等级，采取有效措施加以保护和管理；保密档案密级的变更和解密，须执行国家有关保密的法律和行政法规。

（2）档案买卖。《档案法》第二十三条规定：“禁止买卖属于国家所有的档案。”对于非国有企业、社会服务机构等单位和个人形成的档案，对国家和社会具有重要保存价值或者应当保密的档案“严禁出卖、赠送给外国人或者外国组织”。

（3）外包服务。档案馆和机关、团体、企业事业单位以及其他组织委托档案整理、寄存、开发利用和数字化等服务时，首先，应当确定受委托的档案服务企业符合下列条件：

具有企业法人资格和相应的经营范围；具有与从事档案整理、寄存、开发利用、数字化等相关服务相适应的场所、设施设备、专业人员和专业能力；具有保证档案安全的管理体系和保障措施。其次，应与符合条件的档案服务企业签订委托协议，约定服务的范围、质量和技术标准等内容。最后，应当对受托方的服务进行全程指导和监督，确保档案安全和服务质量。

（4）档案分级管理制度。国家对具有永久保存价值的档案，按照档案的形成年代、珍稀程度、内容和来源的重要性分为重点档案和一般档案；重点档案分为一级、二级、三级。国家对不同等级的档案有不同的管理要求。

（5）档案行政许可。在档案原件及复制件的管理方面有两项档案行政许可事项。档案复制件，指可以在内容和呈现形式上与原件完全相同的复制品。

第一，对于赠送、交换、出售国有档案复制件的许可。档案馆和机关、团体、企业事业单位以及其他组织为了收集、交换散失在国外的档案、进行国际文化交流，以及适应经济建设、科学研究和科技成果推广等的需要，经国家档案主管部门或者省、自治区、直辖市档案主管部门依据职权审查批准，可以向国内外的单位或者个人赠送、交换、出售国家所有的档案的复制件。

第二，出境许可。一级档案的原件严禁出境。一级档案的复制件和二级档案需要出境的，应当经国家档案局审查批准。

属于国家所有的档案及其复制件、基层群众性自治组织的档案及其复制件以及非国有企业、社会服务机构等单位和个人所有的对国家和社会具有重要保存价值的档案及其复制件，档案馆、机关、团体、企业事业单位和其他组织以及个人需要运送、邮寄、携带出境或者通过互联网传输出境，应当按照管理权限或者属地，经国家档案主管部门或者省、自治区、直辖市档案主管部门审查批准，海关凭批准文件查验放行。

档案或者复制件出境涉及数据出境的，还应当符合国家关于数据出境的规定。

（三）档案的鉴定与销毁

鉴定与销毁工作决定了档案保存和发挥作用的期限，需审慎操作。与鉴定和销毁相关的工作内容包括鉴定档案保存价值的原则、确定档案保管期限的标准以及销毁档案的程序和办法。

1. 鉴定原则

鉴定是判断档案真伪和保存价值的过程。其中，保存价值判断是日常档案工作内容。档案是否具有保存价值取决于两个条件：一是档案自身的内容及形式特征，包括主题内容及完整程度、来源、时间、名称、稿本、有效期、外形特点等要素，这是决定档案保存价值的基础因素；二是社会的利用需求，这是决定档案价值的社会因素。

鉴定原则，即鉴定档案保存价值的原则。一般而言，从档案的现实作用和历史作用的解读出发，坚持全面的、历史的和发展的原则，判断档案价值。

价值鉴定的结果是划定档案的存留年限，即保管期限。

2. 鉴定内容

档案鉴定内容按工作阶段可划分为两个阶段，第一阶段是归档鉴定，第二阶段是到期鉴定。

归档鉴定，指归档时对文件保存与否的判定，需要保存的则作为档案接收，进而划定保管期限。以机关文书档案为例，国家档案局于 2006 年 12 月 18 日公布施行的《机关文件材料归档范围和文书档案保管期限规定》将机关文书档案的保管期限定为永久、定期两种，定期一般分为三十年、十年。

到期鉴定，指档案保管期限届满时的再次鉴定。档案保管单位应当定期对保管期限届满的档案进行鉴定，并形成鉴定工作报告。经鉴定仍需继续保存的档案，应当重新划定保管期限并做出标注；对确无保存价值的档案，应当按照规定予以销毁。

3. 档案销毁程序

《档案法》禁止擅自销毁档案。档案必须销毁的，应严格遵循以下程序：编制档案销毁清册，经单位负责人或者档案馆馆长签署意见后进行销毁。销毁时档案部门与相关部门应当共同派员监销，按照档案销毁清册清点核对并签名、盖章。销毁清册应当永久保存。

涉及国家秘密的档案的销毁应当符合国家秘密载体销毁管理相关规定。

案例 7－3

一起档案销毁案

2006 年 11 月，某市档案局接到本市某公司举报，反映该市某单位某区分局（以下简称“某区分局”）档案管理工作存在违法现象。经市档案局执法人员调查核实，2004 年 4 月，某公司（与本案举报人存在商铺租赁关系，举报人为其承租人之一）取得了某区分局核发的建设工程规划许可证后，于 2005 年 1 月申请变更其建设工程规划许可证附图，在得到批准后，办理了相关变更手续，从而产生了不同于原附图纸的变更后的新图纸。由于变更前后建设工程规划许可证附图内容的差异，引发了举报人与出租人的纠纷。纠纷发生后，某区分局综合科工作人员孙某于 2006 年 4 月从该局档案室借阅已归档的建设工程规划审批档案，在未履行鉴定档案的程序、未报经领导批准的情况下，将其中变更前的附图从档案中撤去并予以销毁。

六、档案的利用和公布

档案作为国家重要的信息资源，如何在安全保密的基础上加以充分利用，是我国法律规范的重要方面。《档案法》第三十四条明确规定：“国家鼓励档案馆开发利用馆藏档案，通过开展专题展览、公益讲座、媒体宣传等活动，进行爱国主义、集体主义、中国特色社会主义教育，传承发展中华优秀传统文化，继承革命文化，发展社会主义先进文化，增强文化自信，弘扬社会主义核心价值观。”

（一）档案开放

与其他各类文献不同，档案伴随各项工作的开展而形成，档案内容是一项工作的全部记录,既包括过程也包括结果。其中很多档案内容是面向业务管理、行政管理等行为产生,具有一定的内部属性,在一定的时间和条件下不能面向社会公开。但随着社会环境的改变,具备开放条件的档案应当及时开放。

1. 开放档案和限制利用档案

从档案存在的状态看,各级各类档案馆馆藏档案可分为开放档案和限制利用档案两类。

开放档案,就是将一般可以公开和保密期届满的档案,解除“禁闭”,面向社会公众提供利用;开放档案的利用手续较为简便,利用者持有合法证明即可利用。

与之相对,限制利用档案则指档案馆藏中仍处于封闭期、需要被限制使用的档案。根据《档案法》规定,有关机关、团体、企业事业单位和其他组织保存的档案也不属于国家规定的开放档案范围。限制利用档案一般不向外界提供,若机关、团体、企业事业单位和其他组织以及公民根据经济建设、国防建设、教学科研和其他工作的需要,可以按照国家有关规定利用档案馆限制利用的档案以及有关机关、团体、企业事业单位和其他组织保存的档案。

2. 开放期限

《档案法》规定的档案开放期原则为二十五年,即县级以上各级档案馆的档案,应当自形成之日起满二十五年向社会开放。但涉及国防、外交、国家安全、公共安全等国家重大利益和知识产权、个人信息等方面的档案,以及其他虽到期但档案馆认为仍不宜开放的档案,经同级档案主管部门同意,可以延期向社会开放;经济、教育、科技、文化等类档案,可以少于二十五年向社会开放。

各级国家档案馆保管的档案应当分期分批地向社会开放,并同时公布开放档案的目录。国家鼓励和支持其他档案馆向社会开放档案。

3. 开放审核

在国家档案馆档案向社会开放前应完成开放审核。馆藏档案的开放审核,由各级国家档案馆会同档案形成单位或者移交单位共同负责。尚未移交进馆档案的开放审核,由档案形成单位或者保管单位负责,并在移交时附具到期开放意见、政府信息公开情况、密级变更情况等意见。

对到期不宜开放的档案,经国家档案馆报同级档案主管部门同意,可以延期向社会开放。

(二) 档案的公布

档案是全社会共有的宝贵财富,保存与保护档案的终极目标是发挥财富的最大效用。将已开放的档案向社会公布,是扩展档案服务范围、拓宽档案利用渠道的重要措施,也是有效地开发档案信息资源的重要手段。

1. 档案公布的概念

各级国家档案馆应当根据社会各方面需求,开展馆藏档案的公布。所谓档案的公布,是指有权公布者通过特定形式首次向社会公开档案的全部或者部分原文。其中特定公布形式包括通过报纸、期刊、图书、音像制品、电子出版物等公开发表;通过电台、电视台、计算机信息网络等公开传播;在公开场合宣读、播放;在展览、展示中公开陈列;公开出售、散发或者张贴档案复制件。

2. 档案公布主体

档案公布权是法定权限,并非任何单位或个人都有权公布档案。不同所有权的档案,其公布权也不同。公布档案的前提是应当遵守有关法律、行政法规的规定,不得损害国家安全和利益,不得侵犯他人的合法权益。

我国《档案法》明确档案公布的主体包括国有档案公布主体和非国有档案公布主体。

(1) 国有档案公布主体。属于国家所有的档案,由国家授权的档案馆或者有关机关公布;未经档案馆或者有关机关同意,任何单位和个人无权公布。国有档案公布主体又分档案馆和单位档案机构两类。

其中,保存在档案馆的档案,由档案馆公布;必要时,应当征得档案形成单位或者移交单位的同意或者报经档案形成单位或者移交单位的上级主管部门同意;对于寄存档案的公布,档案馆应按照约定办理,没有约定的,应当征得档案所有者的同意。按照我国民法的有关规定,寄存人将其档案寄存在档案馆,只是将该档案的占有权暂时交给档案馆,而其所有权并未发生转移,仍属于寄存者。档案馆只有代为保管的职责,在没有征得寄存人同意的情况下,不能自行决定该档案是否可公布。

保存在单位档案机构的档案,由各单位公布;必要时,应当报请其上级主管部门同意。

以上所指"必要时","是指档案馆保存的档案或各有关单位档案机构保存的尚未向档案馆移交的档案,如果已到开放期限,但因其中涉及一些国家重大利益或公民个人隐私等内容,档案馆或各有关单位不能决定是否应当向社会开放,这时就应当征求档案原形成单位或者其上级主管机关同意"。[①]

(2) 非国有档案公布主体。非国有企业、社会服务机构等单位和个人形成的档案,档案所有者有权公布。

当然,无论是利用档案还是公布档案,都不得违反国家有关知识产权保护的法律规定。

(三) 档案的开放与档案公布的关系

档案开放不等于档案公布。档案开放强调馆藏档案由封闭状态转为公开状态,将限制使用转变为公众自主选择和使用,这其中体现的是用户利用权。档案公布是对已开放档案的一种呈现方式,通过向社会公布档案,使公众可以了解档案内容,并根据自身需要利用档案。因此,档案公布强调的是"首次向社会公开发表"。

另外,档案公布不仅仅受到开放期限的限制。档案馆馆藏中,对涉及著作权且在《著作权法》保护期限内的档案的利用和公布,不能笼统地适用《档案法》的满二十五年向社会开放的规定,而应当视情况延期开放或依照《著作权法》的有关规定执行。

---

① 郑言富.《档案法实施办法释义》之五——关于档案公布[J]. 中国档案,2000(1):22-23.

案例 7－4

档案公布与政府信息公开

2012 年 10 月 6 日，彭某向长沙县国土资源局提出政府信息公开申请，申请获取本组村民高细贵建房用地审批信息。11 月 28 日，长沙县国土资源局以《档案法实施办法》第二十五条的规定，“集体和个人寄存于档案馆和其他单位的档案，任何单位和个人不得擅自公布”为由拒绝。后法院判决，长沙县国土资源局重新予以答复。

(四) 档案利用

档案的利用，是指对档案的阅览、复制和摘录。档案的价值只有通过利用才能得到充分的发挥。国家档案馆应当明确档案利用的条件、范围、程序等，在档案利用接待场所和官方网站公布相关信息，创新档案利用服务形式，推进档案查询利用服务线上线下融合。国家档案馆应当根据工作需要和社会需求，开展馆藏档案的开发利用和公布，促进档案文献出版物、档案文化创意产品等的提供和传播。同时，国家鼓励和支持其他各类档案馆向社会开放和公布馆藏档案，促进档案资源的社会共享。

单位和个人利用各级国家档案馆的档案时，因研究、宣传、教育以及服务民生等目的使用公布档案的全部或者部分原文，或者档案记载的特定内容的，应当书面征得档案馆同意，并在使用时注明档案馆名称或者档案的出处。但利用者在公开使用馆藏档案过程中，违反知识产权、个人信息保护等相关法律、法规，损害国家利益、公共利益或者其他公民合法权益的，由其自身承担相应的法律责任。

七、档案信息化建设

随着计算机及互联网应用的普及，社会活动中生成的电子信息逐渐增多，这对法律领域与档案领域都产生了极大的影响。档案信息化建设是指以提高档案工作现代化水平为目标的，确立信息技术环境下档案管理与档案服务的理念、模式、内容与方法的研究与实践过程。《档案法》要求，各级人民政府应当将档案信息化纳入信息化发展规划，保障电子档案、传统载体档案数字化成果等档案数字资源的安全保存和有效利用。

档案信息化建设主要包含五大任务。

(一) 建设档案数字资源

档案数字资源是档案信息的表现形式之一，是将计算机技术、通信技术及多媒体技术相互融合而形成的以数字形式发布、存取、利用的档案信息资源。档案数字资源包括电子档案、传统载体档案数字化成果两种类型。

1. 电子档案

电子档案由电子文件转化而来。电子文件是国家机构、社会组织或个人在履行其法定职责或处理事务过程中，通过计算机等电子设备形成、办理、传输和存储的数字格式的各种信息记录。电子文件由内容、结构和背景组成。电子文件中具有凭证、查考和保存价值并归档保存的部分就成为电子档案。

从形式上讲，电子档案是与传统纸质档案相对应的概念，基于电子环境的特点，在对电子档案的管理上有着特殊的手段及要求。

(1) 电子档案的法律效力。电子档案与传统载体档案具有同等效力，可以以电子形式作为凭证使用。《档案法》规定电子档案具有法律效力的构成要件为：来源可靠、程序规范、要素合规。所谓来源可靠，指档案形成者、形成活动、形成时间可确认，形成、办理、整理、归档、保管、移交等系统安全可靠；所谓程序规范，指全过程管理应当符合有关规定，并准确记录、可追溯；所谓要素合规，指档案的内容、结构、背景信息和管理过程信息等构成要素符合规范要求。

(2) 电子档案的移交。电子档案应当通过符合安全管理要求的网络或者存储介质向档案馆移交。移交过程中最为关键的环节，是档案馆应当对接收的电子档案进行检测，确保电子档案的真实性、完整性、可用性和安全性满足要求。

真实性，指电子档案的内容、逻辑结构和背景与形成时的原始状况相一致的性质。

完整性，是指电子档案的内容、结构和背景信息齐全且没有破坏、变异或丢失的性质。

可用性，是指电子档案可以被检索、呈现和理解的性质。

安全性，是指电子档案的管理过程可控、数据存储可靠，未被破坏、未被非法访问的性质。

通过上述“四性”检测后，档案馆应采取管理措施和技术手段保证电子档案在长期保存过程中的“四性”要求。

如果档案移交不具备在线移交条件的，应当通过符合安全管理要求的存储载体向档案馆移交电子档案。

2. 传统载体档案数字化成果

将传统载体档案进行数字化，实质是制作纸质档案的副本。它指通过采用扫描仪等设备对纸质档案进行数字化加工，使其转化为存储在磁带、磁盘、光盘等载体上的数字图像，并按照纸质档案的内在联系，建立起目录数据与数字图像关联关系的处理过程。《档案法》规定，国家鼓励和支持档案馆和机关、团体、企业事业单位以及其他组织推进传统载体档案数字化。已经实现数字化的，应当对档案原件妥善保管，减少对档案原件的调用。

(二) 推进系统建设

电子环境中的档案管理不是孤立进行的，构建对应的系统平台，协调系统之间的关系是档案信息化的核心任务。[①] 从档案管理全生命周期的视角来看，电子档案的管理涉及五类系统形态，即电子档案管理信息系统、办公自动化系统、业务系统、数字档案馆系统、档案信息资源共享服务平台。电子档案的管理是这五类系统协同作用的结果，也是推进

① 钱毅. 全面保障档案信息化工作，助推社会数字转型——新修订《档案法》信息化条款述评[J]. 北京档案，2020(10)：4-7.

数字档案馆建设、国家档案信息资源共享服务平台建设以及推动档案数字资源跨区域、跨部门共享利用的必要基础。

(三) 加强备份管理

档案馆对重要电子档案进行异地备份保管，应当采用磁介质、光介质、缩微胶片等符合安全管理要求的存储介质，定期检测载体的完好程度和数据的可读性。异地备份选址应当满足安全保密等要求。

档案馆可以根据需要建设灾难备份系统，实现重要电子档案及其管理系统的备份与灾难恢复。

(四) 建设数字档案馆(室)

档案馆应当积极创造条件，按照国家有关规定建设、运行维护数字档案馆，为不同网络环境中的档案数字资源的收集、长期安全保存和有效利用提供保障。

国家鼓励有条件的机关、团体、企业事业单位和其他组织开展数字档案室建设，提升本单位的档案信息化水平。

(五) 数字资源共享

国家档案主管部门应当制定数据共享标准，提升档案信息共享服务水平，促进全国档案数字资源跨区域、跨层级、跨部门共享利用工作。县级以上地方档案主管部门应当推进本行政区域档案数字资源共享利用工作。

八、监督检查

《档案法》赋予档案主管部门对各类档案机构工作情况进行监督检查的职能，同时要求档案主管部门及其工作人员应当按照法定的职权和程序开展监督检查工作，做到科学、公正、严格、高效，不得利用职权牟取利益，不得泄露履职过程中知悉的国家秘密、商业秘密或者个人隐私；有关单位和个人在档案主管部门履行监督检查职能时有配合的义务。

(一) 监督检查的内容

档案主管部门监督检查的内容包括：档案工作责任制和管理制度落实情况；档案库房、设施、设备配置使用情况；档案工作人员管理情况；档案收集、整理、保管、提供利用等情况；档案信息化建设和信息安全保障情况；对所属单位等的档案工作监督和指导情况。

(二) 档案安全隐患

排查安全隐患是进行档案监督检查的重要目的之一。所谓档案安全隐患，是指由于人为因素或自然与环境变化的影响，档案全生命周期过程中产生的各种不安全因素。这些因素往往是导致档案丢失、损毁等安全事故的直接原因。实践工作中，档案安全隐患主要表现为下列情形：

(1) 档案库房选址、设计、建设不规范，库房面积严重不足的；

(2) 档案库房缺乏必要的设施、设备，或者设施、设备老化，性能不符合要求，致使档案保管不安全的；

(3) 档案资源未集中统一管理，面临散失、损毁危险的；

(4) 电子档案管理信息系统或者功能模块不符合安全保护要求，关键功能缺失，无法确保电子档案来源可靠、程序规范、要素合规的；

(5) 对电子档案的接收、存储、备份不规范，无法确保电子档案长期有效的；

(6) 档案开放审核、利用、公布的程序不规范，致使开放、利用、公布的档案内容存在安全风险的；

(7) 开展档案外包服务不符合规定的；

(8) 存在其他严重危及档案实体和档案信息安全隐患的。

各类档案机构发现本单位存在档案安全隐患的，应当及时采取补救措施，消除档案安全隐患；发生档案损毁、信息泄露等情形的，应当及时向档案主管部门报告；档案主管部门发现各类档案机构存在档案安全隐患的，应当责令限期整改，消除档案安全隐患。

九、档案法律责任

在实际工作中经常发生的档案违法行为，不同程度地影响了档案工作的开展和档案安全保管与利用，这些行为的当事人应当承担一定的法律责任。

(一) 档案违法行为

档案违法行为是指为档案法律、法规所禁止的行为。《档案法》中规定了以下 10 项档案违法行为：

(1) 丢失属于国家所有的档案的；

(2) 擅自提供、抄录、复制、公布属于国家所有的档案的；

(3) 买卖或者非法转让属于国家所有的档案的；

(4) 篡改、损毁、伪造档案或者擅自销毁档案的；

(5) 将档案出卖、赠送给外国人或者外国组织的；

(6) 不按规定归档或者不按期移交档案，被责令改正而拒不改正的；

(7) 不按规定向社会开放、提供利用档案的；

(8) 明知存在档案安全隐患而不采取补救措施，造成档案损毁、灭失，或者存在档案安全隐患被责令整改而逾期未整改的；

(9) 发生档案安全事故后，不采取抢救措施或隐瞒不报、拒绝调查的；

(10) 档案工作人员玩忽职守，造成档案损毁、灭失的。

对档案违法行为，任何单位和个人有权向档案主管部门和有关机关举报。

(二) 档案法律责任方式

违反档案法律、法规规定，不履行法定职责和义务的档案违法行为，必定对档案及其相关的国家和社会利益构成危害，当事人应承担相应的法律责任。依据档案违法行为的种类及程度的不同，档案法律责任可分为行政责任、民事责任和刑事责任三种方式。

1. 行政责任

《档案法》赋予了县级以上人民政府档案主管部门行政处罚权。《档案法》是在《中华人民共和国行政处罚法》颁布后，第一个赋予行政管理部门行政处罚权的法律，它体现了国家对档案工作的高度重视。档案行政责任包括警告及罚款、责令限期改正以及行政处罚等。

2. 民事责任

造成财产损失或者其他损害的，依法承担民事责任。责令赔偿损失的主体既可以是县级以上人民政府档案主管部门，也可以是有关机关。档案主管部门针对的是发生在档案馆的违法行为，而有关主管部门针对的是发生在本部门或所属单位的档案违法行为。

3. 刑事责任

档案在国家各项建设事业中具有重要的作用，档案的灭失、毁损往往会带来不可弥补的损失。因此，为了加强对国有档案的保管、利用，惩治严重妨害国有档案的犯罪十分必要。严重违反《档案法》，构成犯罪的行为，应承担刑事责任。

(1) 抢夺、窃取国有档案罪。"抢夺"国家所有的档案，是指以非法占有为目的，公然夺取国家所有的档案，当然也应包含抢劫档案的行为；"窃取"国家所有的档案，是指以非法占有为目的，秘密取得国家所有的档案。窃取行为通常具有秘密性，但绝不限于秘密性，比如在司法实践中出现的公然盗窃行为等。

抢夺、窃取国家所有的档案的，处五年以下有期徒刑或者拘役。需要指出，如果抢夺、窃取的国家所有的档案属于国家秘密的，实际上是属于一个行为同时触犯了两个罪名的想象竞合犯的形态，应以主观故意犯罪从重处罚。

(2) 擅自出卖、转让国有档案罪。"擅自出卖、转让国家所有的档案"实际上是改变了档案的所有权，并且也意味着国家所有的档案随时有可能被公布。国家所有的档案，是涉及国家和社会有重要保存价值的历史记录，不适当的公布会造成不良的后果。因此，对擅自出卖、转让国家所有的档案，情节严重的，处三年以下有期徒刑或者拘役。需要注意的是，前者构成犯罪不需要具备情节严重的情节；而后者须情节严重的才构成犯罪。

案例 7-5

遗失职工档案被判令补建

宁某于1984年由建湘瓷厂调入第一卷闸门厂(即现在的长沙大吉门窗集团公司)，1987年与该公司解除劳动合同关系。2005年8月，宁某需办理社会保险等手续时找该公司要求提供档案，才得知其人事档案已遗失。根据相关法律规定，该公司应在与宁某解除劳动关系后一个月内将档案转移到其所在的办事处，但该公司没有履行义务，又因疏于管理将宁某档案遗失。宁某向长沙市雨花区法院起诉要求补建档案并赔偿损失。法院一审判决：被告长沙大吉门窗集团公司在判决生效后一个月内为原告宁某补建档案，并交给宁某。

本章参考文献

[1] 国家档案局. 中华人民共和国档案法实施办法条文释义[M]. 北京：档案出版社，1992.

[2] 郑言富.《档案法实施办法释义》之五——关于档案公布[J]. 中国档案,2000(1):22-23.
[3] 韩毓虎. 国家档案局关于《中华人民共和国档案法(草案)》的说明[J]. 档案工作,1987(10):8-10.
[4] 冯子直.《档案法》产生的历史过程和重大意义[J]. 中国档案,2009(10):21-23.
[5] 郑金月. 为加快档案信息化战略转型提供法治保障——对新修订的《档案法》新增档案信息化建设规定的若干思考[J]. 中国档案,2020(8):33-35.
[6] 杨政婷,郑茂刚. 从《庆元条法事类》探南宋时期文书档案的管理[J]. 兰台世界,2015(9):160-161.
[7] 古月. 论档案法律关系[J]. 四川档案,1990(12):10-13.
[8] 赵淑芳. 论档案法律关系的主体和客体[J]. 档案学通讯,1989(4):5-11.
[9] 卢建国. 国外档案法规的基本模式及发展趋势[J]. 陕西档案,1997(1):36-37.
[10] 郑言富. 关于档案法律责任[J]. 中国档案,2000(2):10-11.
[11] 何湘兰. 私藏档案受处罚[J]. 湖南档案,1995(1):14.
[12] 荆州区档案局办公室. 吴冠中著名画作“苍山洱海”回归荆州市荆州区档案馆[J]. 湖北档案,2011(5):8.
[13] 北京市档案局法规处. 档案违法案例解析[J]. 北京档案,2012(8):18-20.
[14] 何森玲. 遗失职工档案被判令补建[N]. 湖南日报,2007-12-11(A02).

第八章　公共图书馆法律制度

S公司依法受让取得了作者D某作品除署名权、影视改编权以外的著作权。2007年，S公司发现重庆市涪陵区图书馆未经著作权人许可于2006年8月7日至2007年4月24日期间在其网站http://www.fllib.org.cn上链接了该作品，也未向权利人支付相应的报酬，遂于4月17日向涪陵区图书馆发出《敦促立即支付销魂一指令等作品许可使用费的通知》。涪陵区图书馆于同月24日收到该函件后，立即与S公司取得了联系，并表明了其仅是提供目录链接这一事实，并随即断开了链接。

1974年，《图书馆统计国际标准》(ISO 2789－1974 E)颁布之初，就将图书馆区分为国家图书馆、高等院校图书馆、其他主要的非专门图书馆、学校图书馆、专门图书馆和公共图书馆六大类型。公共图书馆是人类历史上最早出现的图书馆类型，其特殊之处在于"公共"，即为公众服务而不仅仅为特殊群体服务。公共图书馆是公共知识的重要存储、交流和服务机构，是积累和传承人类精神财富、启发民智、推动社会信息交流的重要途径，也是信息服务立法的重要领域。国际图书馆协会联合会(简称"国际图联")及联合国教科文组织均指出，为了提供永久性和不断发展的国家图书馆事业，每个国家都应当制定图书馆法。

在我国，公共图书馆事业是公共文化服务体系的重要构成。发展公共图书馆事业，可以更好地促进全民阅读，满足群众精神文化需求；可以全面提高公众科学文化素质，助力创新型国家和学习型社会建设；有利于传承和弘扬包括中华传统优秀文化在内的人类文明成果。

第一节　国内外公共图书馆法立法进程

据考古学家的发掘成果，目前已知的世界上最早的图书馆是亚述巴尼拔图书馆(现伊拉克境内)，由亚述末代国王亚述巴尼拔在公元前668年至公元前627年所建。由于其保存的泥板图书的特殊性，大部分图书没有毁于战火，得以保存下来。"我国建立图书馆的最早时间，至少不晚于公元前6世纪，周朝就有专门收藏图书的'盟府'，著名哲学家老子官职为'柱下史'或'守藏室之史'，就是我们现在所知的最早的国家图书馆(国家档案馆)

馆长。因为他管理着'百国宝书',所以连孔子都要向他求教。"①与之相比,图书馆的法制建设却经历了非常漫长的发展过程。

一、国外发展概况

伴随着图书馆事业的发展,图书馆的法制建设逐渐起步,经历了从制度到立法、从局部调整到全面控制、体系日渐完善的过程。

(一)建立呈缴本制度

15 世纪中叶,活字印刷术的使用对图书馆事业产生了深远的影响。首先,图书再也不用靠手工抄写了,图书出版数量大幅度增加。从活字印刷起到 1500 年出版的图书被称为摇篮本。据估计,这一时期摇篮本总共刊印了 4 万种。印刷型图书的大量出版使图书馆藏书以空前的速度增加,大型图书馆开始出现。其次,藏书量激增促使图书馆的管理方式(如分类、著录、目录编制等)开始发生深刻的变化。此时,图书的管理和图书的生产逐渐分离,形成图书馆和图书出版两个专门行业。由于印刷的书籍增多,为保证馆藏完整和检查书籍内容,许多国家开始要求出版商呈缴出版物。

有关呈缴出版物最早的记载是来源于公元前 4 世纪的雅典,为防止有些剧团在上演剧目时随意修改作者编写的剧本,各方赞同将每种剧本的正式抄本存放在图书馆里,任何人均可查阅抄写,以保证原剧本的权威性。

随着公共图书馆事业的发展,为了丰富馆藏,保证藏书的完整、系统,呈缴本制度渐渐出现。所谓呈缴本制度,是指一个国家或地区为完整地收集和保存全部出版物,用法律或法令形式规定所有出版机构或负有出版责任的单位,凡出版一种出版物,必须向指定的图书馆免费缴送一定数量的样本。

法国是世界上最早实行呈缴本制度的国家,1537 年,法国国王佛朗索瓦一世颁布的《蒙特斐利法》规定,凡在法国境内印刷出版的书籍,都须缴送皇家图书馆一册,而在外国印刷但在法国境内出售的书籍,也同样须呈缴,以作购买参考。英国在 1662 年和德国在 1699 年分别施行了呈缴本制度。随着版权法在世界范围内的普及,呈缴本制度也逐渐在世界各地普遍实行。

(二)立法进程

呈缴本制度的建立在一定程度上保证了公共图书馆收藏图书的全面性。同时,随着资本主义的发展,对劳动者的素质提出了更高要求,迫切需要大批有文化的工人和市民,这在客观上要求社会能够提供除学校之外的人才培养路径,因而,在图书馆事业史上具有划时代意义的免费、开放的公共图书馆迅速发展起来,用以规范公共图书馆发展的立法也就随之产生。国外公共图书馆立法大致经历了三个历史发展阶段。

1. 萌芽时期

图书馆立法的萌芽期,可追溯到 17 世纪下半叶。1696 年,北美马里兰州议会第一次

① 陈四益. 我国是建立图书馆最早的国家[J]. 瞭望,1982(4):26-28.

采取立法行动兴建图书馆，掀开了国际图书馆立法史上的重要一页。

18 世纪开始，西方图书馆事业迅速发展，图书馆类型增多，服务范围不再限于学者和显贵，还扩大到工人、职员、学生和儿童等，向社会各阶层开放的程度大大提高。

2. 公共图书馆立法时期

从 19 世纪初开始，欧美一些国家为了促进图书馆的公共化，保证图书馆经费的固定来源，加强图书馆管理，开始制定和颁布公共图书馆法。这时，公共图书馆才作为一种重要的、为社会所必需的建制，获得了法律的保护，这一历史发展过程大约经历了两个世纪，主要代表事件有：

1818 年，美国纽约州通过了一部涉及州图书馆问题的立法，促成各州在 1840 年以前建立了州图书馆；1848 年，美国马萨诸塞州议会通过了在波士顿市建立公共图书馆的法案，被视为世界上第一部公共图书馆立法。

1850 年，英国议会通过的《公共图书馆法》是世界上第一部全国性公共图书馆法典。该法准许建立城镇图书馆，规定每一万人地区要提供一个图书馆；地方政府应对本地区的成人和儿童提供图书馆服务，经费从房地产税中提取。该法的颁布确立了公共图书馆的法律地位，在经费来源、办馆理念、采购原则、办馆程序、服务对象等方面的规定使得公共图书馆具有了不同于以往图书馆的鲜明特色。

3. 国家图书馆立法期

20 世纪开始，在公共图书馆立法的基础上，各国又相继推出了国家图书馆立法：如苏联于 1920 年和 1934 年，陆续颁布《人民委员会关于集中管理图书馆事业的命令》和《关于苏维埃社会主义共和国联盟的图书馆事业》的决定；1946 年波兰颁布了《图书馆条例》；1948 年，日本颁布了《国立国会图书馆法》；1956 年，美国联邦政府出台了第一部全国性图书馆法，即《图书馆服务法》；1972 年，英国颁布了《大英图书馆法》；等等。

总之，世界图书馆立法经历了漫长的发展，从 1850 年英国颁布世界上第一部全国性图书馆法以来，已有 60 多个国家先后颁布了 250 余部图书馆法律法规。①

二、国内发展概况

经考古发现，我国早在商代就出现了“窖藏”，即记录宫廷占卜、祭祀活动的大量甲骨堆集于窖中，这是我国古代集中的文献管理实践，也是集中“藏书”理念的具体体现。自汉代起，中国宫廷就出现了天禄阁、石渠阁等藏书楼，至清朝的两千多年(公元前 206 年至公元 1911 年)以来，藏书楼是中国基本的文化建制，在经历了自上而下的推广后，逐渐形成官府(宫廷、官署)藏书、寺观藏书、书院藏书、私家藏书四大藏书体系。但由于封建专制制度的制约，“保存藏书”一直是其主要功能，在图书编撰、出版、印刷、收藏、流通、审查等各方面的发展受到了极大限制。

---

① 吴学安. 公共图书馆立法要体现以人为本理念[N]. 民主与法制时报，2017－06－27(2).

(一) 近代中国公共图书馆的诞生

明清时期，一些藏书机构和个人开始致力于藏书开放，如明末御史曹溶曾在其所著《流通古书约》一书中，提倡用传抄和刊刻方法扩大藏书的流通和传播范围；清代著名学者、藏书家、《四库全书》子部提要主笔周永年（1730—1791 年），“竭数十年博采旁搜之力，弃产营书”，筑贷书园，积书十万卷，供人阅读抄写；清末藏书家国英（1823—1884 年），在光绪二年（1876 年）于家祠东建楼五楹，贮藏书籍 2 万余卷，3200 余种，法帖 430 余册。国英声称自己所藏之书“子孙未必能读，即使能读，亦何妨与人共读”，遂将他的藏书楼命名为“共读楼”，定于每年 3 月至 12 月，每月逢 3、8 日开楼。学生会试期间，每日开放。图书虽只准就室阅览，然已具中国公共图书馆的雏形。①

中国近代图书馆的诞生可以追溯到 1904 年古越藏书楼的建立。古越藏书楼的创建人是徐树兰（1838—1902 年），清代山阴（绍兴）人。1903 年，徐树兰参照东西方各国图书馆章程，以存古和开新为宗旨，拿出私人藏书 7 万余卷，在家乡创建古越藏书楼，并于 1904 年正式向社会各阶层人士开放。藏书楼虽承袭古代名称，但同时吸取外国先进经验，特别体现在编目方法上。最初藏书编目是在经、史、子、集 4 部基础上，增设时务部，编为 35 卷，订成 6 册，刊印发行；后又打破 4 部的框架，将藏书分为学部与政部，两部下各分 24 个类目，每类再分若干子类，显示出中外学术统一立类的倾向。古越藏书楼的管理方法不仅开拓了近代分类体系的新途径，也适应新学书籍的收藏和宣传。受其影响，此后 10 年间，兴办公共藏书楼、公共图书馆蔚然成风。因此，古越藏书楼是国内外图书馆界一致公认的近代中国第一个公共图书馆。

(二) 立法进程

虽然国际公认的最早的呈缴本制度是诞生在法国，但据史料记载，我国早在宋代就有呈缴出版物的要求，南宋淳熙十三年（1186 年），孝宗皇帝下诏敕各地政府将《中兴馆阁书目》中未收书的印本缴送秘书省，以“广秘府之储”。可见，这应是呈缴本制度最早的缘起。

1. 古代初创阶段

与我国古代图书馆发展特点相适应，我国图书馆立法初创于封建社会藏书楼的书约和有关书藏制度，如清嘉庆十四年（1809 年），阮元为杭州灵隐寺所订《书藏条例》和嘉庆十八年（1813 年）所订焦山《书藏条例》；戊戌变法后一些寺院、书院制定的藏书条例，如光绪二十四年（1898 年）大梁书院的《购书略例》《藏书阅书规则》以及光绪三十四年（1908 年）仙源书院《初议公集书籍章程》等②。当然，这些条规、章程只局限于一个寺院和书院，内容只涉及图书的入藏、保管、借阅的一般规则，因而涉及面有限，影响不大。

2. 近代集中发展阶段

19 世纪末，随着资产阶级改良运动的兴起，仿照西方文化教育事业的学堂、学会兴起，并广购图书仪器，纷纷建立藏书楼和图书馆，这些藏书楼（图书馆）也相继制定了藏书

---

① 李玉安，黄正雨. 中国藏书家通典[M]. 北京：中国国际文化出版社，2005.

② 李希泌. 中国古代藏书与近代图书馆史料[M]. 北京：中华书局，1996.

规则。各省藏书楼(图书馆)中较早建立章程的是光绪二十七年(1901 年)安徽制定的《皖省藏书楼开办大略章程十二条》。而在当时影响最大、最为著名的是前文提到的徐树兰创办的古越藏书楼。徐树兰创办藏书楼之始,即制定了《古越藏书楼章程》,凡七章三十节:一为名称,二为宗旨,三为藏书规程,四为管理规程,五为阅书规程,六为杂规,七为附则。它是我国最早的、较为完整的、影响最大的私人图书馆管理规范,在我国图书馆发展史上起着承前启后的作用。

最早提出建立公共图书馆的是光绪二十二年(1896 年)任刑部左侍郎的李端棻。他在《请推广学校者折》中奏请清政府建立“京师图书馆”(今北京图书馆),指出:“好学之士,半属寒酸,购书既苦无力,借书又难,其人坐此,孤陋寡闻,无所成就者不知凡几。……今依乾隆故事,更加增广,自京师及十八行省会,咸设大书楼,……,妥定章程,许人入楼观书……”①这个奏折不但是我国关于公共图书馆的最早言论,也是我国要求制定图书馆法的最早言论。嗣后光绪三十二年(1906 年)罗振玉在《京师创设图书馆私议》中提出要仿效欧美、日本各国图书馆形式开设京师图书馆。罗氏之言,虽为个人私议,却为以后公共图书馆的建立、图书馆法的制定提出了创见性的参考意见。

3. 立法阶段

清宣统元年七月二十五日(1909 年 9 月 9 日),清政府开始筹建京师图书馆,至 1916 年,教育部饬京师图书馆,凡在内务部立案的出版图书均交京师图书馆庋藏,国家图书馆职能开始体现。

在图书馆创办伊始,学部为了“保存国粹,造就通才”,于宣统二年(1910 年)拟定了《京师图书馆及各省图书馆通行章程》(以下简称“《图书馆通行章程》”),规定按行政区划,即省、府、厅、州设立图书馆,同时规定部、各级提学使对图书馆的管理和经费拨款以及图书馆管理人员的设立等。《图书馆通行章程》是我国第一部以政府名义颁布的图书馆法,它在我国图书馆事业发展史上有着划时代的意义。

辛亥革命以后,1915 年北洋政府教育部颁布了《通行图书馆章程》和《图书馆规程》,这是我国比较完整的图书馆法规。它与清政府的《图书馆通行章程》相比更有法律的作用和号召力,对我国公共图书馆的建立、各类型图书馆的发展,起到巨大的推动作用。

1927 年中华民国大学院公布了《图书馆条例》;中华民国教育部在 1930 年至 1941 年陆续公布了《新出图书呈缴规程》《国立中央图书馆组织条例》和《普及全国图书教育办法》等,1947 年公布了《图书馆规程》,建立了普及图书馆、规范图书馆部门设置、岗位要求、管理措施的基本框架,为地方相关法规的出台奠定了基础。

此后,各个省、县图书馆,其他各机关、团体、学校图书馆也都在建立之始颁布和制定了自己的章程、规则和条例并经学部、教育部审核、备案,具有了法律约束性。这一时期较为完整的省级图书馆法规有《湖南图书馆暂行章程》《云南图书馆章程》《直隶省立第二图书馆章程》《浙江公立图书馆章程》《台湾省图书馆组织规程》等。

---

① 柳成栋. 我国近代图书馆法的产生与发展评略[J]. 广东图书馆学刊,1985(2):4-9.

以上立法进程反映了中国文化的西化趋向和法制进程，大大推进了图书馆国有化、公有化和专业化的普及，取得社会公认的成果。我国近代图书馆立法集中体现出两个方面的特点。

第一，层次性。近代图书馆立法既包括政府章程，也包括部门规章(清政府学部、北洋政府教育部)，还有地方和私人的图书馆章程。

第二，内容广泛性。近代图书馆法规内容既涉及图书馆各个方面的事项，诸如图书馆的宗旨、机构设置、人员、经费、图书收藏范围、图书保管、阅览规则等，也涉及图书馆工作规程，如图书的采购、编目、善本保管、阅览、流通、交换、出版等。

我国近代图书馆立法，对我国近代图书馆事业发展产生了巨大而深远的影响。通过立法促进了图书馆名称的统一和性质的转变，使我国的图书馆由封建社会的藏书楼变为名副其实的向公众开放的图书馆，成为对广大民众进行社会教育的一个重要部门；通过立法引起了社会各界对图书馆的重视，扩大了图书馆的社会地位和影响；通过立法加强了政府部门对图书馆事业的监督领导，推动了我国图书馆事业的发展；通过立法保存了文化遗产，使一些珍贵图书免遭损失。

当然，基于时代的特点，近代图书馆法还存在明显的局限性，例如对图书馆的性质和任务的规定不够明确；大多数章程只限读者馆内阅览，甚至有些还规定酌情收费；特别是在采集图书内容上，虽然规定了西方新学、“海外各国图书”，“均应随时搜集，渐期完备”，但仍然片面地以儒家经典为主，对不符合封建统治或新兴资产阶级利益的“私家著述有奉旨禁行及宗旨悖谬者，一概不得采入”(《通行图书馆章程》)。

4. 中华人民共和国全面建设阶段

中华人民共和国成立后，国家非常重视图书馆事业，我国图书馆法制建设进入了一个全面发展的阶段。

1955 年文化部颁布了《关于征集图书、杂志样本办法》和《关于加强与改进公共图书馆工作指示》，同年抄发了中华全国总工会《关于工会图书馆工作的规程》，逐步形成了国务院领导下的文化部归口行政管辖公共图书馆的机制。

1957 年国务院颁布《全国图书协调方案》，体现了政府协调图书馆事业、业务，为人民服务的基本法权理念。

鉴于高校图书馆的特殊地位，高等教育部早在 1956 年就颁布了《中华人民共和国高等学校图书馆试行条例(草案)》，1981 年颁布了《中华人民共和国高等学校图书馆工作条例》，1987 年国家教委颁布了《普通高等学校图书馆规程》，2002 年将之修订为《中华人民共和国高等学校图书馆规程》。显然，我国高校图书馆系统的行政法规相对完善。

此外，1987 年中国科学院颁布《中国科学院图书情报工作暂行条例》；1991 年教育部颁布《中小学图书馆(室)规程》；1996 年文化部颁布《公共图书馆建筑防火安全技术标准》；1999 年教育部、建设部、文化部联合颁布《图书馆建筑设计规范》。20 世纪 90 年代以来，我国图书馆管理体制改革不断深化，有关图书馆管理的各种规定不断健全，对于图书馆领域出现的如数字图书馆等新事物也纳入了图书馆的有效管理实践。

在更具全面指导意义的图书馆法立法方面：1978年国家文物事业管理局颁发了《省、市、自治区图书馆工作条例》(1982年文化部又进行了修改重新颁发)。2008年10月，中国图书馆学会年会正式发布了《图书馆服务宣言》，为营造图书馆立法环境做出了贡献。2017年11月4日，《中华人民共和国公共图书馆法》(以下简称"《公共图书馆法》")由全国人大常委会第三十次会议通过并发布，自2018年1月1日起施行。

综上所述，中华人民共和国成立70多年来，特别是改革开放以来，我国图书馆事业及图书馆法制建设取得了长足的发展，图书馆的社会地位日渐提高，社会影响日益扩大，覆盖城乡的公共图书馆设施网络基本建成。

第二节　公共图书馆法律制度概述

公共图书馆法是由国家立法机关制定或认可的有关保护公共图书馆事业建设和发展的专门法律。公共图书馆法调整各类主体围绕公共图书馆活动所产生的各种社会关系，它是国家对公共图书馆事业发展政策以及宪法赋予公民基本文化权益的具体体现。

一、公共图书馆法属性

公共图书馆法的法律属性，是指公共图书馆法在整个法律体系中的归属及其所属位置，标示其法律性质和本质特征及其与其他法律部门的关系。不同属性的法律归属于不同的法律部门，有着不同的着眼点与价值取向，进而影响其制度的设立和措施的制定。目前学界对此问题的认识并不统一，归纳起来有以下几种观点。

(一) 民法说

民法是调整平等主体的自然人、法人间及非法人组织之间的人身关系和财产关系的法律规范的总称。这一观点认为公共图书馆法所调整的社会关系主要是涉及调整平等主体的财产和人身关系，应当属于广义的民法范畴。

(二) 行政法说

行政法是调整国家行政管理活动的法律规范的总称。行政法涉及范围极广，包括各领域行政管理方面的众多法律。这一观点认为：其一，公共图书馆法的内容主要涉及公共图书馆的设立、组织机构、管理体制、资源建设、职业资格、内部管理、保障措施和读者服务等，公共图书馆主管部门与公共图书馆之间的行政管理关系是其调整的主要社会关系；其二，公共图书馆法律主体之间的权利与义务主要由法律规定或国家机关命令确定，而不同于民法的双方协商；其三，发生违法行为时的惩处手段通常是使用行政处罚、行政指导、行政命令等行政法的调整方法。

(三) 双重属性说

这一观点认为公共图书馆法兼具行政法和民法的双重属性。公共图书馆法既调整平等主体之间的人身关系和财产关系(如图书馆与读者、图书馆与其他组织)，也调整不平等主体之间的法律关系（如图书馆与政府主管部门）；同时，图书馆的教育和情报传递功能，也使得公共图书馆法具有教育法和文化法的性质。

（四）社会法说

“社会法是调整劳动关系、社会保障和社会福利关系的法律。”①社会法是现代大陆法系国家首先提出的概念，被视为公法和私法之外的第三“法域”。社会法说的观点认为：社会法的主旨在于保护公民的社会权利，尤其是保护弱势群体的利益。而公共图书馆法既维护社会公共利益，更注重保障公民的个人权利，如通过对公共图书馆设定权利和义务，以保障社会弱势群体的相关权利和机会的平等和自由，缩小社会鸿沟，消除社会排斥，实现社会公平等。无论从公益立法原则，还是法律责任的角度，它都具有公法、私法交融的复合性特征。

二、公共图书馆法立法原则

公共图书馆法立法原则是国家立法原则在图书馆领域的具体体现，它既应当体现国家基本的立法精神，也应当具有一定的特殊性，从而成为国家图书馆事业立法的指导准则。

（一）国家保障原则

国家保障原则是世界各国公共图书馆立法的基本原则之一，是指国家承担文化、教育、知识、信息的社会给付义务和责任。国家保障原则在公共图书馆立法上具体体现为：国家保障公民通过图书馆享有文化、教育、知识、信息的权利，而图书馆法将承担起监督政府履行社会给付义务和责任的职能，切实保障公民获得自由、平等、无偿利用公共图书馆的权利。

（二）公益性原则

公共图书馆立法必须坚持公益性原则，这是由公共图书馆的主要使命和社会职责所决定的。公共图书馆具有公益性，其建设及运营的经费来自政府税收，所保存的文献是社会公共财富，公民在履行向国家纳税义务的同时，也就获得了自由、平等、无偿利用图书馆馆藏、享受专业及优质服务的权利。

（三）平等原则

平等原则强调个体在享受公共图书馆服务方面享有平等的权利。“提供平等服务，保障知识自由”也是目前世界上大多数国家公共图书馆立法中体现的基本原则。平等作为一种观念和准则，是伴随着人类文明史的发展逐步建立起来的。公共图书馆立法坚持平等原则，旨在强调图书馆应普遍地承认和尊重所有读者的权利和尊严，图书馆制度的建构和运作应是这种平等原则的工具性体现。正如联合国教科文组织和国际图联公布的《公共图书馆宣言》中早已确认的“公共图书馆的大门，需向社会上所有成员开放”；“每一个人

① 引自2001年李鹏委员长在第九届全国人大四次会议上所做工作报告，这是我国第一次在官方文件中明确提出的社会法定义。

都有平等享受图书馆服务的权利，而不受年龄、种族、性别、宗教信仰、国籍、语言或社会地位的限制”。

（四）协调性原则

公共图书馆法调整公共图书馆活动中各种社会关系，是公共图书馆事业发展的高度概括，在整体上必须遵循协调性的原则，注意掌握好与其他法律之间的关系。公共图书馆立法过程中必须以宪法为依据；要善于认识和把握公共图书馆立法的领域与立法权界限，避免与同级法律、相近行业的法律相矛盾，特别应注意与著作权法、档案法、文物保护法、保密法、网络法等法律相协调；应与社会各项事业的发展相协调，与国家经济、社会发展状况相协调；还要注意与国际条约的接轨，这是我国图书馆事业走向国际化、实现更大范围资源共享的必要前提。

三、公共图书馆法律关系

公共图书馆法律关系是根据图书馆法律规范建立的一种社会关系，具有合法性。它是各类主体按照图书馆法律规范的要求行使权利、履行义务的过程中产生的法律上的特定联系。这既是一种法律关系，又是图书馆法律规范的实现状态。

（一）主体

公共图书馆法律关系的主体是在国家协调本国图书馆管理和文献信息服务的过程中，依法享受权利和承担义务的社会实体，是公共图书馆活动的参与者，主要包括公共图书馆、政府（国家）、读者以及出版单位、信息服务商等其他主体。

（二）客体

公共图书馆法律关系的客体是指主体的权利和义务所指向的对象。公共图书馆法律关系的客体和一般法律关系的客体一样，包括物、行为和精神产品。

1. 物

公共图书馆法律关系中的物，是指为主体所支配的在公共图书馆事务中所需要的客观实体，在这里主要指图书馆的馆藏，即文献资源，它是公共图书馆法律关系中最主要的客体。

2. 行为

行为指主体有关公共图书馆的行为，如图书馆设立及变更行为、国家划拨图书馆经费的行为、图书馆的服务行为、读者借阅图书行为、出版单位呈缴出版物行为等。

3. 精神产品

精神产品指在有关图书馆活动中所涉及的、人们从事智力活动所取得的知识成果，如著作权、发明权、商标权、专利权等。

（三）公共图书馆法调整的关系

公共图书馆法所调整的是在公共图书馆活动中产生的社会关系，包括公共图书馆与政府的关系；公共图书馆与读者的关系；公共图书馆与其他图书馆的关系，如公共图书馆之间、公共图书馆与校图书馆、科研机构图书馆以及其他类型图书馆的交流与合作；公共图书馆与其他组织之间的关系，如公共图书馆与出版单位、信息服务商之间，公共图书馆与档案馆、博物馆之间的关系等。

第三节　《公共图书馆法》主要内容

经过70多年的发展，我国已经基本建成国家、省、市、县四级公共图书馆系统，公共图书馆在公共文化服务能力上得到全面提高。截至2021年，公共图书馆从业人员达59 301人，公共图书馆累计发放有效借书证数达10 314万个，图书流通达74 614万人次，书刊和文献外借达23 809万人次和36 766万册次，阅览室座席数134.42万个，参观展览达9214万人次，举办培训班69 451个。[①]

然而，《公共图书馆法》颁布以前，我国公共图书馆建设还存在明显不足，如公共图书馆设施网络还不够健全，特别是在一些农村地区和中西部地区仍有空白点，全国还有12%的区（县）没有公共图书馆；服务功能和作用没有充分发挥、服务效能不高等问题普遍存在。用法制思维、法制手段来推动公共图书馆建设，实现和保障人民群众基本文化权益，使人民群众共享文化改革发展成果，提高人民群众的文化获得感[②]，成为时代的迫切要求。

一、《公共图书馆法》基本情况

《公共图书馆法》自2017年11月4日发布，于2018年1月1日起施行，共六章五十五条，对公共图书馆的定义，公共图书馆工作的基本原则、管理体制，公共图书馆的设立、运行、服务以及法律责任等均作出了具体规定。

（一）立法目的

国家制定《公共图书馆法》，旨在促进公共图书馆事业发展，发挥公共图书馆功能，保障公民基本文化权益，提高公民科学文化素质和社会文明程度，传承人类文明，坚定文化自信。

1. 保障公民的基本文化权益

这是公共图书馆立法的根本目的。公民基本文化权益是宪法赋予公民在社会文化生活中应该享有的不容侵犯的各种自由和利益，包括文化创造权、文化享有权、文化传播权、文化管理权、文化选择权等。其中文化享有权，即享受文化成果的权利，指公民在政府兴办的图书馆等文化设施中，可以享受其提供的各种服务。现代社会，文化需求是每个公民的基本需求之一，每一个社会公民不分民族、肤色、年龄、社会地位等都应有权享受。从这个意义上说，《公共图书馆法》将宪法规定的公民权利予以确认并具体化，通过规定权利受

---

① 数据源自国家统计局，网址为 http://data.stats.gov.cn/easyquery.htm? xn=c01。

② 周玮.文化部就公共图书馆法出台答问[EB/OL].(2017-11-04)[2017-11-10].http://www.scio.gov.cn.

损后的救济途径来保障公民基本文化权益的实现。

2. 促进图书馆事业的发展

在法治社会，一项事业的持续稳定发展，不是凭长官意志，不能靠行政命令，也不能依赖民众自觉，最终必须有法可依。就公共图书馆事业而言，法律保障尤为重要。公共图书馆作为公益性机构，面向全体社会成员开放，提供的是惠及全民的公共产品。公共产品所具有的非排他性和非竞争性的特点决定了其自身建设和发展的经费必须由公共财政支付，其责任主体主要是政府；同时，公共图书馆建设、运营和服务涉及十分复杂的社会关系，如出版商、数据提供商、服务设备生产营销商、电信运营商、人才队伍保障等。因此，功能定位应符合国家图书馆网建设规划等，公共图书馆建设和发展中涉及的诸多部门权利与义务的划分和界定需由国家法律进行上位调整和制约。如此诸多部门权利与义务的划分和界定需由国家法律进行上位调整和制约。纵观世界各国公共图书馆几百年的发展历程，立法保障是公共图书馆的基本特点之一，也是普遍的国际经验。

3. 传承人类文明，坚定文化自信

文化兴则国运兴，文化强则民族强。文化自信，是一个国家、一个民族发展中最基本、最深沉、最持久的力量。习近平总书记在十九大报告中指出："没有高度的文化自信，没有文化的繁荣兴盛，就没有中华民族伟大复兴。要坚持中国特色社会主义文化发展道路，激发全民族文化创新创造活力，建设社会主义文化强国。"公共图书馆是公共文化建设中的主要基础设施，是社会主义公共文化服务体系的重要组成部分。推进公共图书馆法制建设，有利于发挥公共图书馆的精神文化知识平台的作用，大力讲好中国故事，弘扬社会主义核心价值观，坚定文化自信。

（二）公共图书馆定位及发展方针

《公共图书馆法》明确：公共图书馆，是指向社会公众免费开放，收集、整理、保存文献信息并提供查询、借阅及相关服务，开展社会教育的公共文化设施。这一定义明确了以下几方面内容。

1. 公共图书馆管理的对象

公共图书馆管理的文献信息包括图书报刊、音像制品、缩微制品、数字资源等。

2. 公共图书馆的功能

公共图书馆负有三项主要功能：一是收集、整理、保存文献信息并提供查询；二是借阅及相关服务；三是开展社会教育。其中，前两项为公共图书馆的基础业务工作，实现公共图书馆的基本功能。而开展社会教育则是对公共图书馆服务范围的拓展，强化了公共图书馆通过形式多样的社会教育方式提高公民素质的更高功能目标，这从根本上改变了公共图书馆只是"借书还书"场所的传统观念，突显了公共图书馆作为公共文化设施的基本属性。

3. 公共图书馆的机构性质、地位及任务

公共图书馆是公共文化设施，是社会主义公共文化服务体系的重要组成部分。因此，公共图书馆的重要任务是推动、引导、服务全民阅读。通过立法形式促进全民阅读，有助于公共图书馆向社会提供持续稳定的优质阅读服务，吸引更多社会公众走进图书馆，发挥公共图书馆在全民阅读中的核心作用，这是很多国家的做法，也有不少成熟的案例。从我国国情出发，公共图书馆应当坚持社会主义先进文化前进方向，坚持以人民为中心，坚持以社会主义核心价值观为引领，传承发展中华优秀传统文化，继承革命文化，发展社会主义先进文化。这明确了我国公共图书馆的意识形态属性，也是公共图书馆应当坚持的发展方针。

(三) 政府责任

我国公共图书馆事业的发展应形成政府主导、社会参与的格局。

政府应主导公共图书馆事业的发展。《公共图书馆法》第四条规定："县级以上人民政府应当将公共图书馆事业纳入本级国民经济和社会发展规划，将公共图书馆建设纳入城乡规划和土地利用总体规划，加大对政府设立的公共图书馆的投入，将所需经费列入本级政府预算，并及时、足额拨付。"

当然，政府不应是公共图书馆事业发展的唯一责任主体。我国公共图书馆分为两类：一类是政府举办的，另一类是社会力量举办的。所以，《公共图书馆法》进一步明确：国家鼓励公民、法人和其他组织自筹资金设立公共图书馆。县级以上人民政府应当积极调动社会力量参与公共图书馆建设，并按照国家有关规定给予政策扶持。

(四) 公共图书馆管理体制

国务院文化主管部门，即文化部是全国公共图书馆事业的归口管理部门。省级、设区的市级和县级文化主管部门负责本行政区域内公共图书馆的管理工作。

文化主管部门主要承担执法任务，其承担的具体职责主要包括：在其网站上及时公布本行政区域内公共图书馆的名称、馆址、联系方式、馆藏文献信息概况、主要服务内容和方式等信息；制定公共图书馆处置文献信息的具体规定；制定公共图书馆服务规范，对公共图书馆的服务质量和水平进行考核；对公共图书馆违法行为依据《公共图书馆法》"法律责任"一章的规定予以查处，依法追究法律责任等。

除国务院文化主管部门外，其他有关部门在各自职责范围内负责与公共图书馆管理有关的工作。例如，新闻出版管理部门负责出版单位向公共图书馆交存正式出版物的管理工作、价格主管部门负责对公共图书馆及其工作人员价格违法行为的处罚等。

二、公共图书馆的设立

公共图书馆的设立，既包括在宏观层面的公共图书馆网络的建设，也包括微观层面上的馆址选择、登记手续、人员要求等。

(一) 建立公共图书馆服务网络

公共图书馆服务网络建设是公共文化服务体系建设的有机组成部分。建立完善的公共图书馆服务体系，能有效提高图书馆公共文化服务效能，构建公共图书馆发展的基础。建立完善的公共图书馆服务体系，能使人民群众享受优质、高效、便捷、多方位的公共图书馆服务。

1. 建设原则

公共图书馆服务网络建设坚持政府主导，鼓励社会参与的基本原则。

政府作为公共文化服务资源配置的主体，在公共图书馆服务网络建设中起着主导作用，在图书馆服务网络建设中各级政府应明确责任，统筹规划，合理布局。在政府主导的基础上，国家鼓励公民、法人和其他组织自筹资金设立公共图书馆，是我国公共文化体系建设的基本方针。

2. 公共图书馆设立应考量的因素

选址是关系到公共图书馆建成后能否充分发挥作用的关键因素，为此，在确定公共图书馆选址时应充分考虑人口数量、分布以及环境、交通条件等因素，统筹布局，合理配置。

(1) 人口数量、分布。按照所服务地区人口数量及分布来确定公共图书馆建设的种类、数量、规模和布局，是科学配置公共图书馆资源、实现公共文化服务均等化的基础，也是国际通行的原则。按照《公共图书馆建设标准》的规定，新建、改建和扩建的公共图书馆规模为：一般服务人口在150万以上的，可以建大型公共图书馆；服务人口20万至150万的，可以建中型公共图书馆；在20万以下的，建小型公共图书馆；服务人口3万以下的，不建设独立的公共图书馆，应与文化馆等文化设施合并建设。

(2) 环境、交通条件。公共图书馆的建设应以便捷实用为原则，其选址宜位于人口集中、交通便利、环境相对安静、符合安全和卫生及环保标准的区域。

(二) 设立公共图书馆的条件

作为向社会公众提供服务的公共文化服务设施，公共图书馆的设立必须符合一定条件。

1. 章程

章程是公共图书馆办馆的基础性文件，是公共图书馆办馆宗旨、理念、发展目标、管理体制、运行机制等问题的具体体现，也是管理部门及社会公众认识、了解该图书馆的渠道。《公共图书馆法》第十六条规定："公共图书馆章程应当包括名称、馆址、办馆宗旨、业务范围、管理制度及有关规则、终止程序和剩余财产的处理方案等事项。"

2. 固定的馆址

固定的馆址是公共图书馆存在和开展服务的必备条件。

3. 与其功能相适应的馆舍面积、阅览座席、文献信息和设施设备

公共图书馆在履行推进全民阅读、文献信息查询、开展社会教育等功能时，需要具备公共图书馆建设标准中所规定的馆舍面积、阅览座席、设施设备、图书资料等基本办馆的条件。

4. 与其功能、馆藏规模等相适应的工作人员

图书管理是一项专业性工作，科学合理配备工作人员是公共图书馆正常运行的保障。《公共图书馆服务规范》(国家标准GB/T 28220—2011)中规定，公共图书馆人员数量的确定，应以所在区域服务人口数为依据。各级公共图书馆所需人员数量的配备，还应兼顾服

务时间、馆舍规模、馆藏资源数量、年度读者服务量等因素。

5. 必要的办馆资金和稳定的运行经费来源

对于政府设立的公共图书馆，关键是要根据办馆的规模、标准和要求，做好收支预算，保证财政对图书馆的资金能够及时拨付。而对于自筹资金设立的公共图书馆，除要求其有启动办馆资金外，还要求其有稳定的运行经费来源，以保障其能够持续稳定运行。

6. 安全保障设施、制度及应急预案

公共图书馆的安全主要涉及消防安全、人员安全、文献古籍安全等方面。《公共图书馆法》第二十八条规定："公共图书馆应当配备防火、防盗等设施，并按照国家有关规定和标准对古籍和其他珍贵、易损文献信息采取专门的保护措施，确保安全。"

为了保障公共文化设施和公众活动的安全，设立公共图书馆的同时，要制定相应的安全管理制度。此外，公共图书馆还应建立相应的应急预案制度，做好突发事件的预防和应对准备。

（三）公共图书馆登记管理制度

依法登记是国家确认公共图书馆合法性的基本形式，也是公共图书馆取得社会承认的法定渠道。公共图书馆登记管理制度包括设立登记制度、变更登记制度和注销登记制度。

设立登记是公共图书馆行使法律赋予各项权利的基础和前提。政府设立的公共图书馆属于事业单位，其登记应按照《事业单位登记管理暂行条例》的有关规定，经县级以上各级人民政府文化行政主管部门批准，向同级人民政府机构编制管理机关申请登记。公民、法人和其他社会组织举办的公共图书馆现属于民办非企业单位，应按照《民办非企业单位登记管理暂行条例》的有关规定，经县级以上人民政府文化行政主管部门审查同意，向同级人民政府民政部门申请登记。

对已准予登记的公共图书馆，当其原登记事项发生变化时，需对变更事项重新登记。而公共图书馆因撤销、解散等原因而终止时，需办理注销登记。

（四）公共图书馆馆长及工作人员应具备的条件

公共图书馆馆长及工作人员是公共图书馆定位及使命的承担者和落实主体，是确保公共图书馆健康发展的重要力量。

1. 公共图书馆馆长任职条件

馆长是公共图书馆内部管理、运行的最高领导和首要负责人。对政府设立的公共图书馆馆长的选择，应综合考虑其文化水平，指公共图书馆馆长的受教育程度，包括学校教育和继续教育；专业知识，主要指其在图书情报领域理论知识和实践经验积累；组织管理能力，指对一个图书馆进行统筹管理所需要的科学决策能力、组织协调能力、沟通合作能力、改革创新能力等。

2. 公共图书馆工作人员的配备和要求

公共图书馆工作人员，是指在公共图书馆中从事管理、业务、服务、技术支持等各类工作的人员。

（1）工作人员配备。公共图书馆工作人员的配备，主要解决人员数量的问题。其考量的主要因素是公共图书馆的基本功能、馆藏规模、馆舍面积以及服务人口数量等。当然，由于工作人员能力素质、所在地区经济社会发展水平、公共图书馆现代科技应用程度等的不同，各馆在人员配备上还应结合实际情况研究确定，并适应形势变化作出动态调整。

（2）对公共图书馆工作人员的要求。公共图书馆工作具有较强的专业属性，为确保公共图书馆正常有序运转，需要配备管理运行、用户服务及技术保障等不同岗位人员，并应具备相应的专业要求。

公共图书馆工作人员原则上应具备的专业要求包括专业知识与专业技能两方面。专业知识是指在图书情报领域理论知识和实践经验积累；专业技能是指在图书馆岗位实践中，掌握并运用专业技术解决实际问题的能力。

公共图书馆专业技术人员根据岗位不同，可分别参与图书资料、工程技术、出版、经济、会计等不同系列专业技术职称评定。

（五）国家图书馆的设立

国家图书馆是中央人民政府代表国家设立的、负责收集和保存本国出版物、担负国家总书库职能的图书馆。《公共图书馆法》在我国历史上第一次以法律形式对国家图书馆的职能、任务进行了明确界定。

1. 国家图书馆的特殊职能

国家图书馆在整个国家的图书馆体系中通常处于独特的中心地位，承担着区别于其他公共图书馆的特殊重要的职能。一是承担国家文献信息战略保存职能；二是承担国家书目和联合目录编制职能；三是承担为国家立法和决策服务职能；四是承担组织全国古籍保护职能；五是承担开展图书馆发展研究职能；六是承担国际交流职能；七是承担为其他图书馆提供业务指导和技术支持职能。

除了上述重要职能外，国家图书馆还应当为文化、教育科研机构及企事业单位等组织和社会公众提供文献信息与参考咨询服务；承担国际标准连续出版物编码中国国家中心、国际图书馆协会联合会保存保护中心中国中心的职责。

2. 公共图书馆的功能

国家图书馆同时具有公共图书馆的功能，即应当履行法定的公共图书馆的相关服务要求。国家图书馆应当在免费开放、推广全民阅读、传承弘扬优秀传统文化、数字服务等方面发挥公共图书馆功能。具体而言，国家图书馆应当秉承平等、开放、共享的服务理念，免费向社会公众提供文献信息查询、借阅，阅览室等公共空间设施场地开放；开展公益性讲座、阅读推广、培训、展览等各类社会教育活动，促进全民阅读，推进科学文化的传承与传播；收藏、展览、研究、保护中华优秀典籍，传承、传播、普及、交流中华优秀传统文化；建设国家数字图书馆，联合全国图书馆开展公共数字文化建设，建立覆盖全国的数字图书馆服务体系。

三、公共图书馆服务

公共图书馆服务是公共图书馆通过各类资源和自身专业能力满足公众日益增长的对知识、信息及相关文化活动需求的工作。《公共图书馆法》中对服务原则、服务内容、服务方式、服务质量等作出了具体规定。

（一）服务原则

公共图书馆应当按照平等、开放、共享的要求向社会公众提供服务，这是公共图书馆服务的基本原则。

1. 平等

平等作为公共图书馆服务三原则之首，强调的是公共图书馆在服务内容、服务方式、服务质量等方面对读者提供"无差别利用"的服务理念，使读者平等享有利用图书馆的权利。平等服务，包括群体间的平等、城乡间的平等以及享受服务方面的平等。

2. 开放

开放是指公共图书馆提供面向非特定用户的无门槛的利用服务，即免费的公益服务。《公共图书馆宣言》指出："公共图书馆原则上应该免费提供服务，建立公共图书馆是国家和地方政府的责任，必须专门立法维持公共图书馆，并由国家和地方政府财政拨款，使社区每一个人都能确实得到图书馆服务。"

3. 共享

共享的目标是最大限度地满足公众对馆藏资源的需求。公共图书馆服务是维护信息公平、保障社会公众的信息权利、消除社会的信息鸿沟的有效途径。公共图书馆应采取各种措施和手段，尽可能使任何人在任何时间、任何地点，获取图书馆的服务。

（二）服务内容

公共图书馆提供的服务多种多样，有基本公共服务和延伸服务，有公益服务和收费服务，有提供文献的直接服务和指导、咨询的间接服务，有面对面的传统服务和不见面的网络服务等。

1. 基本公共服务

公共图书馆应当免费向社会公众提供下列服务：① 文献信息查询、借阅；② 阅览室、自习室等公共空间设施场地开放；③ 公益性讲座、阅读推广、培训、展览；④ 国家规定的其他免费服务项目。

2. 面向特定主体的服务

(1) 面向未成年人的服务。政府设立的公共图书馆应当设置少年儿童阅览区域，根据少年儿童的特点配备相应的专业人员，开展面向少年儿童的阅读指导和社会教育活动，并为学校开展有关课外活动提供支持。有条件的地区可以单独设立少年儿童图书馆。

(2) 面向老年人、残疾人的服务。政府设立的公共图书馆应当考虑老年人、残疾人等群体的特点，积极创造条件，提供适合其需要的文献信息、无障碍设施设备和服务等。

(3) 面向国家机关的服务。政府设立的公共图书馆应当根据自身条件,为国家机关制定法律、法规、政策和开展有关问题研究,提供文献信息和相关咨询服务。

3. 古籍服务

政府设立的公共图书馆应当加强馆内古籍的保护,根据自身条件采用数字化、影印或者缩微技术等推进古籍的整理、出版和研究利用,并通过巡回展览、公益性讲座、善本再造、创意产品开发等方式,加强古籍宣传,传承发展中华优秀传统文化。

4. 全民阅读推广服务

开展全民阅读,是传播社会文明、提高公民文化素质的基础手段,推动、引导、服务全民阅读是公共图书馆的重要任务,公共图书馆应当通过开展阅读指导、读书交流、演讲诵读、图书互换共享等活动,推广全民阅读。

5. 其他延伸服务

为满足公众多层次、多样化的需求,公共图书馆在提供以上基本公共服务的同时,还可以提供多种多样的服务,如各类参考咨询服务、读者专题信息服务、讲座培训服务、报道展览服务等。当然这其中某些服务可以按照价格法等的规定适当收取费用。

(三) 服务方式与服务手段

针对多样化的服务内容,公共图书馆应采取相应服务模式和有效的服务手段来保障图书馆免费开放服务的实现,切实满足广大群众的文化需求。

1. 公开服务信息

为便于公众清楚地了解公共图书馆的基本服务情况,公共图书馆应当通过其网站或者其他方式向社会公告本馆的服务内容、开放时间、借阅规则等;因故闭馆或者更改开放时间的,除遇不可抗力外,应当提前公告;为便于各类读者对公共图书馆的利用,公共图书馆在公休日应当开放,在国家法定节假日应当有开放时间。

2. 流动服务与自助服务

《公共图书馆法》第三十九条指出:"政府设立的公共图书馆应当通过流动服务设施、自助服务设施等为社会公众提供便捷服务。"

流动服务,是指公共图书馆通过资源配送、服务延伸、城乡联动、区域交流等方式开展图书馆服务的一种形态,它可以有效解决一些特殊区域,如偏远地区、贫困地区、公共图书馆覆盖盲区、公共图书馆服务空白地区等享有公共图书馆服务的一种常用方式。

近年来,随着信息技术的快速发展与广泛应用,图书馆自助服务设施开始广泛应用。自助服务是指读者依靠公共图书馆提供的自助服务设备,通过人机对话的方式,自主、灵活、主动完成书目查询、藏书借阅、资料检索等活动,从而实现自主服务的一种读者服务方式。"自助服务的优势在于能够增强用户的自主意识,延伸图书馆服务,提高借阅效率,节约图书馆管理成本,促进信息资源的合理配置。"①

---

① 《中华人民共和国公共图书馆法解读》编写组. 中华人民共和国公共图书馆法解读[M]. 北京:中国法制出版社,2019:109.

3. 数字资源服务

数字资源是以数字化形式将文字、图像、声音等传统格式的信息资源存储在光盘、网络等非纸质载体上的新型文献资源，已成为当代文献信息的重要表现形式。数字资源服务融合了计算机技术、通信技术及多媒体技术等新技术手段，可以为公众提供数量庞大、高度共享、自助检索、自主选择等服务优势，已逐渐成为公众获取文献信息的重要方式之一。数字资源建设是现代图书馆建设的重要内容，国家构建标准统一、互联互通的公共图书馆数字服务网络，支持数字阅读产品开发和数字资源保存技术研究，推动公共图书馆利用数字化、网络化技术向社会公众提供便捷服务。政府设立的公共图书馆应当加强数字资源建设、配备相应的设施设备，建立线上线下相结合的文献信息共享平台，为社会公众提供优质服务。

（四）读者服务

《公共图书馆法》第四十三条规定："公共图书馆应当妥善保护读者的个人信息、借阅信息以及其他可能涉及读者隐私的信息，不得出售或者以其他方式非法向他人提供。"在信息社会，公共图书馆在改善服务条件、提高服务水平、为读者提供满意服务的基础上，更应做好读者隐私保护。图书馆应在提供平等服务的前提下，做好对读者个人的读书事实和利用事实等秘密信息的保护，为读者创造相对宽松、自由的阅读环境。

在享受公共图书馆服务的同时，读者应当遵守公共图书馆的相关规定，自觉维护公共图书馆秩序，爱护公共图书馆的文献信息、设施设备，合法利用文献信息；借阅文献信息的，应当按照规定时限归还。对破坏公共图书馆文献信息、设施设备，或者扰乱公共图书馆秩序的，公共图书馆工作人员有权予以劝阻、制止；经劝阻、制止无效的，公共图书馆可以停止为其提供服务。

本章参考文献

[1]《中华人民共和国公共图书馆法解读》编写组. 中华人民共和国公共图书馆法解读[M]. 北京：中国法制出版社，2019.

[2] 毛赣鸣，李黛君. 中国图书馆法制史及法权述要[J]. 图书与情报，2011(3)：1-5.

[3] 冯守仁.《公共图书馆法》呈缴本制度的立法研究[J]. 中国图书馆学报，2010(11)：67-74.

[4] 杨玉麟.《公共图书馆法》立法基础与必要性研究[J]. 中国图书馆学报，2010(3)：9-15.

[5] 王培三. 从图书馆法的基本原则看其社会法属性[J]. 河南图书馆学刊，2013(7)：68-70.

[6] 李国新. 关于公共图书馆立法及其支撑研究[J]. 中国图书馆学报，2010(3)：4-6.

[7] 袁泽清. 论图书馆法的调整对象[J]. 图书馆理论与实践，2001(4)：14-16.

[8] 易向军. 论图书馆法的立法基础及调整对象[J]. 现代情报，2007(2)：27-29.

[9] 裴成发. 我国公共图书馆立法思考(上)——公共图书馆法的法理问题[J]. 情报理论与实践，2012(4)：11-14.

[10] 裴成发. 我国公共图书馆立法思考(下)——公共图书馆法的法理问题[J]. 情报理论与实

践,2012(5):21-24.

[11] 柳成栋.我国近代图书馆法的产生与发展评略[J].广东图书馆学刊,1985(2):4-9.

[12] 王一帆,郑晰少,唐开敏.从三面向公司诉重庆市涪陵区图书馆一案看图书馆的链接服务[J].图书馆工作与研究,2010(6):9-11,14.

第四编 信息保护法律制度

《宪法》规定：中华人民共和国公民必须遵守宪法和法律，保守国家秘密（第五十三条）。全国人民代表大会代表必须模范地遵守宪法和法律，保守国家秘密，并且在自己参加的生产、工作和社会活动中，协助宪法和法律的实施（第七十六条）。国家尊重和保障人权（第三十三条第三款）。中华人民共和国公民的人格尊严不受侵犯。禁止用任何方法对公民进行侮辱、诽谤和诬告陷害（第三十八条）。中华人民共和国公民的住宅不受侵犯。禁止非法搜查或者非法侵入公民的住宅（第三十九条）。中华人民共和国公民的通信自由和通信秘密受法律的保护（第四十条）。

随着信息时代的到来，社会环境日益开放，公众对各类信息的公开和共享的需求也呈现出一种前所未有的态势。然而，公开并不意味着也不等同于信息的全面开放。在当代激烈竞争的社会背景下，信息所具有的记录性、无形财产性和人身依附性，决定了任何不恰当的信息公开都会造成敏感内容的泄露，威胁到国家安全、组织利益和公民权益。在今后持续开放的社会环境中，信息公开的绝对性与保护的相对性始终是一对基本矛盾，需要在法律的框架下协调解决。

信息保护法律制度是指国家机关、团体、企事业单位或其他组织在履职、经营、生产及管理过程中，将不能对外公开的文件材料及相关信息进行保密或处置而需依从的法律、法规及规范的总和。信息保护法律制度是制约相关人员共同遵守的保密规则或行为规范，它的调整对象主要包括国家秘密、商业秘密以及个人信息。

第九章 保密法律制度

引导案例

2008年，秦赢(化名)从国内某985大学本科毕业后，以优异的成绩申请到A国著名大学攻读硕士学位。在国外期间，秦赢通过网络主动向A国间谍组织提出加入申请。2010年2月，秦赢回国进入某涉密单位工作。同年11月，秦赢与A国间谍组织人员“富兰克林”在国内见面，接受了该组织提供的10万元“活动经费”、一部专门配发的用于双方联系的境外品牌手机、一台专用的境外品牌笔记本计算机和U盘，并接受了如何通过该计算机和专用网站与境外联系、传递情报及使用时的“自我保护”措施等培训。

此后4年多时间里，秦赢利用其在单位从事的工作越来越核心，接触到的涉密文件、信息也越来越多的机会，通过规避手段，将工作期间接触到的大量文件“偷渡”出去交给“富兰克林”。

据秦赢本人交代，他作案期间共获利5万美元，人民币150万元。这些钱均用于其与女友的日常开销。金钱上的刺激，纸醉金迷的生活，让秦赢在堕落的道路上越走越远。正当他以为一切都在秘密中进行，金钱正源源不断涌来，还可以放开手脚大干一场时，一副冰冷的手铐打碎了他的美梦。

保守国家秘密，是指保护、严守国家秘密而不泄露。因此，保守国家秘密是一种国家责任和国家行为，必须通过体现国家意志的法律加以实施和规范。

在当今世界范围内，各国综合国力的竞争不断加剧，信息资源作为国家战略性资源，成为各种竞争中控制与争夺的焦点，窃密与反窃密斗争日益尖锐复杂。国家秘密是国家战略性资源中特殊重要的部分，它直接关系到国家安全和利益，也是国家财产的特殊形态。保密工作在党和国家工作中居于战略性地位，其保障性作用十分明显。因此，保守国家秘密的行为是一种国家行为，保守国家秘密的责任是一种国家责任，保守国家秘密的能力是一种国家能力。改革开放后，我国经济社会持续高速发展，但离信息安全强国的目标还差得很远。在当前复杂的国际形势下，不断提高保密能力、做好保密工作，保障安全发展尤为重要和紧迫。

第一节　我国国家秘密保护立法的发展历程

保密工作在我国具有优良传统，它是中国共产党在长期艰苦的实践斗争中孕育出来的，由无数革命先烈用鲜血凝练的伟大财富，在中国共产党夺取全国政权以及巩固新中国政权的伟大过程中发挥了巨大的作用。进入新时代，面对严峻复杂的国际国内形势和艰巨繁重的伟大复兴任务，保密工作面临新的压力和挑战。我们必须继承和发扬党的保密工作优良传统，传承红色基因，为实现中华民族复兴的中国梦贡献力量。

一、立法初创期

早在 1948 年 5 月，为加强革命纪律，确保解放战争决战胜利，中共中央决定成立中央保密委员会，这是党的历史上最早的统一领导保密工作的专门组织。

中华人民共和国成立后，鉴于当时严峻的国际形势，保密工作成为防止国内外敌对势力窃取我国秘密信息、保障繁重的革命和建设任务顺利进行的有力保障。受到党和政府的高度重视，先后下发了《关于加强保守党与国家的机密的决定》《关于各级政府工作人员保守国家机密的指示》《中国共产党各级党委保密委员会组织通则》等系列文件。

1951 年 6 月，政务院正式颁布《保守国家机密暂行条例》，这是我国第一部保密单行法规，全面规定了国家机密的范围、保密工作组织、适用范围、保密制度、奖励和惩处等内容。该条例不仅强调了全民保密义务，还强调了各单位须“将保守国家机密随时向人民群众进行必要的宣传与教育”，明确了建立统一的、国家规模的保密工作的目标。

1953 年 5 月，中央保密委员会办事机构——中央保密委员会办公室成立，承担日常保密工作任务。1960 年，中央保密委员会办公室改设到公安部办公厅，一直到“文革”结束，主持了 20 多年全国各项保密事业。

20 世纪 60 年代，党政军各系统都制定了本部门内部保密制度，如机要保密工作方面的《关于秘密文件管理工作的暂行规定》和《关于机要秘书工作暂行条例的规定》两个规范性文件；科技保密方面的《关于科学技术保密与保密工作会议的若干意见》等。这一时期，对于保密的认识及其制定条例涉及保密范围之广、内容之深前所未有，为我国保密工作打下坚实基础。

二、立法全面发展期

1979 年 7 月通过的《中华人民共和国刑法》中出现了“故意泄露国家秘密罪”和“过失泄露国家秘密罪”，为国家秘密提供了有效的刑法保护。

1980 年，《保守国家机密暂行条例》重新颁布，并对之前的保密工作进行检查、反省和完备。

1982 年修改的《宪法》提出了“国家秘密”的概念，规定了保守国家秘密是每个公民的基本义务。这为制定我国保守国家秘密的一系列法律法规提供了立法依据。

1988 年初，国家保密局成立。

1988 年，我国保护国家秘密安全的基本法律《保密法》颁布。该法确定了我国保密工作的根本宗旨、保密的范围、泄密的法律责任及我国保密工作的管理体制。《保密法》是制定一切保密法规、规定和具体保密制度的基本依据，是全体公民特别是国家机关工作人员履行保密义务的法律依据，是制止泄密行为、准确打击各种窃密犯罪的法律武器。它的颁布实施是我国保密工作走上法制化轨道的重要标志。

1993 年，《中华人民共和国国家安全法》(2014 年更名为《中华人民共和国反间谍法》)颁布，主要规定了国家安全机关的职责，并在反间谍方面作出了规定，明确了泄露国家秘密信息的法律责任。

三、保密新时期

进入 21 世纪后，随着国际形势的变化，特别是国内社会主义市场经济的深入发展和社会信息化的高速推进，保密工作面临全新的挑战。

2008 年 5 月 1 日起实施的《政府信息公开条例》，标志着我国政府对行政公开原则的确认和贯彻。该条例确立的"以公开为原则，以不公开为例外"的政府信息公开基本原则，造成原《保密法》中的许多条款规定与之不相适应，比如国家秘密的含义和范围、定密权宽泛及定密程序缺失等。

2010 年，新《保密法》公布，大幅度缩小了国家秘密的范围，提高了定密的准确性、科学性和规范性。该法确立了我国保密工作的基本方针和原则，为正确保护国家秘密信息提供了法律依据，也为惩罚和打击泄密犯罪行为提供了法律武器，进一步完善了保护国家秘密信息的法律制度体系。

当前，我国在国家秘密保护立法上已基本建立起以宪法为依据，以《保密法》为主体，保密行政法规规章及其他法规中涉及保密管理的法律法规为配套，与《刑法》《立法法》等基本法律和保密工作相衔接的保密法律体系框架，为更好地维护党和国家安全利益，保障中国特色社会主义建设事业的顺利进行提供了强有力的法律保障。

第二节　保密法律关系

保密法律关系就是指依现有保密法律规范调整有关当事人在涉及国家秘密的活动过程中形成的，以保密权利和保密义务为内容的社会关系。保密法律关系的构成要素包括主体、客体和内容。

一、法律关系主体

保密法律关系的主体，是保密法律关系的参与者，包括保密权利享有者和义务承担者。主体的资格条件由法律所规定，只有具有一定资格和条件的主体，才能依法成为保密法律关系的主体。

（一）权利主体

国家是国家秘密的权利主体。国家秘密信息体现的是国家利益和社会公共利益，对国家秘密的侵害，将使国家利益受损。

（二）义务主体

保密法律义务是宪法义务的具体化。《保密法》明确规定：一切国家机关和武装力量、各政党和各人民团体、企业事业组织和其他社会组织以及公民都有保密的义务。

1. 国家机关

国家机关，是指中央和地方各级国家权力机关、行政机关、审判机关、检察机关。国家秘密主要在国家机关的公务活动中产生，因此，国家机关是保密法律关系中最重要的义务主体。

2. 武装力量

武装力量，是指中国人民解放军现役部队和预备役部队、中国人民武装警察部队和民兵。武装力量是国家安全的重要保证力量，在其活动中产生的许多秘密事项，属于国家秘密最重要的组成部分。

3. 政党、人民团体

政党，是指中国共产党及参政的各民主党派。政党活动中形成的很多党务工作秘密，符合国家秘密基本条件的，是国家秘密的重要构成。

人民团体指由中国共产党领导的，按照其各自特点组成的从事特定社会活动的全国性群众组织，包括工会、共青团、妇联、青联、工商联、科协、侨联、台联、青联。

4. 企事业单位

企事业单位作为保密法律关系的主体通常有两种情况：一是企事业单位因工作需要接触国家秘密事项，形成了国家机关和相关企事业单位之间的保密法律关系；二是科研机构或人员的科研项目，符合国家秘密构成条件被确定为国家秘密，需要推广应用，提供属于国家秘密科学技术成果与应用成果的双方，就形成了保密法律关系。

其他社会组织一般指在民政部以及各级民政部门登记注册的基金会、社会服务机构（民办非企业单位）和各类学会、协会等社会团体。

5. 公民

公民，是指具有中华人民共和国国籍的人。我国宪法和保密法都明确规定了公民的保密义务，这就决定了公民与国家机关之间或与其他机关单位之间也会产生保密法律关系，成为保密法律关系的义务主体。

6. 境外的组织和公民

我国对外签订的国际条约或相关协议，有的规定了外国有关方面承担保守我国国家秘密的义务。这表明，外国的组织、机构和人员在与我方合作过程中涉及国家秘密的，也会产生保密法律关系，是一类特殊的保密法律关系的主体。

尽管以上各类义务主体的义务都是保守国家秘密，但不同类型的主体承担的保密义务有所不同。对于国家秘密知悉范围内的主体，如形成和管理国家秘密内容及载体的人员，其义务是应当依法保守、保护所知悉、管理的国家秘密；而对于国家秘密知悉范围外的主体，如单位一般工作人员、其他相关单位人员及公民，其义务是不得非法获取国家秘密，不得非法持有国家秘密载体，在国家秘密安全受到威胁时应采取保护措施并及时报告。

二、法律关系客体

保密法律关系客体是指保密法律关系主体的权利和义务所指向的事物（即对象和目标）。客体是联系法律关系主体之间的权利与义务关系的中介，没有客体，就不可能形成法律关系。保密法律关系客体包括一切国家秘密事项及其各类载体，也包括使用、管理和保守这些事项、载体的各种行为。

（一）国家秘密要素

国家秘密是关系国家的安全和利益，依照法定程序确定，在一定时间内只限一定范围人员知悉的事项。因此，国家秘密必须具备以下三个要素，缺一不可。

1. 实质要素

国家秘密的实质要素是关系国家安全和利益。国家安全和利益，主要包括国家领土完整、主权独立不受侵犯，国家经济秩序、社会秩序不受破坏，公民生命、生活不受侵害，民族文化价值和传统不受破坏等。某项国家秘密一旦泄露，会使国家安全和利益受到损害，如危害国家防御能力，危害国家政权的巩固，影响国家统一、民族团结和社会安定，损害国家经济利益和科技优势，妨碍国家外交、外事活动正常进行等。因此，关系国家安全和利益是构成国家秘密的实质要素，是国家秘密区别于其他秘密的关键所在，也是国家秘密的本质属性，而国家秘密则是“国家安全和利益”的信息表现形式。

2. 程序要素

国家秘密的程序要素是指依照法定程序确定。法定程序由保密法律法规规定的定密依据、权限、方法和步骤构成。确定国家秘密是一种法定行为，必须严格依照法定程序进行。依照法定程序，是指根据定密权限，按照国家秘密及其密级具体范围的规定，确定国家秘密的密级、保密期限、知悉范围，并做出国家秘密标志。只有依照法定程序确定的国家秘密，才具有国家秘密的法律地位，受到法律保护。

3. 时空要素

国家秘密的时空要素，是指在一定时间内只限一定范围的人员知悉。它表明，国家秘密应当限定在一定的时间和空间范围内。“在一定时间内”表明国家秘密有一个从产生到解除的过程，不是一成不变的。机关、单位在确定国家秘密密级的同时应当确定其保密期限。“只限一定范围的人员知悉”表明国家秘密应当而且能够限定在一个可控制的范围内，这也是秘密之为秘密的关键所在。机关、单位在确定国家秘密密级的同时应当确定其知悉范围，并采取严格保密措施，使之不超出限定的知悉范围。

（二）国家秘密的表现形式

国家秘密可以表现为信息形态、物质载体形态和各种数字、保密行为。

所谓信息形态的国家秘密，是指国家秘密以字符、数字、图形、音视频或电子记录等信息形式被记录和表达。国家秘密本质上是一种信息，因此，信息形态是国家秘密的基本形态。物质载体形态的国家秘密，是指国家秘密表现为某种实体形态，如包含保密技术的设备、产品等。行为也是国家秘密的一种表现形式，是指涉及国家秘密的保密管理行为、定密行为以及使用行为等。

三、保密法律关系的内容

保密法律关系的内容是指保密法律关系主体所享有的保密权利和应承担的保密义务。其具体内容包括：

（一）保密权

保密权，又称国家保密权，包括定密权、解密权，组织保密工作与管理国家秘密权，委托与监督权，强制与处罚权。

保密权的行使主体是国家机关。国家秘密与国家安全休戚相关，就基础理论而言，保护国家秘密在于保护国家安全，进而保护公民的自由与财产权。"在这一层面上，国家公权的行使完全是呼应国民私权的需要和诉求。国家保密权实质上属于国家宪法所规范的公权范畴，由政府相应职能部门代为行使之，具有严格的专属性、排他性、必要性、强制性、合法性与合情理性。一项关系国家安全和利益的事项一旦依照法定程序被确定为国家秘密，即应当归国家所把握所掌控，只有国家才能决定该国家秘密的使用、释放和其他处置。"①

从另一层面上看，保密权与受国家宪法和法律保障的公民知情权并不冲突。知情权并不等于授权公民对国家或政府部门的相关信息可以毫无制约地知悉与享有。当公民申请公开的政府信息可能危及国家安全或造成国家利益损失时，法律应授权政府免于公开这些信息。

（二）保密义务

一切国家机关、武装力量、政党、人民团体、企业事业单位组织、其他社会组织和公民都有保守国家秘密的义务。国家机关在行使国家秘密权利的同时，也应承担确保国家秘密安全的义务；承担依照保密法规定开展保密工作的义务；承担及时纠正或制止、追究违反保密法行为的义务。其他主体则应依照保密法规定自觉履行保守国家秘密的义务。

（三）保密权利与保密义务

在保守国家秘密的进程中，两种方向的力量发展趋势会导致保密权利与保密义务的博弈。一种力量是国家机关的行政权力的扩张趋势。国家机关兼具国家秘密权的行使和

---

① 曾哲，蒋雪琴．知情与保密：私权对公权的信息悖反——以美国保密法为例[J]．河北法学，2014(11)：10－19.

确保国家秘密安全的义务，随着社会发展，国家机关掌握的同百姓权益息息相关的信息越来越多，需要更大的裁量权以适应复杂变化的社会形势，出现逐步扩大保密范围的可能。另一种力量来自公民。随着时代的发展和社会文明的不断进步，公民的民主意识、法治意识、参政议政的主人公意识都会持续增强，公民的自我维权需求、知情需求甚或参政、议政渴望等使公民内在地萌生出对政府信息公开的权利诉求。因此，在国家公权与公民私权同时具有向外扩张的趋势时，就需要将两者的博弈纳入一个法律规范中，筑起法律对各类主体许可和授权的明确边界。

第三节　《保密法》主要内容

1988 年颁布、2010 年第一次修订、2024 年第二次修订的《保密法》，是我国保密工作的纲领性文件，它以法律的形式确立了我国保密工作的领导和管理体制架构，明确了保密工作坚持党的领导、保密行政管理部门主管、系统指导和依法行政的基本特点，奠定了我国保密工作及其工作网络的构建基础。

一、立法宗旨及保密范围

保守国家秘密是一种国家责任和国家行为，必须通过体现国家意志的法律加以实施和规范。

（一）立法宗旨

《保密法》的立法宗旨是为了保守国家秘密，维护国家安全和利益，保障改革开放和社会主义现代化建设事业的顺利进行。

国家秘密的重要性决定了保守国家秘密的重要性。保守国家秘密的能力，是国家的安全保障能力、军事制胜能力、综合竞争能力和社会管理能力的直接体现。只有全面提高保守国家秘密的能力，才能切实促进社会和谐发展，保障公民的根本利益。

国家秘密是国家安全和国家利益的一种信息表现形式，也是国家的重要战略资源。国家秘密一旦泄露，必将直接危害国家政治、经济、科技、文化和社会安全，进而危害广大人民群众的利益。只有依法加强对国家秘密的保护，才能切实维护好国家安全和利益。

保障改革开放和社会主义现代化建设事业的顺利进行，这是党和国家保密工作的根本目标。保密工作历来是党和国家的一项重要工作。在新的历史时期，只有切实做好保密工作，维护好国家安全和利益，才能为改革开放和社会主义建设事业顺利进行提供坚强有力的保障。

（二）保密范围

《保密法》的调整对象是国家秘密，国家秘密的范围和密级必须由国家法律加以明确界定。

1. 国家秘密的范围

国家秘密一般产生于政党和政府工作中涉及国家安全和利益的事项，这些内容泄露后可能损害国家在政治、经济、国防、外交等领域的安全和利益。一般来说，国家秘密主要产生于以下事项：国家事务重大决策中的秘密事项；国防建设和武装力量活动中的秘密事项；外交和外事活动中的秘密事项以及对外承担保密义务的秘密事项；国民经济和社会发展中的秘密事项；科学技术中的秘密事项；维护国家安全活动和追查刑事犯罪的秘密事项；经国家保密行政管理部门确定的其他秘密事项。

2. 国家秘密的密级

密级是按照国家秘密事项与国家安全和利益的关联程度，以泄露后可能造成的损害程度为标准而作出的等级划分。国家秘密的密级分为绝密、机密、秘密三级：绝密级国家秘密是最重要的国家秘密，泄露会使国家安全和利益遭受特别严重的损害；机密级国家秘密是重要的国家秘密，泄露会使国家安全和利益遭受严重的损害；秘密级国家秘密是一般的国家秘密，泄露会使国家安全和利益遭受损害。

国家秘密及其密级的具体范围不是一成不变的，应当根据情况变化及时调整。

二、保密工作方针与管理体制

我国保密工作的方针和管理体制是在党和国家长期的革命和建设斗争中积累的宝贵经验的基础上创建起来的。

（一）保密工作方针

我国保密工作实行积极防范、突出重点、依法管理的方针，既确保国家秘密安全，又便利信息资源合理利用。

1. 积极防范、突出重点

这一方针是在1983年由中央保密委员会基于保密工作的基本特点和规律提出的，并被写进1988年颁布实施的《保密法》中。积极防范强调的是主动、事先防范，这是由国家秘密的属性决定的。因为保守国家秘密的价值就在于使国家秘密处于隐秘的状态，其一旦公开，就势必发生实际的损害。因此，保密工作必须坚持防范为主，构筑人防、物防、技防相结合的坚固的综合防范体系，才能最大限度地减少窃密泄密事件对国家安全和国家利益造成的实际损害。突出重点强调的是首要确保核心秘密的绝对安全。国家秘密信息涉及领域极广、数量巨大，但其涉密程度却不尽相同。在保密工作中，要考虑合理分配保密资源，应首先做到突出重点，即把核心秘密，如绝密级国家秘密、保密要害部门部位、核心涉密人员、绝密级信息系统等作为重点加以严格保护。同时还应兼顾一般，通过全面管理、综合防范，确保保密工作的整体效能。

2. 依法管理

依法管理，即依照国家法律法规管理国家秘密，做到有法可依、有法必依、执法必严和违法必究。依法管理，这是保密工作适应依法治国、建设社会主义法治国家的必然要求，推进依法行政、不断提高工作制度化、规范化、程序化水平的迫切需要。

3. 兼顾安全与利用

安全与利用是信息管理中存在的一对基本矛盾,以安全为借口的限制利用和以利用为借口的罔顾安全,都是不尊重客观规律和缺乏科学性、专业性的表现。保密工作坚持“既确保国家秘密安全,又便利信息资源合理利用”的方针,要求在确保国家秘密安全的同时,充分遵循信息化条件下信息资源利用和管理的客观规律,建立科学有效的保密管理制度,促进信息资源的合理利用。

(二) 保密工作管理体制

早在 1951 年,政务院颁布的《保守国家机密暂行条例》中就对保密工作提出了“建立统一的、国家规模的保密工作机制”的要求。1988 年颁布的《保密法》确立了国家保密工作部门主管全国保密工作,地方保密工作部门主管本行政区域内保密工作的体制框架。1997 年中央下发的《中共中央关于加强新形势下保密工作的决定》中,明确提出保密组织机构建设要做到“两个相适应”,即与形势的发展相适应,与所承担的工作任务相适应,为进一步健全完善保密管理体制指明了方向。

《保密法》规定,我国保密工作的管理体制是实行国家统一管理,即“国家保密行政管理部门主管全国的保密工作。县级以上地方各级保密行政管理部门主管本行政区域的保密工作”。

在属地管理与系统管理的关系处理上,保密管理体制体现为“条块结合”的特点。属地管理,即块块管理,即凡在该行政区域内的机关、单位,除军队和某些有特殊要求的部门外,其保密工作一律归该地区的保密行政管理部门管理;系统管理,即条条管理,即中央国家机关的保密工作机构,在其职权范围内,主管或者指导本系统的保密工作。

同时,保密管理体制在基层工作中,应强调将保密工作与单位的日常工作和业务工作相结合。

总之,保密工作的管理体制涉及各级各类主体的关系处理,在处理保密工作事务、查处泄密事件中,各主体之间必须加强配合,互相支持。

三、定密制度

定密制度是保密法中一项重要制度,也是保密工作实践的重要环节。定密是指依照法定程序,将需要保密的事项按照国家划定的“绝密、机密、秘密”三个等级确定下来。定密是一项十分重要的专门工作,政策性、行业性、专业性都很强。《保密法》对定密制度作出如下规定。

(一) 定密责任人

机关、单位主要负责人及其指定人员是法定的定密责任人,负责按照保密事项范围确定本机关、本单位的国家秘密事项,以及根据情况变化变更和解除国家秘密。

除机关、单位负责人外,授权专门人员行使定密权,也是许多国家的通行做法。对于定密工作量较大、业务工作具有特殊保密要求的机关、单位,可以由机关、单位负责人指定人员,履行定密责任人的职责。

（二）定密程序

定密工作应首先由承办人对照保密事项范围提出国家秘密确定、变更和解除的具体意见，再由定密责任人审核批准并承担法律责任。

（三）定密权限

定密应当遵守定密权限原则。国家秘密属于国家所有，定密属于国家事权，机关、单位是否具有定密权和具有何种层级的定密权，必须依照法律规定。

依照《保密法》规定：中央国家机关、省级机关及其授权的机关、单位可以确定绝密级、机密级和秘密级国家秘密；设区的市级机关及其授权的机关、单位可以确定机密级和秘密级国家秘密。县级机关无定密权。

无权定密的机关、单位在遇到涉及定密的问题时，有两种具体处理办法：一种是上级机关、单位对某一事项已经定密的，机关、单位在执行时应按该事项已定密级确定。如中央下发的国家秘密文件，各地区各部门在贯彻过程中，就该事项再产生的涉密文件资料，应当按中央文件的密级确定同等密级，不得擅自改变密级。另一种是机关、单位（包括无定密权的县级机关）产生保密事项范围有明确规定而无权确定相应密级的国家秘密事项时，应当先行采取保密措施，同时立即报请具有相应定密权的上级机关、单位确定。没有上级机关、单位的，则根据该事项所涉及的业务范围，报请具有相应定密权限的业务主管部门或者保密行政管理部门确定。接到定密报告的机关、单位或者保密行政管理部门，应当及时作出批复。

（四）定密依据及内容

《保密法》规定，定密是机关、单位的法定职责。机关、单位对产生的属于保密事项范围规定的事项，应当及时依法确定为国家秘密，这是确保国家秘密得到有效保护的前提，是机关、单位履行保守国家秘密义务的重要内容。

1. 定密依据

定密应当依据保密事项范围进行。保密事项范围指国家秘密及其密级的具体范围，是国家保密行政管理部门根据《保密法》相关规定，分别会同中央有关机关，对各行业、各领域产生的国家秘密事项的名称、密级、保密期限和知悉范围作出的具体规定，是机关、单位定密工作的直接依据。机关、单位对所产生的国家秘密事项，应当严格按照本行业、本领域保密事项范围的规定“对号入座”，确定密级。对于“无号可对”的事项，或对是否属于国家秘密或者属于何种密级不明确或者有争议的，由国家保密行政管理部门或者省、自治区、直辖市保密行政管理部门确定。

2. 定密内容

定密内容包括确定密级、保密期限和知悉范围。机关、单位在确定国家秘密事项密级的同时，应当确定其保密期限和知悉范围。

（1）确定保密期限。确定保密期限，是根据国家秘密事项的类型性质、重要程度、时效需要及其他制约因素，按照维护国家安全和利益的需要，将保密期限规定在明确的时间内。确定保密期限，有利于解决国家秘密“终身保密”的问题，降低保密成本，实现精确高效管理。

确定保密期限可以有设定具体时限、设定解密时间和设定解密条件三种具体方式。

第一，设定具体时限。对能够确定具体保密期限的，应当明确保密的具体时间段。《保密法》对不同密级国家秘密事项的保密期限分别限定了最长时限，即绝密级不超过三十年，机密级不超过二十年，秘密级不超过十年。机关、单位在确定保密期限时，应当在上述时限内确定一个合理的保密期限。如规定具体保密期限为五年，则从制发之日起满五年的，该秘密事项即自行解密。

第二，设定解密时间。保密期限为解密时间的，应明确为具体日期或时刻，如规定某一秘密事项的解密时间为 2020 年 5 月 1 日，则到 2020 年 5 月 1 日该秘密事项保密期限到期，自行解密。

第三，设定解密条件。当不能明确具体保密期限时，应当将能够明确判断的某种情形的出现或者事件的发生设置为解密条件。一旦设定的条件成立，该国家秘密事项的保密期限即告终止。《保密法》规定的一个特殊的解密条件，是经批准后将国家秘密事项通过媒体、政府门户网站等正规途径对外正式公布，这一规定旨在兼顾程序与效率。当然，任何未经批准擅自公布涉密信息的，不能视为正式公布，应当作为泄密事件处理。

（2）确定知悉范围。准确、适当地确定国家秘密的知悉范围，是确保国家秘密处于可控范围之内并采取相应保密防护措施的重要保障。确定知悉范围应遵循两个基本原则。

一是工作需要原则。确定国家秘密知悉范围，不应简单地以政治待遇或者行政级别作为依据，而是应从工作需要出发，将工作需要作为知悉国家秘密的前提条件。这一原则也是国际通行的做法。

二是最小化原则。即在可能的情况下，应当把知悉范围尽量限定到最小。

从以上原则出发，《保密法》规定：国家秘密的知悉范围能够限定到具体人员的，限定到具体人员；不能限定到具体人员的，限定到机关、单位，由该机关、单位限定到具体人员。国家秘密的知悉范围以外的人员，因工作需要知悉国家秘密的，应当经过机关、单位主要负责人或者其指定的人员批准。只有限定到具体人员，才能切实做到国家秘密可控、可管，才能有针对性地采取保密管理措施并在泄密事件发生后做到及时准确查处。

案例 9-1

派生定密错误及微信泄密

2021 年 11 月，某学院见习人员张某某在根据某项机密级专项工作任务起草贯彻落实方案时，大篇幅引用上级方案的内容，但未按要求派生定密，仅标注“内部资料 不予公开”，办公室秘书科科长王某审核把关时也未提出定密要求。该学院教师郗某某为图工作方便，擅自将该方案使用手机拍照后发至微信群，造成泄密。案件发生后，方案起草人张某某被给予组织处理，并被调离秘书科；定密责任人王某因未履行定密责任被给予党内警告处分。

(五) 载体及标识

国家秘密的本质是信息,它必须依附在一定的载体上,这些载体形式可以是纸、光、电磁等介质,也可以是设备或产品。国家秘密载体上应当做出国家秘密标志。

国家秘密标志是一种法定的文字与符号标识,用以表明所标识的物品承载内容属于国家秘密,并提示其密级和保密期限,这是法定的强制性要求。做出国家秘密标志,目的在于提示并要求知悉范围内的机关、单位和人员采取保护措施,承担相应的保密义务,同时也提示知悉范围外偶然获得涉密载体的人员,有责任对其履行保密义务,对国家秘密进行妥善保护。

做出国家秘密标志,可以根据不同的载体形式采用不同的标注方式,如书面形式的载体应在封面或首页做出国家秘密标志;凡有包装(套、盒、袋等)的载体,应以恰当方式在载体包装上标注等。其标注原则应当是易于识别。同时应当注意的是,国家秘密标志具有专用性,专用于标注各类国家秘密载体和属于国家秘密的设备、产品,商业秘密、工作秘密、个人隐私及其他不属于国家秘密的不得使用国家秘密标志。

案例 9-2

涉密载体设备未标注国家秘密标志

2021 年 6 月 18 日下午,某开发区政法维稳办新调入工作人员杨某,因急于完成工作,在互联网计算机上打开一份未标注国家秘密标志和保密提醒标识的涉密光盘,被阻断后,杨某以为光盘不对,又找来 2 月和 4 月刻录的两张同样未标注国家秘密标志和保密提醒标识的涉密光盘进行相同操作,再次被阻断并触发监管平台告警。

(六) 国家秘密的变更

国家秘密确定后不是一成不变的,当条件发生变化时,国家秘密需要作出变更。这里,国家秘密变更的条件是指"情况变化",即该事项泄露后对国家安全和利益的损害程度已发生明显改变,或者定密时所依据的保密事项范围已作调整。

国家秘密变更的表现形式是密级的降低或提高、保密期限的缩短或延长、知悉范围的缩小或扩大。三者既可以单独变更,也可以同时变更。

国家秘密变更的责任主体既可以是原定密机关、单位,也可以是其上级机关。非本机关、本单位确定的国家秘密事项,需要变更的,可以向原定密机关、单位或其上级机关或有关保密行政管理部门提出建议,不得自行变更。

国家秘密变更需经定密责任人审核批准。变更决定作出后,应当以书面形式通知知悉范围内的机关、单位和人员。接到通知的有关机关、单位和人员,应当在原国家秘密载体上做出国家秘密变更后的标志。

(七) 解密

解密是定密制度的重要组成部分,在许多国家也是保密制度的重要内容。解密意味着解除有关保密措施，知悉范围内的机关、单位和人员不再需要履行相关保密义务。解密有两种方式。

1. 自行解密

保密期限已满的国家秘密事项，均自行解密。机关、单位对于保管、使用的国家秘密保密期限已满而未收到原定密机关、单位延长保密期限通知的，可以认定该项国家秘密已经自行解密，不需要继续履行相应的保密义务。

2. 审查解密

机关、单位应当定期审核所确定的国家秘密事项，特别是保密期限即将届满的国家秘密事项。经审核，仍在保密期限内但不需要继续保密的，应当及时履行程序予以解密；认为仍应继续保密，需要延长保密期限的，应当在原保密期限届满前重新确定保密期限。

四、保密制度

保密制度是《保密法》中为防止国家秘密泄露而制定的、制约相关人员共同遵守的保密规则或行为规范。保密制度的内容主要涉及国家秘密载体、涉密信息系统、信息发布、涉密采购、对外交往与单位、涉密人员等方面的管理内容，同时包含针对危害国家秘密安全的行为所作的禁止性规定。其内容主要包括：

（一）确定保密要害部门部位

保密要害部门，是指机关、单位日常工作中产生、传递、使用和管理绝密级或较多机密级、秘密级国家秘密的内设机构。保密要害部位，是指机关、单位内部集中制作、存储、保管涉密载体的专门场所，如机关、单位的保密室、档案室和涉密信息系统机房等。确定保密要害部门部位属于机关、单位法定义务，应按照《关于保密要害部门、部位保密管理的规定》严格执行，注意坚持分级和最小化确定原则。

（二）涉密载体管理

涉密载体，即国家秘密载体，是国家秘密的承载物，是以文字、数据、符号、图形、图像、声音等方式记载国家秘密信息的纸、光、电磁介质等各类物品，伴随着国家秘密从形成、传递、保存、利用到销毁的全生命周期。

涉密载体管理中，应首先确保绝密级载体的保密，在其保存、管理、复制、摘抄、收发、传递和外出携带等关键环节，必须按照相关规定采取最为严格的管理措施。属于国家秘密的设备、产品，简称密品，是一类特殊的涉密载体，其研制、生产、运输、使用、保存、维修和销毁等也应依据相关规定执行。

机关、单位在加强国家秘密载体的管理中，应禁止任何组织和个人从事以下行为：非法获取、持有国家秘密载体；买卖、转送或者私自销毁国家秘密载体；通过普通邮政、快递等无保密措施的渠道传递国家秘密载体；寄递、托运国家秘密载体出境；未经有关主管部门批准，携带、传递国家秘密载体出境。

案例 9－3

私自拷贝国家秘密文件出境

2006 年，某单位研究员李某赴国外访问交流前，在明知自己承担的项目涉及绝密级国家秘密的情况下，为讨好外方人员，用移动硬盘私自拷贝了 200 份相关资料(其中包括绝密级国家秘密文件 7 份)，出境时被我海关查获。

(三) 涉密信息系统保密管理

涉密信息系统，指存储、处理国家秘密的计算机信息系统，是由计算机及其相关和配套设施、设备构成的，按照一定应用目标和规则存储、处理、传输国家秘密信息的系统或网络。它在存储和管理的信息内容，设备、设施采用的标准，检测审批的要求以及使用权限的规定等方面与公共信息系统存在显著区别。为有效应对当前计算机网络窃密泄密事件频发的严峻形势，《保密法》规定涉密信息系统按照涉密程度实行分级保护。

1. 划分涉密程度

涉密程度是指涉密信息系统存储、处理和传输的国家秘密信息的密级，是确定系统安全保密防护级别的依据。涉密信息系统应当按照系统规划设计处理信息的最高密级，划分为绝密、机密和秘密三个级别，并按照不同强度的防护要求进行分级保护。

2. 分级保护

分级保护是指涉密的信息系统的建设使用单位，依规对处理秘密、机密、绝密不同级别国家秘密的涉密信息系统，采取不同强度的技术防护措施和管理模式的安全保密防护措施。系统定级时需要注意的是：应依据系统规划设计处理信息的最高密级，确定系统的保护等级。分级保护的出发点是确保既不“过度防护”，也不“缺失防护”。各级保密行政管理部门根据涉密信息系统的不同级别实施相应的监督管理，确保涉密信息系统及其存储、处理、传输的国家秘密信息的安全。

3. 设施、设备的配备要求

涉密信息系统必须配备符合国家保密标准的设施、设备；涉密信息系统保密设施、设备建设必须坚持“三同步”，即与整个涉密信息系统同步规划、同步建设、同步运行；涉密信息系统应当按照规定，经检查合格后，方可投入使用。

4. 涉密系统禁止性规定

机关、单位在加强涉密信息系统管理的过程中，禁止出现以下行为：第一，将涉密计算机、涉密存储设备接入互联网及其他公共信息网络；第二，在未采取防护措施的情况下，在涉密信息系统与互联网及其他公共信息网络之间进行信息交换；第三，使用非涉密计算机、非涉密存储设备存储、处理国家秘密信息；第四，擅自卸载、修改涉密信息系统的安全技术程序、管理程序；第五，将未经安全技术处理的退出使用的涉密计算机、涉密存储设备赠送、出售、丢弃或者改作其他用途。

案例 9-4

违规使用移动存储介质

2021 年 4 月 19 日，某城区信访局保密干部朱某为迎接巡察，在准备近三年的收发文目录等相应材料过程中，使用其他科室王某提供的移动硬盘，违规拷贝该科的发文材料，其中含有秘密级信访专报 7 份。在朱某操作过程中，被非涉密政务终端监管平台及时监测到并发出提醒，随后，朱某在第一时间断网并删除涉密文件。后经调查核实，未造成严重后果。

（四）禁止性规定

《保密法》第二十九条明确三项保守国家秘密的禁止性规定，即禁止非法复制、记录、存储国家秘密；禁止未按照国家保密规定和标准采取有效保密措施，在互联网及其他公共信息网络或者有线和无线通信中传递国家秘密；禁止在私人交往和通信中涉及国家秘密。

案例 9-5

微信泄密典型案件

近年来，微信等网络社交媒体泄密案件呈高发态势，严重危害国家秘密和警务工作秘密安全。由于微信复制、转发信息便捷，一旦泄密，信息传播速度快、扩散范围广，极易造成恶劣影响和严重危害。

涉密人员刘某参加单位集中学习期间，向同事邹某透露其正在阅读的一份涉密文件，邹某向刘某询问文件内容。刘某虽意识到文件涉密，但心存侥幸，甚至用手机拍摄文件内容，通过微信发给了邹某。邹某随即转发给好友和微信群，迅速导致该文件大范围传播扩散，造成严重泄密。案发后，刘某受到留党察看一年、撤职处分，调离涉密岗位；邹某受到撤职处分。

（五）涉密业务保密审查

保密审查，是指保密行政管理部门单独或者会同有关部门依据相关规定和程序，对企业事业单位是否具备从事涉及国家秘密业务的条件、资格进行审核、检查和确认。随着社会主义市场经济深入发展，越来越多的民营企业和中介机构参与涉密相关活动，这些单位数量多、情况复杂，有的缺乏基本的保密措施或必要的保密设备，对于其接触和知悉的某些国家秘密存在较大的泄密隐患。《保密法》第四十一条规定："从事国家秘密载体制作、复制、维修、销毁，涉密信息系统集成，武器装备科研生产，或者涉密军事设施建设等涉及国家秘密业务的企业事业单位，应当经过审查批准，取得保密资质。"

（六）涉密人员保密管理制度

涉密人员管理是保密管理的重要方面。《保密法》在总结现有涉密人员保密管理规定的基础上，按照责任与权益相一致的原则，明确了涉密人员管理制度，主要包括：

1. 分类管理制度

在涉密岗位工作的人员，按照涉密程度分为核心涉密人员、重要涉密人员和一般涉密人员，实行分类管理。机关、单位应当按照所在岗位涉密程度的不同，确定涉密人员类别。

2. 上岗审查培训制度

任用、聘用涉密人员应当依据涉密人员任职条件，进行严格任前审查；涉密人员应当具有良好的政治素质和品行，具有胜任涉密岗位所要求的工作能力。涉密人员上岗应当经过保密教育培训，掌握保密知识技能，签订保密承诺书，严格遵守保密规章制度，承担保密责任。

3. 出境管理制度

限制涉密人员出境是一些国家的通行做法。涉密人员出境应经有关部门批准，有关机关认为涉密人员出境将对国家安全造成危害或者对国家利益造成重大损失的，不得批准出境。

4. 脱密期限管理制度

涉密人员离岗离职实行脱密期管理。所谓脱密期是指在一定期限内，从就业、出境等方面对离岗离职涉密人员采取的限制措施。核心涉密人员的脱密期为 3～5 年，重要涉密人员为 2～3 年，一般涉密人员为 1～2 年。涉密人员在脱密期内，应与原机关、单位签订保密承诺书，承诺继续遵守保密义务、不泄露所知悉国家秘密；及时清退所持有和使用的国家秘密载体和涉密信息设备；未经审查批准，不得擅自出境；不得到境外驻华机构、组织或者外资企业工作；不得为境外组织人员或者外资企业提供劳务、咨询或者服务。

案例 9－6

利用职务之便拷贝涉密文件资料

2012 年 7 月，某研究所研究人员李某因工作调动，在调动前夕利用职务之便，将涉密文件资料与非涉密文件资料混在一起后刻录成光盘，将该研究所大量涉密文件资料拷贝到个人笔记本电脑上和新单位的工作用计算机上。经鉴定，其中有 15 份机密级、58 份秘密级国家秘密和 59 份不宜公开的文件资料。事件发生后，李某被以非法获取国家秘密罪判处拘役 3 个月。

（七）网络运营商、服务商保密义务规定

运营商，是指提供各种网络运营服务的企业。服务商，是指提供网络接入服务、信息浏览、文件下载、电子邮件及其他服务的企业，两者应承担配合泄密案件调查、报告网络发布信息泄密情况和删除泄密信息的义务。

五、监督管理制度

为了适应保密工作依法行政的需要，规范和加强保密行政管理部门的职能，《保密法》

对保密行政管理部门的保密、定密监督管理职责作出明确规定，并针对保密检查及发现问题作出处理规定。

(一) 保密监督管理职责

保密行政管理部门的保密监督管理职责包括制定保密规章和国家保密标准、开展保密检查以及泄密案件查处。其中，保密检查是保密行政管理部门对机关、单位保密工作进行监督管理的主要手段。检查的内容主要包括保密工作责任制落实、制度建设、宣传教育、定密工作、保密要害部门部位管理、国家秘密载体管理、涉密人员管理、重大活动和项目保密管理、保密技术防范、泄密案件查处等情况。保密检查的形式主要有综合检查与专项检查、定期检查与不定期检查等。

(二) 定密监督管理职责

保密行政管理部门发现有关机关、单位对国家秘密确定、变更或者解除存在以下五种不当情形的，应当及时通知其予以纠正：权限不当、依据不当、程序不当、内容不当和标准不当。

(三) 对保密检查中发现问题的处理

保密行政管理部门对检查中发现的违规、泄密问题，应当根据不同情况，采取限期整改、责令停止使用、建议处分并调离、督促指导查处工作、涉嫌犯罪的移送司法机关等方式进行处理。对保密检查中发现的非法获取、持有的国家秘密载体，应当予以收缴。

(四) 密级鉴定

密级鉴定，是指对有关事项是否属于国家秘密以及属于何种密级进行鉴别和认定。密级鉴定的内容包括涉及国家秘密事项的真伪、密级、保密期限、是否解密等。密级鉴定结论是保密行政管理部门以及检察机关、公安机关、国家安全机关、监察机关等查办案件和法院审理案件的重要依据。

(五) 处分监督

机关、单位对违反保密规定的人员不依法给予处分的，保密行政管理部门应当建议纠正，对拒不纠正的，提请其上一级机关或者监察机关对该机关、单位负有责任的领导人员和直接责任人员依法予以处理。

本章参考文献

[1] 国家保密局编写组.中华人民共和国保守国家秘密法释义[M].北京：金城出版社，2010.
[2] 曾哲，蒋雪琴.知情与保密：私权对公权的信息悖反——以美国保密法为例[J].河北法学，2014(11)：10-19.
[3] 孙琦.论保密法的调整对象[J].法制与社会，2011(5)：25-26.
[4] 王珂.新安全观下我国国家秘密信息法律保护问题研究[D].长沙：湖南师范大学，2015.
[5] 华伟.解读国家秘密的构成要件[J].大众科技，2011(9)：248-249.
[6] 姚斌.天之骄子的堕落[J].保密工作，2019(7)：43-45.
[7] 查斌斌.把好定密关，减少失泄密[J].保密工作，2022(7)：39-41.

[8] 佟莉莉. 违规行为就在你我身边[J]. 保密工作，2022(1)：43-44.
[9] 12种严重违规行为将被依法追究法律责任[J]. 保密工作，2011(5)：1.
[10] 伍力. 维护国家安全，这些案例值得警惕[N]. 四川日报，2022-04-14(6).
[11] 宋筱婷. “变”动之间，保密工作不容丝毫懈怠[J]. 保密工作，2018(7)：40-42.

第十章 商业秘密保护法律制度

引导案例

被告人刘某炎原系远景公司现地现物技术团队负责人、机械工程师。2019年2月,刘某炎携带佳能照相机等工具,伪装进入竞争对手明阳公司涉案风电机组安装现场,对机组的内部结构、相关设备及技术参数等信息进行测量和拍照,共计拍摄617张照片及录制15个视频。经法院查明,涉案的风电机组系亚洲最大海上单机容量的抗台风风电机组,创新程度及商业价值均较高。其五项技术点在案发前属于不为公众所知悉的技术信息,与刘某炎所拍摄照片中记载的技术信息相同。该技术点的自主研发成本为403余万元,许可费用为5767余万元,非法侵入造成检测费损失30余万元,生产误工费损失40余万元。刘某炎对窃取行为所造成严重损害具有清晰认识,事先经过精心谋划,并选择在风电机组整机调试的关键阶段实施犯罪,既反映涉案商业秘密有较高的专业性、实用性和价值性,也说明刘某炎犯罪意图明显、社会危害性较大。法院一审判处刘某炎有期徒刑三年,并处罚金100万元。宣判后,被告人刘某炎不服,提出上诉。揭阳中院判决驳回上诉,维持原判。

商业秘密保护法律制度是以商业秘密为保护对象的法律规范的总称。商业秘密可以为秘密的持有人带来财产利益和竞争优势,是企业极具商业价值的无形财产,已成为知识产权体系中继专利、商标、版权之后新兴的第四大领域。但商业秘密极易遭受侵害,有形财产法不能适用于商业秘密,甚至适用知识产权法仍然会遇到种种理论和实践上的困难。商业秘密的侵权行为并非单纯地侵犯商业秘密所有者的财产利益,危害其原本的竞争优势,更严重的是会危害到企业之间的公平竞争秩序,妨害公平竞争的市场经济秩序,进而危害到一国的经济管理秩序。因此,商业秘密历来为各国所重视并通过其国内法加以多重保护。

第一节 商业秘密法律保护的产生与发展

17世纪时,世界各国开始建立知识产权制度来保护人类的创造性智力成果,但一直没有涵盖具有竞争价值的商业信息。随着社会信息化的不断发展,智力成果日益商品化、产业化和国际化,商业秘密作为一种"特殊信息",其价值及保护问题日益受到关注。

一、国外商业秘密产生及保护情况

商业秘密自古有之,对商业秘密的保护也可谓历史悠久。比如罗马法就有关于商业秘密保护的规定。按当时的法律,竞业者如果以恶意引诱或强迫对方的奴隶泄露对方有关商业事务的秘密,奴隶的所有人有权提起"奴隶诱惑之诉",请求双倍损害赔偿。从本质上来讲,这时法律所保护的并非是商业秘密本身,更确切地说不过是在保护奴隶主的某种经济利益。

(一) 商业秘密保护的萌芽

在中世纪手工业十分发达的地中海沿岸,人们开始用"Know-How"("I know how to do it"的缩写,即"知道如何做某事的技能")一词来称呼当时的手工工匠的特殊技巧。当时,手工业作坊主为了防止学徒盗用商业秘密,在签订雇佣合同时,已开始有意识地加入保密条款。显然,这类保护措施带有明显的身份性质,它属于商业秘密持有人的自我保护的范畴,商业秘密的保护尚游离于法律之外。

(二) 商业秘密法律保护的兴起及发展

工业革命后,因占有信息、技术等无形资产而获得竞争优势的趋势日益彰显,商业秘密逐渐引起了世人的广泛关注,正式步入法律殿堂。国际商业秘密法律保护分为以下三种模式。

1. 判例法保护模式

商业秘密法律保护最早起源于英国,采用这一类商业秘密保护模式的也以英美法系国家为主。1787 年,英国作出第一例商业秘密保护判例[①],使英国成为世界上最早对商业秘密施以法律保护的国家。而在 1820 年的一个案件中,原告诉该案被告(系原告的雇员),从原告处偷偷抄走了配方想自己生产,法庭最终判决被告既赔偿损失,又不得使用和泄露原告的商业秘密。自此,该判例成了一个重要的法律渊源。

这一时期,为应对市场利益争夺日趋激烈化的环境,各国不惜通过刑罚来阻止有价值信息的外流,如 19 世纪中叶,法、德两国在刑法典中规定了对于未经许可泄露工厂秘密的惩处,英国也主要利用刑事责任约束来禁止其国内技术秘密输往他国,尤其限制本国技术工匠到他国就业。这一时期,各国对商业秘密进行保护的法律手段较为单一,未规定民事责任,这显然不利于对商业秘密所有人的保护。

2. 成文法保护模式

美国早期对商业秘密也采用判例法保护模式,后期逐渐向成文法保护过渡。1939 年美国法学会对各州及各级法院百余年商业秘密判例进行总结,编撰《侵权行为法重述》(第

---

① 该案中原告诉被告私自使用其拥有的一种治疗痛风的配方,法院遂判决被告的行为对原告构成侵权,责令被告支付赔偿。但法院判决未禁止被告继续使用该配方进行生产。这主要是由于当时英国法律没有规定"秘密审理"程序,原告担心泄露更多的商业秘密,不愿举出完整的证据,因此法庭无法确定商业秘密的确切范围,也无法禁止被告继续使用。

一版），首次系统阐述了商业秘密的含义，秘密性、价值性构成要素以及侵犯商业秘密行为，在法律部门被广泛引用。1979 年，为适应经济技术发展的需要，美国统一州法律委员会推出《统一商业秘密法》，该法首先从内涵上对商业秘密进行了界定，而且将具有潜在经济价值的商业秘密也纳入受保护的范畴，甚至对那些虽不直接使所有人的生产更有效率，但可以减少所有人的科研费用等支出、避免走弯路的消极信息也给予保护。另外，该法对侵犯商业秘密的救济作了较为明确的规定。该法是美国商业秘密法律保护转向成文法保护的一个重要的历程，反映了当代对商业秘密进行更为严格的广泛的法律保护趋向。到 1999 年，美国已有 40 个州先后采用了该法令；1996 年 10 月，克林顿总统签署《1996 年美国经济间谍法案》，从联邦法律的角度规定了侵犯商业秘密的刑事责任，突出了美国将商业秘密作为无形财产权予以保护的特殊性。该法标志着美国诞生了历史上第一部成文的联邦商业秘密法。除美国之外，加拿大、韩国等也是采用成文法模式保护商业秘密的国家。

3. 分散立法保护模式

大陆法系国家主要采用这一模式，如德国和日本等，其特征是一般以反不正当竞争法或反垄断法为核心，然后在其他相关的法律中增加对于商业秘密保护的内容，形成由民法、合同法、刑法等若干相关法律构成的全面的商业秘密保护体系。

德国于 1896 年制定了世界上第一部反不正当竞争单行法，并于 1909 年作了修改，开始给予商业秘密的受侵害人以私法救济，规定对“泄露商业秘密，或从事产业间谍活动和利用商业秘密”等行为处以严厉惩罚措施。经过长时间的发展，德国逐渐形成对商业秘密较为全面的刑事保护，如在 1998 年修订的《刑法典》中规定对非法公开商业秘密的行为处以一年监禁或罚金。由此可见，德国对商业秘密进行法律保护的理论基础是公平竞争理论，其立法目的重在惩罚破坏公平竞争的行为，而非重在补偿该种行为造成的损失，故刑事责任被广泛应用于制裁种种侵犯商业秘密的不正当竞争行为是德国法的一大特色。

（三）商业秘密保护的国际化发展

第二次世界大战后，随着世界经济一体化的迅速发展，与竞争有密切联系的商业秘密的国际化趋势，首先引起西方发达国家及有关知识产权国际组织的高度关注。进入 20 世纪 80 年代以来，商业秘密的保护问题开始成为国家间知识产权谈判的重要议题，同时也开始成为知识产权国际条约的一项新内容。在诸多涉及商业秘密保护的国际条约中，最具代表性的是在 1994 年乌拉圭回合谈判中达成的 TRIPS 协议，其中专列一节对未公开的信息保护作了规定，这一宽泛的定义意味着在商业秘密保护问题上，国际法已经超过了国内法的发展。

二、我国商业秘密法律的产生及保护情况

我国经历了漫长的以自然经济为主的封建时代，商业规模非常有限，且主要是以“家传绝技”“祖传秘方”“特制”及行会秘密等形式存在。就一般商号而言，主要是采用传子不传女等传统方式处理属于家族的宝贵资产，以免秘密外泄。随着社会分工不断细化和西

方先进技术传入，商业秘密的范围逐渐扩大，从家族、行会扩散至整个社会。但直至中华人民共和国成立之前，国家层面一直无相关法律对商业秘密加以具体定义和保护。

中华人民共和国成立后，计划经济时期，科研成果属于共享和公有性质，缺乏商业秘密保护的法律基础，社会的商业秘密权利意识被逐渐消磨。改革开放后的 20 世纪 80 年代，为鼓励发明创造，迅速提高科技水平，我国在颁布实施专利法等知识产权法律的同时，注意到对非专利技术也应给予相应的保护。1985 年颁布的《中华人民共和国技术引进合同管理条例》中，首先对"专有技术"的概念作了界定；1987 年《中华人民共和国技术合同法》施行，"技术秘密"成为技术合同的标的；1991 年《中华人民共和国民事诉讼法》首次作为法律用语使用了"商业秘密"一词，但其中并未对商业秘密予以界定。之后我国的部门法和规章中陆续使用"商业秘密"这一术语。1992 年 7 月 14 日，《最高人民法院关于适用〈中华人民共和国民事诉讼法〉若干问题的意见》，第一次对商业秘密作出司法解释。1993 年颁布的《反不正当竞争法》专门对商业秘密问题作出了规定。该法不仅首次明确界定了商业秘密，同时为保护商业秘密免受不正当竞争行为的侵害，对有关商业秘密的不正当获取、披露和使用行为作出了禁止性规定，并规定了相应的法律责任，标志着对商业秘密的保护上升到国家法律层面。目前，我国关于商业秘密的保护散见于《民法典》《反不正当竞争法》《刑法》《中华人民共和国劳动法》（以下简称"《劳动法》"）等不同法律中，尚无专门的商业秘密法。

第二节　商业秘密概述

商业秘密在我国《民法典》中被明确列为知识产权的客体，但商业秘密与一般知识产权相比有其特殊性。一般知识产权的专有性特点使其具有对抗第三人的效力，不特定公众均负有不得实施的义务；商业秘密则不具有对抗善意第三人的效力，其他主体可通过自行研发和反向工程等途径获取商业秘密，不特定公众亦不负有不得实施的义务。

一、商业秘密定义

商业秘密的概念一直是国际上争论的问题，目前尚无统一定义。1985 年修订的美国《统一商业秘密法》的解释是："商业秘密是指包括配方、模型、编辑、计划、设计、方法、技术、程序的信息，其中必须：第一，因并不为公众所知、无法由他人通过正当方法轻易获知、其泄露或者使用能够使他人获取经济利益，而具有现实的或潜在的独立价值；第二，根据具体情况采取了合理的努力，以维持其秘密性。"

日本在 1993 年修改后的《不正当竞争防止法》中规定："商业秘密是指在商业活动中使用的制造方法、销售方式或者其他任何技术或者经营信息，该信息作为秘密进行保持，且不为公众所知悉。"

1994 年实施的 TRIPS 协议中，把商业秘密定义为"未公开的信息，这些未公开的信息应当具有保密性，并具有商业价值”。

我国于 1993 年 12 月 1 日实施的《反不正当竞争法》中明确的商业秘密是“不为公众所知悉、具有商业价值并经权利人采取相应保密措施的技术信息和经营信息等商业信息”。

二、商业秘密的保护范围

商业秘密的保护范围，即商业秘密的外延，指在实践中商业秘密应该包含的内容，涉及法律保护的商业秘密和法律不保护的商业秘密。

(一) 法律保护的商业秘密

法律保护的商业秘密包括技术信息和经营信息两大类。

1. 技术信息

技术信息是指适用于工业应用的技术情报、数据和知识等，主要表现为各种设计方案、技术诀窍、工艺流程、原料配方、制作方法，以及记录上述内容的各种文件、图纸、表格、报告、计算机程序及其有关文档等信息。技术信息可应用于生产或制造新产品，可提高产品质量、降低成本，可改进运营管理设计或操作。

2. 经营信息

经营信息指为组织所特有的、能够给组织带来竞争优势的经营管理方法及与其密切相关的商业信息，主要涉及投资、财务、销售、人事、组织等经营及管理活动。诸如管理方法、财务状况、客户名单、货源情报、产销策略、投资方案、招投标中的标底及标书等内容都是典型的经营信息。应当注意，不是所有的经营信息都是商业秘密，作为商业秘密的经营信息应当与相关公知信息有明显差别，如商业秘密中的客户名单，不能是简单的客户清单，而通常必须有名称以外的深度信息，一般应是由客户的名称、地址、联系方式以及交易的习惯、意向、内容等构成的区别于相关公知信息的特殊客户信息，包括汇集众多客户的客户名册，以及保持长期稳定交易关系的特定客户等。

3. 区分技术信息与经营信息

技术信息和经营信息作为商业秘密的客体，均属于能产生经济效益、带来竞争优势的经验类信息。但两者区别非常明显，具体如下。

第一，内容侧重点不同。技术信息侧重于工业中的技术知识和经验。经营信息则是指企业、事业单位在经营中的知识与经验，除了工业制造业外，还涉及商业、服务业、旅游业、金融业等广义的产业领域。

第二，认定的难易程度不同。对技术信息的认定相对容易，而且相互之间较易区分，能够在遭到侵害诉至法院时证明秘密的内容及损害结果。在执法与司法过程中，处理的商业秘密案件大多数是技术秘密也证明了这一点。经营信息的认定相对不易，各个企业之间因可能进行相同经济活动的缘故而掌握相同的经营信息，这种经常重合的秘密在区分上自然比较困难。

第三，反映的经济价值的状况不同。技术信息的经济价值较高，也较为明显，是直观可以鉴别、容易估量的。而经营信息由于他人的利用程度不高，所以经济价值相对较低，而且是潜在的，凭直观难以确定。

（二）法律不保护的商业秘密

作为法律保护的客体，商业秘密取得必须合法，对于用非法手段取得的或危及公共利益的商业秘密（如某种生产方法严重污染环境，某种产品设计上的缺陷危及生命健康等）法律不仅不予保护，反而要给予一定的制裁。当客观上存在必要性和急迫性时，他人出于公共利益目的披露权利人的商业秘密，无论向政府主管部门或向新闻媒介甚至直接向公众披露，均是合法的。这提示企业在保护商业秘密、争取竞争优势时，不应忘记自己的社会责任。

三、商业秘密的特征

根据法律和国际条约的相关规定，企业的技术信息和经营信息必须具备相应的构成要件才能受到法律保护。商业秘密的构成要件包括秘密性、实用性、保密性和价值性四个要素。

（一）秘密性

“不为公众所知悉”表明商业秘密应具有秘密性。这种秘密性指向信息内容所涉领域的相关人员，且要求同时满足两个条件，即“有关信息不为普遍知悉”和“并非容易获得”。这意味着“不为公众所知悉”应当同时具备不为“普遍知悉”和“容易获得”两个具体条件。其中，前者是指秘密性的相对含义，即只是在相关技术或者经营领域内不为相关人员普遍知悉即可，且允许权利人在采取保密措施的情况下让有必要知道商业秘密的人员知悉，而不是除权利人以外的任何人都不能知道；后者是指一项信息要构成商业秘密，不仅要处于一般的保密状态，而且获得该项信息要有一定的难度，这样才符合商业秘密的秘密性要求。例如，那些相关人员不需要创造性劳动，仅仅是经过一定的联想即能获得的信息，就是容易获得的信息。

秘密性是商业秘密的最基本特征，也是商业秘密与专利及其他知识产权的一个最显著的区别。商业秘密主要是以秘密状态来维持其经济价值的，一旦公开，其经济价值就会完全或部分丧失。因此，对于那些已为社会公知公用的普通技术和经营方法，不在商业秘密之列。

（二）实用性

商业秘密的实用性是指商业秘密能在生产、经营和管理中得到实际运用，可以给持有人带来竞争优势，产生经济利益。因此，商业秘密应该是有用的具体方案或信息，在客观上有用，而不是大概的原理和抽象的概念，仅在主观上有用。实用性是商业秘密具有保密性和价值性的基础。

（三）保密性

保密性是指拥有人应对商业秘密进行管理，要采取合理的保密措施，既包括防止第三方获取信息的措施，也包括要求自己的雇员、必要的生意伙伴保密的措施，如签订保密合同、订立保密协议、建立保密制度、加强保密教育、加强门卫保卫等。商业秘密拥有人为了维护自己的经济权益和竞争优势，总是要千方百计采取一切有效的保密措施对商业秘密加以保护，以表明在法律上占有该财产的主观意图，这也是各国法律对商业秘密拥有人的基本要求，是构成商业秘密的必要条件。

(四) 价值性

商业秘密具有价值，这种价值可以是现实的商业价值，也可以是潜在的商业价值，能为权利人带来竞争优势。现实的商业价值表现为可以在现实中直接应用的信息，潜在的商业价值表现为在将来可能应用的信息，如阶段性研发成果等。而不论是具有直接应用价值的积极信息，还是对权利人而言不再能够创造新价值的消极信息，只要能有效维持竞争优势，均可按照商业秘密进行保护。价值性也是商业秘密区别于个人秘密的关键。

案例 10-1

美国 CPG 产品公司商业秘密侵权案

美国 CPG 公司制造了一种可伸缩的玩具娃娃，制造此种娃娃的机器是其公司的商业秘密。为防止商业秘密被泄露，CPG 公司采取了一系列的保卫措施，包括在生产和下班后时间内，生产设施是与公众隔离的；接近设备只能走规定的入口；门口挂有“不得擅入”的牌子；雇有 14 名保安人员；厂内明文规定，小时工工作时间应守在岗位上，非工作时间不得在厂内停留；月薪工要求订有雇佣合同，其中有保证不泄露厂内信息的内容；外人进厂，只限于能言明与具体人员有特殊事情要联系，保安人员注意确认外人入厂后遵守所说明的目的；原材料供应商被告知向其披露的信息是保密的；机器的操作手册仅发放至极小范围，限于由于工作需要必须了解的人员等。

1981 年，CPG 公司起诉被告 Mego 公司利用不正当手段盗用了原告公司的有关商业秘密，并使用仿制机器进行生产，提高了其产品的产量和质量，致使原告市场迅速萎缩。

法庭认定原告拥有商业秘密。虽然原告有关机器及其工艺大部分属于机械、物理性质，内行人看了很容易掌握，但关键是原告采取的以上各项严格保密措施，给法庭留下了深刻的印象，因此在接到原告的诉状后即应请求发布了诉前禁令，责令被告暂停生产竞争产品，并最终判决被告败诉，赔偿了巨额损失费。

四、商业秘密与知识产权

商业秘密权从本质上说属于知识产权，应当由知识产权法进行保护。这一观点目前为世界各国所认同，并出现在正式法律文件中。20 世纪 60 年代，国际商会(ICC)首先把商业秘密权视为知识产权；此后，世界知识产权组织在其成立公约(即《建立世界知识产权组织公约》)中，将知识产权的范围扩大到“在工业、科学、文学或艺术领域一切来自知识活动的权利”，表明将商业秘密包含在知识产权范围；70 年代之后，世界知识产权组织所草拟的各种知识产权示范法(如反不正当竞争示范法)均规定了商业秘密法律制度;1992 年中美知识产权谅解备忘录也将商业秘密归入知识产权范围。当然,被广泛引用的当属 TRIPS 协议,它专门规定了“未披露信息的保护”问题,明确将商业秘密纳入知识产权保护范围。

(一) 商业秘密权与知识产权的联系

知识产权作为特殊的民事权利,与传统财产权的区别在于其保护客体的无形性,而这恰恰是商业秘密与知识产权客体的共性特征。商业秘密作为智力劳动成果,其所包含的技术信息和经营信息是看不见摸不着的,与传统知识产权保护的作品、发明创造和商标一样具有无形性的基本特征。

(二) 商业秘密权与知识产权的区别

虽然从最基本的共性特征上可将商业秘密权“类聚”到知识产权体系,但是商业秘密权与传统意义上的知识产权有很大不同,可以说商业秘密权是一种特殊知识产权,两者的主要区别表现在以下几方面。

1. 保护对象的法律特征不同

传统知识产权保护的作品、发明创造和商标要得到法律保护,其内容必须公开,即以向社会的公开来作为获得权利的对价。而商业秘密的基本特征则是秘密,其存在状态是不为公众所知悉,是“尚未披露的信息”,不论何种原因致使商业秘密被公开,该权利将不复存在。因此,制止他人非法获取、披露、使用或者允许他人使用权利人的商业秘密是权利人的特殊权利。

2. 权利的专有程度不同

传统知识产权主体拥有绝对的专有权,法律不允许对同一性质的知识成果同时存在两个或两个以上的权利主体。而商业秘密权利人无权禁止他人通过独立开发或反向工程的方法获得相同或相近的成果,这些成果均受法律保护。因此,就商业秘密而言,同一性质的权利主体可能不唯一。

3. 权利的保护期限不同

传统知识产权的保护期限是法律明确规定的,旨在兼顾权利主体的利益和社会公共利益。商业秘密的保护时间不是法律明确规定的,只要其处于有效保密状态,权利人可以决定对商业秘密进行无限期的永久性保护。

4. 权利的取得方式不同

传统知识产权除著作权以外,专利权和商标权的取得必须向国家专门管理机关提出申请,经该机关审查后确认符合法律规定方可取得相应的权利。商业秘密权利人不需要向专门管理机关申请就可以得到法律保护,得到这种法律保护的前提是:只要权利人的商业秘密采取保密措施得当,商业秘密处于秘密状态始终未被公众所知,其权利就自动产生并可以持续下去。

5. 权利的可持续性不同

从侵权后果而言,传统知识产权被侵害后,权利人在获得经济补偿的同时并不丧失其权利，法律仍将继续保护其知识产权不被他人侵害。而商业秘密一经因侵权等行为被他人得知、披露或使用，就丧失了秘密性，随之变成了"公共领域的公共产品"。虽然权利人依法可得到经济补偿，但其权利却随之灭失，不可复得，基于商业秘密而获得的竞争优势也将不复存在。

6. 权利的地域属性不同

专利具有地域性，一个国家或地区依照其国内专利法授予的专利权，对其他国家或地区没有任何约束力；商业秘密则不受地域空间的限制，其权利人可以根据自己的需要在不同的国家和地区自行或许可他人使用。

（三）商业秘密与专利的选择

专利与商业秘密都是企业的重要财产，对两者的保护都能有效维护企业的经济利益。就企业而言，对于自有技术是采用商业秘密保护还是申请专利权，存在选择问题。专利保护方式力度强，但要求高、申请时间长、费用高，必须公开技术；而商业秘密门槛低、即时保护、无须国家确认，但需采取保密措施。在商业秘密和专利的选择上，企业需要考虑以下因素。

1. 技术特性

技术特性指技术具备和体现的水平。获得专利权的实质要件是符合专利法规定的新颖性、创造性及实用性，否则不能获得专利。即便已获得专利，任何人均可依法提起宣告专利无效的申请。若一项专利被宣告无效，则该专利中所述的技术信息即被认为公开的信息，不仅丧失了专利权保护的条件，也同时丧失了通过商业秘密保护的可能。商业秘密则无新颖性和创造性的实质要求，只要其所有人采取了保密措施、不为公众所知悉且能通过实际应用获得经济效益的技术信息和经营信息便可视为企业的商业秘密。

2. 公开风险

专利与商业秘密具有不同的法律特征。专利必须公开，申请专利的权利受宪法保护，但为取得专利，申请者必须将关于产品或工艺的形式、数量、质量以及技术先进的程度等大量资料向社会公开，以换取对该项技术的有限垄断；而商业秘密必须处在秘密状态，不为公众所知悉。因此，企业应针对自有技术的特征，权衡因"公开"或"秘密"所造成的潜在风险加以选择。一般而言，技术先进性强，难以通过自行研制或反向工程等途径获取的技术适于申请专利，而配方类信息则更适于商业秘密保护等。

3. 内容适用性

专利保护范围以专利说明书中的描述为限，一旦获得专利，未写入说明书中的内容按专利法捐献原则，任何人都可以进行设计开发。商业秘密保护的内容不受范围限制，其不仅可以是设计方案、技术产品、装置或工艺，还可以包括所有人在研发过程中的试验失败记录等；同时，企业有价值的经营性信息只能通过商业秘密保护。因此，商业秘密的保护范围可以包含技术开发全过程以及企业计划、营销、财务等方面的经营及管理信息，范围较广。

4. 技术更新速度

各国对专利权有效期的规定不同，但一般都为 10～20 年时间。随着技术革命的飞速发展，有些新技术的实用期比申请专利所需要的时间还要短。这类技术成果所带来的有限利益是否能补偿为其申请所付出的成本？有些企业为其技术和产品申请专利，纯粹是出于防御目的。因为一旦申请立案，申请人就可以在其产品上标明正在申请专利的字样，以限制竞争对手。但无论如何，申请专利的费用是一个需要考虑的因素。相比之下，商业秘密无须申请，只要企业有保护的主观愿望和客观事实，就能成为法律保护的对象。

5. 技术应用的区域性

在全球经济一体化背景下，企业面临国际经济体系的竞争环境。对于许多新技术而言，仅在国内申请专利不足以实现对技术的充分保护。而要同时在国外申请专利的话，企业申请和保持专利权利的费用会成倍增长。这对任何一个拥有大量专利的企业来说都是一笔可观的开销，且从收回研发成本以及获取收益方面看，这一方式也较为缓慢。而商业秘密可通过颁发许可证和合营两种方式使企业在短期内获得收益。

总之，专利保护作为企业技术信息的保护手段，在为企业带来技术垄断（独占）的经营优势的同时，也会面临因技术公开给竞争企业提供仿造专利技术参考的风险。权衡利弊、善用两者方式以达到相互配合和补充，才能有效保护企业的权益。

第三节　我国的商业秘密法律保护

我国商业秘密的立法是以《反不正当竞争法》为主导的分散式立法保护模式，《民法典》《刑法》《劳动法》《合同法》等相关法律都从不同角度、不同层面对商业秘密的保护作出规定。现阶段我国对商业秘密的保护基本形成了包括民商法、行政法和刑法保护的、较为完整的法律保护体系。

一、《反不正当竞争法》对商业秘密的保护

所谓不正当竞争行为，是指经营者在生产经营活动中，违反法律规定，扰乱市场竞争秩序，损害其他经营者或者消费者的合法权益的行为。《反不正当竞争法》是我国保护商业秘密最重要的法律之一。该法于 1993 年 9 月 2 日颁布，并于 2017 年和 2019 年进行两次修订。《反不正当竞争法》把侵犯商业秘密的行为规定为一种典型的不正当竞争行为，并规定了经营者不得采用的侵犯商业秘密的手段。

（一）侵犯商业秘密的行为

依据《反不正当竞争法》的规定，侵犯商业秘密的违法行为及其表现形式包括：

1. 以盗窃、贿赂、欺诈、胁迫、电子侵入或者其他不正当手段获取权利人的商业秘密

这里的“其他不正当手段”，指利用虚假陈述以骗取他人商业秘密；通过虚假业务洽谈、技术合作开发、参与技术鉴定会等活动套取他人商业秘密；或用电子及其他方法进行侦探以获取他人的商业秘密等。凡此种种以获取商业秘密为目的，违反商业道德、公序良俗的行为都属于不正当手段。

2. 披露、使用或者允许他人使用以前项手段获取的权利人的商业秘密

披露是指以不正当手段获取商业秘密的人将商业秘密向他人传播、扩散。

使用包括直接使用和间接使用。直接使用是指不正当获取人将商业秘密运用于自己的生产经营;间接使用是指将以不正当手段获取的商业秘密用于科研活动,表面上不存在使用于生产,实际可以减少科研经费、人力等投入,也是一种利用。

允许他人使用是指以有偿或无偿的方式将其通过不正当手段获取的商业秘密提供给第三人使用,比较典型的行为是冒充商业秘密所有人与他人签订许可合同,并收取使用费,或是无偿提供给朋友、家人使用。

3. 违反保密义务或者违反权利人有关保守商业秘密的要求,披露、使用或者允许他人使用其所掌握的商业秘密

此种行为是指商业秘密的合法获得者,违反约定的或法定义务或保密要求,将其掌握的商业秘密披露给他人、自行使用或者允许他人使用。这些行为的发生主体通常包括与商业秘密所有人有业务关系的单位和个人、商业秘密所有单位的在职职工和离职职工等。这些行为不仅仅是违约行为,而且是一种侵犯商业秘密的不正当竞争行为。

4. 教唆、引诱、帮助他人违反保密义务或者违反权利人有关保守商业秘密的要求,获取、披露、使用或者允许他人使用权利人的商业秘密

这一行为的主体主要指经营者以外的其他自然人、法人和非法人组织,他们虽未直接参与商业秘密的侵权活动,但其行为促成了侵权活动的实施,因此也被视为侵犯商业秘密的违法行为。

5. 关于“第三人”的行为

“第三人”指直接侵犯商业秘密行为人以外的人。《反不正当竞争法》规定:第三人明知或者应知商业秘密权利人的员工、前员工或者其他单位、个人实施了以盗窃、贿赂、欺诈、胁迫、电子侵入或者其他不正当手段获取权利人的商业秘密的行为,仍获取、披露、使用或者允许他人使用该商业秘密的,视为侵犯商业秘密。这里“明知”是一种恶意状态,“应知”是一种重大过失的主观状态,行为人只有具备其中的一种主观状态,才会构成侵犯商业秘密的行为。

如此,以上规定就把善意第三人的行为排除在外。当然,对善意第三人受让取得商业秘密的,可以继续使用,但应当向商业秘密所有人支付合理的使用费并承担保密义务。

(二) 侵犯商业秘密行为应承担的法律责任

如前所述,侵犯商业秘密的行为,不仅会直接侵害商业秘密所有人的合法权益,给其带来直接或间接的经济损失,而且会破坏社会主义市场经济秩序,妨碍公平竞争机制应有作用的发挥。《反不正当竞争法》原则上规定受害人可依法就民事侵害赔偿问题上向人民法院起诉的基础上,还规定了侵权人所应承担的法律责任。侵犯商业秘密行为主要应承担行政责任,包括没收违法所得和罚款。一般情况处十万元以上一百万元以下的罚款;情节严重的,处五十万元以上五百万元以下的罚款。

二、《民法典》对商业秘密的保护

自 2021 年 1 月 1 日起施行的《民法典》中，从商业秘密的权利属性、合同订立、技术转让合同内容三个方面明确了对商业秘密的保护。

（一）明确商业秘密的权利属性

《民法典》第一百二十三条明确了商业秘密作为知识产权的客体，权利人享有专有权利。商业秘密权利人的商业秘密受到侵犯，其有权主张权利，要求侵害人停止侵害并承担法律责任。

（二）合同订立阶段有关商业秘密保护的规定

在经济技术交流与合作过程中，合同订立阶段对商业秘密的保护至关重要。

《民法典》第五百零一条规定了当事人的保密义务，即当事人在订立合同过程中知悉的商业秘密或者其他应当保密的信息，无论合同是否成立，不得泄露或者不正当地使用；泄露、不正当地使用该商业秘密或者信息，造成对方损失的，应当承担赔偿责任。

在订立合同的过程中，为达成协议，有时告诉对方当事人商业秘密是必需的，但一般也提请对方不得泄露、使用。在这种情况下，对方当事人有义务不予泄露，也不能使用。如果违反规定，则应当承担由此给对方造成损害的赔偿责任。在有的情况下，虽然一方当事人没有明确告知对方当事人有关的信息是商业秘密，但是基于此种信息的特殊性质，按照一般的常识，对方当事人也不应当泄露或者不正当地使用，否则有悖于诚实信用原则，也应当承担赔偿责任。无论最终合同是否达成，当事人任何时候均不得泄露或者不正当使用所知悉的商业秘密。

（三）技术开发合同中有关商业秘密保护的规定

技术开发合同是当事人之间就新技术、新产品、新工艺、新品种或者新材料及其系统的研究开发所订立的合同。技术开发合同包括委托开发合同和合作开发合同。

《民法典》第八百六十一条规定了技术秘密成果的归属与分享，即委托开发或者合作开发完成的技术秘密成果的使用权、转让权以及收益的分配办法，由当事人约定；没有约定或者约定不明确，且依据交易习惯仍难以确定的，在没有相同技术方案被授予专利权前，当事人均有使用和转让的权利。但是，委托开发的研究开发人不得在向委托人交付研究开发成果之前，将研究开发成果转让给第三人。

（四）技术转让和技术许可合同中有关商业秘密保护的规定

技术转让合同是合法拥有技术的权利人，将现有特定的专利、专利申请、技术秘密的相关权利让与他人所订立的合同；技术许可合同是合法拥有技术的权利人，将现有特定的专利、技术秘密的相关权利许可他人实施、使用所订立的合同。技术转让和技术许可是技术成果进入市场，实现技术成果商品化的重要方式。《民法典》为保障科技成果转让有法可依，对技术转让合同和技术许可合同的内容作了详细规定，明确了技术秘密让与人和许可人的义务及违约责任以及技术秘密受让人和被许可人的义务及违约责任，同时对技术转让合同中后续改进技术成果分享办法作出了规定。

三、《劳动法》对商业秘密的保护

在竞争日趋激烈，人才流动日益频繁的今天，职工跳槽已成为企业流失商业秘密的主渠道。我国《劳动法》第二十二条规定："劳动合同当事人可以在劳动合同中约定保守用人单位商业秘密的有关事项。"据此，对负有保守用人单位商业秘密义务的劳动者，劳动合同当事人可以在劳动合同或者保密协议中约定竞业限制条款，并约定在终止或者解除劳动合同后，给予劳动者经济补偿，以防止企业职工、企业高级管理人员、研究开发人员、技术人员泄露或者使用企业的商业秘密。这也是国外企业保护商业秘密的通常做法。

《劳动法》第一百零二条规定了劳动者的违约责任，即"劳动者违反本法规定的条件解除劳动合同或者违反劳动合同中约定的保密事项，对用人单位造成经济损失的，应当依法承担赔偿责任"。

四、《刑法》对商业秘密的保护

我国《刑法》在侵犯知识产权罪部分中规定了侵犯商业秘密罪。

第二百一十九条规定了侵犯商业秘密行为，情节严重的，处三年以下有期徒刑，并处或者单处罚金；造成特别严重后果的，处三年以上十年以下有期徒刑，并处罚金。

第二百一十九条之一：为境外的机构、组织、人员窃取、刺探、收买、非法提供商业秘密的，处五年以下有期徒刑，并处或者单处罚金；情节严重的，处五年以上有期徒刑，并处罚金。

综上可见，我国虽然没有专门的商业秘密保护法，但由相关的各类法律对商业秘密进行综合的、多层面的、多角度的保护，表明我国已初步建立起商业秘密保护的法律体系。今后，面对日趋激烈的竞争，围绕竞争情报和商业秘密所产生的信息冲突将会更加激烈，我国还有待完善商业秘密保护的相关立法，使之更加细化和有效。

第四节　商业秘密的管理

随着信息社会的到来，经济全球化和竞争的加剧使得商业秘密保护面临日益严峻的挑战。管理性是商业秘密区别于一般技术信息和经营信息的典型法律特征，对于商业秘密的拥有者而言，通过合理的管理手段加强商业秘密的保护甚至比造成损失后得到法律救济更为重要。

一、商业秘密的泄密途径

商业秘密的保护是一项非常重要而又复杂的工作，要想保护好本企业的商业秘密，首先需要了解商业秘密的泄露途径，以防患于未然。从国内外的大量实例来看，泄露商业秘密主要有下列几种途径。

(一) 员工泄密

大多数企业家总是把眼睛盯在企业以外的对其商业秘密具有现实和潜在威胁的竞争对手身上。然而,历来由内部员工盗窃或泄露商业秘密的案例总是多于外部人员。据国内外相关统计数据,对商业秘密的侵权方式中企业内部人员自盗的比例约占80%,这是因为员工总是较为容易接近商业秘密。员工泄露商业秘密既包括主观行为也包括过失行为。

(二) 竞争对手获取

竞争对手对商业秘密的获取可分为间接和直接两种方式。间接获取是指通过控制对方的员工来达到目的;直接获取是指竞争对手通过工(商)业间谍对商业秘密载体加以窃取,通过电话窃听或侵入对手计算机系统的方式获取或者通过假扮谈判者身份等方式获得。

(三) 相关单位或人员泄密

每个企业处于经营上的需要,都不得不让企业外部人员接触企业的某些商业秘密。相关单位通常指与商业秘密所有者有业务往来的单位和个人,如企业顾问、销售或供应单位、上级机关、金融机构、律师、注册会计师等。这些单位和个人,因各种原因可以接触到企业的商业秘密,如没有适当的保护措施,则极易造成商业秘密的泄露。

(四) 企业公开活动中的泄密

很多企业有面向社会的公开活动,如接待公众来访参观、参加展会等。这些活动有助于提高企业的公共形象,但如果在这些活动中对企业研发、实验、生产、制造等涉及商业秘密的重点场所未采取专门的防范措施,被参观者看到了不该看到的内容,这就成了商业秘密泄露的渠道。

(五) 学术活动中的泄密

学术交流、成果鉴定、招投标、员工撰写和发表学术论著等过程中,很容易将相关新技术或经营性成果的有关秘密主动或被动地泄露,造成本单位商业秘密权益的丧失。

(六) 企业系统被非法入侵

信息技术的发展使得企业商业秘密也存在来自纯技术的风险,如因黑客或计算机病毒攻击造成企业信息系统中的重要信息和数据泄露等。黑客通过网络入侵的方式导致企业商业秘密侵权的案例所占比例还很少,但这并不代表网络的风险就低。考虑到企业的网络应用水平、网络盗取商业秘密的隐蔽性、难以确定泄密源头、不容易收集证据、难以立案起诉等特点,可能并不能真正代表企业遭受黑客网络盗密的真实情况。

案例 10-2

伸向IBM的黑手——美国、日本历史上最大的工业间谍案

1980年11月20日,位于纽约市中心的美国国际商业机器公司(IBM)总部放在保险柜里的一份关于最新电子计算机IBM3081K软件设计的技术文件不翼而飞了!

负责IBM公司保卫工作的理查德·卡拉汉受命开展调查。1981年10月,卡拉汉从好友佩里处得知这份文件在日本日立公司。原来,日立公司获取了IBM的设计文件后,还想弄到关于这个机型的其他资料,日本人知道佩里的朋友就在IBM工作,就想请他帮忙。于是,卡拉汉与硅谷地区圣克拉拉市的格莱曼公司(由联邦调查局创建,主要任务是保护美国高新科学技术,防止尖端技术外流,同时也负责侦破本地区科技资料失窃案件)精心设计了一套连环计,准备将盗窃分子一网打尽。

1981年11月3日,日立公司主任工程师林建治搭乘飞机抵达拉斯维加斯,与佩里、格莱曼公司的经理哈里逊(联邦调查局侦探)及其助理(卡拉汉)会面,敲定日方所需情报内容为IBM公司最新产品的资料,并参观IBM3380计算机系统的样品等,日方支付5万美金作为报酬。此后,双方建立了"长期合作"的关系,满足日立公司进一步的情报需求。

1982年6月22日,当林建治带领日立公司神奈川工厂和软件工厂的人员赴格莱曼公司收取情报时,被当场抓获。就这样,日立公司盗窃技术的主要负责人全部落入圈套。

1993年2月,美国旧金山法院开庭审理了此案,判处林建治罚金1万美元,日立软件工程师成濑罚款4000美元,日立公司罚款1万美元。至此,这场美国、日本历史上最大的工业间谍案终于落下了帷幕。

以上行为是企业预防和控制的重点。一旦侵害行为发生,商业秘密泄露就意味着这些信息可能进入公共领域,因向公众披露而产生的法律后果就是商业秘密权益的灭失。

二、制定保密方案

除依靠法律维护自身的商业秘密权益外,基于商业秘密的权益特性,所有企业无论规模大小或对技术的依赖程度如何,都应制定全面有效的商业秘密保护方案,以实现对商业秘密的充分保护。制定保密方案的主要步骤及内容如下。

(一) 加强组织建设

组织建设是商业秘密得以持续保护的关键。企业应成立保密小组,明确保密工作负责人。保密工作负责人应是全面了解企业整体活动的高级经营管理人员,精通生产、销售、财务和科研工作流程,具备较强的变通能力和组织协调能力,容易获得企业部门和全体员工的配合,能够和企业最高负责人直接沟通。

(二) 确定商业秘密的内涵、范围并分级分类实施管理

企业信息数量庞大、种类繁多,企业应该首先对各种信息进行梳理,并从管理和技术的角度进行分类,以进一步检验出哪些信息属于商业秘密,并分级分类实施不同的保护措施。

1. 信息梳理及分类

企业信息的分类没有统一标准,一般而言可将其归为五个基本方面:一是与技术发

明和工业生产工艺相关的技术信息;二是技术草图、图纸、设计、实验数据、培训手册等信息资料;三是有关销售、采购、客户以及公司计划等信息;四是有关财务、会计、法律及保安方面的信息;五是其他各种记录材料,如反映企业用工政策、企业发展政策等资料。企业应重点梳理这五大方面的信息资源,同时,由于企业信息价值的判断及信息分类的方法与技术的关系非常密切,应注意征求专业技术人员的意见。

2. 判断信息的商业秘密属性,并划分保密等级

企业对全部信息进行梳理后,应采用秘密性、价值性和实用性的标准对信息内容进行甄别,排除非商业秘密性质的一般信息后,应对属于商业秘密性质的信息按其对企业重要程度的大小进行分类排列。参照国家秘密中的绝密、机密和秘密等级的划分,可将企业商业秘密划分为关键性商业秘密、重要性商业秘密和一般性商业秘密。

(三)制定商业秘密保护方案

一个企业的商业秘密保护方案可繁可简,依企业具体情况而定。对绝大多数企业而言,商业秘密保护方案的组成至少应包括七个部分,即指定商业秘密的存放范围、确认保护商业秘密的责任及其监管、在商业秘密上加注统一标记、设定各类员工接触商业秘密的权限、签订员工保密协议、有效规避主动披露商业秘密风险的措施以及定期更新商业秘密。

(四)保护商业秘密的物理和技术措施

认定属于商业秘密的信息,就要采取具体的隔离手段和技术措施,避免员工轻易地接触,已具备法律保护的前提。常见的物理和技术保护措施包括以下几种。

1. 对商业秘密载体的物理屏蔽

商业秘密应封装在适合的载体上并保存在单独的库房,关键性的商业秘密也可有专用保管装置。保存商业秘密的空间或敏感实验室区域应设有安全锁、围栏、门卫、监控等方面的环境保安措施,防止商业秘密失窃。对于必须经常移动的载体也要加以遮掩,以避免有必要接触但不必要了解内容的人员得知。

2. 专用设备设施

企业应根据需要订购一些设备,如文件粉碎机、警报器、监视器、密码启动的传真机、防窃听设备等。

3. 防止文件失密的技术措施

随着计算机、网络通信和办公自动化的普及,越来越多的商业秘密被记录在电子媒体上并流动于网络中,高技术已经成为窃密的重要手段和泄露的重要漏洞。因此,企业应注意跟踪、选用或开发适宜的保护商业秘密的新技术,如防复制技术、防网络盗窃技术等。

4. 设计防护措施

对于易被竞争者及反向工程解剖的新产品,在设计过程要加以防卫,以不使产品所涉及的商业秘密被轻易地解读出来。

5. 敏感区域限制开放

企业开放应避开敏感区域,勿对关键性生产制造工艺进行演示。对员工和相关外部

人员是否进入某些区域也应有所限制，并要强调保护相关商业秘密的承诺。

（五）员工保密教育与培训计划

企业的一切行为归根结底都是人的行为，企业商业秘密保护最终还要落实到对人的教育和管理上，加强员工保密教育是保护商业秘密的捷径。员工教育培训应定期开展，除有关商业秘密的内容、须采取的保护措施、商业秘密泄密的途径和方式、泄密可能产生的严重后果等教育内容外，还应根据技术和社会的发展适时进行新的技术手段的培训。另外，针对突发事件随时开展专题性的保密教育和技术培训也是有效提高员工保密意识、防止过失失密的有效手段。

本章参考文献

[1] 王瑞贺，杨红灿. 中华人民共和国反不正当竞争法释义[J]. 北京：中国民主法制出版社，2017.

[2] 昂科维克. 商业秘密[M]. 胡翔，叶方恬，译. 北京：企业管理出版社，1991.

[3] 刘春田，郑璇玉. 商业秘密的法理分析[J]. 法学家，2004(3)：106－114.

[4] 蔡晓东. 商业秘密与传统知识保护[J]. 辽宁师范大学学报（社会科学版），2014(7)：492－497.

[5] 梁天一. 论商业秘密的法律性质[D]. 杭州：杭州师范大学，2013.

[6] 广东长昊律师事务所. 侵犯商业秘密罪律师带你看国外商业秘密法律保护模式[EB/OL]. (2020－12－29)[2022－01－10]. https://www.docin.com/p－2566785050.html.

[7] 韩志刚. 论商业秘密的保护[D]. 北京：首都经济贸易大学，2002.

[8] 楚淑慧. 世界谍战和著名间谍大揭秘[M]. 北京：中国华侨出版社，2011.

第十一章 个人信息保护法律制度

引导案例

2019年4月，郭某向杭州野生动物世界有限公司（以下简称“野生动物世界”）购买了双人年卡。郭某与其妻按照野生动物世界办理要求留存了姓名、身份证号码、电话号码等个人信息，并录入指纹和拍摄照片。后野生动物世界将入园方式从指纹识别调整为人脸识别，并向包括郭某在内的年卡消费者发送短信，告知年卡系统已升级，若不激活人脸识别系统，将无法正常入园。郭某至野生动物世界交涉时，工作人员亦表示，原指纹识别方式已停用，未注册人脸识别系统将无法入园。郭某对此提出质疑，要求野生动物世界退卡。双方协商未果，郭某遂诉至法院，请求判令：确认野生动物世界店堂告示和短信通知中涉及指纹识别和人脸识别的内容无效；野生动物世界因涉嫌欺诈和违约而赔偿年卡卡费1360元、交通费1160元；野生动物世界删除郭某在办理年卡及之后使用年卡时提交的全部个人信息。

浙江省杭州市富阳区人民法院作出一审判决，判令野生动物世界赔偿郭某合同利益损失及交通费共计1038元，删除郭某办理指纹年卡时提交的包括照片在内的面部特征信息，驳回郭某的其他诉讼请求。

个人信息作为一种特殊的社会资源，记录了公民个人的基本情况，承载着公民个体的人格利益，是公民个人生活的重要组成部分。个人信息权利是公民在现代信息社会享有的重要权利，保护个人信息对于保护公民的人格尊严，使公民免受非法侵扰，维护正常的社会秩序具有重大而深远的意义。近年来，非法获取、非法出售或者非法向他人提供公民个人信息的违法行为泛滥，社会危害严重。尤其是在大数据时代下，这些乱象使公民个人信息安全问题日益凸显，个人信息主体的生活安宁、财产利益等面临严重威胁。对个人信息的收集、利用与保护，作为一个崭新的、全球性的法律问题日益受到关注。

第一节 个人信息保护法律制度概述

在人类社会早期，社会经济和技术条件落后，个人信息不具有商业价值和功能，无须进行法律规范。随着社会的发展，尤其是摄影、影视、音像技术的发展，使社会公众人物的肖像、姓名等个人信息拥有了巨大的商业价值，从而产生了以支配和控制对个人姓名、肖像、隐私等直接个人信息的商业性使用价值为内容的财产权。而随着网络时代和信息社会的到来，尤其是大数据等技术使对个人信息的大规模收集、加工、分析成为可能，导致一些在传统条件下不具有商业价值的个人信息有了较大的增值空间，围绕着个人信息形成了复杂的利益关系，从而产生了对个人信息确权的需要。

一、个人信息保护法律制度的发展

从世界范围看，个人信息保护法律制度的发展经历了资料保护、隐私权保护到个人信息权保护的三个阶段。

(一) 以资料、信息保护为主的阶段(20 世纪 40—70 年代初)

这一阶段是世界范围个人信息保护法律制度的初创期。这主要有两个诱因：一是“第二次世界大战时期，德国纳粹根据其掌握的户籍资料来锁定特定宗教信仰、种族或其他特定人群，个人信息成为强权政府诛伐异己的有力工具”[①]；二是 20 世纪 60 年代中期，随着局域网技术的问世，欧美各国试图筹建各种类别的个人资料管理或自动化信息系统，以满足战后福利国家的建设需要，这使政府收集、处理和利用个人信息的行为达到了前所未有的深度和广度，引起了民众的高度警惕。

为防止政府对市民的全方位监视及过多地介入市民生活，第一代个人信息保护法出台。1970 年，美国公布《公平信用报告法》，这是美国个人资料保护立法的开端；同年，德国黑森州颁布了该邦的《个人资料保护法》；1973 年，瑞典颁布了世界上第一部适用于全国范围的个人信息保护法，即《瑞典联邦个人资料保护法》等。这些早期个人信息保护法明确提出“资料保护”“信息保护”的概念，通过规制政府利用计算机处理个人资料的行为，以阻止政府“侵入”市民社会，其价值核心在于保护“人权”。因此，早期的个人信息保护法主要表现为行政法，并未赋予信息所有者本人对其个人信息的控制权利。

(二) 以人格权、隐私权保护为主的阶段(20 世纪 70—90 年代)

随着小型计算机的广泛应用，对个人信息的采集与处理出现两方面变化：一是进行个人信息采集和处理的主体开始多元化发展，不仅局限在政府行政机关，企业、银行等商业主体为了商业目的处理个人信息的行为日益普遍；二是计算机和其他现代信息储存和搜索方式的使用，大大加大了损害公民隐私权的可能性，加深了个人对自身信息安全的疑虑，由此催生了第二代个人信息保护立法。1974 年，美国出台《隐私权法》，其立法目的旨在承认并保护公民对政府掌握的有关自己的记录存在一定的利益，并保护个人的隐私权；控制行政机关处理个人记录的行为；平衡个人得到最大限度的隐私权利益与行政机关为了依法执行职务需要保存有关个人记录的公共利益。

继美国后，其他国家和组织也开始相继在立法中保护隐私权或人格权，典型的有

---

① 贾淼. 个人信息保护法的回顾及启示[J]. 沿海企业与科技，2010(9)：15－19.

1977 年德国颁布的《联邦数据保护法》、1978 年法国颁布的《数据处理、档案与自由法案》和《计算机与自由法》等，1981 年经济合作与发展组织制定了《关于隐私保护和个人数据跨疆界流动的指导原则》。

与上一阶段相比，这一时期的个人信息保护立法发生了明显变化。

第一，适用范围更加宽泛。各国的国内法普遍将政府以外的主体纳入到了隐私权法律调整的范围之中，较为重视规范基于商业目的的收集、处理和利用个人信息的行为。同时，为解决因各国立法而导致的国际贸易争端，出现了协调各国个人信息保护制度的国际规定。

第二，从单方面规制政府和其他主体的信息采集和处理行为转向规制与赋予个人信息权利并重。例如，个人有权决定是否将其在公共资料库的个人信息传输到私人资料库，有权拒绝将其个人信息用于市场营销或市场调查目的等。

第三，更加注重对个人自由的维护，更加重视对独处权利、私密空间的权利和隐私等权益的保护。

第四，基本概念转变。第一代立法中曾普遍使用的资料、资料库等具体的技术性用语，在这一时期的立法中则由人格权、隐私和信息等抽象概念或用语替代。

(三) 个人信息权利的强制保护阶段(20 世纪 90 年代至今)

第三代个人信息保护法直接规定了个人信息的基本权利，其基本立法思路和架构源于 1983 年德国宪法法院"人口普查法判决"中创设出的"信息自决权"概念，即对于个人信息"本人有权自主决定其个人信息何时、何地、以何种方式向何人公开，并有权参与个人信息收集、处理、利用的全过程"①。个人信息自决权集中反映了个人信息权的人格权属性，即主体对个人信息积极的决定权与支配权，除本人外的其他一切个人或机关均为义务主体，这为今后个人信息保护的发展提供了宪法基础和价值规范。欧盟 1995 年颁布的《个人数据保护指令》，旗帜鲜明地指出：公民对个人信息享有的权利是人类的基本权利。2016 年又通过了《通用数据保护条例》，详细规定了数据主体对个人信息数据的八项权利，包括知情权、访问权、更正权、删除权(被遗忘权)、限制处理权、可携带权、反对权和不受制于自动化决策权，个人信息的人格权框架基本形成。

从个人信息法律保护的发展过程看，前两个阶段的立法以规制信息采集和处理主体为主，虽然赋予信息所有者本人在一些方面的决定权，但其本质上依然属于消极权利，仅限于被动地防御私生活领域遭受外界的侵扰，以及在遭受侵扰之后获得赔偿的权利，加之制度实施上较低的可操作性和商家格式条款的限定，使得个人信息在实质上难以获得充分保护，本人信息权往往流于形式。正是个人信息的商业利用最终导致了"个人信息权利"的产生。第三代立法中设立"个人信息自决权"，通过强制性规范保护个人信息，表明法律制度对个人信息的保护已从消极的防守状态转变成积极的控制状态，使个人信息权

---

① 贾森. 个人信息保护法的回顾及启示[J]. 沿海企业与科技，2010(9)：15 - 19.

的内容更为丰富和充实，从而得以形成一个相对独立的研究领域并成为一项新的具体人格权。

二、个人信息保护法律制度的社会意义

随着社会的发展，个人对其自身信息的权利已发展为基本人权的一项全新而重要的内容，个人信息保护法律制度是信息社会的人权保障法律制度，在保护个人基本权利、规范电子政务和电子商务行为、促进信息产业发展等方面具有重要的意义。

（一）保护个人基本权利

保护个人信息的实质是保护个人信息的人格权益，这是个人信息法律制度的首要目的和意义。人格权是法律赋予个人最基本的权利，没有人格权为基础，现代法治也就失去了存在的意义。由于信息技术的发展，一方面使得个人对自身信息的知晓和控制能力越来越弱，而另一方面，其他主体对于个人信息的采集和处理的手段却越来越普及和便利。不当的个人信息的收集与处理行为，如篡改和滥用个人信息将给信息主体带来生命和健康权损害，导致对自然人人格权的侵害。因此，通过立法保护个人信息权益，制裁损害个人信息权益的行为，使公民免受侵权行为带来的精神痛苦和财产损失，是社会发展要求个人信息立法的客观必然。

案例 11－1

徐玉玉被电信诈骗案

徐玉玉，18 岁，山东临沂市罗庄区高考学生。2016 年 6 月，以 568 分的高考成绩，被南京邮电大学录取。2016 年 8 月 19 日，徐玉玉被以发放助学金为名义的电信诈骗骗走父母借来的 9900 元学费。徐玉玉在当地派出所报警后昏厥，经抢救两天后不治身亡。事发后，陈某等 7 名嫌疑人归案。

经法院审理查明，2015 年 11 月至 2016 年 8 月，被告人陈某等人交叉结伙，通过网络购买学生信息和公民购房信息，分别在多个省市，以租赁房屋作为诈骗场所，冒充教育局、财政局、房产局的工作人员，以发放贫困学生助学金、购房补贴为名，以高考学生为主要诈骗对象，拨打诈骗电话，骗取他人钱款。拨打诈骗电话累计 2.3 万余次，骗取他人钱款共计 56 万余元，并造成被害人徐玉玉死亡。

（二）协调个人信息共享与保护的关系

通过个人信息保护法律制度规范个人信息，旨在正确处理个人信息共享与保护之间的关系，促进个人信息的合理利用。个人信息的保护和利用体现了两种价值取向，无论是因过度保护而忽视有效利用，还是完全为了有效利用而忽视保护，都会导致发展和安全的失衡。通过法律制度的规定，在明确个人信息权益、全面强化对个人信息保护的基础上，规定合理范围内的个人信息处理使用规则，促进个人信息合理利用，达到最大限度平衡个人信息主体利益与数据共享、利用之间关系的目标。

（三）维护社会整体经济发展的公平性

不规范的个人信息市场每年造成大量损失。据《2018网络黑灰产治理研究报告》[①]估算，2017年我国网络安全产业规模为450多亿元，而黑灰产已达近千亿元规模；全年因垃圾短信、诈骗信息、个人信息泄露等造成的经济损失估算达915亿元，而且电信诈骗案每年以20%～30%的速度在增长，这一切大都建立在对个人信息不当使用的基础上。通过保护个人信息，规范个人信息的获取和使用，可以有效减少数据滥用、净化市场竞争环境，从而打造良性竞争的市场，在保障公平的同时，实现长期效率。

（四）规范电子环境下政务与商务行为

电子政务和电子商务是新型的网络运营和管理模式，对于经济发展和社会管理具有十分重要的作用。然而在电子政务和电子商务推行的过程中，必然带来对个人信息的大规模采集和过度集中管理，在开放的网络环境下，势必增加大规模个人信息主动和被动泄密的风险。而这类事件一旦出现，将严重扰乱经济和社会秩序，影响电子商务和电子政务的健康发展，挫伤公民主动参与经济和社会事务的积极性。建立健全个人信息保护法律制度，是推动电子政务、规范电子商务发展的必然要求。

（五）增进国际交往，破除贸易壁垒

“贸易壁垒也称贸易障碍，指一国对国外商品劳务交换所设置的各种人为限制措施。”[②]经济全球化的发展迫使各国的国内立法开始面向国际大环境，个人信息保护的立法亦是如此，处理不好将有可能成为某种新的贸易壁垒。在国际贸易中，出于对第三国个人信息保护水平的判断，而对个人信息的跨国流动作出单方面限制，中断贸易进程的事例并不鲜见。如果立法以保护信息主体权利为着眼点限制个人信息自由流通，则会在国际上形成贸易壁垒，阻碍贸易自由；如果各国的法律法规不能在国际上协调一致，那么就会出现迥然不同的政策，也有可能形成非关税贸易壁垒。面对日趋开放的国际大环境，如果没有一个健全的个人信息保护的法律制度，一个国家将在国际人权与国际贸易两方面腹背受敌，失去共同发展的机会。

（六）构建国家信息化法律体系的基础

社会发展，立法先行，社会信息化进程更是如此。只有尽快构建信息化法律体系，才能为信息化建设提供制度保障，推动信息化的进程。个人信息保护法涉及公民的基本人权，是信息化法律体系中的一部基础性法律，是构建个人、企业与政府三方良性互动关系中最为重要的环节之一。

三、个人信息保护立法模式

当代社会，个人信息立法保护已成为各国共识，目前全球已有近90个国家和地区制

---

① 该报告由《南方都市报》联合阿里在2018网络安全峰会上发布。所谓网络黑灰产，是指利用网络开展违法犯罪活动的行为，包括电信诈骗、钓鱼网站、传播木马病毒和勒索等。其中“黑产”是指直接触犯国家法律的网络犯罪，“灰产”则是介于违法边缘，为“黑产”提供辅助的争议行为。

② 侯富强. 基于个人信息保护的国际贸易壁垒及其法律应对[J]. 法学论坛，2015(3)：36－42.

定了个人信息保护的法律[①]，但各国在保护策略上各不相同。从立法模式上，目前世界范围个人信息保护可分为两种模式，即统一立法模式和分散立法模式。这两种模式的关键不同点在于：第一，从立法理念上来看，个人信息保护立法应该是维持竞争者之间的平衡，还是促进个人权利的保护；第二，是否将公共部门和私营机构收集、储存和处理个人信息的行为放在一部法律文件内进行调整。

（一）统一立法模式

统一立法模式采用一般人格权理论对个人信息加以保护，使自然人对自己信息所享有的权利成为一项有法律保障的基本人权。这一模式强调国家在个人信息保护中的积极作为，以制定公、私一体的统一个人信息保护法为重要特征；同时，设立专门的个人信息保护主管部门，严格规范个人信息保护的基本原则要求。这一立法模式在欧洲大陆法系国家较为普遍，其中德国最为典型。

统一立法模式的优势在于：法律位阶层级较高，立法更具权威性；标准更具体、更明确，提供全面有效的救济途径等。但其局限性在于：过于强调国家公权力的作用，容易存在规则过于原则抽象、监督管理僵化、滞后等问题；可能阻碍个人信息的自由流动，抑制创新和限制市场自由；实施成本较高；另外，统一立法需要统一的立法机关去制定法律，可能存在立法动力不足问题。

（二）分散立法模式

分散立法模式是指以个人信息作为基础概念，在公领域和私领域采取不同的保护策略。在公领域中，以隐私权作为宪法和侵权行为法基础，由各公权力机关对不同领域中的个人信息分别立法，而不制定统一的个人信息保护法律；而在私领域则采用行业自律保护模式。以下以美国为例介绍分散立法模式的特点及优劣势。

1. 公领域立法

美国作为个人信息保护公私分治的代表性国家，《隐私权法》作为公领域立法，仅规范联邦公共行政部门的个人信息处理行为，如政府机构应当如何收集个人信息、储存什么内容的信息、如何开放个人信息以及信息主体拥有的权利等；对于民事领域的个人信息，则主要通过专门制定的行业法律加以保护，如《金融隐私权法案》《健康保险隐私及责任法案》《有线通讯隐私权法案》《儿童网上隐私权保护法案》等，体现出分散式立法模式使美国在公领域的隐私权保护呈现多元化立法格局。

2. 私领域的行业自律保护

行业自律模式是指民商事主体为保护个人信息主体的权益而建立的自我约束体系，通过行业组织的内部规范来保护个人隐私和个人信息。行业自律一般包括技术保护、行业指引和商业认证三种方式。1995 年，美国政府发布《全球电子商务架构报告》，明确支持商业机构建立以自我规范为基础、方便客户有效保护隐私权的制度，是美国政府主导下

---

① 人民网. 全球 90 个国家和地区制定个人信息保护法律[EB/OL]. (2017-08-10)[2017-08-12]. http://world.people.com.cn/n1/2017/0810/c1002-29463433.html.

的行业自律模式精神的体现。

3. 分散立法模式的优势及弊端

分散立法模式主要反映了国家对个人信息保护持有的个人自由保障、限制公权力以及保障个人信息自由贸易流通的立法理念。

分散立法模式的优势在于：有助于促使不同部门的立法机关及时立法，解决"公田不治"现象，构成多元保护格局；避免国家过早地立法限制信息科技的进步以及在技术标准选择上可能的偏差。同时，通过行业自律给予市场民商事主体更大的空间，有利于信息的流通和灵活应对市场需求；降低政府立法成本，缓和法律滞后与社会快速发展之间的矛盾。

分散立法模式的弊端在于：众多的法律规范不利于司法协调；法律的适用效力较弱；不利于与他国开展大规模的信息贸易合作。例如，2013 年斯诺登曝光的"棱镜计划"，加剧了欧盟组织对于美国信息安全保护的担忧。同时，鉴于个人和企业之间的地位不对等，行业自律模式缺乏合理的争端解决机制，易导致个人信息权利难以获得全面充分的保护。

(三) 个人信息保护立法模式的融合趋势

欧美等发达国家的个人信息保护立法虽然采用不同的模式，但也存在以下共同点：有法律制度、有收集许可、使用目的受限、必要且数据最小化等。无论采用何种保护模式，国家对个人信息立法保护的力度都在不断加强。值得注意的是，近些年来，美国个人信息保护立法重心开始转向关注私人机构的个人信息处理活动，如儿童信息、医疗档案、种族、政治派别、性倾向等信息通过国会立法或者甄别给予特殊关注。2016 年 8 月 1 日，美国和欧盟签署的"隐私盾"协议已正式生效，替代了此前的"安全港"协议，提高了个人数据保护水平。根据"隐私盾"协议，用于商业目的的个人数据从欧洲传输到美国后，将适用于在欧盟境内同样的数据保护标准。①

四、我国个人信息保护法律体系构成

个人信息的法律保护问题是近半个世纪以来，随着信息社会的发展而日益凸显的问题。我国个人信息保护领域的法治建设同其他领域一样深受大陆法系国家的影响，但由于社会观念、信息产业、科学技术以及立法规划等方面的原因，很长时间以来，我国并未制定统一的个人信息保护法。2017 年 10 月 1 日施行的《中华人民共和国民法总则》(2021 年 1 月 1 日已废止)中首次明确个人信息应作为一种法定利益受到保护；2020 年《民法典》第四编"人格权"中确立了个人信息权益，为各项具体个人信息权提供了权源；2021 年《中华人民共和国个人信息保护法》(以下简称"《个人信息保护法》")出台，调整范围扩展到个人信息自由流动、跨境传输、执法监管、侵权救济等内容，为调整更为复杂的个人利益与社会公共利益间的平衡关系提供了具体法律依据。个人信息保护法律体系初步建成。同时，我国在加强个人信息法制建设的同时，也注重私人领域的行业自律和行业规范建设。

① 田雄. 国外如何保护个人信息权[N]. 民主与法制时报，2018-01-30.

(一) 个人信息保护法律制度建设

我国已在一定程度上形成了由法律、法规、规章以及规范性文件等共同组成的多层次、多领域、结构复杂的个人信息保护体系。从国家法律层面看，我国对个人信息的法律保护可分为直接保护和间接保护。法律的直接保护即法律法规明确提出对"个人信息"进行保护；间接保护即法律法规通过提出对"人格尊严""个人隐私""个人秘密"等与个人信息相关的范畴进行保护进而引申出对个人信息的保护。

1. 直接保护个人信息的法律

我国直接保护个人信息的法律包括《民法典》《个人信息保护法》《中华人民共和国网络安全法》(以下简称"《网络安全法》")和《刑法》等。

(1)《民法典》。2020 年 5 月 28 日，第十三届全国人民代表大会第三次会议通过《民法典》，将个人信息纳入公民人格权范畴，成为直接保护个人信息的国家基本法律。

(2)《个人信息保护法》。2021 年 8 月 20 日第十三届全国人民代表大会常务委员会第三十次会议通过的《个人信息保护法》，是我国个人信息保护的专门法律。其主要内容涉及法律名称的确立、法律的适用范围、法律的适用例外及其规定方式、个人信息处理的基本原则、对政府机关与其他个人信息处理者的不同规制方式、协调个人信息保护与促进信息自由流动的关系、个人信息保护法在特定行业的适用问题、关于敏感个人信息问题、法律的执行机构、行业自律机制、信息主体权利、跨境信息交流问题、法律责任问题等。

(3)《网络安全法》。2016 年 11 月 7 日，全国人民代表大会常务委员会发布《网络安全法》，其中用较大篇幅专章规定了公民个人信息保护的基本法律制度，明确了对于个人信息和用户信息的保护。

(4)《刑法》。《刑法》也是直接保护个人信息的国家法律。《刑法》第二百五十三条之一明确规定了"侵犯公民个人信息罪"，这为严厉打击侵犯个人信息犯罪、为个人信息的保护提供了强有力的保障。

2. 间接保护个人信息的法律

在我国，除了上述直接明确提出对个人信息加以保护的法律法规之外，还存在一些通过规定保护人格尊严、个人隐私、个人秘密等与个人信息相关的范畴进而保护个人信息的法律。

我国《宪法》中"国家尊重和保障人权""中华人民共和国公民的人格尊严不受侵犯。禁止用任何方法对公民进行侮辱、诽谤和诬告陷害""中华人民共和国公民的通信自由和通信秘密受法律的保护"等相关条款均可视为个人信息应当受到法律保护的宪法依据。

《民事诉讼法》和《刑事诉讼法》中规定涉及个人隐私的案件属于法定不公开审理的案件，对涉及个人隐私的证据在保密、销毁等方面均作出了明确规定。

此外，在《中华人民共和国妇女儿童权益保护法》《中华人民共和国未成年人保护法》《中华人民共和国母婴保健法》《中华人民共和国执业医师法》《中华人民共和国传染病防治法》《中华人民共和国邮政法》《中华人民共和国商业银行法》和《中华人民共和国律师法》等法律中，也有与个人信息保护有关的法律条款。

(二) 个人信息保护的自律机制

个人信息的自律保护模式分为两类，一是企业通过单方面承诺这种市场运作方式对个人信息加以保护，二是特定行业组织通过行业自律规范对个人信息确立行业保护标准实施保护。

1. 信息控制人自律机制

由于现阶段我国缺乏对个人信息保护的专门性、统一性的立法，一些信息控制人为了增强行为相对人的信心，进而促进相关行业通过收集、处理、利用、传递个人信息而获得更大的发展，单方面作出了保护个人信息的承诺或制定了保护个人信息的内部行为规范。这是信息控制人采取的一种典型的保护个人信息的自律措施。我国采取此类自律措施保护个人信息的信息控制人主要集中在非公共部门，特别是一些大型的商业网站以及银行业的经营者。

2. 行业自律机制

互联网行业是个人信息侵权的重灾区，因而也是对个人信息保护采取行业自律机制的重要领域。中国互联网协会分别于 2002 年发布《中国互联网行业自律公约》，2018 年发布《个人信息保护倡议书》，2019 年发布《用户个人信息收集使用自律公约》，2021 年发布《移动互联网环境下促进个人数据有序流动、合规共享自律公约》，倡议互联网行业加入各项公约，充分尊重并自觉履行公约的各项规定，以保证用户个人信息安全，切实保护用户合法权益。

第二节　个人信息保护法律关系

个人信息法律关系是个人信息保护法律制度的调整对象，指基于个人信息的收集、处理和利用而在各类主体之间形成的权利义务关系。个人信息保护法律关系有自己独特的主体、客体和内容，是信息社会的一种重要法律关系。

一、个人信息法律关系客体

个人信息法律关系的客体是个人信息，即个人信息本人的权利与个人信息相对人的义务所指向的对象。个人信息是信息社会中重要的人身利益，保护与利用个人信息成为信息社会的一个重要问题，因而随着个人信息立法，个人信息成为重要的法律关系客体。

(一) 个人信息的含义

个人信息是以电子或者其他方式记录的与已识别或者可识别的自然人有关的各种信息，不包括匿名化处理后的信息。对于个人信息的处理，包括个人信息的收集、存储、使用、加工、传输、提供、公开、删除等。

世界各国对个人信息的法律称谓并不统一。我国先后出台的其他相关法律，包括《民法典》《网络安全法》《个人信息保护法》等，均对个人信息作出了界定。这些定义的表述虽不完全相同，但基本包括四方面含义。

一是个人信息的记录方式可以是电子方式，也可以是其他方式；

二是个人信息可单独存在，也可与其他信息结合存在；

三是个人信息可用于识别特定自然人；

四是个人信息的内容包括但不限于自然人的姓名、出生日期、身份证件号码、生物识别信息、住址、电话号码、电子邮箱、健康信息、行踪信息等。

个人信息可以覆盖一个人从生理到心理、从家庭到社会等各个方面涉及人身权的事项，也包括了著作和财产等涉及财产权的事项。当然，并非所有个人信息都是法律意义上的个人信息，只有符合法律界定要件的个人信息才是个人信息法律关系的客体。

（二）个人信息的特征

个人信息具有个体性、可识别性、个人不可知性及兼具人格属性和财产属性的特征。

1. 个体性

个体性指个人信息的主体仅限于个人，即指基于“出生”的法律事实而取得民事主体资格的自然人、法人或组织的信息不受个人信息法律调整。原则上，死者的信息不属于个人信息，因为死者不再是法律意义上的自然人。我国《个人信息保护法》第四十九条规定：自然人死亡的，其近亲属为了自身的合法、正当利益，可以对死者的相关个人信息依法行使规定的查阅、复制、更正、删除等权利；死者生前另有安排的除外。

2. 可识别性

个人信息是一切可以识别本人的信息，可识别性是判断个人信息的核心要件。识别可以分为直接识别和间接识别。能直接识别本人的个人信息包括肖像、姓名、身份证号码、社会保险号码等；不能单独识别本人，但与其他信息相结合能够识别本人的信息称之为间接个人信息，可以是一个或多个与其身体、生理、精神、经济、文化或社会身份有关的特殊因素，包括性别、爱好、兴趣、习惯、职业、收入、学历等。

个人信息所具备的身份识别性，表明如果信息和个人身份相分离，则不再构成个人信息。但需注意，在大数据和数据融合广泛应用的当下，对于存在识别个人身份可能性的信息，都应当谨慎判断其是否构成个人信息。

案例 11－2

个人信息应具可识别性

2021 年 7 月，法院判决田某向某物业公司支付物业管理费及违约金。为督促其他欠费业主尽快缴纳物业费，某物业公司将涉案判决书复印件中的田某姓名、身份证号码、详细地址等个人信息隐蔽后，在小区门口、公告栏张贴公示。田某认为某物业公司未将判决书中其民族、委托诉讼代理人信息进行隐蔽处理就公开，侵犯其个人信息及隐私权，遂诉至法院，要求某物业公司赔礼道歉并赔偿精神损失费。

江门市蓬江区人民法院生效判决认为，某物业公司在张贴涉案民事判决书时，已经对案号、业主姓名、身份证号码、出生年月以及住址采取涂画的隐蔽措施，仅凭业主的民族、委托诉讼代理人信息要素无法识别为某一特定自然人，不构成个人信息泄露及侵犯隐私权。依据《中华人民共和国民法典》第一千零三十四条等规定，判决驳回田某的诉讼请求。

3. 个人不可知性

个人信息并不必然为个人信息本人所知。很多情况下，个人信息本人并不知晓其个人信息被收集的情况，如被网络服务提供商非法收集的个人信息、医生掌握的绝症患者未知的医疗信息等。个人信息保护法保护的不仅是本人知道的个人信息，而且也保护本人不知道的个人信息。

4. 兼具人格属性和财产属性

从个人角度看，个人信息可以全面反映个人信息本人的个人属性，构成本人的"信息影像"。对个人信息的保护的目的并不在于保护个人信息的内容安全，而在于保护个人信息所承载的精神性人格利益；从信息资源的角度看，个人信息的汇集也是一种社会资源，可通过分析、交换产生巨额财富。当然，财产属性是个人信息的第二属性，个人信息并不具有直接的财产内容。

(三) 个人信息的类型

从不同角度出发，可将个人信息分为三类，即私密信息和非私密信息、敏感个人信息与非敏感个人信息、公开的个人信息与非公开的个人信息。

1. 私密信息和非私密信息

这是依据个人信息的私密程度进行的类型划分。所谓私密信息指包含个人隐私的信息，如个人的健康信息、犯罪记录、财产状况、性取向等。非私密信息则是指不包含个人隐私的信息，如自然人姓名、性别、容貌等。构成个人隐私信息有两个关键的判断标准：一是个人信息本人是否愿意他人知晓，二是该信息是否关乎他人及社会利益。对私密信息和非私密信息进行划分的目的在于明确个人信息民事权益的类型与保护方法的差异。如《民法典》规定：个人信息中的私密信息，适用有关隐私权的规定；没有规定的，适用有关个人信息保护的规定。

2. 敏感个人信息与非敏感个人信息

这是依据个人信息对自然人人身财产安全的敏感程度进行的类型划分。所谓敏感个人信息，指一旦泄露或者非法使用，容易导致自然人的人格尊严受到侵害或者人身、财产安全受到危害的个人信息，包括生物识别、宗教信仰、特定身份、医疗健康、金融账户、行踪轨迹等信息，以及不满十四周岁未成年人的个人信息。此外，其他信息则为一般个人信息。区分敏感信息和非敏感信息的目的在于规范个人信息处理者的信息处理行为，有针对性地提高处理者在处理敏感信息时的法定义务，更加充分保护自然人的个人信息权益。

3. 公开的个人信息与非公开的个人信息

公开的个人信息是经合法公开能够为不特定第三人所访问的信息，包括个人自行公开的个人信息和其他方式合法公开的个人信息。信息处理者不经信息主体的同意即可对公开的个人信息进一步处理，但信息处理者对公开信息的后续利用也必须限制在“合法目的”和“合理范围”，否则可能引发侵害个人隐私和个人信息权益的风险。非公开的个人信息是指信息本人尚未向社会公开的、相关的组织和个人无法通过公开或合法途径获得的个人信息。需要注意的是，因他人泄露或非法公开的个人信息，虽然客观上确实处于公开的状态，但其实质并非法律上的公开个人信息。对于非公开的个人信息，除非法律、行政法规另有规定，否则处理这些个人信息，必须告知且得到自然人或者其监护人的同意。

（四）个人信息与相关概念

据不完全统计，世界上制定了个人信息保护法律的国家或地区已近 90 个。就法律名称使用的概念而言，有三个表达被广泛使用，分别是“个人数据”“个人信息”与“个人隐私”。其中，使用“个人数据”概念的国家或地区最多，主要是欧洲理事会、欧盟、欧盟成员国以及其他受欧盟 1995 年通过的数据保护指令影响而立法的其他大多数国家；在普通法系国家，如美国、澳大利亚、新西兰、加拿大等，以及受美国影响较大的亚太经济合作组织（APEC），多使用隐私概念；在日本、韩国、俄罗斯等国，则使用“个人信息”概念。

1. 个人信息与个人数据

数据代表各种客观记录，可以表现为数值、文本、事实或图像等多种形式存在。个人数据是反映特定个人状态的各种原始记录，未经加工解释，不以回答特定问题为目的。它的特点是孤立、分散，与其他数据之间并无关联。可以说，个人数据是构成个人信息的原始材料，或者说个人信息是内容，个人数据是个人信息的具体表现形式。

2. 个人信息与个人隐私

《民法典》将个人隐私定义为：自然人的私人生活安宁和不愿为他人知晓的私密空间、私密活动、私密信息。个人隐私与个人信息既有联系又有区别。

第一，个人信息与个人隐私承载的都是自然人的人格权益。事实上，很多个人信息都是人们不愿对外公布的私人信息，是个人不愿他人介入的私人空间，不论其是否具有经济价值，都体现了一种人格利益。

第二，两者在内容上具有交错性。一方面，私密的、未公开的个人信息本身就属于隐私的范畴；另一方面，部分隐私信息也属于个人信息的范畴。特别是数字化技术的发展使得许多隐私信息同时具有个人信息的特征，如个人通信隐私甚至谈话隐私等，都可以通过技术的处理而被数字化，从而可能因具有身份识别的特征而被纳入个人信息范畴。某些隐私虽然要基于公共利益而受到一定的限制，但并不意味着这些信息不再属于个人信息。

第三，个人隐私不限于信息的形态。个人隐私还可以以个人活动、个人私生活、个人空间等方式体现，且并不需要记载下来；而个人信息只以信息的形式存在，且以一定的载体形式记录和表现。

第四，个人隐私强调私密性，个人信息注重身份识别性。凡个人不愿意公开披露且与公共利益无关的部分都可以成为个人隐私。同时，某些私密信息并不直接指向自然人的主体身份，即通过这些隐私信息不能识别特定的自然人主体；而个人信息注重的是身份识别性，无论是单个信息还是组合之后的信息，可以准确地指向个人，从而与个人人格、个人身份的识别密切关联。因此，从法律上看，凡是与个人身份有关联的信息，都可以看作是个人信息，而个人信息并不都是隐私。

第五，个人隐私具有个体性，个人信息可能涉及国家安全。除了部分特殊主体如国家公职人员外，个人隐私权一般与国家安全没有直接关联；而个人信息与国家安全的联系更为密切。个人信息虽然具有私人性，但在大数据时代，若出于某种目的形成群体敏感信息的集合（如国民的基因信息），则可能涉及国家安全范畴。

二、个人信息法律关系主体

个人信息法律关系的主体包括个人信息本人和个人信息处理者。

（一）个人信息本人

个人信息本人，是指产生个人信息的自然人。个人信息本人是个人信息的来源，个人信息承载的是个人信息本人的人格权益，因此，个人信息本人是个人信息的权利人，对其个人信息享有支配和控制的权利，决定其可以参与个人信息的收集、处理和利用的全过程，并捍卫自己的合法权益。

应当注意，个人信息本人是单独的自然人个体，既不包括法人与其他组织体，也不包括个人信息本人所在家庭。

（二）个人信息处理者

个人信息处理者，也称个人信息管理者或个人信息控制者，是指个人信息本人以外的决定个人信息处理目的和方式的自然人、法人、组织和社会团体、行政主体等。个人信息处理包括个人信息的收集、存储、使用、加工、传输、提供、公开、删除等活动，因此，个人信息处理主体在个人信息处理的不同活动中扮演不同的角色。这些主体基于其收集、处理和利用个人信息的法律事实，与个人信息本人发生个人信息保护法律关系，成为该法律关系的主体。

个人信息处理主体是个人信息法律保护的义务人，在个人信息的收集、储存、使用、传输等行为中对个人信息本人负有义务。

三、个人信息权利

个人信息权利是指个人信息本人依法对其个人信息享有的支配、控制并排除他人侵害的权利。个人信息权利是一种新的人格权益，其目的在于使个人信息本人能够以自己的积极行为支配个人信息，从而实现其充分保护精神性人格利益。

根据现有国内外立法，个人信息权利具有十分丰富的内容，包括控制、知悉、更正、删除、获取、封锁、收益等。这些权利既可以促成个人信息本人参与个人信息收集、处理和利用的全过程，同时也可对个人信息处理主体提出更高的要求，使其有义务保障这些内容的实现。

（一）个人信息权利的内容

根据《民法典》《个人信息保护法》和《网络安全法》的规定，个人信息主体享有八个方面的基本权利。

1. 信息决定权

个人信息各项权利内容中居于核心地位的是信息决定权，它指个人信息本人拥有直接控制与支配其个人信息的权利，有权限制或者拒绝他人对其个人信息进行处理。这一权利集中反映了个人信息权的绝对性与支配性，体现了其人格权属性。

2. 知情权

无论是一般个人信息处理者还是国家机关，在处理个人信息前都应当向个人履行告知义务，使个人对其个人信息的内容、收集方法、使用目的、实际和潜在的信息接收者，采用何种措施保证信息的秘密性、完整性和质量等，享有知情权。个人信息处理者处理个人信息的首要原则就是"取得个人同意"，而"同意"的前提必须"知情"。由此，知情权是个人信息权最基本的内容，除非因公益或保密之需要，任何主体不得随意剥夺。当然，在法律规定有豁免的情况下，个人的这一权利会受到限制。

案例 11－3

保障平台用户个人信息知情权

广州某电子商务有限公司系某平台的运营主体，周某系该平台的注册用户。2021 年 3 月，周某致电平台客服，表示其担心个人信息泄露后被其他平台或商家利用，为避免被电话推销等广告骚扰，希望该公司能披露所收集到的其个人信息。平台客服表示："用户有填写的信息，可以在 APP 个人中心予以查看，且这些信息采取了加密的保护措施，不会泄露；对于用户没有填写的信息，平台无法展示。"同日，周某通过电子邮件向平台隐私专职部门邮箱发送邮件，请求披露个人信息，平台未予回复。后周某将该电子商务公司诉至法院，要求该公司向其披露收集的个人信息。

广东省广州市中级人民法院审理后认为，周某作为平台注册用户，对于平台所收集的个人信息及相关处理情况，有权要求平台进行披露。故判决该电子商务有限公司提供其收集的周某相关个人信息，以及其处理的相关情况，供周某查阅、复制。

3. 查阅权与复制权

个人有权向个人信息处理者查阅、复制其个人信息，个人请求查阅、复制其个人信息的，个人信息处理者应当及时提供。查阅权和复制权在个人信息权利保护体系中具有重要作用。个人行使查阅权和复制权，才使得个人信息处理中的"公开透明原则"得以落地，对个人信息的获取、更正、删除和携带自身数据等对个人信息控制与支配的权利实施才具备必要前提。

4. 可携带权

可携带权指个人请求将个人信息转移至其指定的个人信息处理者，符合国家网信部门规定条件的，个人信息处理者应当提供转移的途径。可携带权实现了数据随主体移动的目的，为数据流动创造了条件。

5. 更正、补充请求权

个人发现其个人信息不准确或者不完整的，有权请求个人信息处理者更正、补充，即个人信息主体有权在个人信息记载错误的情况下请求更正，在个人信息记载不完整的情况下请求补充。个人请求更正、补充其个人信息的，个人信息处理者应当对其个人信息予以核实，并及时更正、补充。

6. 删除请求权

当法定或约定的情形出现时，个人信息处理者应当主动删除个人信息。否则，本人有权请求个人信息处理者删除其个人信息。法定或约定的情形一般指：处理目的已实现、无法实现或者为实现处理目的不再必要；个人信息处理者停止提供产品或者服务，或者保存期限已届满；个人撤回同意；个人信息处理者违反法律、行政法规或者违反约定处理个人信息等。自然人发现信息处理者违反法律、行政法规的规定或者双方的约定处理其个人信息的，有权请求信息处理者及时删除。

7. 解释说明请求权

个人信息处理者在处理个人信息时具有公示规则的义务，而且要求其在个人对个人信息处理提出要求时，予以解释说明。

8. 请求救济权

个人信息处理者拒绝个人行使权利的请求的，个人可以依法向人民法院提起诉讼。即个人权利被他人侵害并造成损失时，有权请求救济。

（二）个人信息权与隐私权内容的界分

概括而言，个人信息与个人的私生活密切相关，同时也是个人事务的组成部分，只要不涉及公共利益，个人信息的私密性应该被尊重和保护，而法律保护个人信息在很大程度上就是维护个人信息不被非法公开和披露等。另外，个人信息和个人生活安宁有直接关联，私密的个人信息被非法公开可能会对个人生活安宁造成破坏。在这种紧密的关联下，如何界分个人信息权和隐私权，显得更加必要。

1. 个人信息权与个人隐私权保护的侧重点不同

隐私权的内容主要表现为隐私的隐瞒、利用、处置和维护等权利，旨在维护个人的私生活安宁、个人私密不被公开、个人私生活自主决定等。因此，隐私权突出一个“隐”字，其含义包括两方面的内容：一方面，指独处的生活状态或私人事务；另一方面，它是指私生活秘密不受他人的非法披露。与此相应，对隐私权的侵害主要是非法披露和骚扰。

个人信息权主要是指对个人信息的支配和自主决定。个人信息权的内容包括个人对信息被收集、利用等的知情权，以及自己利用或者授权他人利用的决定权等内容。即便对于可以公开且必须公开的个人信息，个人应当也有一定的控制权。正是从这个意义上说，大陆法系学者将个人信息权称为“信息自决权”。即使一些个人信息与隐私之间存在交叉，但隐私权制度的重心在于防范个人秘密不被非法披露，而并不在于保护这种秘密的控制与利用，这显然并不属于个人信息自决的问题。与此相应，对个人信息权的侵害主要体现为未经同意而收集、存储、加工和利用个人信息。

2. 个人信息权与个人隐私权在侵害后果上的竞合性

所谓竞合性，是指行为人实施某一行为可能同时造成对多种权利的侵害，从而形成多种权利受侵害、产生责任竞合的现象。一方面，随意散播具有私密性特征的个人信息，可能也会同时涉及对隐私的侵犯；另一方面，从侵害个人信息的表现形式来看，侵权人多数也采用披露个人信息方式，从而与隐私权的侵害非常类似。所以，在法律上并不能排除这两种权利的保护对象之间的交叉，或许正是基于这一原因，在我国司法实践中，法院经常采取隐私权的保护方法为个人信息的权利人提供救济。

3. 冲突处理原则

《民法典》将个人信息界定为一项人格利益，而非具体人格权，因而，在民事权利位阶中，按照权利优先于利益的规则，原则上除了一些特殊的敏感个人信息外，一般个人信息与隐私权发生冲突时，应当优先保护隐私权。

四、个人信息处理者的义务

信息处理者是个人信息保护法律关系中的义务主体，包括国家机关、法人及其他非法人组织和自然人。信息处理者对个人信息的收集、处理和利用应承担相应的法律义务，以保障个人信息主体权利的实现。从尊重人格权益的角度而言，信息处理者的义务主要包括以下几方面。

（一）依法处理义务

信息处理者不得泄露或者篡改其收集、存储的个人信息；未经自然人同意，不得向他人非法提供其个人信息，但是经过加工无法识别特定个人且不能复原的除外。

案例 11－4

买卖学生个人信息案

2016 年 4 月，被告人周某向他人购买浙江省学生信息 193 万余条，后将其中 100 万余条嘉兴、绍兴地区的学生信息以 6 万余元的价格出售给被告人陈某，将 45 655 条嘉兴地区的学生信息以 3500 元的价格出售给被告人刘某、陈某、周某，将 7214 条平湖地区的学生信息以 1400 元的价格出售，将 2320 条平湖地区的学生信息以 500 元的价格出售，共计非法获利 65 400 元。法院综合考虑被告人自首、坦白等情节，以侵犯公民个人信息罪判处被告人周某有期徒刑一年零十一个月，并处罚金 10 万元。

（二）安全管理保障义务

在计算机和网络环境下，信息管理者应采用必要的技术措施和管理措施，确保其收集、存储的个人信息安全，防止信息泄露、篡改、丢失；发生或者可能发生个人信息泄露、篡改、丢失的，应当及时采取补救措施，按照规定告知自然人并向有关主管部门报告。

（三）公务人员的保密义务

国家机关、承担行政职能的法定机构及其工作人员对于履行职责过程中知悉的自然人的隐私和个人信息，应当予以保密，不得泄露或者向他人非法提供。

第三节 《个人信息保护法》主要内容

《个人信息保护法》适用于在中华人民共和国境内处理自然人个人信息的活动；适用于境外处理中华人民共和国境内自然人个人信息的活动，包括以向境内自然人提供产品或者服务为目的活动，分析、评估境内自然人行为的活动以及法律、行政法规规定的其他情形。该法律明确规定了个人信息处理的基本原则、个人信息处理规则。

一、个人信息处理基本原则

个人信息处理首要原则是合法、正当、必要和诚信原则。这也是《民法典》所确立的个人信息处理基本原则。这一原则要求信息处理者不得通过误导、欺诈、胁迫等方式处理个人信息；任何组织、个人不得非法收集、使用、加工、传输他人个人信息，不得非法买卖、提供或者公开他人个人信息；不得从事危害国家安全、公共利益的个人信息处理活动。此外，在个人信息处理中还必须坚持以下原则。

（一）目的原则

处理个人信息应当具有明确、合理的目的，并应当与处理目的直接相关，采取对个人权益影响最小的方式。无论因何种原因，个人信息的处理目的发生变更的，都应当重新取得个人同意。

（二）最小必要原则

收集个人信息，应当限于实现处理目的的最小范围，不得过度收集个人信息。

（三）公开透明原则

处理个人信息应当遵循公开、透明原则，公开个人信息处理规则，明示处理的目的、方式和范围。

（四）质量原则

处理个人信息应当保证个人信息的质量，避免因个人信息不准确、不完整对个人权益造成不利影响。

（五）安全原则

个人信息处理者应当对其个人信息处理活动负责，并采取必要措施保障所处理的个人信息的安全。

二、个人信息处理规则

个人信息分为一般信息和敏感信息。处理个人信息的基本规则是知情同意，即取得个人的同意是信息处理者处理个人信息的前提，无论是一般信息还是敏感信息。同时，同意应当由个人在充分知情的前提下自愿、明确作出。知情同意规则具体包括以下几方面。

（一）充分知情

为保证个人充分知情，个人信息处理者应当在事前以显著方式、清晰易懂的语言真实、准确、完整地向个人告知下列事项：个人信息处理者的名称或者姓名和联系方式；个人信息的处理目的、处理方式，处理的个人信息种类、保存期限；个人行使法定权利的方式和程序；处理敏感个人信息的必要性以及对个人权益的影响；等等。

（二）同意

在充分知情的前提下，个人可作出同意的意思表达。同意的方式可以是书面的，也可以是口头的，但必须是自愿作出和明确作出的。还有一些特殊的情形，需要一些特殊的同意方式，如：

1. 单独同意

单独同意是一种特殊类型的同意，指有些场景下需要信息处理者给个人主体单独发送授权同意的邀请，要求信息主体单独同意，如个人信息处理者向其他个人信息处理者提供其处理的个人信息的、公开其处理的个人信息的、处理敏感个人信息的等。

2. 特殊主体的同意

如个人信息处理者处理不满十四周岁未成年人个人信息的，应当取得未成年人的父母或者其他监护人的同意。

（三）重新取得同意

当个人信息的处理目的、处理方式和处理的个人信息种类发生变更的，应当重新取得个人同意；个人信息处理者因故需要转移个人信息的，应当向个人告知接收方的名称或者姓名和联系方式。接收方应当继续履行个人信息处理者的义务。接收方变更原先的处理目的、处理方式的，应当重新取得个人同意。

（四）同意撤回

即便是基于个人同意处理个人信息的，个人有权撤回其同意。个人信息处理者应当提供便捷的撤回同意的方式，且不影响撤回前基于个人同意已进行的个人信息处理活动的效力；个人信息处理者不得以个人不同意处理其个人信息或者撤回同意为由，拒绝提供产品或者服务；处理个人信息属于提供产品或者服务所必需的除外。

（五）例外情形

知情同意为个人信息处理的普遍规则，但某些例外情况下，可不经过个人同意处理其个人信息，如按照依法制定的劳动规章制度和依法签订的集体合同实施人力资源管理所必需的，为履行法定职责或者法定义务所必需的，或为公共利益实施新闻报道、舆论监督等行为，在合理的范围内处理个人信息的等。

三、个人信息跨境提供的规则

个人信息跨境提供，是指个人信息处理者向中华人民共和国境外一方提供个人信息的行为。跨境提供个人信息和在境内处理个人信息有很大区别，可能会涉及国家利益和国家安全，也关联到相关的国际条约和规范。鉴于个人信息跨境提供的特殊性，《个人信息保护法》第三章作出了专章规定。

（一）个人信息跨境提供应具备的条件

按照相关规定，关键信息基础设施运营者和处理个人信息达到国家网信部门规定数量的个人信息处理者，应当将在中华人民共和国境内收集和产生的个人信息存储在境内，只有在特殊情况下才可向境外提供个人信息。

个人信息跨境提供应具备的条件，首先是基于信息处理者的业务需要。同时，跨境提供个人信息需要通过国家网信部门组织的安全评估，按照国家网信部门的规定经专业机构进行个人信息保护认证；还应按照国家网信部门制定的标准合同与境外接收方订立合同，约定双方的权利和义务。

（二）个人信息处理者跨境提供个人信息的义务

跨境提供个人信息应当采取必要措施，保障境外接收方处理个人信息的活动达到本法规定的个人信息保护标准；应当向个人告知境外接收方相关信息，并取得个人的单独同意。

非经中华人民共和国主管机关批准，个人信息处理者不得向外国司法或者执法机构提供存储于中华人民共和国境内的个人信息。

四、法律责任

违反《个人信息保护法》的行为应承担相应的法律责任，包括民事责任、行政责任和刑事责任。

（一）民事责任

处理个人信息侵害个人信息权益并造成损害，个人信息处理者不能证明自己没有过错的，应当承担损害赔偿等侵权责任。赔偿责任按照个人因此受到的损失或者个人信息处理者因此获得的利益确定，难以确定的，根据实际情况确定赔偿数额。

（二）行政责任

个人信息保护违法行为的处罚主体是履行个人信息保护职责的部门，情节严重的，应由省级以上履行个人信息保护职责的部门执行行政处罚。

因违法行为应承担的行政责任包括责令改正、给予警告、没收违法所得和责令停止。另外，罚款也是行政责任的重要方式。

（三）刑事责任

违反规定，构成违反治安管理行为的，依法给予治安管理处罚；构成犯罪的，依法追究刑事责任。

第四节 其他重要的个人信息保护法律制度

除《个人信息保护法》外,《民法典》《网络安全法》和《刑法》等也是我国个人信息保护法律制度体系的重要构成。

一、《民法典》相关规定

《民法典》是我国有关民事权益的基本法,它是一切民事权益确认和保护的基础性法律,个人信息权益的性质及保护规则等也必须在其框架下展开。《民法典》中有关个人信息保护的相关规定主要包括以下几方面。

(一) 确立个人信息民事权益

《民法典》第一百一十一条规定:"自然人的个人信息受法律保护。任何组织或者个人需要获取他人个人信息的,应当依法取得并确保信息安全,不得非法收集、使用、加工、传输他人个人信息,不得非法买卖、提供或者公开他人个人信息。"

1. "自然人的个人信息受法律保护"

这是我国民法中首次明确对于个人信息的保护。虽然此前我国已在多项法律中强调保护个人信息,但并没有单独承认个人信息保护,只承认隐私权。因此,以往个人信息受侵犯时,主要是通过行政法等公法寻求保护。2017 年个人信息权利写入《民法总则》,明确个人信息的归属关系,强调个人信息是个人所有的财产,个人对其具备支配地位,也有保护自己信息的相关权利,成为引人注目的焦点。

公民的基本民事权利分为四项内容,即合同债权、物权、人格权和身份权,按照《民法典》人格权编的规定,个人信息属于人格权益的重要组成部分,全面保护个人信息也就是保护个人在数字化时代所享有的基本民事权益。

2. "任何组织或者个人需要获取他人个人信息的,应当依法取得并确保信息安全"

这一表述强调对个人信息的处置要求。在当代经济模式下,个人信息是许多企业提供精准服务的基础,因此,不能过度限制所有的个人信息收集行为,而是应将其限定在依法取得和合理使用的框架内;同时,在合法获取他人个人信息之后,还应当确保安全,若因故意或者重大过失造成他人个人信息被泄露,则属于侵害他人个人信息权的行为。

3. "不得非法收集、使用、加工、传输他人个人信息,不得非法买卖、提供或者公开他人个人信息"

这一表述明确了在合法获取他人个人信息之后,不按照法律规定或者当事人的授权,非法使用、加工、传输、买卖、公开他人的个人信息行为属于侵害他人个人信息权的行为,侵权人应当承担相应的侵权责任。

（二）个人信息侵权的民事赔偿

《民法典》明确了个人信息权后，对于个人信息的侵权行为，就不仅仅是课以行政处罚手段中的罚款，还可以要求承担侵权或违约的民事赔偿责任。

（三）处理个人信息的原则

《民法典》提出：处理个人信息应当遵循合法、正当、必要原则，不得过度处理。同时，《民法典》还规定了处理个人信息附带的四个条件：征得该自然人或者其监护人同意；公开处理信息的规则；明示处理信息的目的、方式和范围；不违反法律、行政法规的规定和双方的约定。

（四）合理使用个人信息的规定

为协调个人信息利用与保护的关系，促进个人信息的有效利用，《民法典》规定了三项个人信息处理的免责条款：一是在该自然人或者其监护人同意的范围内合理实施的行为；二是合理处理该自然人自行公开的或者其他已经合法公开的信息，但是该自然人明确拒绝或者处理该信息侵害其重大利益的除外；三是为维护公共利益或者该自然人合法权益，合理实施的其他行为。

（五）个人信息权利与信息处理者的义务

个人信息本人与信息处理者是个人信息活动的两方参与者，个人信息本人是权利主体，享有法律规定的权利；信息处理者是义务主体，必须承担法定义务。

1. 个人信息权利

《民法典》明确三项个人信息权利：自然人可以依法向信息处理者查阅或者复制其个人信息；发现信息有错误的，有权提出异议并请求及时采取更正等必要措施；自然人发现信息处理者违反法律、行政法规的规定或者双方的约定处理其个人信息的，有权请求信息处理者及时删除。

2. 信息处理者的义务

信息处理者不得泄露或者篡改其收集、存储的个人信息；未经自然人同意，不得向他人非法提供个人信息，但是经过加工无法识别特定个人且不能复原的除外。

信息处理者应当采取技术措施和其他必要措施，确保其收集、存储的个人信息安全，防止信息泄露、篡改、丢失；发生或者可能发生个人信息泄露、篡改、丢失的，应当及时采取补救措施，按照规定告知自然人并向有关主管部门报告。

案例 11－5

网上个人信息出错网站被判担责

广东某公司负责招聘的工作人员在招聘时出现了尴尬的一幕：在通知通过笔试的应聘者参加面试时，却被应聘者拒绝面试，理由是在信息查询网站上查到该公司的一名高管有多条失信信息。后经公司负责人核查，在某信息查询平台搜索公司名称并在结果页面点击查看公司的高管梁某，搜索结果显示梁某名下被错误关联了无关的失信信息。

该信息查询平台所属公司辩称，导致错误关联无关信息的原因可能是由于平台算法错误，也可能是程序漏洞、数据错误等，网站主观上并不存在过错。

法院审理后认为，信息查询公司未能对同名同姓的不同主体进行识别，作为提供征信信息查询的平台，其业务基础功能未完善，且个人信息的完整性和准确性是个人信息权益的体现，应当认定梁某的个人信息权益受到侵害，故判决信息查询公司赔偿损失，并在网站主页发布致歉声明不少于15日。

此外，《民法典》中还规定了国家机关及公务人员的保密义务，即国家机关、承担行政职能的法定机构及其工作人员对于履行职责过程中知悉的自然人的隐私和个人信息，应当予以保密，不得泄露或者向他人非法提供。

二、《网络安全法》相关规定

自2017年6月1日起施行的《网络安全法》，其立法目的是为了保障网络安全，维护网络空间主权和国家安全、社会公共利益，保护公民、法人和其他组织的合法权益，促进经济社会信息化健康发展。

《网络安全法》是我国第一部全面规范网络空间安全管理的基础性法律，是我国网络空间法治建设的重要里程碑，是确保互联网在法治轨道上健康运行的重要保障。

《网络安全法》将个人信息保护作为一项重要内容纳入网络运行安全，特别规定：网络产品、服务具有收集用户信息功能的，其提供者应当向用户明示并取得同意；涉及用户个人信息的，还应当遵守本法和有关法律、行政法规关于个人信息保护的规定；同时，《网络安全法》在第四章专章规定了网络信息安全的内容，对个人信息权利及网络运营商的业务作出详细规定。

（一）个人信息的含义

《网络安全法》将个人信息定义为：以电子或者其他方式记录的能够单独或者与其他信息结合识别自然人个人身份的各种信息，包括但不限于自然人的姓名、出生日期、身份证件号码、个人生物识别信息、住址、电话号码等。

（二）个人信息权

《网络安全法》重点明确了公民个人信息删除权和个人信息更正权。

1. 个人信息删除权

即个人发现网络运营者违反法律、行政法规的规定或者双方的约定收集、使用其个人信息的，有权要求网络运营者删除其个人信息。

2. 个人信息更正权

即发现网络运营者收集、存储的其个人信息有错误的，有权要求网络运营者予以更正。网络运营者应当采取措施予以删除或者更正。

（三）网络运营者的义务

网络运营者是指网络的所有者、管理者和网络服务提供者。在个人信息保护方面，网络运营者的义务包括：

一是网络运营者收集、使用个人信息，应当遵循合法、正当、必要的原则，公开收集、使用规则，明示收集、使用信息的目的、方式和范围，并经被收集者同意。

二是网络运营者不得收集与其提供的服务无关的个人信息，不得违反法律、行政法规的规定和双方的约定收集、使用个人信息，并应当依照法律、行政法规的规定和与用户的约定，处理其保存的个人信息。

三是网络运营者不得泄露、篡改、毁损其收集的个人信息；未经被收集者同意，不得向他人提供个人信息。但是，经过处理无法识别特定个人且不能复原的除外。应当注意对于这一例外的规定，主要是考虑到推动大数据应用已成为我国的一项国家战略，因而应当为大数据的发展留下空间。

四是网络运营者应当采取技术措施和其他必要措施，确保其收集的个人信息安全，防止信息泄露、毁损、丢失。在发生或者可能发生个人信息泄露、毁损、丢失的情况时，应当立即采取补救措施，按照规定及时告知用户并向有关主管部门报告。

案例 11-6

保护用户个人信息是平台应有之责

某互联网公司开发了某APP借贷平台，并持有、保管贷款人提交的个人资料信息。杨某于2017年7月至10月在该APP借贷平台借款4万余元。借款前，杨某按照该APP借贷平台要求，注册登记个人信息，提供身份证正反面照片和本人手持身份证照片，授权通讯录联系人。后因杨某逾期未还款，杨某及其亲属、同事、朋友频繁收到了自称是某APP或陌生人的催收信息。催收信息内容除了借贷情况的基本信息外，还有诋毁杨某的图文信息。杨某认为该公司捏造事实肆意诽谤，以辱骂、威胁方式催款、并向他人恶意泄露其个人信息，侵犯了其个人隐私权、名誉权，遂于2018年8月，将该公司诉至法院，要求其赔礼道歉、消除影响、恢复名誉，赔偿精神损害抚慰金。

广东省珠海市香洲区人民法院审理后认为，该公司通过某APP软件取得杨某的个人信息，应依法确保杨某的个人信息安全，但其向第三方催收人提供杨某的个人信息，侵犯了杨某个人信息受法律保护的民事权利。催收人通过向杨某及其朋友发送带有毁损杨某名誉的图文信息及骚扰信息等威胁方式进行讨债，对杨某构成精神损害，故判决该互联网公司向杨某书面赔礼道歉，并酌情支付精神损害抚慰金2000元。

随着《网络安全法》的实施，我国公民的个人信息保护将进入新起点和转折点，为公民从道德自觉走向法律规范，用法律武器维护自己的合法权益提供了依据。

(四) 用户信息保护

《网络安全法》中还使用了“用户信息”的概念，明确了用户信息保护的两个方面：一是网络产品、服务具有收集用户信息功能的，其提供者应当向用户明示并取得同意；二是网络运营者应当对其收集的用户信息严格保密，并建立健全用户信息保护制度。

应当指出，《网络安全法》中对于“用户信息”并没有进行定义。一般而言，在用户使用产品或服务过程中收集的信息构成用户信息，包括 IP 地址、用户名和密码、用户身份、上网时间、Cookie 信息等。如果用户信息具备身份识别的功能，则构成用户的个人信息。因此，用户信息的范围相比个人信息更广泛一些。

（五）法律责任

《网络安全法》明确规定了网络运营者、网络产品或者服务的提供者违反上述规定应承担的法律责任。

侵害依法得到保护的个人信息权利的，由有关主管部门责令改正，可以根据情节单处或者并处警告、没收违法所得、处违法所得一倍以上十倍以下罚款，没有违法所得的，处一百万元以下罚款，对直接负责的主管人员和其他直接责任人员处一万元以上十万元以下罚款；情节严重的，并可以责令暂停相关业务、停业整顿、关闭网站、吊销相关业务许可证或者吊销营业执照。

窃取或者以其他非法方式获取、非法出售或者非法向他人提供个人信息，尚不构成犯罪的，由公安机关没收违法所得，并处违法所得一倍以上十倍以下罚款，没有违法所得的，处一百万元以下罚款。

案例 11－7

滴滴公司网络安全审查相关行政处罚案

2021 年 7 月，网络安全审查办公室在对滴滴公司实施网络安全审查过程中查明，滴滴公司共存在 16 项违法事实，归纳起来主要有 8 个方面：一是违法收集用户手机相册中的截图信息 1 196.39 万条；二是过度收集用户剪切板信息、应用列表信息 83.23 亿条；三是过度收集乘客人脸识别信息 1.07 亿条、年龄段信息 5 350.92 万条、职业信息 1 633.56 万条、亲情关系信息 138.29 万条、“家”和“公司”打车地址信息 1.53 亿条；四是过度收集乘客评价代驾服务时、APP 后台运行时、手机连接桔视记录仪设备时的精准位置（经纬度）信息 1.67 亿条；五是过度收集司机学历信息 14.29 万条，以明文形式存储司机身份证号信息 5 780.26 万条；六是在未明确告知乘客情况下分析乘客出行意图信息 539.76 亿条、常驻城市信息 15.38 亿条、异地商务/异地旅游信息 3.04 亿条；七是在乘客使用顺风车服务时频繁索取无关的“电话权限”；八是未准确、清晰说明用户设备信息等 19 项个人信息处理目的。

2022 年 7 月 21 日，国家互联网信息办公室依据《网络安全法》《数据安全法》《个人信息保护法》《行政处罚法》等法律法规，对滴滴全球股份有限公司处人民币 80.26 亿元罚款，对滴滴全球股份有限公司董事长兼 CEO 程维、总裁柳青各处人民币 100 万元罚款。

三、《刑法》相关规定

《刑法》也是直接保护个人信息的国家法律。《刑法》第二百五十三条之一明确规定了“侵犯公民个人信息罪”，这为严厉打击侵犯个人信息犯罪、为个人信息的保护提供了强有力的保障。

(一) 侵犯公民个人信息罪

侵犯公民个人信息罪，是指向他人出售或者提供公民个人信息，情节严重的行为，或者是将在履行职责或者提供服务过程中获得的公民个人信息，出售或者提供给他人的行为。2017 年 5 月 10 日，最高人民法院、最高人民检察院在北京联合发布《关于办理侵犯公民个人信息刑事案件适用法律若干问题的解释》，其中明确：

1. 提供公民个人信息

提供公民个人信息，是指向特定人提供公民个人信息，以及通过信息网络或者其他途径发布公民个人信息的行为；未经被收集者同意，将合法收集的公民个人信息向他人提供的行为。

2. 以其他方法非法获取公民个人信息

指违反国家有关规定，通过购买、收受、交换等方式获取公民个人信息，或者在履行职责、提供服务过程中收集公民个人信息。

只要未取得公民个人的许可，无论是出售、提供或以其他方法非法获取公民个人信息，其本质都是对公民的个人权利的侵犯，其实质都是非法的。

(二)《刑法》对侵犯公民个人信息罪的处罚

违反国家有关规定，向他人出售或者提供公民个人信息，情节严重的，处三年以下有期徒刑或者拘役，并处或者单处罚金；情节特别严重的，处三年以上七年以下有期徒刑，并处罚金。违反国家有关规定，将在履行职责或者提供服务过程中获得的公民个人信息，出售或者提供给他人的，依照前款的规定从重处罚。窃取或者以其他方法非法获取公民个人信息的，依照第一款的规定处罚。

案例 11－8

柯某侵犯公民个人信息案

2016 年 1 月至 2017 年 10 月期间，柯某创建及经营管理“房利帮”网站并开发同名手机 APP，以对外售卖上海市二手房租售房源信息为主营业务。运营期间，柯某主要通过从房产中介人员处有偿获取上海市二手房出租、出售房源信息，或者安排公司员工从微信群、其他网站等获取部分房源信息，对信息的准确性进行核实后，将房源信息以会员套餐方式提供给“房利帮”网站会员付费查询使用，以此获利。其间，房产中介人员向“房利帮”网站上传房源信息时未事先取得信息权利人即房东的同意及授权，被告人柯某在获取房源信息时也未对信息的合法性进行审查，并在安排公司员工通过电话向房东核实信息的过程中，存在冒充其他中介（包括知名中介）名义进行核实的情况，未如实告知“房利帮”网站的真实身份及使用信息的方式、目的等并取得房东的同意、授权。至案发，被告人柯某共获取房源信息30余万条，并通过收取会员套餐费方式获利150余万元。

第五节　国家秘密、商业秘密与个人信息的区别

国家秘密是关系国家安全和利益，依照法定程序确定，在一定时间内只限一定范围的人员知悉的事项；商业秘密是指不为公众所知悉，能为权利人带来经济利益、具有实用性并经权利人采取保密措施的技术信息和经营信息；个人信息是指以电子或者其他方式记录的与已识别或者可识别的自然人有关的各种信息，不包括匿名化处理后的信息。以上三种信息分别独立于其所代表的特定主体而存在，但无论以何种方式违法处置信息载体及内容的行为，都会造成信息权利人的利益和安全受到威胁和损害。因此，三种信息需要得到国家法律制度的保护。国家秘密、商业秘密和个人信息，三者之间存在着明显的差异。

一、适用法律不同

国家秘密的基础是国家利益和安全，它属于公权力范畴，由有关国家机关来管理行使，适用于《保密法》。侵犯国家秘密，主要产生的是刑事责任。商业秘密存在的基础是私人利益，涉及公民个人及组织的经济利益，适用于《反不正当竞争法》。侵犯商业秘密主要是损害权利人的财产权益，主要产生的是民事责任。个人信息以保护个人人格权益为目的，适用于《个人信息保护法》，属行政法和民法的交叉范畴。

二、权利主体与保护利益不同

国家秘密体现的是国家利益，国家是拥有国家秘密权的唯一特定主体。因此，国家秘密应是一种公权，保护的是国家的整体利益与安全。商业秘密体现的是组织和个人的秘密，权利主体具有不确定性，可以为任何人，可以是法人也可以是自然人。商业秘密属于一种私权，保护的是商业秘密权利人的合法权益。个人信息则体现个人人格权益，其权利主体只能是特定自然人，对个人信息的保护体现的是对人格尊严的维护。

三、存在状态不同

从存在状态看，国家秘密与商业秘密具有共性特征，两者均处于秘密状态，禁止非法获取、披露和使用。

国家秘密和商业秘密虽然都是处于秘密状态的信息，只限于特定范围人员知悉，对权利人而言都具有价值性，且都经权利人采取了一定的保密措施，但两者又有不同。国家秘密的权利客体是具备法定条件的特定事项，具体的范围以及密级的确定、变更和撤销等都均须依照法定程序进行，权利内容则以保密权为主，且其流转受到保密法律法规的严格限制。而商业秘密的权利客体是具备一定条件的技术信息和经营信息，具体范围法律未作明确规定，只要是符合商业秘密构成要件的信息均自动产生相应权利，受法律保护。商业秘密的权利内容以占有、使用、收益、处分为主，并可以经权利人自行做主自由转让。

与前两者不同，个人信息并非全部处于隐秘状态，有些个人信息是可以向社会公开的。由于个人信息是与特定人身相关的基于个人身份和个人活动所产生的信息。法律赋予个人信息权利的核心是个人自决权，一旦违背他人意愿披露其信息并足以造成伤害，即构成个人信息侵权。

四、涉及范围及权利受侵害的危害性不同

国家秘密涉及的主要是国家的政治、军事、外交、国家经济、高新技术、国家安全等重大领域内的相关信息。国家秘密一旦被泄露，危害的是国家的安全和利益，如威胁国防安全、破坏国民经济秩序、有损国家的声誉等，后果一般都较为严重。故侵犯国家秘密的，产生的主要是刑事责任，我国《刑法》中明确的侵犯国家秘密罪包括非法获取国家秘密罪、非法持有国家秘密罪、泄露国家秘密罪、向境外非法提供国家秘密罪、非法获取军事秘密罪、泄露国家军事秘密罪、为境外非法提供军事秘密罪。

商业秘密，一般而言，主要是围绕科研开发、生产经营等活动产生的一般技术、经营信息。商业秘密被侵犯，侵害的是商业秘密权利人的经济利益和市场竞争优势，危害市场经济秩序。故侵犯商业秘密，产生的主要是民事责任，以经济赔偿为主。但若实施的侵犯商业秘密的行为，情节严重或特别严重的，则应承担刑事责任。

综上可知，在通常情况下，国家秘密和商业秘密是性质、属性等均存在明显区别的两类信息，对这两类信息的调整也适用不同的法律。因此，在实践中，相关的企业和个人都应明确区分商业秘密和国家秘密，以免因泄露国家秘密而须承担更大的法律责任。

本章参考文献

[1] 杨合庆. 中华人民共和国个人信息保护法释义[M]. 北京：法律出版社，2022.

[2] 齐爱民. 个人资料保护法原理及其跨国流通法律问题研究[M]. 武汉：武汉大学出版社，2004.

[3] 齐爱民. 个人信息开发利用与人格权保护之衡平——论我国个人信息保护法的宗旨[J]. 社会科学家，2007(2)：7－10.

[4] 王利明. 论《个人信息保护法》与《民法典》的适用关系[J]. 湖湘法学评论，2021(1)：25－35.

[5] 王利明. 对个人信息权的法律保护[J]. 现代法学，2013(7)：62－72.

[6] 金荣标,叶高,等.个人信息保护的法理基础[J].法律适用,2013(8):134-136.
[7] 余建华,钟法."人脸识别纠纷第一案":个人信息司法保护的典范[N].人民法院报,2022-03-08(3).
[8] 王煜,王梦遥."徐玉玉案"宣判主犯获无期徒刑[N].新京报,2017-07-20(1).
[9] 吁青,陈康秀,楚惠如.织密司法保护网　守牢信息安全关[N].人民法院报,2023-01-14(3).
[10] 侵犯公民个人信息犯罪典型案例[N].人民法院报,2017-05-10(3).
[11] 林晔晗,吴静怡.网络个人信息侵权　"典"到即止[N].人民法院报,2022-04-30(3).
[12] 李颖.滴滴被罚80.26亿元　国家网信办有关负责人就此答记者问[J].中国质量万里行,2022(8):16-17.
[13] 最高人民检察院第三十四批指导案例[N].检察日报,2022-02-22(7).

第五编 国家信息安全保障法律制度

《宪法》第五十四条：中华人民共和国公民有维护祖国的安全、荣誉和利益的义务，不得有危害祖国的安全、荣誉和利益的行为。

信息化发展造就了现代社会先进的生产力，给所有国家带来了经济和社会发展的重大机遇。但同时，信息化发展进程越快，信息化覆盖面越广，信息安全问题就会随之增多且越来越复杂，其影响及后果也会更加广泛和严重。近年来，无论发达国家还是发展中国家，都在逐步完善以安全为核心的信息化发展战略。早在 1992 年，欧盟通过的《信息安全框架决议》成为欧盟信息安全立法的标志。2007 年 3 月正式通过的《关于建立欧洲信息安全社会战略的决议》，意味着欧盟已经将区域的信息安全提升到社会形态的高度，要求在全社会实现网络和信息系统的可用性、保密性与完整性。1995 年，俄罗斯政府颁布了《联邦信息、信息化和信息保护法》，提出了保护信息的法律责任。2000 年，普京总统批准了《俄罗斯联邦信息安全学说》，明确了联邦信息安全建设的目的、任务、原则和主要内容，确定了俄联邦信息安全的战略框架。2000 年，美国把“信息安全”作为国家安全战略的正式组成部分写入美国总统国家安全战略报告，标志其在美国国家安全战略中具有了独立地位。2010 年，奥巴马政府强调数字基础设施是国家战略资产，保护其安全是维护美国国家安全的第一要务。

中国政府一直高度重视信息安全保障能力的建设，《2006—2020 年国家信息化发展战略》明确指出，到 2020 年，我国信息化发展的战略目标之一是“国家信息安全保障水平大幅提高”，具体目标为：信息安全的长效机制基本形成，国家信息安全保障体系较为完善，信息安全保障能力显著增强。随着 2015 年《中华人民共和国国家安全法》(以下简称《国家安全法》和 2016 年《网络安全法》的颁布，我国已全面建立了信息安全保障法律法规及政策制度体系，为健全国家信息安全保障体系奠定稳固基础。

然而，网络时代信息安全所面临的威胁较之传统社会更加复杂，具有规模大、危害严重、手段多样、迭代周期短等特点，其对国家政治、经济、军事和文化安全的危害程度以及对个人权益所造成的威胁前所未有，信息安全已经成为国家安全的重要组成部分，保障国家信息安全仍然是世界各国在今后很长一段期间内面临的主要任务。

第十二章　信息安全保障法律制度概述

2013 年 6 月 25 日，韩国拉响网络袭击警报，声称包括青瓦台总统府在内的 16 家网站遭攻击，并陷入瘫痪。一些被黑网站首页出现“伟大的金正恩领袖”等红色词句，这似乎昭示着袭击者的身份，同时把事件的严重程度向上提升了几个等级。就在韩国称被攻击的同一天，一个黑客团体针对朝鲜的网络攻击也达到高潮。

而朝鲜方面，早在 4 月 2 日就收到“匿名者”团体的网上声明，要求朝鲜停止开发核武器、金正恩下台、立即引进自由民主、允许所有居民上网，并声称如果朝鲜不接受，将于 6 月 25 日发动网络战争。6 月 25 日上午 11 时，朝中社、《劳动新闻》、高丽航空、朝鲜之声等朝鲜主要媒体和机构的网站瘫痪。

朝鲜中央通讯社就“匿名者”行径发表评论，称一切事实表明，“匿名者”并非单纯的黑客团体，而是受美韩等反朝敌对势力情报机关背后操控的政治帮凶和“国际恐怖集团”。对于“匿名者”以朝鲜为特定目标进行网络攻击的行为，朝中社表示，情报技术本应成为发展人类文明的强力手段，该黑客团体以情报技术为工具的所作所为已侵害了主权国家的自主权，是严重的政治挑衅行为。

信息安全问题是信息化快速发展带来的必然结果，对信息的安全防护是人类社会应对各种信息安全问题的必要选择。提高对信息和信息系统安全的防护能力，保障关键信息基础设施和重要信息系统安全，创建安全健康的网络环境是信息安全防护的基本目标；保障公民和组织的权益，维护国家安全，保障信息化稳步、健康推进，是信息安全防护的最终目的。现阶段，对信息的安全防护处于信息安全保障体系建设阶段，建立和健全法规体系，走法制化建设之路，有利于社会各方面明确保障信息安全的责任和义务，自觉规范网络行为，维护网络秩序，促进信息化健康发展。

信息安全保障法律制度是调整为保障信息安全进行的各类信息活动中形成的社会关系的法律规范的总称。近年来，我国信息安全保障立法广受关注，信息安全保障立法体系初步建立。

第一节　信息安全防护概念与实践演进

信息安全问题自古有之，但较长时间以来主要集中在局部和战术层面。随着全球经济和信息化的发展，信息资源成为社会发展的重要战略资源，信息技术和信息产业成为国家经济增长的主要推动力之一，其影响已渗透到方方面面，信息安全问题就一跃成为关系国家安全、经济安全、军事安全、国家稳定甚至民族兴衰的重大问题。在信息化实践中，人们认识到在现代信息技术环境下，保障信息安全比维护传统安全更为复杂和困难，对信息安全的认识和实践还处在不断演进和完善之中。

一、通信保密

早在公元前 5 世纪，在古希腊与斯巴达的战争中，斯巴达人将羊皮螺旋形地缠绕在一个圆柱形棒上，用于书写被传递的军事秘密。接收方必须将羊皮缠绕在相同粗细的棒上才能准确地将信息读取出来。通信保密主要关注信息在传输过程中的安全问题，是人类社会最早出现的信息安全防护措施。

第二次世界大战期间，交战各方对于军事秘密的加密传输与密码破译之间的博弈使得通信保密集中爆发。由于通信安全主要面临的威胁是搭线窃听和密码分析，因此其主要的保护措施就是数据加密和传输保密，以拒绝远程通信过程中非授权用户的访问以及确保通信的真实性。

通信保密的主要技术措施是密码。1948 年，信息论创始人申农发表论文《保密通信的信息理论》，将密码学的研究引入了科学的轨道，为现代密码学奠定了理论基础。

二、计算机及信息系统安全

20 世纪 70 年代至 90 年代，计算机技术的日渐普及，使得信息的安全防护面临严峻挑战，促使其快速发展到一个新阶段，即计算机及信息系统安全阶段，这一阶段普遍开始使用“信息安全”的概念。

(一) 信息安全定义

目前为止，信息安全尚无统一定义。几个具有代表性的定义如下：

国际标准化组织(ISO)对信息安全的定义为：为数据处理系统建立和采用的技术、管理上的安全保护，为的是保护计算机硬件、软件、数据不因偶然和恶意的原因而遭到破坏、更改和泄露。[①]

美国国家安全电信和信息系统安全委员会(NSTISSC)从技术和管理措施角度出发，提出：信息安全是对信息、系统以及使用、存储和传输信息的硬件的保护，是所采取的相

---

① 商书元. 信息技术导论[M]. 北京：中国铁道出版社，2016：321.

关政策、认识、培训和教育以及技术等必要的手段。

欧盟在《信息技术安全评估标准》中将信息安全定义为：在既定的密级条件下，网络与信息系统抵御意外事件或恶意行为的能力。这些事件和行为将威胁所存储或传输的数据以及经由这些网络和系统所提供的服务的可用性、真实性、完整性和机密性。

我国沈昌祥院士将信息安全定义为：保护信息和信息系统不被未经授权地访问、使用、泄露、修改和破坏，为信息和信息系统提供保密性、完整性、可用性、可控性和不可否认性。[①]

（二）信息安全的基本要求

信息安全的目标是保护依靠信息的人、系统和传输信息的通信系统不受损害。依据国际上一般公认的准则，信息安全的基本要求是指信息的保密性、完整性、可用性、真实性和不可否认性以及可控性。

1. 信息的保密性

保密性的核心是阻止非授权主体获取敏感信息，它要求信息在传输、使用和转换过程中仅仅为合法用户所获取。信息的保密性程度依其被允许访问的范围而有所不同，所有人员都可以访问的是公开信息，需要被限制访问的信息为敏感信息或秘密信息，而对授权访问的用户又有不同的操作权限的规定等。实现保密性的主要途径是应用加密技术进行信息处理。

2. 信息的完整性

完整性的核心是防止信息被未经授权地篡改。它包括两层含义：一是保证信息系统在利用、传输、贮存信息等过程中能够有效阻挡非法操作与垃圾信息，确保信息保持原始状态；二是保证避免因不当操作带来的误删除文件等导致重要文件丢失甚至整个系统瘫痪的严重后果。确保信息完整性的主要措施是采用报文摘要技术和加密技术。

3. 信息的可用性

可用性的实质是保障合法用户可以按需访问并有效读取信息。因此，可用性不仅指正常情况下向用户提供信息资源，更强调在系统出现拥堵、故障甚至遭受破坏时具有承受攻击、快速恢复、及时满足用户使用需求的能力。信息可用性的实现主要通过实时的备份与恢复技术。

4. 信息的真实性和不可否认性

这也称为抗抵赖性，其核心在于确保双方间的信息交换是可信赖的。任何用户在系统中的使用行为及过程都会留痕，使其无法否认已发生的各项操作，以此形成一定的威慑，有效应对不法分子隐瞒或否认自身违法行为的现象。信息的抗抵赖性一般可通过数字证书和数字签名等身份认证技术实现。

5. 信息的可控性

可控性的核心是指有能力对信息和信息系统实施安全监控管理，防止其被非法利

① 沈昌祥.关于强化信息安全保障体系的思考[J].信息安全与通信保密，2003(6)：15－17.

用，这是信息安全的必然要求。从国家层面看，信息安全的可控性不但涉及信息的可控性，还与安全产品、安全市场、安全厂商、安全研发人员的可控性紧密相关，即要求实现信息系统从硬件到软件的自主研发、生产、升级、维护的全程可控。信息的可控性的实现主要通过基于公钥基础设施（PKI）/授权管理基础设施（PMI）的访问控制技术来保证。

当然，不同类型的信息资源在上述安全属性方面关注点不同，如对企业而言，针对专有技术、市场营销计划等商业秘密的保密性尤其重要；而对于工业自动控制系统，控制信息的完整性相对其保密性重要得多；电子商务行为中抗抵赖性具有特殊重要性。

案例 12－1

美国时间 2003 年 8 月 14 日下午 4 点，北美大部分地区突然停电且时间长达 20 多个小时，而麦格劳·希尔公司旗下《商业周刊》于次日出版的计划却并未受到影响。实际上，杂志社在停电瞬间就把出版业务全部转移到该社位于新泽西州的一套备用系统上，从而确保了第二天《商业周刊》的如期出版。

“9·11”恐怖袭击事件使得许多世界著名公司随双子大厦一同葬身火海，许多公司即使没有瞬间致死，也因数据的全面破坏而损失惨重，从此一蹶不振。据统计，在那场灾难中，40％的企业由于数据丢失，根本无法恢复工作。摩根士丹利公司则仅用两天就恢复正常运营，因为它在新泽西州设有第二套全部股票证券商业文档资料数据和计算机服务器。

三、信息安全保障

进入 21 世纪，随着网络的全球化和数字环境的发展，网络空间已成为维护国家主权的重要阵地，传统的以保护和防御为主的信息安全概念已不能适应国家安全的需要。传统信息安全注重信息系统保护和防御能力建设，目的是防止攻击的发生。而信息安全保障强调在保护和防御的基础上，综合考虑信息系统检测、响应和攻击后的修复能力，其目标在于当有攻击发生的时候，信息系统始终能保证维持特定水平的保密性、完整性、真实性、可用性和抗抵赖性。信息安全保障是信息安全在现阶段的表现，其本质是建立一种能力，保障组织机构使命的执行和国家安全不受黑客、网上恐怖活动、信息战、自然灾难、电力中断等威胁的影响。

（一）信息安全保障的含义

根据《信息安全技术　信息安全保障指标体系及评价方法》（GB/T 31495.1—2015）的定义，信息安全保障是指“对信息和信息系统的安全属性及功能、效率进行保障的一系列行为或过程”。具体而言，首先，信息安全保障是一个保证信息与信息系统的保密性、完整性、可用性、可控性和不可否认性的信息安全保护和防御的过程；其次，它要求在防御的基础上，加强对信息和信息系统的保护，加强对信息安全事件和各种脆弱性的检测，提高应急反应能力和系统恢复能力。[①]

建立有效的信息安全保障，就能够保证信息和信息系统不受安全威胁的影响，这意味着信息安全保障是一种国家能力，是一个国家综合国力、经济竞争和生存能力的象征，在国家信息化建设中具有基础性、全局性、战略性的突出作用。

（二）信息安全保障体系

信息安全保障不是简单的技术解决方案，它包含三个方面逐层递进的目标：一是保障信息和信息系统资产，确保信息的保密性、完整性、可用性和抗抵赖性；二是保障组织机构使命的执行；三是综合技术、管理、过程、人员等各方面要素。因此，信息安全保障是一项复杂的系统工程，是安全策略、多种技术、管理方法以及人员意识和素质相融合而成的一个有机整体的信息安全防御屏障。信息安全保障体系“是信息社会国家安全的基本组成部分，是保证国家信息化顺利进行的基础”。[②]

信息安全保障体系的基本框架由四个层次和两个支撑条件构成。

1. 信息安全保障体系的层次构成

（1）信息安全平台及安全基础设施。这是信息安全保障体系的基础层建设，需要建立突发安全事件应急响应中心，配备数据备份和灾难恢复设施；加强密码基础设施（KMI/PKI）的建设，发挥密码在保障体系中的基础和核心作用；落实信息安全等级保护制度，加强标准化和统一认证认可的评估评测工作。

（2）信息安全保障技术体系。这是信息安全保障体系的应用层建设。技术防护是采用先进技术手段，确保网络和电信传输、应用区域边界、应用环境等环节的安全，既能防外部攻击，又能防内部作案。主要应具备以下五方面技术防护能力：第一，应提供信息保护，防止信息被泄露、篡改和破坏；第二，应具备检测入侵行为的能力，减少信息系统被攻击或渗透成功的机会；第三，具有计划和部署针对入侵行为的防御措施，如通过访问控制和数据过滤等防御机制，提高安全防护的坚固性；第四，采用安全措施和容错机制，在遭受攻击的情况下，保证信息和信息系统保密性、完整性、抗抵赖性、真实性、可用性和可控性不丧失；第五，具有修复信息和信息系统所遭受的破坏的能力。

（3）信息安全保障法制体系。信息安全保障体系建设既庞大复杂又意义重大，必须走法制化道路。法制体系建设必须首先在宏观和战略层面确立国家信息化领域的法律法规框架，制定符合国情和适应信息化发展的制度和规定，在体系建设的全过程做到有法可依，有法必依；同时严格执法，做到违法必究。

（4）信息安全保障管理体系。基于对业务风险的认识，信息安全保障管理体系包括建立、实施、运作、监视、评审、保持和改进信息安全等一系列管理活动，它是组织结构、方针策略、计划活动、目标与原则、人员与责任、过程与方法、资源等诸多要素的集合。为更好地实现信息安全保障的方针和目标，应将信息安全保障管理体系纳入行政管理和业务

---

① 沈昌祥.关于强化信息安全保障体系的思考[J].信息安全与通信保密，2003(6)：15－17.

② 同上。

组织体系。

2. 信息安全保障体系建设的支撑条件

经费支持和人才培养是信息安全保障的两个重要的支撑条件。信息安全保障体系建设的经费应纳入国家财政预算计划，应像国防经费、教育经费一样，明确信息安全保障体系建设经费占信息化经费的比例；在信息安全保障体系的诸要素中，人是最关键也是最活跃的要素。网络攻防对抗，最终较量的是攻防双方人员的能力。国家应通过学历教育、继续教育培养高质量的专门人才，同时通过社会化的培训和普及教育提高全民信息安全素养。

(三) 信息安全保障的特征

与传统的信息安全相比，信息安全保障是一项极其复杂的系统工程，要处理好各要素自身的问题，也要处理好各要素之间的互动关联性；既要解决保护问题，也要解决恢复问题；既要解决技术问题，又要解决管理问题；既要保障安全，又要兼顾发展，这使信息安全进入到一个更加宽广的领域。信息安全保障较之传统信息安全呈现出综合性、开放性、相对性以及控制与发展的矛盾性的特点。

1. 综合性

传统社会的安全，从主体到内容大体上呈现的是一种分散、单维的特征。与此不同，信息安全保障体现出综合性的特点，即它是一个多层次、多因素、多目标的复杂集成，是一个系统问题，各部分之间具有很强的互动关联性。如信息安全保障不仅涉及个人信息安全保障和行业信息安全保障，也涉及国家信息安全保障；不仅涉及技术安全、信息环境安全，还要考虑管理安全问题；不仅要求能提供静态的保护能力，还要求具备主动防御能力和及时响应及恢复能力等。

2. 相对性

与传统的加密、身份认证、访问控制等静态技术相区别，信息安全保障是一个动态、相对的概念，强调信息系统整个生命周期从保护、防御、检测、响应到恢复的闭环控制，不断循环，不可能有一劳永逸的安全解决方案，"它不可能被作为绝对的终极价值去追求。"①

3. 开放性

传统环境下解决信息安全问题的一个重要途径，是在相对封闭的环境中限制各种不可控因素的出现。全球信息化环境下，网络边界越来越模糊，技术应用的辐射衍生性、信息资源的共享性、信息传播的跨界性以及信息通信网络手段的多样性等，使得信息安全保障始终处在一个高度开放的环境中，风险来源广且不可全部预知。

4. 控制与发展的矛盾性

不断更新的攻击技术，加上天生具有脆弱性的信息基础设施，将信息安全保障置于易攻难守的境地，因此必要的控制手段势在必行。但控制与发展之间往往呈现一个互逆关

① 马民虎，李江鸿. 我国信息安全法的法理念探析[J]. 西安交通大学学报(社会科学版)，2007(5)：74－80.

系，片面地强调安全保障，势必导致发展停滞甚至行业衰败；而如果片面地强调发展又可能导致控制不力，埋下安全隐患，抵消发展红利。

总之，信息安全是一个动态变化的概念，其内涵随着信息技术的发展而不断丰富。一般来说，信息安全是以保护信息财产、防止偶然或未授权者对信息的恶意泄露、修改和破坏为目的，保证在各种系统和网络中存储、传输和交换的信息的保密性、完整性、可用性、不可否认性和可控性；信息安全保障体系是通过逐步实现保护、检测、预警、反应、恢复和反制等信息安全保障环节，全面提升和增强信息安全防护能力、隐患发现能力、应急反应能力和信息对抗能力，为防范来自组织内容、外部和内外勾结以及灾害和系统的脆弱性所构成的对信息基础设施、应用和内容各层面的安全威胁，为国家信息安全提供全方位的保障。

第二节　信息安全保障法制建设发展过程

国家信息安全保障是一个庞大体系，关系到国家安全和社会稳定，是确保现在及未来国家信息化健康发展的重要基础，也是一项复杂的工程。法制建设既是国家信息安全保障体系建设的重要组成，也是确保建设过程方向明确、有序、高效的基础和保障。

一、世界范围信息安全保障法制建设过程

与信息安全防护的发展相一致，世界各国范围信息安全防护的相关法制建设也经历了三个发展时期，即通信及计算机保密立法期、网络安全立法期和国家战略下的信息安全保障立法期。①

(一) 通信及计算机保密立法期(20 世纪 40—80 年代)

这一阶段法制建设的重心在于维护国家安全、保守国家秘密以及保护个人隐私等。当时的计算机系统作为数据处理工具所带来的安全问题，也主要集中在如何限制非法获取和操作。

(二) 网络安全立法期(20 世纪 90 年代)

顾名思义，这一时期的信息安全主要围绕网络空间的安全防护开展，其特点有：一是立法范围覆盖了信息活动全过程；二是内容普遍涉及网络犯罪、网络个人隐私、信息基础设施、国防安全以及数字签名、信息技术等；三是对于计算机信息系统的安全防护从政府内部扩展至社会各方面。这一时期，各国大规模集中立法表明信息安全成为国家安全的重中之重。

(三) 国家战略下的信息安全保障立法期(21 世纪至今)

进入 21 世纪，随着数字时代的到来，在物联网、云计算、大数据等新技术推动下，全球

---

① 相丽玲，陈梦婕. 试析中外信息安全保障体系的演化路径[J]. 中国图书馆学报，2018(3)：113－131.

信息化再掀新浪潮。而更为严峻的挑战是各种新型的网络犯罪层出不穷,危害严重,一次次给各国的信息安全防护敲响警钟。世界各国政府迅速调整了国家安全战略,信息安全保障成为各国特别是美、俄等大国的基本国策,成为国家安全战略中不可分割的重要组成。

1998年,时任美国总统的克林顿签署了《保护美国关键基础设施》总统令(PDD-63),其中首次使用"信息保障"概念,标志着在国家战略高度加强信息安全保障体系建设的时代到来。

从2000年起,各国新颁布的法律常被冠以"国家计划"和"国家战略"。如美国2000年颁布的《信息系统国家保护计划》、2003年的《保护网络空间的国家战略》、2008年的《国家网络安全综合计划》、2011年的《网络空间国际战略》和《网络空间行动战略》、2014年的《网络安全框架》、2015年的《网络安全法案》和2016年的《网络安全国家行动计划》等;俄罗斯2000年颁布的《俄罗斯联邦信息安全学说》和《因特网发展和利用国家政策法》、2013年的《2020年前俄罗斯联邦国际信息安全领域国家政策框架》等。

这一时期,世界范围内信息安全防护立法表现出五方面的共同特征:一是各国普遍确立了较为完备的信息安全保障基本法,如美国的《联邦信息安全管理法案》(2000年)、俄罗斯的《信息、信息技术及信息保护法》(2006年)、德国的《德国网络安全法》;二是立法层次上升到国家战略高度,成为整体国家安全战略的重要组成;三是立法范围涵盖信息内容安全、数据安全、物理安全、网络空间安全、信息基础设施安全等,其中网络空间安全由于关乎国家主权更是成为立法重点;四是立法内容空前丰富,上至国家战略与行动计划,下至信息安全防护的管理体系和技术标准以及国家监管、安全测评和应急响应等,表明立法已从静态防御向综合性主动防御转变;五是立法既立足本国也面向国际。

当然,由于历史、国情、文化的不同,以及民族传统、资源配置、历史经验和决策者认识程度等因素的影响,各国在国家信息安全保障立法方面也存在着明显差异。从重视程度、组织措施等方面看,西方国家普遍重视程度较高,如美国在中央政府一级设立机构专门负责处理网络信息安全问题。而在大多数国家,信息安全管理职能由不同政府部门的多个机构和单位共同承担;西方国家持续大力推进信息安全保障法律法规体系建设,对网络监管和打击犯罪毫不手软,而其他大多数国家还缺乏完善的法律法规体系建设,推进速度也较为缓慢。

二、我国信息保障立法过程

我国信息安全防护立法的发展阶段基本与国外一致。中华人民共和国成立后直到20世纪80年代,我国的信息安全防护主要以保密为主,这一时期立法数量少,多为行政法规。20世纪90年代起,随着计算机及网络应用的普及,对国家信息安全的认识从单纯地保守国家秘密发展为在实体与虚拟空间全方位应对信息安全的威胁,信息安全保障及其体系建设的理念逐渐确立起来。随着计算机和互联网技术的发展,"中国网络立法经历了从无到有、从少到多、由点到面、由面到体的发展过程。”①

（一）初创期（1994—1999年）

这一阶段我国处于接入互联网阶段。针对我国上网用户和设备数量稳步增加的环境特点，这一阶段的立法主要聚焦于网络基础设施安全，即计算机系统安全和联网安全。

1994年2月18日，国务院颁布《中华人民共和国计算机信息系统安全保护条例》（以下简称“《计算机信息系统安全保护条例》”），这是我国第一部保护计算机信息系统安全的专门条例，标志着我国互联网安全的起步。该条例明确了计算机信息系统安全保护的主管部门、安全保护制度和安全监管等，填补了我国信息安全法规的空白。

1996年，国务院颁布《计算机信息网络国际联网管理暂行规定》，它标志着我国在信息安全保障立法方面开始触及国际网络领域。

1997年12月，由国务院批准，公安部发布的《计算机信息网络国际联网安全保护管理办法》是我国第一部全面调整互联网安全的行政法规，其中规定的四条禁则和六项安全保护责任，不仅保障了我国互联网领域在发展之初的安全，而且有效引领了后续有关信息网络安全法规和规章的出台。

1997年，我国《刑法》中首次对计算机犯罪作了规定。

到20世纪末，我国初步建成了一套分层次、分领域的信息安全保障相关法律法规体系。

（二）启动与发展期（2000—2011年）

这一阶段，我国处于PC互联网阶段。随着全球网络化发展，信息安全形势日益严峻且出现了质的变化，网络犯罪已不只是偶发的、单纯的财产性犯罪，信息安全黑暗势力的商业趋利性、政治敌对性是两个明显的发展趋势，具体表现在以下两方面。

1. 信息安全保障面临的威胁

首先，APT攻击成为严重威胁。APT（Advanced Persistent Threat），即高级持续性威胁，指黑客以窃取核心资料为目的，针对客户所发动的网络攻击和侵袭行为。APT的实质是一种发生在数字空间的偷窃资料、搜集情报的“网络间谍”行为，其危害之处在于针对特定对象，长期、有计划和有组织性地窃取数据，并具备高度的隐蔽性。

其次，国家攻击行为频发。近年来，针对政府机构的网络攻击事件频发，且攻击类型和策略复杂多变，诸如数据泄露、勒索软件、DDoS攻击、钓鱼攻击以及网页篡改等，对国家安全造成了严重威胁。

这些事件提醒我们，信息安全问题的危害已经超过了恐怖主义，成为国家安全的头号威胁，这促使我国在组织机构、管理体系和政策立法方面开展全方位的建设，信息安全防护法制建设由传统的信息安全立法向信息安全保障体系立法明显转变。

2. 信息安全保障相关立法

2000年12月通过的《全国人民代表大会常务委员会关于维护互联网安全的决定》，

---

① 国务院新闻办公室. 新时代的中国网络法治建设[M]. 北京：人民出版社，2023.

规定了一系列禁止利用互联网从事的危害国家、单位和个人合法权益的活动。该决定是我国第一部有关互联网安全的法律规范，成为中国网络安全立法的标志性法律。此后，我国信息安全立法进入快速发展期，一大批法律法规相继出台。

2003 年 7 月，《国家信息化领导小组关于加强信息安全保障工作的意见》出台，首次明确提出了加强信息安全保障工作，并明确了信息安全保障的总体要求、主要原则、基本任务和工作重点等。该文件是我国全面启动信息安全保障体系建设的重要标志，同时将我国的信息安全保障法制化建设推向了一个新的发展阶段。

2004 年 8 月，第十届全国人民代表大会常务委员会第十一次会议通过《电子签名法》，明确电子签名与传统手写签名和盖章具有同等的法律效力，被称为“中国首部真正意义上的信息化法律”，标志着我国信息安全保障的法制化进程向前迈出了重要一步。

2009 年，我国《刑法》修正案（七）修改了涉及计算机犯罪的条款，使涉及计算机犯罪的罪名修改为两个，即非法获取计算机信息系统数据、非法控制计算机信息系统罪，提供侵入、非法控制计算机信息系统程序、工具罪。

这一时期，与用户上网日益普遍的环境特点相适应，我国网络立法转向侧重网络服务管理和内容管理，各部委陆续出台了一批涉及信息安全保障的部门规章和规范性文件，进一步规范了互联网信息服务，要求互联网服务机构和联网单位落实安全保护措施，规范商业密码管理，提高互联网的安全防护能力。

（三）国家战略规划和建设期(2012 年至今)

这一阶段，我国处于移动互联网阶段，网络立法逐步趋向全面涵盖网络信息服务、信息化发展、网络安全保护等在内的网络综合治理，进入国家战略规划和建设期。

2012 年，《全国人民代表大会常务委员会关于加强网络信息保护的决定》和《刑法》修正案（七）都明确了加强对于公务活动、网络服务提供者和其他企业事业单位及其工作人员保护公民个人信息和个人隐私的义务规定。

2014 年，中央国家安全委员会（以下简称“中央国安委”）成立，其设立目的是完善国家安全体制和国家安全战略，确保国家安全，主要职责是统筹协调涉及国家安全的重大事项和重要工作。2014 年 4 月，习近平同志在中央国安委第一次会议上提出“总体国家安全观”。2015 年 1 月，中央政治局审议通过《国家安全战略纲要》，再次强调“总体国家安全观”和“人民安全”的宗旨，为新时期我国信息安全保障立法整体框架的建立提供了遵循。

此后出台的国家安全立法主要可划分为国家安全和网络安全两类。

有关国家安全的立法包括：2014 年 11 月《中华人民共和国反间谍法》，2015 年 7 月《国家安全法》，2015 年 12 月《中华人民共和国反恐怖主义法》，2017 年 6 月《中华人民共和国国家情报法》。

有关网络安全的立法包括：2016 年 11 月的《网络安全法》，2016 年 12 月的《中华人民共和国网络空间安全战略》，2018 年 8 月的《中华人民共和国电子商务法》。

在 30 年的发展进程中，“中国制定出台网络领域立法 140 余部，基本形成了以宪法为根本，以法律、行政法规、部门规章和地方性法规、地方政府规章为依托，以传统立法为基础，以网络内容建设与管理、网络安全和信息化等网络专门立法为主干的网络法律体系，为网络强国建设提供了坚实的制度保障。”①

第三节　我国信息安全保障法律制度立法原则及体系构成

“法律是治国重器，良法是善治前提。中国把握互联网发展规律，坚持科学立法、民主立法、依法立法，大力推进网络法律制度建设，网络立法的系统性、整体性、协同性、时效性不断增强。”②

一、立法原则

新时期，我国信息安全保障立法坚持了总体国家安全观、积极防御、统一立法的基本原则。

（一）坚持总体国家安全观

总体国家安全观坚持构建以人民安全为宗旨，以政治安全为根本，以经济安全为基础，以军事、科技、文化、社会安全为保障，以促进国际安全为依托的一体国家安全体系；国家安全观将重视安全与重视发展并重，将重视内部安全与重视外部安全并重，将重视国土安全与重视国民安全并重，将重视传统安全与重视非传统安全并重，将重视自身安全与重视共同安全并重。坚持总体国家安全观的基本原则，体现出信息安全保障法制体系建设的中国特色。

（二）积极防御，强调做好防范

“防”的核心在于防患于未然，这是信息安全基本特点和规律的具体体现。因为信息安全事故一旦发生，其造成的损失往往难以弥补。当前，信息安全已是关乎“信息空间主权”“网络空间主权”的严峻安全问题，信息安全保障立法坚持积极防御的原则尤为重要。要做到事先的主动积极防范，必须在立法中加强对于信息系统的检测、风险评估、识别预警、抵御非法入侵以及灾害恢复等功能及管理要求，以减少灾难的实际发生。

（三）坚持统一立法模式

传统信息安全下，信息安全立法主要为具有针对性的分散式单行法规，解决局部的安全问题。在新的总体国家安全观指导下，我国已相继颁布多部包括信息安全在内的国家安全法律法规，并且还有一系列相关法律法规正在规划之中，信息安全保障立法向综合型的统一立法转变，实现信息基本法框架下的信息安全全领域、信息活动全过程的立法。

我国现有信息安全保障的法律体系不仅包括国家安全战略与行动计划，还包括国家

① 国务院新闻办公室. 新时代的中国网络法治建设[M]. 北京：人民出版社，2023.
② 同上。

安全、人民安全、网络安全的法律法规，技术标准涉及计算机科学、网络技术、通信技术和密码技术等最新科技成果，提供了对信息内容安全、数据安全、物理安全、网络安全和信息基础设施安全等，体现出综合保护型和积极防御型信息安全保障的法制体系建设特征。

二、我国信息安全保障法律制度体系构成

从 1994 年国务院发布《计算机信息系统安全保护条例》至今，我国已初步形成以总体国家安全观为指导，以《国家安全法》为基准，包含基本法律、行政法规、部门规章和规范性文件在内的信息安全保障法律体系的基本框架。

(一) 从法律位阶角度

按照法律位阶从高到低排列，我国信息安全保障法律体系的构成见表 12－1。

表 12－1　我国信息安全保障法律体系的构成

<table>
<tr><th>序号</th><th>法律文件类型</th><th>颁发部门</th><th>法 律 文 件 名 称</th></tr>
<tr><td>1</td><td>法律</td><td>全国人民代表大会常务委员会</td><td>《国家安全法》《网络安全法》《数据安全法》《电子签名法》《密码法》《刑法》以及《国家信息化领导小组关于加强信息安全保障工作的意见》《全国人民代表大会常务委员会关于维护互联网安全的决定》等</td></tr>
<tr><td>2</td><td>行政法规</td><td>国务院</td><td>《关键信息基础设施安全保护条例》《计算机信息系统安全保护条例》《电信条例》《商用密码管理条例》《计算机信息网络国际联网管理暂行规定》《计算机信息网络国际联网安全保护管理办法》等</td></tr>
<tr><td>3</td><td rowspan="3">部门规章及规范性文件</td><td>公安部</td><td>《信息安全等级保护管理办法》《互联网安全保护技术措施规定》《计算机病毒防治管理办法》《商用密码产品销售管理规定》《商用密码产品生产管理规定》《商用密码科研管理规定》《电子认证服务密码管理办法》《信息安全产品测评认证管理办法》等</td></tr>
<tr><td rowspan="2">4</td><td>国家保密局</td><td>《计算机信息系统保密管理暂行规定》《计算机信息系统国际联网保密管理规定》《涉及国家秘密的通信、办公自动化和计算机信息系统审批暂行办法》《涉密计算机信息系统建设资质审查和管理暂行办法》等</td></tr>
<tr><td>原信息产业部、工业和信息化部</td><td>《工业控制系统信息安全防护能力评估工作管理办法》《网络产品安全漏洞管理规定》《互联网信息安全管理系统使用及运行维护管理办法(试行)》《公共互联网网络安全突发事件应急预案》《通信网络安全防护管理办法》《电信网间互联管理暂行规定》《软件产品管理办法》《互联网电子公告服务管理规定》等</td></tr>
</table>

(二) 从调整对象的角度

从法律法规调整的对象看，我国信息安全保障法律体系由基本法和各个领域的专门

法所构成，具体如图 12－1 所示。

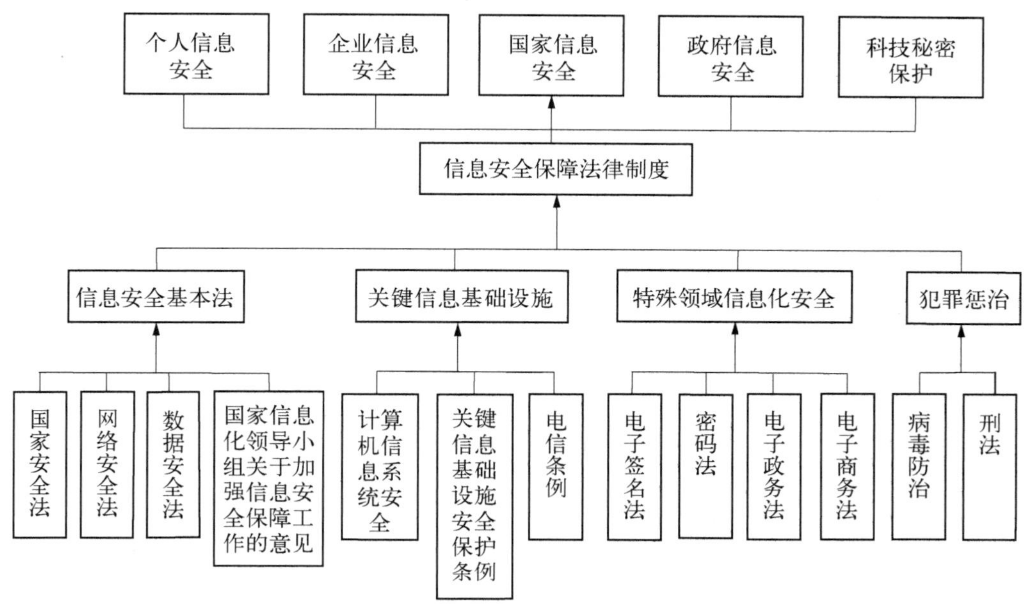

图 12－1 信息安全保障法律体系构成示意图

需要注意的是，信息安全保障法律体系的构成是随着社会发展不断动态调整的，本结构中法律法规有的已经颁布甚或经过多次修订，有的尚处在制定过程中，如电子政务法。

本章参考文献

[1] 商书元. 信息技术导论[M]. 北京：中国铁道出版社，2016：321.

[2] 沈昌祥. 关于强化信息安全保障体系的思考[J]. 信息安全与通信保密，2003(6)：15－17.

[3] 马民虎，李江鸿. 我国信息安全法的法理念探析[J]. 西安交通大学学报(社会科学版)，2007(5)：74－80.

[4] 相丽玲，陈梦婕. 试析中外信息安全保障体系的演化路径[J]. 中国图书馆学报，2018(3)：113－131.

[5] 国务院新闻办公室. 新时代的中国网络法治建设[M]. 北京：人民出版社，2023.

[6] 程维丹，王刚，侯涛. 韩国政府网站遭黑客攻击　朝互联网服务陷停滞[EB/OL]. (2013－06－26)[2023－01－10]. http://www.chinanews.com.cn/gj/2013/06－26/4969283.shtml.

第十三章 信息安全保障的基本法

引导案例

2017年8月11日，广东省网信办对腾讯公司微信公众号平台存在用户传播暴力恐怖、虚假信息、淫秽色情等危害国家安全、公共安全、社会秩序的信息问题依法展开立案调查。经查，腾讯公司对其微信公众号平台用户发布的有关法律法规禁止发布的信息未尽到管理义务，其行为违反《网络安全法》第四十七条之规定。根据《网络安全法》第六十八条规定，广东省网信办对腾讯公司作出最高罚款的处罚决定。同期，北京市网信办依据《网络安全法》就新浪微博对其用户发布传播"淫秽色情信息、宣扬民族仇恨信息及相关评论信息"未尽到管理义务以及百度贴吧对其用户发布传播"淫秽色情信息、暴力恐怖信息帖文及相关评论信息"未尽到管理义务的违法行为，分别作出行政处罚。

进入21世纪以来，基于日益严峻的安全形势，各国在信息安全保障法制建设方面都趋向于加强集中立法，构成"基本法＋单行法"的基本格局。近年来，我国在信息安全保障领域的统一立法也进入快速发展阶段，陆续出台了《国家安全法》《网络安全法》《中华人民共和国数据安全法》(以下简称"《数据安全法》")等重要法律，成为我国信息安全保障法律制度的基本法内容。

第一节 《国家安全法》

《国家安全法》是贯彻总体国家安全观的要求，维护国家主权、利益和社会稳定，构建国家安全法律制度体系，加快国家安全法治建设方面的一部综合性、全局性、基础性的重要法律，是维护国家安全的坚实的法律制度保障。

《国家安全法》共七章八十四条，其中第二章"维护国家安全的任务"、第四章"国家安全制度"以及第五章"国家安全保障"中都有涉及信息安全保障的具体规定。

第二章"维护国家安全的任务"中明确：国家建设网络与信息安全保障体系，提升网络与信息安全保护能力，加强网络和信息技术的创新研究和开发应用，实现网络和信息核心技术、关键基础设施和重要领域信息系统及数据的安全可控；加强网络管理，防范、制止和依法惩治网络攻击、网络入侵、网络窃密、散布违法有害信息等网络违法犯罪行为，维护国家网络空间主权、安全和发展利益。这一规定对信息安全保障法律体系建设在维护国家安全中的定位、目标和任务提出了总体要求。

在第四章“国家安全制度”中有两部分内容对信息安全保障法律法规建设作出规定。

在第二节“情报信息”内容中，规定国家健全统一归口、反应灵敏、准确高效、运转顺畅的情报信息收集、研判和使用制度，建立情报信息工作协调机制，实现情报信息的及时收集、准确研判、有效使用和共享；规定了国家安全机关、公安机关、有关军事机关根据职责分工，依法搜集涉及国家安全的情报信息，并规定了对于获取的涉及国家安全的有关信息及时上报；对于情报信息的报送应当及时、准确、客观，不得迟报、漏报、瞒报和谎报。

在第四节“审查监管”中规定，国家建立国家安全审查和监管的制度和机制，对影响或者可能影响国家安全的外商投资、特定物项和关键技术、网络信息技术产品和服务、涉及国家安全事项的建设项目，以及其他重大事项和活动，进行国家安全审查，有效预防和化解国家安全风险。

在第五章“国家安全保障”的第七十条规定，国家健全国家安全法律制度体系，推动国家安全法治建设；第七十一条规定，国家加大对国家安全各项建设的投入，保障国家安全工作所需经费和装备。

第二节　《网络安全法》

《网络安全法》可视为我国信息安全保障领域的“宪法性”法律之一。该法的出台从根本上填补了我国综合性网络信息安全基本大法、核心的网络信息安全法和专门法律的三大空白。该法的推出走进了治理能力和治理体系现代化的总目标，走进了《国家安全法》的大格局，走进了网络强国的快车道，走进了大数据的新天地，走进了为人民谋福祉的总布局。[①]

一、维护网络空间安全的总体目标和基本原则

《网络安全法》的适用范围是“在中华人民共和国境内建设、运营、维护和使用网络，以及网络安全的监督管理”，表明我国将安全战略的焦点聚焦于境内，奉行防御型的国家网络安全战略观念。在依法治理的战略方针指导下，《网络安全法》确立了维护网络安全应坚持的总目标和基本原则。

（一）网络信息安全的总体目标

《网络安全法》第七条明确：我国致力于“推动构建和平、安全、开放、合作的网络空间，建立多边、民主、透明的网络治理体系”。这是我国第一次通过国家法律的形式向世界

---

① 高红静.探讨《网络安全法》出台的重大意义[EB/OL].(2016－11－08).[2016－12－10].https://share.gmw.cntopics/2016－11/08/content_22901268.htm.

宣示网络空间治理目标，明确表达了我国的网络空间治理诉求。

(二) 维护网络空间安全的基本原则

维护网络空间安全必须坚持网络空间主权原则、共同治理原则以及网络安全与信息化发展并重原则。

1. 网络空间主权原则

《国家安全法》中首次提出了“网络空间主权”这一概念，其含义可以理解为在网络空间中国家主权的延伸和体现。《网络安全法》立法宗旨明确指出“维护网络空间主权”，就是要将《联合国宪章》确立的主权平等原则贯彻在网络空间，自主选择适合我国国情的网络发展道路、网络管理模式、互联网公共政策；我国平等参与国际网络空间治理的权利应当得到尊重，同时我们也尊重他国的权利。该法适用于我国境内网络以及网络安全的监督管理，是我国网络空间主权对内最高管辖权的具体体现。

2. 共同治理原则

共同治理原则要求所有网络利益相关者共同参与网络空间的安全治理。网络空间安全所涉及的问题比传统空间更为错综复杂，仅仅依靠政府难以实现，必须采取措施鼓励全社会共同参与，无论是政府部门，还是网络建设者、网络运营者、网络服务提供者、网络行业相关组织、教育机构还是社会公众等，都应从各自的角色出发参与网络安全治理工作，共同实现网络安全的目标。

3. 网络安全与信息化发展并重原则

安全与发展始终是一对基本矛盾，维护网络安全和促进信息化发展也是如此。正如一体之两翼，偏颇任何一方都会影响整体效果。《网络安全法》明确规定，国家坚持网络安全与信息化并重，遵循积极利用、科学发展、依法管理、确保安全的方针；既要推进网络基础设施建设，鼓励网络技术创新和应用，又要建立健全网络安全保障体系，提高网络安全保护能力，做到“双轮驱动、两翼齐飞”。

二、《网络安全法》的主要内容

《网络安全法》共七章七十九条，对网络运行安全、关键信息基础设施安全、网络信息安全、对网络信息安全犯罪的惩治和打击等方面进行了明确规定。具体规范了网络社会中不同主体所享有的权利义务及其地位；将等级保护制度、身份认证制度、后台实名制、网络产品与服务安全、网络安全信息共享、个人信息保护、监督管理等多项工作和制度纳入法律框架内，为保障国家网络安全、促进我国信息化健康发展提供了高层次的法律依据。

(一) 完善网络安全监管体制

《网络安全法》进一步明确了政府各部门的职责权限，完善了网络安全监管体制。首先，国家网信部门负责统筹协调网络安全工作和相关监督管理工作；其次，明确了网信部门与其他相关网络监管部门，即国务院电信主管部门、公安部门和其他有关机关的职责分工，依法在各自职责范围内负责网络安全保护和监督管理工作。这种称为“1＋X”的监管体制很好地适应了当前我国互联网与现实社会全面融合的特点和监管需要。

（二）保障网络运行安全

网络运行安全是网络安全的重心。《网络安全法》从一般网络运行安全和关键信息基础设施的运行安全两方面作出了规定。

1. 网络运行安全的一般规定

《网络安全法》规定，国家实行网络安全等级保护制度，将 1994 年《计算机信息系统安全保护条例》中确定的计算机信息系统等级保护制度上升为法律，同时明确规定了网络运营商在保障网络免受干扰、破坏或者未经授权的访问，防止网络数据泄露或者被窃取、篡改方面应履行的义务，如制定内部安全管理制度和操作规程，采取危害网络安全行为的技术措施，留存相关的网络日志，采取数据分类、重要数据备份和加密等措施。

2. 重点保护关键信息基础设施的运行安全

信息化的深入推进，使关键信息基础设施成为社会运转的神经系统。

所谓关键信息基础设施是指那些一旦遭到破坏、丧失功能或者数据泄露，可能严重危害国家安全、国计民生、公共利益的系统和设施，其运行安全是网络运行安全的重中之重。从各国的实践来看，保障关键信息基础设施的安全，都是国家网络安全战略中最为重要和主要的内容。《网络安全法》强调在网络安全等级保护制度的基础上，对关键信息基础设施实行重点保护，明确了关键信息基础设施的建设要求和运营者的安全保护义务，规定了采购关键信息基础设施产品和服务的国家安全审查要求和保密要求，规定了个人信息和重要数据强制本地存储以及关键信息基础设施的网络安全年度检测评估等法律措施，确保关键信息基础设施的运行安全。

（三）保障网络信息安全

随着云计算、大数据等技术的发展和应用，网络信息成为国家安全至关重要的战略资源。保障网络信息安全是维护国家网络安全的重要内容。《网络安全法》对于网络信息的保护包括个人信息保护、用户信息保护和商业秘密保护。

（四）监测预警与应急处置

为了加强国家的网络安全监测预警和应急制度建设，提高网络安全保障能力，《网络安全法》明确建立国家和部门（负责关键信息基础设施安全保护工作）两级网络安全监测预警制度和信息通报制度；建立健全网络安全风险评估和应急工作机制，制定网络安全事件应急预案，并定期组织演练；因处置重大突发社会安全事件的需要，可以在特定区域对网络通信采取限制等临时措施。

（五）网络实名制

《网络安全法》规定：网络运营者为用户办理网络接入、域名注册服务，办理固定电话、移动电话等入网手续，或者为用户提供信息发布、即时通讯等服务，在与用户签订协议或者确认提供服务时，应当要求用户提供真实身份信息。用户不提供真实身份信息的，网络运营者不得为其提供相关服务。这是我国第一次以法律形式确立网络实名制的实施。

案例 13-1

某单位网站被网络攻击篡改案

2021年3月，广安某单位互联网门户网站被攻击篡改，广安公安机关第一时间督促采取应急处置措施，并立案对该单位遭受攻击事件开展调查。通过调查发现，该单位信息系统未按规定设立防火墙，未安装网络流量监测软件，未记录网站访问日志，未采取防范计算机病毒和网络攻击、网络入侵等危害网络安全行为的技术措施，网站建设完成至今，未更新安全策略、未落实等级测评等安全防护措施。广安公安机关依法对其进行处罚。

《网络安全法》的出台，具有里程碑式的意义。该法构建起我国首部网络空间管辖基本法，提出了化解网络风险、确保互联网运行安全的中国方案，这意味着建设网络强国、维护和保障我国国家网络安全的战略任务正在转化为一种可执行、可操作的制度性安排，标志着我国网络空间领域的发展和现代化治理又迈出坚实一步。

第三节 《数据安全法》

数字化是将各类传统信息转换为数据的过程，数字化程度越高，衍生出的数据量越大。海量数据在便利人们加工、使用和共享的同时，也面临着数据被泄露等问题。由此，《数据安全法》是全面加强我国数据安全保护，维护国家信息主权和社会公共利益的又一关键法律。

一、立法背景

数字经济的高速发展使数据作为新的生产要素，快速融入生产、分配、流通、消费和社会服务管理等各个环节，深刻改变着生产方式、生活方式和社会治理方式，成为国家基础性战略性的资源①，成为激活数字经济的关键钥匙。但同时，数据安全正日益受到威胁。

（一）数字经济成为实现经济高质量发展的主要推动力

今天的中国，数字经济已经成为实现经济高质量发展的主要推动力。从2012年至2022年，我国数字经济规模从11万亿元增长到50.2万亿元，多年稳居世界第二，数字经济占GDP的比重由21.6%提升至41.5%②，预计到2025年，中国的数字经济占比有望突破50%。中国的网民数量居全球第一，Ipv6地址总量全球第一，算力总规模全球第二，数据产量世界第二。

---

① 吴涛.我国数据产量位居世界第二专家热议如何挖掘数据价值[EB/OL].(2023-04-28)[2023-10-04].http://www.chinanews.com/cj/2023/04-28/9998960.shtml.

② 李涛，徐翔.做强做优做大我国数字经济[N].经济日报，2023-10-03(06).

2020 年 4 月 9 日，中共中央、国务院首次出台关于数据要素的文件《中共中央 国务院关于构建更加完善的要素市场化配置体制机制的意见》，明确将数据与土地、劳动力、资本、技术共同列为五大生产要素，提出今后改革方向和相关体制机制的建设要求，数据的安全管理被提到了前所未有的高度。

（二）数据相关组织和设施建设需要统筹和规范

数据的重要作用日益凸显，实践中，与数据相关的机构和设施相继建立，比如国家大数据局，负责协调推进数据基础设施建设，统筹数据资源整合、共享和开发利用，统筹推进数字中国、数字经济和数字社会的规划和建设等。此外，各类数据中心和大数据平台等如雨后春笋般建立，客观上要求完善数字领域法律法规体系，加强立法统筹。

（三）数据安全面临威胁

数据具有极高的作用和价值，然而由于数据本身所具有的动态性、可复制等特性，极易造成数据泄露，数据安全面临着较为严峻的形势。

案例 13－2

脸书 4 亿账号信息被泄露

2018 年 3 月，有媒体报道称，政治分析公司 Cambridge Analytica 获得了超过 5000 万个脸书（facebook）用户的私人数据，以研究选战策略，支持特朗普 2016 年的竞选。美国、英国和欧洲的议员们要求展开调查，希望扎克伯格作出解释。由此，脸书公司陷入“数据门”。

面对美国和欧盟对脸书公司滥用用户数据的调查，公司首席执行官扎克伯格在沉默数天后首度公开作出回应。扎克伯格承诺，对外部公司处置该公司用户数据一事进行深入调查。3 月 21 日他在脸书上发文称，该公司最近几年已采取很多措施来解决用户隐私问题。但公司也犯过错误，还有更多工作需要做，该公司需要加快采取行动。扎克伯格称，脸书将调查开发人员是否存在个人数据滥用的行为，公司将审查存在可疑活动的应用，并通知所有受影响的客户。

由于数据本身具有经济价值，因而它存在被滥用的风险。目前社会上普遍出现的大数据杀熟、滥用人脸识别技术、过度索取权限等乱象，都在严重损害公众的合法利益。依法加强数据安全管理十分必要。近年来，数据安全已经被推向国与国博弈的第一线，围绕数据控制与反控制的斗争十分激烈，数据已经成为某些西方国家加速攫取数据资源、遏制中国发展的重要工具。

（四）国家高度重视数据安全

2017 年 12 月 10 日，《人民日报》发表了习近平总书记在十九届中共中央政治局第二次集体学习时的讲话，他指出，要切实保障国家数据安全。要加强关键信息基础设施安全保护，强化国家关键数据资源保护能力，增强数据安全预警和溯源能力。要加强政策、监管、法律的统筹协调，加快法规制度建设。要制定数据资源确权、开放、流通、交易相关制度，完善数据产权保护制度。要加大对技术专利、数字版权、数字内容产品及个人隐私等的保护力度，维护广大人民群众利益、社会稳定、国家安全。要加强国际数据治理政策储备和智力规则研究，提出中国方案。

二、《数据安全法》颁布的意义

《数据安全法》于 2021 年 6 月 10 日经全国人民代表大会常务委员会通过，自 2021 年 9 月 1 日起施行。《数据安全法》立法目的，是为了规范数据处理活动，保障数据安全，促进数据开发利用，保护个人、组织的合法权益，维护国家主权、安全和发展利益。《数据安全法》的颁布具有十分重要的意义。

(一) 健全国家信息安全保障的法律体系

作为数据要素的基础和保障，数据安全已成为数字经济时代最紧迫和最基础的安全问题，加强数据安全治理已成为维护国家安全和国家竞争力的战略需要。《数据安全法》的出台，使我国数据安全领域有了最高位阶的专门法；同时，该法也是国家安全领域的一部重要法律，与已施行的《网络安全法》《密码法》《个人信息保护法》相辅相成，共同构成了中国信息安全保障法律体系的支撑，成为推动我国数字经济持续健康发展的坚实“防火墙”。

(二) 有效提升国家数据安全保障能力

《数据安全法》是数据领域的基础性、框架性的法律，填补了数据安全保护领域立法的空白，为后续各类数据领域配套制度、规范及标准的制定提供了法律依据，将有效提升国家数据安全保障能力。

(三) 对数据监管实现了有法可依

《数据安全法》立足数据安全工作的实际，聚焦数据安全领域的突出问题，通过明确相关主体的数据安全保护职责和义务、建立健全各项数据管理基本制度等措施，使数据的有效监管实现了有法可依。

(四) 为数字经济腾飞保驾护航

在数字经济快速发展、数据海量聚集的当下，《数据安全法》的出台正当其时，将充分发挥数据的基础资源作用和创新引擎作用，促进以数据为关键要素的数字经济步入良性发展的轨道。

(五) 应对全球数字化和一体化经济发展

《数据安全法》明确规定了跨境数据流动和流转的法律要件，明确数据跨境流动的出口管制、报批制度和反制措施，有助于明晰国内存储数据的跨境和境外司法监管的保护机制，有助于数据相关主体履行责任义务和报批流程，有助于开展跨境国际数据交流合作，促进数据跨境安全自由流动，是我国境内及跨境数据安全保护的尚方宝剑。

三、数据处理和数据安全的定义

《数据安全法》明确了与数据安全管理相关的三个基本概念：数据、数据处理和数据安全。

（一）数据

《数据安全法》第三条指出："本法所称数据，是指任何以电子或者其他方式对信息的记录。"关于数据和信息的关系目前尚无定论，依据该定义，可以认为信息是数据的载体，信息的范围大于数据。

（二）数据处理

数据处理是对数据进行加工和分析的工作过程。数据处理过程共分为七个阶段，包括数据的收集、存储、使用、加工、传输、提供、公开。数据处理的基本目标是从大量零散的、无序的、无特定含义的数据中抽取并推导出有特定价值和意义的信息。

（三）数据安全

数据安全，是指通过采取必要措施，确保数据处于有效保护和合法利用的状态，以及具备保障持续安全状态的能力。数据安全的具体内涵，是《数据安全法》创新的主要内容之一，数据安全不是单纯的静态安全，而是包括了有效保护、合法利用以及具有持续保障安全三个能力指标的动态安全。

四、《数据安全法》的主要内容

《数据安全法》共七章五十五条，以总体国家安全观为指导，坚持统筹发展与安全的原则，明确了一系列数据安全制度，规定了数据处理主体的数据安全义务，并就政务数据安全与开放提出了相关要求，此外还明确了主管部门的职责及违规的法律责任。

（一）规定了法律适用范围

《数据安全法》除适用于在我国境内开展的数据处理活动外，也规定了必要的域外适用效力，即适用于我国境外开展的损害我国国家安全、公共利益或者公民、组织合法权益的数据处理活动。

（二）确立了中央统筹的数据安全工作体制机制

《数据安全法》强调坚持总体国家安全观，提高数据安全保障能力。明确由中央国家安全领导机构负责国家数据安全工作的决策和议事协调，建立国家数据安全工作协调机制；各地区、各部门对本地区、本部门工作中收集和产生的数据及数据安全负责；工业、电信、交通、金融、自然资源、卫生健康、教育、科技等主管部门承担本行业、本领域数据安全监管职责。公安机关、国家安全机关等依照本法和有关法律、行政法规的规定，在各自职责范围内承担数据安全监管职责；国家网信部门依照本法和有关法律、行政法规的规定，负责统筹协调网络数据安全和相关监管工作。

（三）确立了安全与发展并重的原则

《数据安全法》以数据安全与发展并重为导向，坚持以数据开发利用和产业发展促进数据安全，以数据安全保障数据开发利用和产业发展。支持数据开发利用和数据安全技术研究，倡导推进数据开发利用技术和数据安全标准体系建设，促进数据安全检测评估、认证等服务的发展。

（四）建立起数据安全治理的基本制度

《数据安全法》确立了数据安全治理的六大基本制度。

1. 数据安全数据分类分级保护制度

《数据安全法》第二十一条明确，国家建立数据分类分级保护制度，对数据实施分级分类的保护。数据分类分级以“数据在经济社会发展中的重要程度，以及一旦遭到篡改、破坏、泄露或者非法获取、非法利用，对国家安全、公共利益或者个人、组织合法权益造成的危害程度”为基本原则。其中，国家核心数据是关系国家安全、国民经济命脉、重要民生、重大公共利益等的数据。对国家核心数据必须实行更加严格的管理制度。同时，《数据安全法》建立重要数据目录，对列入目录的数据进行重点保护。

2. 数据安全风险评估预警机制

《数据安全法》第二十二条规定：“国家建立集中统一、高效权威的数据安全风险评估、报告、信息共享、监测预警机制。国家数据安全工作协调机制统筹协调有关部门加强数据安全风险信息的获取、分析、研判、预警工作。”该条所强调的风险评估、报告、信息共享、监测预警机制是国家安全制度的组成部分，突出了数据安全管理中事前、事中、事后全方位结合的基本工作模式。

3. 数据安全应急处置机制

发生数据安全事件，有关主管部门应当依法启动应急预案，采取相应的应急处置措施，防止危害扩大，消除安全隐患，并及时向社会发布与公众有关的警示信息。

4. 数据安全审查制度

对影响或者可能影响国家安全的数据处理活动进行国家安全审查。依法作出的安全审查决定为最终决定。

5. 数据出口管理制度

要求对与维护国家安全利益、履行国际义务相关的属于管制物项的数据依法实施出口管理。

6. 歧视反制制度

规定对我国采取相关歧视性的禁止、限制或者其他类似措施的国家和地区，我国可以对其采取对等措施。

（五）明晰数据安全义务

《数据安全法》对各类主体开展数据处理活动提出了统一要求，即应当依照法律、法规的规定，建立健全全流程数据安全管理制度，组织开展数据安全教育培训，采取相应的技术措施和其他必要措施，保障数据安全。利用互联网等信息网络开展数据处理活动，应当在网络安全等级保护制度的基础上，履行上述数据安全保护义务。

同时，《数据安全法》也对四类主体的数据安全义务作出有针对性的规定，以对相关主体形成制约机制，并为其开展数据安全保护指明了合规方向。

1. 数据处理者的安全义务

重要数据处理者应明确数据安全负责人和管理机构，定期开展风险评估，并向主管部门报送风险评估报告；关键信息基础设施的运营者在国内运营中收集和产生的重要数据的出境安全管理依据网络安全法执行，其他数据处理者的数据出境管理由网信办另行制定政策；组织、个人应合法、依规收集和使用数据等。

案例 13-3

杭州以渔信息技术有限公司为骚扰电话提供大数据支持

2022 年，央视“3·15”晚会揭露了骚扰电话黑产的秘密。在这条产业链上，有人专门提供外呼系统，有人专门为骚扰电话提供大数据支撑，并从中获得可观的利润。

央视点名了上市公司容联云旗下包括融营通信在内的多家公司。融营通信专门为一些电销公司搭建外呼系统、提供外呼线路，可以规避运营商检测呼出记录。杭州以渔信息技术有限公司则负责为骚扰电话提供大数据，用户只要用手机浏览过一些家具、装修网站，即使没有留下电话号码，以渔公司也能获得用户手机号码，并通过系统给用户打骚扰电话。

2. 数据交易中介服务机构义务

数据交易中介服务机构应当要求数据提供方说明数据来源，审核交易双方的身份，并留存审核、交易记录。

3. 有关组织、个人的数据支持义务

公安或国家安全机关因依法维护国家安全或者侦查犯罪的需要调取数据，应当按照国家有关规定，经过严格的批准手续，依法进行，有关组织、个人应当予以配合。

4. 跨境司法或执法机构数据提供审批义务

未经主管机关批准，境内的组织、个人不得向外国司法或者执法机构提供存储于境内的数据。

（六）政务数据安全和共享制度

《数据安全法》就政务数据安全与开放作出相应规定。

1. 政务数据安全要求

国家机关应当依法合规收集、使用数据，并对履职中知悉的个人隐私、个人信息、商业秘密等数据予以保密。国家机关需要建立健全数据安全管理制度，落实数据安全保护责任，保障政务数据安全。

2. 外包政务系统数据安全要求

国家机关委托他人建设、维护电子政务系统，存储、加工政务数据，应当经过严格的批准程序，受托方应当依照法律、法规的规定和合同约定履行数据安全保护义务，同时国家机关应当监督受托方履行相应的数据安全保护义务。

3. 政务数据开放共享

除依法不予公开的数据外，国家机关应当遵循公正、公平、便民的原则，按照规定及时、准确地公开政务数据，同时应制定政务数据开放目录，构建统一规范、互联互通、安全可控的政务数据开放平台，推动政务数据开放利用。

（七）数据安全保护法律责任

对于数据处理者与数据交易中介服务机构不履行数据安全义务、数据安全监管履职国家工作人员滥权舞弊、违法获取或滥用数据等行为，《数据安全法》也作出了相应的处罚规定。其中，对于不履行数据安全义务的数据处理者除罚款外可以责令暂停相关业务、停业整顿、吊销相关业务许可证或者吊销营业执照，而对于违反国家核心数据管理制度且构成犯罪的可以追究刑事责任，对于违规数据出境或未经授权向外国司法或者执法机构提供数据的，同样会处以相应处罚。

本章参考文献

[1] 乔晓阳. 中华人民共和国国家安全法释义[M]. 北京：中国法制出版社，2016.
[2] 杨合庆. 中华人民共和国网络安全法释义[M]. 北京：中国民主法制出版社，2017.
[3] 龙卫球. 中华人民共和国数据安全法释义[M]. 北京：中国法制出版社，2021.
[4] 马民虎. 信息安全体系灵魂与重心[J]. 网络信息安全，2007(1)：13－15.
[5] 马民虎，马宁. 网络与信息安全法的定位[J]. 中国信息安全，2014(9)：62－65，
[6] 马民虎，赵婵. 欧盟信息安全法律框架之解读[J]. 河北法学，2008(11)：152－156.
[7] 肖志宏，赵冬. 美国保障信息安全的法律制度及借鉴[J]. 中国人民公安大学学报(社会科学版)，2007(5)：54－63.
[8] 汪鸿兴. 英国信息安全法律保障体系及其启示[J]. 信息安全，2013(7)：50－51.
[9] 左晓栋. 信息安全立法工作的回顾与思考[J]. 电子政务，2010(7)：40－43.
[10] 周武英. 脸书深陷“数据门”扎克伯格首度回应[N]. 经济参考报，2018－03－23(3).
[11] 任晓宁. 浏览网页就被打骚扰电话，央视曝光背后“元凶”[EB/OL]. (2022－03－15)[2023－10－04]. https://www.eeo.com.cn/2022/0315/525632.shtml.

第十四章 关键信息基础设施安全保障法律规范

引导案例

2023 年 5 月 4 日，中国国家计算机病毒应急处理中心与 360 公司共同发布了《“黑客帝国”调查报告——美国中央情报局》。报告提到，2020 年，360 公司独立发现一个从未被外界曝光的网络攻击组织，该组织使用与美国中央情报局相关联的网络武器工具，针对中国和其他国家受害目标实施网络攻击，攻击活动最早可以追溯到 2011 年，相关攻击一直延续至今。被攻击目标涉及各国重要信息基础设施、航空航天、科研机构、石油石化、大型互联网公司以及政府机构等诸多方面。

尽管各国在信息安全保障法制建设方面发展程度和发展模式各不相同，但有一个共同特点是将与国家安全、社会稳定和民生密切相关的关键信息基础设施作为信息安全保障的重点。关键信息基础设施是所有国家信息化的核心部门，也是被破坏后可能造成极大规模灾害的部门。

国家信息基础设施(national information infrastructure, NII)一词最早由美国政府在 1993 年提出，它是指基于国家范围的大型交互式多媒体高速计算机通信网络系统，将分散于各地的电话、计算机、电视、广播、传真、数据库等通信系统有效地融为一体的大容量、高速度的电子数据传输系统。[①] 随着信息技术的迅猛发展，NII 的内涵和外延一直持续扩展。目前，以物联网为代表的感知基础设施、以 5G 和千兆光纤为代表的网络基础设施、以云计算和智能计算中心为代表的算力基础设施以及以人工智能和区块链为代表的新技术基础设施等新一代 NII 已形成全面发展的格局。

在 NII 中有一部分特别重要的构成，被称作国家关键信息基础设施(CII)。我国《关键信息基础设施安全保护条例》将 CII 定义为：公共通信和信息服务、能源、交通、水利、金融、公共服务、电子政务、国防科技工业等重要行业和领域的，以及其他一旦遭到破坏、丧失功能或者数据泄露，可能严重危害国家安全、国计民生、公共利益的重要网络设施、信息系统等。

从上述定义出发，CII 包含三方面核心要素：一是对本行业、本领域关键核心业务起到基础支撑作用；二是一旦遭到破坏，丧失功能或者数据泄露，可能严重危害国家安全、国计民生和公共利益；三是对其他行业和领域具有重要关联性影响。

---

① 上海社会科学院信息所. 信息安全辞典[M]. 上海：上海辞书出版社，2013.

20 世纪 90 年代起，我国就开启了 CII 安全保障法律规范的制定，至今已初步形成国家法律、行政法规、规章以及规范性文件构成的较为健全的制度体系，主要包括：

国家法律：《国家安全法》《网络安全法》和《刑法》。

行政法规：以《国家安全法》和《网络安全法》为上位法，遵循其基本原则，在关键信息基础设施安全保障方面加以细化的行政法规，主要包括《关键信息基础设施安全保护条例》《中华人民共和国电信条例》《计算机信息系统安全保护条例》《计算机信息系统保密管理暂行规定》和《计算机信息系统国际联网保密管理规定》等。

第一节　关键信息基础设施安全保护条例

在《网络安全法》的框架下，为更好地贯彻落实对关键信息基础设施安全保护的原则要求，2021 年 8 月 17 日，国务院正式发布《关键信息基础设施安全保护条例》（本节简称"《条例》"）。该条例是全面规范关键信息基础设施安全保护的基础性法规，是加强网络安全领域立法、完善网络安全保护法律法规体系的重要举措，是依法治理关键信息基础设施的纲领性文件之一。该条例出台为有效化解我国关键信息基础设施安全风险提供了一部法律法规重器，是关键信息基础设施法治体系建设的又一重要里程碑。

作为《网络安全法》的重要配套法规，《条例》共六章五十一条，对关键信息基础设施安全保护的适用范围、关键信息基础设施认定、运营者责任义务、关键信息基础设施安全保护保障与促进以及攸关各方法律责任等提出了更为具体、更具操作性的基本要求。

一、关键信息基础设施认定

《条例》第二条指出：关键信息基础设施，是指公共通信和信息服务、能源、交通、水利、金融、公共服务、电子政务、国防科技工业等重要行业和领域的，以及其他一旦遭到破坏、丧失功能或者数据泄露，可能严重危害国家安全、国计民生、公共利益的重要网络设施、信息系统等。

该定义聚焦关键信息基础设施范围认定中的"非穷尽列举重要行业和领域＋功能保障＋危害后果"因素，明确了设施的范围及其性质评判的核心标准，针对重要网络设施、信息系统面临的威胁和风险使用的"一旦遭到破坏、丧失功能或者数据泄露，可能严重危害国家安全、国计民生、公共利益"这种描述，表明关键信息基础设施的安全保护要从物理安全、功能安全以及信息安全等方面综合考虑，彰显了我国对关键信息基础设施安全保护核心价值的深刻认知。

案例 14－1

关键信息基础设施领域遭网络攻击窃密

2020 年以来，国家安全机关发现，我国有关电信运营商、航空公司等单位内网和信息系统先后多次出现越权登录、数据外传等异常网络行为，疑似遭受网络攻击。国家安全机关依法开展技术检查，确认部分骨干网络节点设备、核心业务系统服务器等被植入特种木马程序，已有部分数据被发送至境外。通过进一步深入调查证实，相关攻击活动是由某境外间谍情报机关精心策划、秘密实施的。该机构调集强力网络攻击力量，使用全球多地网络资源和先进网络武器，妄图实现对我国关键信息基础设施战略控制的目的。

针对上述案情，国家安全机关指导相关单位，立即采取有效措施，清除特种木马程序，堵塞技术漏洞，调整安全策略，加固网络防护，及时制止了危害蔓延。同时，对该境外间谍情报机关后续对我国实施的网络攻击行为，进行全天候跟踪监测和定向打击，及时发布预警信息，有效阻断通信链路，清除危害源头，成功粉碎其对我国"停服断网"图谋。

二、关键信息基础设施安全保护基本原则

《条例》遵循以《网络安全法》为上位法的基本原则，是该法在关键信息基础设施安全保护领域的自然延伸和表现。《条例》对关键信息基础设施安全保护制度作出了以下原则性规定。

（一）统筹协调、共同治理原则

关键信息基础设施安全保护需要综合协调、分工负责、依法保护。《条例》第三条规定了"1＋X"的安全监管体制，即关键信息基础设施安全保护工作由国家网信部门统筹协调，由国务院公安部门负责指导监督，国务院电信主管部门和其他有关部门、省级人民政府有关部门在各自职责范围内负责关键信息基础设施的安全保护和监督管理，公安、国家安全、保密行政管理、密码管理等有关部门依法实施相关的网络安全检查工作等。这种体制设计，高度契合了当前我国关键信息基础设施与现实社会深度融合的特点，各方责权清晰、齐抓共管，既符合共同保护关键信息基础设施的需要，也符合监管的实际需要。

（二）运营者主体责任原则

《条例》第三章以整章篇幅，明确规定了关键信息基础设施运营者主体责任，主要包括：建立健全网络安全保护制度和责任制，保障人力、财力、物力投入；运营者的主要负责人对关键信息基础设施安全保护负总责；运营者应当设立专门安全管理机构并负责实施相关人员安全背景审查；专门安全管理机构具体负责本单位的关键信息基础设施安全保护工作；运营者负责自行或委托机构实施每年不低于一次的网络安全检测和风险评估，及时整改问题并向保护工作部门报送情况；运营者应就重大网络安全事件或潜在重大安全

威胁向保护工作部门或公安机关报告；运营者应优先采购安全可信的网络产品和服务、签订安全保密协议等。

(三) 关键信息基础设施安全与信息化发展并重原则

关键信息基础设施领域的安全和信息化是一体之两翼、驱动之双轮，必须统一谋划、统一部署、统一推进、统一实施。正如习近平总书记指出："安全是发展的前提，发展是安全的保障，安全和发展要同步推进。"为此，《条例》规定，安全保护措施应当与关键信息基础设施同步规划、同步建设、同步使用。在大力推进关键信息基础设施建设的同时，建立健全其安全保护体系，提升其安全保护能力和水平，力求做到"双轮驱动、两翼齐飞"。

(四) 重点保护原则

《条例》在《网络安全法》的基础上，进一步强调并细化了在网络安全等级保护制度的基础上，对关键信息基础设施实行重点保护。《条例》第三十二条规定："国家采取措施，优先保障能源、电信等关键信息基础设施安全运行。能源、电信行业应当采取措施，为其他行业和领域的关键信息基础设施安全运行提供重点保障。"

(五) 国家保障原则

《条例》明确国家从五个方面加强对关键信息基础设施建设的安全保障：一是制定和完善关键信息基础设施安全标准，指导、规范关键信息基础设施安全保护工作；二是鼓励网络安全专门人才从事关键信息基础设施安全保护工作；将运营者安全管理人员、安全技术人员培训纳入国家继续教育体系；三是支持关键信息基础设施安全防护技术创新和产业发展，组织力量实施关键信息基础设施安全技术攻关；四是加强网络安全服务机构建设和管理，制定管理要求并加强监督指导，不断提升服务机构能力水平，充分发挥其在关键信息基础设施安全保护中的作用；五是加强网络安全军民融合，军地协同保护关键信息基础设施安全。

案例 14-2

利用技术漏洞窃取某航空公司数据

2020 年 1 月，某航空公司向国家安全机关报告，该公司信息系统出现异常，怀疑遭到网络攻击。国家安全机关立即进行技术检查，确认相关信息系统遭到网络武器攻击，多台重要服务器和网络设备被植入特种木马程序，部分乘客出行记录等数据被窃取。进一步排查发现，另有多家航空公司信息系统遭到同一类型的网络攻击和数据窃取。经深入调查，确认相关攻击活动是由某境外间谍情报机关精心策划、秘密实施，攻击中利用了多个技术漏洞，并利用多个国家和地区的网络设备进行跳转，以隐匿踪迹。针对这一情况，国家安全机关及时协助有关航空公司全面清除被植入的特种木马程序，调整技术安全防范策略、强化防范措施，制止了危害的进一步扩大。

第二节　电信法律规范

人类电信史经历了从电报、无线电、电视到电话的发展过程，如今计算机技术和网络技术的结合，使得电信成为无可替代的最广泛使用的现代通信工具，渗透进人类社会、经济活动以及人们日常生活的方方面面，成了信息化社会的重要支柱。

中华人民共和国电信业自成立起，一直和邮政合并，实行政企合一的管理体制。1980年以前，受当时历史条件及技术发展水平的影响，一直由政府直接管理，实行垄断经营。通过集中力量建设全国网络，电信业实现了初级阶段的大发展，截至1998年底，“我国已建成的光缆总长度达到近100万千米，局用电话交换机总容量达到1.26亿门，网络规模居世界第二位；全国电话用户总户数达到1.1亿户，其中移动电话达到2300多万户，居世界第三位。”[①]随着电信市场技术经济壁垒的相对降低，电信网络建设逐步摆脱了对垄断体制的依赖，外部资本要求进入电信市场的呼声日趋强烈。从1994年开始，我国逐步放开电信市场，中国联通公司的成立，打破了邮电部独家垄断电信市场的局面；1998年，在原邮电部和原电子部的基础上组建信息产业部，并实行了电信业政企分开；1999年2月，国务院批准中国电信改革方案，初步形成多元化市场格局：在基础电信领域有中国电信、中国联通、中国移动、中国卫星四家公司；在增值电信及互联网相关业务领域有中国电信、中国联通、中国吉通、中国网通和中国移动分别建立的五个经营性互联网，有教育、科研部门和军队分别建立的三个非经营性互联网；还有获准经营的互联网信息服务商（ISP）、互联网信息内容提供商（ICP）、在电话网上提供增值电信服务的数千家企业。

社会主义市场经济体制下，电信市场的发展对传统电信业的观念和方式带来前所未有的冲击。与此同时，通信全球化的发展趋势和我国加入WTO后将面临的电信市场开放，要求在国家层面建立健全电信法律制度，以统一运营体制和监管体制、整合商业模式以及鼓励技术创新等，保障电信业健康有序发展。

2000年9月25日，国务院颁布《中华人民共和国电信条例》（以下简称“《电信条例》”），标志着我国电信业从此结束了无法可依的局面，开启了电信业法制化发展进程。

一、电信法律规范概述

电信业是国民经济的基础产业和重要组成部分，是信息化社会的重要支柱。电信业的发展状况，无论对于宏观经济、社会活动还是人们日常生活的方方面面都会产生直接的影响。将电信业的管理、监督与运行纳入法制化轨道，是确保电信业健康、有序和高效发展的必由之路。

---

① 我国通信网络规模居世界第二位[EB/OL].（1998-12-04）[2020-01-20]. http://news.sina.com.cnrichtalk/news/tech/9812/120412.html.

(一) 电信法调整范围及调整对象

当前,我国已进入世界大国的行列,但在产业结构、核心技术、管理水平和综合效益等方面,同国际先进水平相比尚存在差距。为尽快实现由电信大国向电信强国转变的战略目标,加强法制建设,建立和完善电信法律制度体系是保障电信业有序发展的客观要求。

1. 调整范围

电信法是调整电信领域内社会关系的法律规范的总称。电信法律调整的范围是在我国境内从事的电信活动或者与电信有关的活动,两者之间呈现上下游工作关系和相互依存关系。

(1) 电信活动。电信,是指利用有线、无线的电磁系统或者光电系统,传送、发射或者接收语音、文字、数据、图像以及其他任何形式信息的活动。因此,电信活动就是利用电信所进行的传送、发射或者接收的行为。

电信活动主要表现为电信业务经营者所提供的各种电信业务,分为基础电信业务和增值电信业务。基础电信业务,是指提供公共网络基础设施、公共数据传送和基本话音通信服务的业务;增值电信业务,是指利用公共网络基础设施提供的电信与信息服务的业务。

(2) 与电信有关的活动。与电信有关的活动主要是指与电信有关的其他活动。如电信网间互联的协调、电信资费的制定与管理、电信资源的管理、电信设施建设、电信设备进网管理和电信安全等方面的活动。这些活动尽管不属于直接的电信活动,但在现代社会里要开展正常的电信活动是离不开这些与电信有关的活动的保障的。

2. 调整对象

电信法律的调整对象是在电信生产、交换、消费过程中形成的社会关系,它涉及的主体包括电信管理机构、电信业务经营者和电信用户;其调整的关系既包括国家对电信的管理关系,还包括电信管理机构和电信企业内部以及它们与用户(服务对象)之间的权利、义务关系。电信法律就是通过对各主体权利义务及其法律责任的规定来达到管理电信的目的。

(二) 电信法的立法目的

百年来,人类的通信手段从电报到电话,从固定到移动,从话音到数据,从单媒体到多媒体,从单机到网络。技术领域的拓宽,使得电信能够提供的服务种类日益多样化。然而,随着信息技术的飞速发展和广泛应用,使用技术的成本和进入行业的门槛降低,带来越来越严重的安全风险。近年来,危害电信网络和信息安全的行为愈演愈烈,电信网络和信息安全问题已经威胁到国家安全、经济安全和社会稳定。因此,必须通过电信立法对危害电信网络和信息安全的行为予以制裁,保障电信网络和信息的安全。

电信法的立法目的是为了规范电信市场秩序,维护电信用户和电信业务经营者的合法权益,保障电信网络和信息的安全,促进电信业的健康发展。

(三) 我国电信法律规范体系框架

经过几十年的发展,我国电信业法律规范体系建设取得了长足进步,但也存在不足。

我国现行的电信法律体系构成包含以下三个层面。

1. 国家法律

我国电信法律体系框架最为明显的不足在于尚缺少一部综合性的国家法律，即《电信法》。实际上，我国《电信法》的起草工作早在1980年已正式开始，但时至今日依然没有正式颁布。基于此，我国国家层面对电信业的规范尚散见于其他国家法律及法律性规定中的部分条款，如《宪法》对于公民通信自由权的保护，《刑法》对于电信安全、电信市场秩序、通信设施保护等的规定以及《全国人民代表大会常务委员会关于维护互联网安全的决定》等。

2. 行政法规

目前颁布的有关电信活动的行政法规包括《电信条例》《互联网信息服务管理办法》《外商投资电信企业管理规定》。其中，《电信条例》是现行电信法律体系中最重要的一部法规，它的颁布不仅填补了中国电信法律的空白，其实施亦极大促进了中国电信业的规范化发展。

3. 部门规章

目前我国颁布的电信部门规章为数不少，除工业和信息化部（含原信息产业部）外，还包括广电总局、公安部等行政主体，内容涉及电信业务放开、电信市场管制、国际联网管理、网络及信息安全等许多领域，包括《电信服务质量监督管理暂行办法》《公用电信网间互联管理规定》《电信设备进网管理办法》《电信用户申诉处理办法》《电信和互联网用户个人信息保护规定》《电信网络运行监督管理办法》《电信业务经营许可管理办法》《外商投资电信企业管理规定》《电信服务规范》《电信网码号资源管理办法》《电信建设管理办法》《电信网间互联争议处理办法》等。

二、《电信条例》主要内容

《电信条例》第六条明确规定："电信网络和信息的安全受法律保护。任何组织或者个人不得利用电信网络从事危害国家安全、社会公共利益或者他人合法权益的活动。"《电信条例》主要内容包括明确我国电信业管理体制、电信监管基本原则以及电信市场制度规定。

（一）电信管理体制

我国电信业实行垂直管理，国务院信息产业主管部门，即中华人民共和国工业和信息化部（以下简称"工业和信息化部"）对全国电信业实施监督管理；省、自治区、直辖市电信管理机构，即通信管理局，依法对本行政区域内的电信业实施监督管理，同时受工业和信息化部的直接领导。

（二）电信监管原则

《电信条例》明确规定了电信监督管理应遵循的原则，具体包括电信监管、电信业务经营者和用户服务三个方面。

1. 电信监管的基本原则

电信监管应遵循政企分开、破除垄断、鼓励竞争、促进发展和公开、公平、公正的原则。

电信业是重要的社会基础产业，具有自然垄断性。政企分开就是要求电信市场的行政监督管理机构与电信业务经营者相分离，通过公开监管依据和过程，破除任何形式的电信市场垄断，建立公正、公平和有序的市场竞争环境，促进电信业健康发展

2. 电信业务经营者的经营基本原则

电信业务经营者，既包括专门经营电信业务的企业和单位，如电信公司、通信公司等，也包括经营电信业务的其他单位或组织，如公司内部的电信（通信）服务部门等。按照《电信条例》的规定，电信业务经营者应遵循三项原则：依法经营、遵守商业道德和接受依法实施的监督检查。

3. 用户服务原则

电信业务经营者为电信用户提供服务，应做到迅速、准确、安全、方便和价格合理。

（三）电信市场各项制度

《电信条例》明确了电信业经营管理的八项制度规定。

1. 电信业务经营许可制度

经营电信业务必须取得国务院信息产业主管部门或者省、自治区、直辖市电信管理机构颁发的电信业务经营许可证。具备条件的经营者需按照《电信条例》的规定，申请基础电信业务和增值电信业务经营许可证。未取得电信业务经营许可证，任何组织或者个人不得从事电信业务经营活动。

2. 网间互联调解制度

电信网之间应当按照技术可行、经济合理、公平公正、相互配合的原则，实现互联互通。制度的落实包括：确定主导的电信业务经营者、制定互联规程、订立互联协议、申请协调和强制互联互通。

3. 电信资费市场调节制度

电信资费实行市场调节价。电信业务经营者在确定电信业务资费标准时，应当统筹考虑生产经营成本、电信市场供求状况等因素，合理定价；并应将准确、完备的业务成本数据及其他有关资料提供给相应的电信管理机构。国家依法加强对电信业务经营者资费行为的监管，建立健全监管规则，维护消费者合法权益。

4. 电信资源有偿使用制度

电信资源，是指无线电频率、卫星轨道位置、电信网码号等用于实现电信功能且有限的资源。国家对电信资源统一规划、集中管理、合理分配，实行有偿使用制度。电信资源分配应当考虑电信资源规划、用途和预期服务能力三方面因素；电信资源分配分为指配和拍卖两种方式；电信资源费收费办法由国务院信息产业主管部门会同国务院财政部门、价格主管部门制定，报国务院批准后公布施行。

5. 电信服务备案和监督检查制度

电信业务经营者提供服务的种类、范围、资费标准和时限，应当向社会公布，并报相应电信管理机构备案。

国务院信息产业主管部门或者省、自治区、直辖市电信管理机构应当依据职权对电信

业务经营者的电信服务质量和经营活动进行监督检查，并向社会公布监督抽查结果。

电信管理机构或者其他有关部门对收到的用户申诉应及时处理，并在规定的期限内作出答复。

6. 电信设施建设管理制度

公用电信网、专用电信网、广播电视传输网的建设应当接受国务院信息产业主管部门的统筹规划和行业管理，以保证实现国家资源的有效配置与合理利用，防止不必要的重复建设。《电信条例》第四十四条规定："属于全国性信息网络工程或者国家规定限额以上建设项目的公用电信网、专用电信网、广播电视传输网建设，在按照国家基本建设项目审批程序报批前，应当征得国务院信息产业主管部门同意。基础电信建设项目应当纳入地方各级人民政府城市建设总体规划和村镇、集镇建设总体规划。"

7. 电信设备进网制度

国家对电信终端设备、无线电通信设备和涉及网间互联的电信设备实行进网许可制度。

第一，需要进网许可的电信设备范围仅限于接入公用电信网的电信终端设备、无线电通信设备和涉及网间互联的设备。

第二，获得进网许可应具备四个方面的条件：一是应当是电信设备目录中列出的电信设备；二是向国务院信息产业主管部门提出申请；三是具有经国务院产品质量监督部门认可的电信设备检测机构出具的检测报告或者认证机构出具的产品质量认证证书；四是取得进网许可证。

8. 电信安全保障制度

信息时代，电信网络安全和信息安全问题直接关系着国家安全、民族兴衰和战争的胜负，已成为国际社会面临的最突出的现实问题。在保障电信安全方面，各方都应履行相应职责。

(1) 任何组织或者个人，不得利用电信网络制作、复制、发布、传播含有违反宪法，危害国家安全，损害国家荣誉和利益，煽动民族仇恨，破坏国家宗教政策，散布谣言，散布淫秽、色情及侮辱或者诽谤他人的信息；不得有危害电信网络安全和信息安全的行为；不得利用电信网窃取或者破坏他人信息、损害他人合法权益；不得有扰乱电信市场秩序的行为等。

(2) 电信业务经营者应做到：建立健全内部安全保障制度；在电信网络的设计、建设和运行中，与国家安全和电信网络安全的需求同步规划、同步建设、同步运行；发现电信网络中传输的信息明显违反规定的，立即停止传输，并向国家有关机关报告。

(3) 电信用户依法使用电信的自由和通信秘密受法律保护，但使用电信网络传输的信息属于国家秘密信息的，必须依照保守国家秘密法的规定采取保密措施；对电信网络传输信息内容的使用及其后果承担责任。

本章参考文献

[1] 张滨.《关键信息基础设施安全保护条例》开启我国关键信息基础设施安全保护的新时代

(EB/OL). (2021-09-03)[2023-10-01]. http://www.cac.gov.cn/2021-09/01/c_1632086524390279.htm.

[2] 刘彩,胡可明. 中华人民共和国电信条例释义[M]. 北京:中国法制出版社,2001.

[3] 李国斌. 电信条例系列讲座[J]. 邮电企业管理,2001(1):47-48.

[4] 李国斌. 电信条例的总纲《中华人民共和国电信条例释义》之一[J]. 邮电商情,2000(23):26-34.

[5] 刘奕湛,刘硕. 国家安全机关公布多起典型案例[EB/OL]. (2022-04-16)[2023-09-20]. https://www.gov.cn/xinwen/2022-04/16/content_5685561.htm.

[6] 赵婕. 国家安全机关公布三起典型案例 境外间谍情报机关窃取我航空公司数据案告破[N]. 法治日报,2021-11-01(3).

第十五章 特殊领域信息化安全保障法律规范

引导案例

2013 年 2 月，被告人李某某通过创建“零距网商联盟”网站和利用 YY 语音聊天工具建立刷单炒信平台，吸纳淘宝卖家注册账户成为会员，并收取 300～500 元不等的会员费和 40 元的平台管理维护费。李某某通过制定刷单炒信规则与流程，组织及协助会员通过平台发布或接受刷单炒信任务，在淘宝网上进行虚假交易并给予虚假好评，进而提升淘宝店铺的销量和信誉，欺骗淘宝买家。截至 2014 年 6 月，李某某非法获利 90 余万元。

杭州市余杭区法院一审审理认为，被告人李某某违反国家规定，以营利为目的，明知是虚假的信息仍通过网络有偿提供发布信息等服务，扰乱市场秩序，且属情节特别严重。法院当庭宣判，李某某因犯非法经营罪判处有期徒刑五年零六个月，并处罚金 90 万元。

此案宣判备受关注，一方面是此案系全国首例个人通过创建平台、组织会员刷单炒信并从中牟利而获罪的案件，另一方面是该案向社会昭示了刷单炒信的行为完全可以被追究刑责，给公众以警示。

阿里巴巴首席平台治理官郑俊芳表示：“这次用刑罚惩治刷单组织者可以说是重大的司法成果和社会进步。”

计算机和互联网技术的结合，为人类处理信息提供了无限可能。随着信息化向人类社会的各个领域深入发展，经济信息化、社会信息化、国防信息化不断推动国家信息化的整体发展，在这个进程中，有两个特殊领域的信息化应用起着毋庸置疑的重要推动作用，即电子政务和电子商务。

信息化的发展要求各国政府必须面对深刻的挑战，无论是发达国家还是发展中国家都在努力适应环境实现政府信息化转型。政府信息化对于改进政府服务、提高行政效率、实现既定政策目标、促进体制变革和经济增长、建立政府与公众之间的互信等，具有十分重要的作用。电子政务是政府信息化的核心和灵魂，早在 2002 年 8 月发布的《国家信息化领导小组关于我国电子政务建设指导意见》中就明确提出：“把电子政务建设作为今后一个时期我国信息化工作的重点，政府先行，带动国民经济和社会发展信息化。”

企业信息化过程催生了电子商务，电子商务反过来又成为企业信息化的“助推器”。如今电子商务已经成为 21 世纪经济增长的重要保证，大力发展电子商务，支持企业运用现代信息网络技术开展国际合作和交流，是实现我国经济结构战略性调整的关键，对于提高国民经济和社会总体水平也必将产生深远的影响。2005 年 1 月 8 日，国务院办公厅发布《关于加快电子商务发展的若干意见》，指出电子商务是国民经济和社会信息化的重要组成部分。发展电子商务是以信息化带动工业化，转变经济增长方式，提高国民经济运行质量和效率，走新型工业化道路的重大举措，对实现全面建设小康社会的宏伟目标具有十分重要的意义。

无论是电子政务还是电子商务，信息安全既是其实施的前提也是核心。需要指出的是，目前我国还没有出台电子政务法，因此，本章主要介绍电子商务相关法律制度。

第一节　电子商务法律制度

互联网的发展从根本上改变了传统的商业运行环境，催生了新型商务模式——电子商务的诞生。如今，电子商务已成为市场经济的重要组成部分。电子商务的发展，拓展了经济运行的时空维度，对市场主体、市场结构、运行规律以及技术、制度、社会文化环境等方面都产生了深刻的影响。据商务部发布的《中国电子商务报告（2021）》，我国已连续 9 年保持全球最大网络零售市场地位，网上零售的重要性还在提升。电子商务将在构建双循环新发展格局中发挥更加重要的作用。在“十四五”时期，我国电子商务将由量的扩张转向质的提升，更加注重技术应用、模式业态、深化协同等方面的创新，这要求进一步加强电子商务领域的法制建设，通过创设公平的竞争环境和市场秩序，平等地保护包括消费者、电子商务经营者等各方主体的合法权益。

一、电子商务含义及特征

1996 年，IBM 公司提出了 Electronic Commerce（E-Commerce）这一概念，并在 1997 年国际商会在法国巴黎举行的世界电子商务会议上得到确认。作为一种新型商务模式，电子商务通常发生在开放的网络环境下，买卖双方基于浏览器或服务器应用，进行各种不谋面的商贸活动，即传统商业活动各环节的电子化、网络化、信息化。

（一）电子商务定义

电子商务在近年来兴起并在短期内迅速渗透到社会生活的方方面面，导致人们对电子商务的认知还处在动态调整的过程，直到目前尚未形成一个权威的、能被大多数人接受和认可的定义。从现实出发，一般认为电子商务概念存在广义和狭义之分：从技术角度而言，广义的电子商务包括因特网、局域网以及其他电子信息技术、通信技术等，狭义的电子商务仅指互联网；从商业活动角度而言，广义的电子商务涵盖商务活动的各个环节，狭义的电子商务仅指商品和服务的交易；从法律角度而言，广义的电子商务指除通过电子行为进行的商事活动外，还包括网络学习与信息交流活动、组织内部的电子信息交换以及电子政务、电子军务活动等，狭义的电子商务仅指通过电子行为进行的商事活动。

(二) 电子商务的特性

与传统商务活动相比，电子商务只是改变了交易的环境和形态，但其本质属性并没有改变，其活动实质依然是在买卖双方之间起居间联系的中介和桥梁，通过撮合、供需匹配等促进交易的实现。但交易环境和形态的改变，特别是所依托的计算机和网络技术的特性，使得电子商务又必然具有与传统商务活动的显著区别。电子商务具有工具性、全球性、虚拟化与无纸化等特性。

1. 工具性

与传统商务相比，电子商务这一概念突出强调实现商业目的的环境，而并非是经济活动的根本目标。电子商务的产生和发展是商业发展和技术演进共同作用的结果，因此其既依附于商业发展，同时又能够反作用于商业活动，这是其工具性的突出表现。

2. 全球性

网络没有疆界，这种特殊性决定了电子商务具有全球市场，凡是网络能够通达的地方就可以有电子商务，这为电子商务提供商提供了广阔的产品信息展示平台，可以同时面向多个交易方开展市场交易活动，有利于实现企业所追求的快速且无边界的自我发展目标。

3. 虚拟化

电子商务具有主体与环境两个方面的虚拟化特征。交易主体虚拟化，指电子商务的主体是建立在比特概念上的虚拟存在，双方无论缔结合同还是履行合同都可能不表现为物理性存在，甚至可能通过信息系统的设定自动完成商务活动。环境虚拟化，指电子商务依赖的是网络环境所构建的虚拟空间，不需要具体的物理场所，具有可以跨越不同经济类别、不同技术门类以及不同时空环境的特殊性。电子商务不存在时间限制，交易双方可随时发起并完成交易；电子商务可以即时完成，不仅交付前环节、供需信息的更新可以即时实现，甚至某些交易结果也可以即时送达，如数字式产品等。

4. 无纸化

纸张是传统民商事活动的信息传递媒介，而电子商务一个重要的标准恰恰是在民商事活动中通过电子方式发送和接收电子信息以实现合同、凭证、票据等文件的无纸化，这一改变正是导致电子交易复杂化的关键要素。

二、电子商务的基本模式

电子商务诞生时间不长，但处在快速变革的过程中。电子商务早期，或称传统电子商务阶段，一般包含 B2C、B2B 和 C2C 模式。近年来，随着信息技术的不断出新，新型电子商务模式不断涌现，如 C2B、B2B2C、ABC、B2M、M2C、B2A、O2O、BoB 等，且新模式还在不断出现。以下介绍当前电子商务主要存在的九大运营模式。

(一) B2C 模式

B2C(Business to Consumer)，即企业与消费者之间的电子商务模式，也是我国最早产生的电子商务模式。这种模式下，消费者通过网络平台和商家进行产品和服务的交易，一般以网络零售业为主，典型的 B2C 模式如京东商城。

(二) C2C 模式

C2C(Consumer to Consumer),指消费者与消费者之间的电子商务模式。这一模式下,买卖双方通过网络平台进行交易,卖方主动提供商品,由买方自行选择,如淘宝就是典型的 C2C 模式。

(三) B2B 模式

B2B(Business to Business),即企业对企业的电子商务模式,指企业之间通过网络寻找合适的合作伙伴,并通过交谈最终实现产品、服务及信息的交换。B2B 模式可以加快企业之间的交易速度,减少交易成本,为企业带来更多的商业机会。阿里巴巴是典型的 B2B 模式。

(四) C2B 模式

C2B(Consumer to Business),即消费者与企业之间的电子商务模式。商家按照客户需求进行个性化设计或定制,或由消费者主动参与产品设计、生产和定价。这种模式下,通常是商品的源头厂家直接通过平台向消费者供货销售,可以避开开店和打广告等中间环节。而消费者可以选择与性价比最优的商家交易,获得实实在在的价格优惠。与传统电子商务相比,C2B 模式是真正以消费者为核心的电子商务,它是电商模式的未来发展方向。2015 年创立的拼多多采用的就是这种模式。

(五) ABC 模式

这是由代理商(Agents)、商家(Business)和消费者(Consumer)共同搭建的集生产、经营、消费为一体的电子商务平台,是一种"类直销"模式。商家通过 ABC 平台发布产品;消费者通过购买 ABC 平台上的产品而获得积分,积分累加到一定数额,即可提升为"代理商",同时享受购买折扣;成为"代理商"的消费者可向其他消费者推销 ABC 平台上的产品,若达成交易,可从中获取提成。此外,当其引荐的消费者的购买积分达到成为代理商的要求时,便自动成了其下线成员。这一模式的特征是各类主体可在多重身份间转化,相互服务,资源共享,利益共赢。ABC 是一种较新的商业模式,目前的成功案例不多。

(六) B2B2C 模式

B2B2C(Business to Business to Consumer)是通过整合 B2C 和 B2B 资源而形成的一种新型电子商务模式。其中,第一个 B 指广义的商品供应商或服务供应商;第二个 B 是指互联网电子服务供应商,它们通过构建自己的物流供应链系统和优质的附加服务,促使交易完成。这一模式的特点是更加综合化,要求电子商务服务供应商不仅仅提供简单的中介交易平台,还必须提供高附加值的服务,同时必须具备客户管理、信息反馈、数据库管理、决策支持等功能。天猫商城、京东自营、苏宁易购等均采用了 B2B2C 模式。

(七) B2M 模式

B2M(Business to Marketing),是指面向市场营销的电子商务模式。与上述几种模式不同,B2M 营销模式是企业开拓市场的一种重要渠道。企业通过对产品或服务的整合,将传统的商业模式通过 B2M 营销渠道为客户提供更好、更方便快捷的服务。采用这一模式的企业,需要通过网络营销托管服务商(Network Marketing Trusteeship Council,

NMTC)建立营销型站点，并通过线上和线下多种渠道的广泛宣传和规范化的导购管理，实现开发市场、扩大市场影响力的目标。因此，B2M与传统模式的根本区别在于目标客户群不是最终的消费者，而是该企业或者该产品的销售者或者为其工作者。

(八) M2C模式

M2C(Manufacturers to Consumer)，是指产品或服务供应企业直接对消费者提供自己生产的产品或服务的一种商务模式。它是B2M模式的后续发展环节，是产品或服务到达最终消费者的过程。通过M2C，无论商品交易还是售后服务，都是由供应商和消费者直接完成，减少了各种中间环节所造成的迟滞；同时，供应商可以根据消费者在平台上提供的自定义商品信息或售后体验，实现对自身产品的优化和及时研发新产品，形成厂商和消费者双赢的局面。

(九) B2A模式

B2A(Business to Administrations)，指企业与政府之间进行的电子商务活动，如政府采用电子商务方式进行招标、发放进出口许可证、开展统计工作，企业在线办理交税和出口退税、电子报关等。

三、电子商务立法

高速发展的电子商务已成为全球经济最大的增长点之一，新的矛盾和问题不可避免地集中于这一领域，也给传统法律体系带来了挑战。随着电子商务成为代表未来发展方向的有效的资源配置方式的趋势日益明显，其也将成为今后社会绝大多数经济活动的主要依托，需要建立新的法律体系对其加以规范。电子商务立法，就是针对电子商务的特殊性，解决电子商务领域中的突出矛盾和关键问题，通过规范秩序、规范行为，实现电子商务健康有序和可持续发展。

(一) 电子商务法概念

由于电子商务存在发展迅速、变化快的特点，对其界定存在困难，由此也直接影响了对于电子商务法概念的界定。目前，对于电子商务法的概念理解存在狭义和广义之分，对于法律地位存在部门法还是特别法之分。

1. *广义及狭义的电子商务法*

与广义的电子商务相对应，广义的电子商务法包括了所有调整以数字电讯方式进行的商事活动的法律规范。广义电子商务法的内容极为丰富，既包括调整以电子商务为交易形式的法律规范，如传统的商品和服务交易，也包括调整以电子信息为交易内容的法律规范，如电子资金传输、电子化的证券交易等，而后者也是金融法、证券法调整的商事交易关系。因此，无论从立法还是司法角度，广义电子商务法都难以适用。

与狭义的电子商务相对应，狭义的电子商务法是调整利用互联网等计算机网络与信息技术进行商事活动的法律规范。从国外电子商务立法活动的实践来看，联合国及各国电子商务立法一般是从狭义角度使用电子商务法的概念，其内容的共性之处表现为主要解决诸如网络交易记录和电子签名的法律效力、电子认证机构的设立及其权利义务的确立等问题，即强调解决因交易手段、交易形式变化而形成的新型电子商务操作规程的规范化问题。

2. 部门法或特别法

法学界对电子商务法的地位存在三种认识观点。

其一，电子商务法是一个单独的法律部门。

其二，电子商务法从属于商法。商法调整商事交易主体在其商业行为中所形成的法律关系，是司法体系的组成。电子商务法在性质上属于交易行为法的范畴，虽然也含有政府调整的规范，但整体上仍属于调整平等主体之间的商业交易的法律规范，其任意性大于强制性。

其三，电子商务法是民事特别法，但也是一个独立的法律部门。民事特别法是指适用于特殊领域、特殊主体、特别的民事活动和特别事项或适用时间上有限制的民事法律法规。① 电子商务法仅适用于发生在网络空间、当事人通过电子方式实施的民商事活动。因此，电子商务法是一种民事特别法，但这并不影响其作为独立的部门法的存在。在一个部门法内部，依然可以进行部门法的划分。②

电子商务法是在电子通信环境下发展起来的，是商事法新的表现形式，属于民商法尤其是商法的特别法，属于主体法、行为法与监管法的结合。

(二) 电子商务法的特征

电子商务法的特征取决于电子商务的特征，同时与民商事法律制度在网络时代的社会特点和需求相适应。具体而言，电子商务立法具有技术性、国际性、开放性、前瞻性的特征。

1. 技术性

与传统民商事活动相比，电子商务突出强调电子手段和信息技术工具的使用，其中必然涉及对有效数据电文、可信电子签名及可靠电子认证等的信息技术规范，这些技术规范是电子商务立法中必不可少的内容，使得电子商务法呈现出明显的技术性特征。

2. 国际性

电子商务产生于经济全球化的大背景下，依托于网络空间，打破了传统商法的常规，显现双边、多边，乃至全球化态势，这使得各国电子商务都不能仅局限于一国的关境。因此，各国电子商务立法既要考虑国内的适用，更要重视与国际接轨，以全球性的商务统一为解决方案。从国际电子商务立法发展过程看，联合国国际贸易法委员会从20世纪90年代开始陆续制定的《电子商务示范法》《电子签名示范法》《联合国国际合同使用电子通信公约》等，不仅为各国电子商务立法提供了示范文本，而且为全球电子商务交易构建起一个完整的法律框架，这正是电子商务立法国际性的突出体现。

3. 开放性

电子商务的全球性特点使得“一切对电子商务所设置的人为的疆域，都是徒劳无益

---

① 余能斌，马俊驹. 现代民法学[M]. 武汉：武汉大学出版社，1995：11.

② 齐爱民，徐亮. 电子商务法原理与实践(第二版)[M]. 武汉：武汉大学出版社，2009：30.

的”。[①] 因此，电子商务立法应特别重视开放性，以开放的态度对待各种技术手段和信息媒介，以鼓励创新和竞争为主，同时兼顾规范和管理的需要。

4. 前瞻性

同时，信息技术的快速发展不断作用于电子商务，出现渗透广、变化快的特点，在促使电子商务蓬勃发展的同时，也带来层出不穷的新情况和新问题。因此，电子商务立法既要解决当下电子商务领域的突出问题，更要为未来发展留出足够的空间。

(三) 电子商务法律关系

电子商务法律关系的核心是，通过电子商务法调整和确认的权利义务关系。它包括主体、客体和内容三要素。

1. 主体

主体是参加电子商务法律关系，享有权利并承担义务的自然人、法人、非法人组织以及特定情况下的国家。具体包括：

(1) 电子商务交易主体。指电子商务中的交易双方，即商品或服务的出卖人与买受人。

(2) 电子商务服务提供主体。指为电子商务提供服务的主体，其提供的是伴随着信息技术的应用而产生的营利性服务内容，属于电子商务服务业范畴。依据服务程度的不同，可将电子商务服务提供主体分为两类：一是专门从事网络接入服务、网络内容服务和网络交易服务的主体；二是电子商务服务的支撑主体，包括认证机构、信用评价、物流配送企业、电子支付、服务器托管等主体。

(3) 电子商务监管主体。世界上电子商务较为发达的国家普遍采用了政府有限监管的原则，在市场机制下，构建电子商务多元监管体系，包括行政监管、行业协会的自律监管以及服务提供主体的自治管理和消费者维权监督等。

2. 客体

客体是主体权利与义务指向的对象。客观上讲，客体的确立是法律关系形成的标准。电子商务法律关系的客体主要包括：

(1) 交易物。指传统商务中的商品与服务，即自然人身体之外的、能够满足人们需要并且能够被支配的物质实在。

(2) 交易行为。指能满足主体某种利益的活动。

(3) 智力产品或无形资产。知识产权、企业商誉等是权利主体的重要资产，也是电子商务法律关系客体的重要构成。同时，信息或数据是电子商务法律关系的特有客体，在电子商务法律关系中，如何发挥信息与数据的功能，并规范电子商务经营主体在数据交易与保护中应承担的义务是电子商务法的重要内容。

3. 电子商务法律关系的内容

电子商务法律关系的内容即为电子商务法律关系主体之间的权利与义务，主体之间

---

① 姚维振. 电子商务法[M]. 芜湖：安徽师范大学出版社，2014：6.

权利与义务的科学配置决定了电子商务法制度功能的实现。

(四) 国内外电子商务立法概况

电子商务的快速发展首先面临的就是法律障碍。如何填补法律制度的空白,确立电子商务活动中必须遵循的行为规则,为电子商务创建一个健康运行和发展的法律环境,是国际社会面临的共同问题。从联合国各类国际组织到不同国家和地区,都对电子商务立法给予了高度关注。

1. 国外电子商务立法的发展

世界范围内电子商务的发展经历了初创期、推进期和高速发展期,与之相适应,电子商务立法也经历了同样的三个阶段。

(1) 电子商务立法初创期。20 世纪 70—80 年代,是电子商务的初创期。这一阶段的发展主要反映在电子邮件通信领域,与此相适应,这一时期电子商务立法的重心在于建立电子数据交换(Electronic Data Interchange, EDI)的通用标准。继美国国家标准协会创立的适用于北美的区域性 EDI 标准——ANSI X12 和欧洲地区提出的适用于欧洲的整合性 EDI 标准,即贸易数据交换(Trade Data Interchange, TDI)后,联合国于 1987 年制定了国际通用 EDI 标准 UN/EDIFACT(United Nations/Electronic Data Interchange For Administration, Commerce and Transport),提供了一套适用于多国和多行业的电子商业文件交换的标准信息。

(2) 电子商务立法高速推进期。20 世纪 90 年代,万维网和浏览器的应用使商业贸易活动正式进入互联网,从根本上改变了传统的产业结构和市场的运作方式。与此同时,如何为新经济运行提供安全有序的法律环境也成为国际组织和各国努力探索的方向。

这一时期,国际组织有关电子商务的立法主要包括:

联合国国际贸易法委员会分别于 1996 年和 2001 年发布了《电子商务示范法》和《电子签名示范法》,为协调各国国内电子商务立法提供了"示范文本"。

国际商会于 1997 年 11 月通过《国际数字保证商务通则》,旨在平衡不同法律体系的原则,统一术语,为各国电子商务提供指导性政策。

世界贸易组织于 1997 年达成关于开放电信市场的三个协议:《全球基础电信协议》《信息技术协议》和《开放全球金融服务市场协议》,为电子商务和信息技术的稳步有序发展奠定了基础。

1997—1999 年,欧盟相继提出《关于电子商务的欧洲建议》《欧盟电子签字法律框架指南》《欧盟隐私保护指令》和《数字签字统一规则草案》。这些政策不仅在协调欧盟内部关系上发挥了作用,而且其积极影响扩展至全球。

美国是电子商务立法最早的国家。1995 年,犹他州颁布了世界上第一部全面确立电子商务运行的《数字签名法》。1997 年颁布《统一计算机信息交易法》,同年,发布《全球电子商务框架》,申明了美国官方关于电子商务的立场。2000 年 10 月 1 日,《全球暨全美商业电子签章法》正式生效。

据统计，截至 2002 年，有 57 个国家和地区已经制定或正在制定有关电子商务的法律。[①] 除美国外，已经有法国、爱尔兰、加拿大、新加坡、韩国、菲律宾、哥伦比亚等十余个国家和地区通过了综合性的电子商务立法。

(3) 电子商务立法成熟期。进入 21 世纪，特别是 3G 网络的横空出世，引起电子商务立法所涉及的范围和内容不断扩大，涵盖从电子支付、消费者保护、争议解决到电子政府等各环节。

联合国国际贸易法委员会通过《联合国国际合同使用电子通信公约》，同较早前发布的《电子商务示范法》和《电子签名示范法》一起，为全球商事领域的电子交易建立起一个完整的法律框架。2016 年和 2017 年，联合国国际贸易法委员会又相继通过了《关于网上争议解决的技术指引》和《电子可转让记录示范法》，前者建立了跨国界交易的争议解决机制，后者旨在从法律上支持电子可转让记录的国内使用和跨境使用。

欧盟于 2003 年开始实施新的电子商务增值税指令，成为世界上第一个开始征收电子商务增值税的区域；2009 年，欧盟通过《关于电子货币机构业务开办、经营和审慎监管的指令》，明确规定了电子货币机构的准入条件、资本金要求、从业范围、资金保障措施及电子货币的发行与赎回等。

据不完全统计，全世界已有 40 多个国家制定了电子商务相关法律，这些法律内容丰富，体系完善，有利用保障电子商务交易安全、保障各方权益。

2. 我国电子商务立法的发展过程

1994 年 4 月 20 日，我国正式全功能接入国际互联网。电子商务作为互联网应用之一，短时间内在我国迅速发展起来。从 20 世纪 90 年代至今，我国电子商务立法大致经历了以下三个发展阶段。

(1) 立法起步期。1994 年，国务院发布的《计算机信息系统安全保护条例》一般被认为是我国维护电子商务市场秩序的起点。随后出台的《电信条例》《互联网信息服务管理办法》等也主要是从基础设施的角度出现涉及电子商务的相关条款。

1999 年颁布的《中华人民共和国合同法》，首次承认电子合同的法律效力；2000 年 6 月，原国家药品监督管理局颁布《药品电子商务试点监督管理办法》，被认为是我国最早的关于电子商务的法规。

2004 年 8 月 28 日，我国首部真正电子商务法意义上的立法——《中华人民共和国电子签名法》颁布，确定了电子签名的法律效力，成为我国推进电子商务发展、扫除电子商务发展障碍的重要标志。

(2) 高速发展期。2005 年开始，我国出台了一系列有关推进电子商务发展的政策和规划，电子商务呈现快速发展趋势，至 2018 年，我国相继出台了几十项电子商务相关的法律法规(主要内容见表 15－1)。

① 李适时. 各国电子商务法[M]. 北京：中国法制出版社，2003：30.

表 15－1 我国主要电子商务法律法规

颁布时间	颁布机构	法律法规名称	调整领域	主要内容
2004 年 8 月 28 日	全国人大常委会	《电子签名法》	电子签名	赋予可靠电子签名法律地位，确立电子认证服务的市场准入制度
2005 年 3 月 31 日	国家密码局	《电子认证服务密码管理办法》	电子认证	面向社会公众提供电子认证服务应使用商用密码
2005 年 10 月 26 日	中国人民银行	《电子支付指引》（第一号）	电子支付	界定电子支付概念、类型和业务原则；统一电子支付业务申请的条件和程序、指令的发起和接收、风险的防范控制等
2007 年 3 月 6 日	商务部	《关于网上交易的指导意见（暂行）》	网上交易	明确网上交易参与方的主体资格要求，面向网上交易参与方提供签约、支付和平台运营等原则指导
2007 年 6 月 1 日	国家发改委和国务院信息办	《电子商务发展“十一五”规划》	综合	提出电子商务发展的主要目标：到 2010 年，电子商务发展环境、支撑体系、技术服务和推广应用协调发展的格局基本形成，电子商务服务业成为重要的新兴产业
2009 年 4 月 27 日	人民银行、银监会、公安部、工商总局	《关于加强银行卡安全管理预防和打击银行卡犯罪的通知》	电子商务监管	加强对于第三方支付企业的监管力度
2010 年 5 月 31 日	国家工商总局	《网络商品交易及有关服务行为管理暂行办法》	电子商务监管	规定各类经营者的义务，明确工商行政管理部门的监管职责
2011 年 4 月 12 日	商务部	《第三方电子商务交易平台服务规范》	网上交易	明确平台设立与基本行为规范及平台经营者的义务
2013 年 2 月 25 日	国家税务总局	《网络发票管理办法》	电子商务交易税收	明确税务备案制度，确保发票信息的完整和准确
2015 年 5 月 4 日	国务院	《关于大力发展电子商务加快培育经济新动力的意见》	政策制度	营造宽松发展环境，构筑安全保障防线，健全支撑体系
2017 年 8 月 17 日	商务部 农业部	《关于深化农商协作大力发展农产品电子商务的通知》	农产品电子商务	提出农产品电子商务的十项重点任务和政策保障

续　表

颁布时间	颁布机构	法律法规名称	调整领域	主要内容
2018 年 1 月 23 日	国务院办公厅	《关于推进电子商务与快递物流协同发展的意见》	快递物流	提出制度创新、规划引领、规范运营、服务创新、标准化智能化以及绿色理念六方面强化措施
2018 年 8 月 31 日	全国人大常委会	《电子商务法》	综合	明确电子商务法律关系，规范合同的订立与履行、争议解决以及电子商务促进等

（3）体系成熟阶段。2019 年《电子商务法》的实施，使我国电子商务立法进入完善的体系化发展轨道。各主管机关陆续出台落地细则，对电商各相关行业规范发展发挥着积极作用。如 2020 年 8 月，文旅部发布《在线旅游经营服务管理暂行规定》；2021 年 2 月，国务院反垄断委员会发布《关于平台经济领域的反垄断指南》；2021 年 3 月，网信办等四部门联合发布《常见类型移动互联网应用程序必要个人信息范围规定》；2021 年 4 月 23 日，网信办等七部门联合发布《网络直播营销管理办法（试行）》等。

（五）我国电子商务法体系构成

电子商务法是一个国家法律体系的组成部分，同时又具有自己的法律体系。电子商务法体系由电子商务基本法、电子商务实体法和电子商务程序法三部分构成，三部分内容相互联系、相互制约。电子商务基本法，是指一个国家或地区电子商务方面具有最高法律效力、起统御作用的法律，《电子商务法》属于我国电子商务基本法范畴；电子商务实体法，是指从实际内容上规定主体之间的权利与义务及其产生、变更和消灭的法律，如已出台的《电子签名法》，今后可能陆续出台的电子交易、电子合同、电子支付、电子税收等相关法律规范；电子商务程序法，是指以保证权利和义务得以实施或职权和职责得以履行的有关程序为主的法律，如电子商务诉讼法等。

四、《电子商务法》主要内容

2018 年 8 月 31 日，第十三届全国人民代表大会常务委员会第五次会议通过了《中华人民共和国电子商务法》，于 2019 年 1 月 1 日起施行，这是我国第一部电子商务领域的综合法律。该法对于解决电子商务领域存在的突出问题，规范并促进电商发展具有重要意义。

《电子商务法》文本共七章八十九条，主要解决以下方面的重大问题：科学合理界定《电子商务法》的调整对象，规范电子商务经营主体权利、责任和义务，完善电子商务交易与服务，强化电子商务交易保障，促进和规范跨境电子商务发展，加强监督管理。

（一）立法调整对象

《电子商务法》第二条明确规定："本法所称电子商务，是指通过互联网等信息网络销售商品或者提供服务的经营活动。”其中,信息网络指电子商务的实施环境;经营活动是指以营利为目的的商务活动,它是区别电子商务活动与非电子商务活动的关键。

综合考虑我国电子商务发展的实践并考虑与国内其他法律法规的衔接以及与国际接轨等因素,我国立法对电子商务的含义界定包括三个维度。

1. 互联网等信息网络

电子商务所依托的技术是指“互联网等信息网络”,具体包括互联网、移动互联网、电信网、物联网等。当商务活动的任何一个或几个阶段,如合同签署、费用支付或产品(服务)送达过程中使用了网络,包括通过移动客户端或移动社交圈,则这些活动均可视为电子商务活动,都属于《电子商务法》的调整范围。

2. 销售商品和提供服务

电子商务的交易行为包括销售商品和提供服务。商品包括有形产品和无形产品。电子商务销售商品既包括有形产品的销售,如食品、百货等各种传统消费品,也包括无形产品的销售,如计算机软件复制件、网络游戏、技术交易等。服务的本质是指劳动本身。无论是纯粹的在线服务,如网络教育、信息咨询;或者线上交易线下履行,如家政服务等;抑或是对销售商品和提供服务进行支撑的相关服务,如电子支付、物流快递、信用评价等,均应纳入《电子商务法》的调整对象。当然由于服务种类繁多,且差异较大,除具有普遍性的提供服务和相关支撑服务外,金融类产品和服务、网络出版、单纯的信息发布以及利用信息网络播放音视频节目等特殊类型的服务,不纳入《电子商务法》的调整范围。

3. 经营活动

“经营”的法律属性是判断相关行为是否构成电子商务的关键要素。构成电子商务所指经营活动应有两个判断标准:一是以营利为目的,二是持续性业务活动。因此,如果是自然人利用网络零星、偶发地出售二手物品、闲置物品,其不具有经营属性,不属于电子商务的范畴;但为自然人以上行为提供相关服务的平台,则可能属于电子商务的经营主体,受《电子商务法》调整。如果自然人以营利为目的且持续销售商品和提供服务,也应纳入《电子商务法》的调整范围。同理,从经营特性的角度考察,那些单纯的公司内部的生产管理、质量控制、财务管理等,即使通过网络进行,也不构成电子商务中的经营活动。

(二) 适用范围

《电子商务法》第二条第一款规定:“中华人民共和国境内的电子商务活动,适用本法。”这是该法境内性的特征,也是与《民法典》中“中华人民共和国领域内的民事活动,适用中华人民共和国法律”的规定相一致的具体体现。但不能平面僵化地理解《电子商务法》的境内性,不能硬性地将跨境电子商务排斥在《电子商务法》的适用范围之外。

1. 跨境电子商务适用问题

正确理解《电子商务法》对于具有跨境因素的电子商务活动的规定和处理,对于我国参与全球网络空间治理、主导国际规则制定等方面意义重大。跨境电子商务涉及境内经营者和境外经营者两种情况,其适用《电子商务法》的范围和条件有所不同。

(1) 境内经营者适用《电子商务法》的情况。我国电子商务经营者从事跨境电子商务活动，应当遵守《电子商务法》的规定。在我国获得经营性互联网信息服务许可证的电子商务网站与平台，从事电子商务活动，不论其实际投资人或者所隶属的企业是否在我国境内，均应适用《电子商务法》；在我国境内建立的三资企业（包括外资企业、中外合资企业、中外合作企业）与我国公民、法人、其他组织之间进行的电子商务活动，属于我国境内的电子商务活动；我国建立的多个自由贸易试验区内进行的电子商务活动属于我国境内的电子商务活动。

（2）境外经营者适用《电子商务法》的情况。总体而言，境外电子商务经营者的活动在我国境内产生影响的，有三种情况可扩展适用《电子商务法》：一是电子商务平台服务导致的扩展适用；二是保护我国消费者的扩展适用；三是依据国际条约或者协定的扩展适用。我国与其他国家和地区本着互利互惠的原则签署了众多国际双边、多边、区域性国际条约和协定，其中规定相关跨境电子商务活动适用我国《电子商务法》的均当适用。

2. 例外情形

《电子商务法》第二条第三款明确规定了法律适用的例外情形，即不适用于对金融类产品和服务，利用信息网络提供新闻信息、音视频节目、出版以及文化产品等内容方面的服务。

（三）监管体制

《电子商务法》第六条规定了我国电子商务的监管体制，即国务院有关部门按照职责分工负责电子商务发展促进、监督管理等工作。县级以上地方各级人民政府可以根据本行政区域的实际情况，确定本行政区域内电子商务的部门职责划分。

电子商务涉及广告发布、合同成立、电子支付、快递物流等诸多环节，难以由统一的部门进行监管。目前，我国中央政府参与电子商务监管的部门主要是国家发改委、工信部、公安部、财政部、交通运输部、商务部、文化和旅游部、中国人民银行、国家市场监管总局、国家网信办、国家税务总局、海关总署、国家邮政局等部门。尽管各部门分工相对明确，但也不可避免地存在职责的重叠或疏漏，需要建立符合电子商务特点的协同管理体系。同时，电子商务依托的技术环境是互联网等信息网络，多方共治是网络治理的基本原则。从电子商务特点出发，应形成国家法律、行政监督、经营者和行业自律以及消费者等社会他律相结合的多方共治格局，有效提高对电子商务市场的监管和治理效率，降低行政管理成本。

（四）电子商务经营主体权利、责任和义务

《电子商务法》将电子商务的经营主体划分为一般的电子商务经营者和电子商务平台经营者（第三方平台）两种类型。

1. 一般电子商务经营者

一般电子商务经营者包括两类：一是平台内经营者；二是通过自建网站、其他网络服务销售商品或者提供服务的电子商务经营者。

《电子商务法》中要求电子商务经营者依法纳税、提供购货凭证、公示营业执照信息及有关行政许可信息、披露商品或服务信息，尽到尊重和平等保护消费者合法权益、保护用

户个人信息的义务和责任。电子商务经营者不得以虚构交易、编造用户评价等方式进行虚假或者引人误解的商业宣传，欺骗、误导消费者，也不得滥用市场支配地位排除、限制竞争。

2. 电子商务平台经营者

电子商务平台经营者(以下简称"平台经营者")，是指在电子商务中为交易双方或者多方提供网络经营场所、交易撮合、信息发布等服务，供交易双方或者多方独立开展交易活动的法人或者非法人组织。平台经营者是电子商务产业兴起和发展中的新型主体，是电子商务活动的主导者。据统计，通过平台经营者达成的交易占目前网络零售市场规模的九成[①]，因此它也成为《电子商务法》规范的重要对象。

《电子商务法》明确要求平台经营者对申请进入平台销售商品或提供服务的经营者的信息进行核验、登记、定期核验，并按照规定向市场监管部门和税务部门报送相关信息；平台经营者应当采取技术措施和其他必要措施保证其网络安全、稳定运行，防范网络违法犯罪活动，有效应对网络安全事件，保障电子商务交易安全；平台经营者应当记录、保存平台上发布的商品和服务信息、交易信息，并确保信息的完整性、保密性、可用性；平台经营者应当遵循公开、公平、公正的原则，制定平台服务协议和交易规则，明确进入和退出平台、商品和服务质量保障、消费者权益保护、个人信息保护等方面的权利和义务。

同时，平台经营者若在其平台上开展自营业务时，应当以显著方式区分标记自营业务和平台内经营者开展的业务，并对其标记为自营的业务依法承担商品销售者或者服务提供者的民事责任。

(五) 完善电子商务交易与服务

围绕电子商务的交易与服务主要内容包括电子合同、电子支付和快递物流。

1. 电子合同

电子合同是一种民事法律行为，指交易双方或多方当事人之间通过信息网络以电子方式达成以财产性为目的、明确双方权利义务关系的协议。电子合同内容应是当事人的真实意思表示，需要合乎法律、合乎公序良俗。《电子商务法》根据我国电子商务发展的特点，在现有法律规定的基础上规定了以下四方面内容。

(1) 当事人行为能力推定规则。通常情况下，传统商务活动中的当事人可凭直观感觉对交易相对方是否具有行为能力作出判断，比如对方是否为未成年人或者精神失常者。然而，电子合同的订立是通过网络进行的，增加了当事人确认交易相对方民事行为能力的难度。为此，我国《电子商务法》中规定"在电子商务中推定当事人具有相应的民事行为能力。但是，有相反证据足以推翻的除外"。

(2) 电子合同的订立。《电子商务法》第四十九条规定："电子商务经营者发布的商品或者服务信息符合要约条件的，用户选择该商品或者服务并提交订单成功，合同成立。当

---

① 全国人大财经委员会电子商务法起草组. 中华人民共和国电子商务法条文释义[M]. 北京：法律出版社，2018.

事人另有约定的，从其约定。电子商务经营者不得以格式条款等方式约定消费者支付价款后合同不成立；格式条款等含有该内容的，其内容无效。”

《电子商务法》第五十条规定：“电子商务经营者应当清晰、全面、明确地告知用户订立合同的步骤、注意事项、下载方法等事项，并保证用户能够便利、完整地阅览和下载。”

(3) 自动交易信息系统。电子商务合同采用自动信息系统订立。《电子商务法》承认自动信息系统自动性的法律效力，即电子商务当事人使用自动信息系统订立或者履行合同的行为对使用该系统的当事人具有法律效力，不得仅仅因其自动性而否定订立或者履行合同的法律效力。

2. 电子支付

2005 年 10 月，中国人民银行公布《电子支付指引(第一号)》中明确规定：“电子支付是指单位、个人直接或授权他人通过电子终端发出支付指令，实现货币支付与资金转移的行为。电子支付的类型按照电子支付指令发起方式分为网上支付、电话支付、移动支付、销售点终端交易、自动柜员机交易和其他电子支付。”

《电子商务法》第五十三条规定了电子商务当事人可以约定采用电子支付方式支付价款，并规定了电子支付服务提供者和接受者的法定权利义务，对于支付确认、错误支付、非授权支付、备付金等也作出了规定。

3. 快递物流

快递物流是电子商务得以实现真正的经济价值不可或缺的重要组成部分，如果脱离了物流，电子商务就会成为无根之木。《电子商务法》第五十二条规定：“电子商务当事人可以约定采用快递物流方式交付商品。”快递物流服务提供者应当依法为电子商务提供服务，并遵守承诺的服务规范和时限。

(六) 强化电子商务交易保障

保障电子商务交易有序健康开展的环境条件主要包括数据信息环境、市场环境、消费者权益保护环境以及争议解决环境四个主要方面。

1. 数据信息环境

数字时代，数据信息已经成为各项事业发展的基础性资源要素，电子商务产业的发展对电子商务数据信息的开发、利用和保护有着强烈的客观需求。《电子商务法》第六十九条规定：“国家维护电子商务交易安全，保护电子商务用户信息，鼓励电子商务数据开发应用，保障电子商务数据依法有序自由流动。国家采取措施推动建立公共数据共享机制，促进电子商务经营者依法利用公共数据。”

2. 市场环境

电子商务的健康发展有赖于市场秩序与公平竞争的环境。《电子商务法》规定电子商务经营主体在知识产权保护、不正当竞争行为的禁止、信用评价规则等方面的责任和义务。

(1) 知识产权保护。《电子商务法》在总则中要求所有电子商务经营者均应履行保护知识产权的义务，要求平台将知识产权保护规则纳入交易规则，对平台内经营者侵犯知识产权的，应当采取删除、屏蔽、断开链接、终止交易和服务等必要措施。

（2）不正当竞争行为的禁止。不正当竞争行为极具危害性，一方面损害其他参与电子商务经营者的利益，损害消费者的合法权益；另一方面破坏市场竞争基础、扰乱正常的电子商务秩序和社会经济秩序。《电子商务法》第三十五条规定："电子商务平台经营者不得利用服务协议、交易规则以及技术等手段，对平台内经营者在平台内的交易、交易价格以及与其他经营者的交易等进行不合理限制或者附加不合理条件，或者向平台内经营者收取不合理费用。"

（3）信用评价。国家鼓励电子商务经营主体，特别是平台经营者和较大的电子商务经营者，建立电子商务信用评价体系，建立可信交易环境，既是打造诚实守信、公平竞争的网络交易秩序的关键，也是促进电子商务健康发展的必然选择。

3. 消费者权益保护环境

电子商务的发展为消费者提供了丰富多样的商品和服务选择，同时也增加了消费者与经营者之间产生纠纷的可能性。《电子商务法》强调了经营者对消费者权益的保障，包括：

（1）电子商务经营者的义务和责任。电子商务经营者负有信息披露义务，保障消费者的知情权和选择权；电子商务经营者不得欺骗、误导消费者；电子商务经营者不得以格式条款等方式约定消费者支付价款后合同不成立。

（2）平台经营者的义务和责任。平台经营者应建立担保机制和先行赔偿责任，应协助消费者维权。

4. 争议解决环境

电子商务活动设计的法律关系非常复杂，不可避免地会产生争议，如消费者与经营者之间、平台经营者与平台内经营者之间、经营者之间等都可能产生争议。有效地解决争议是实现电子商务活动可持续发展的关键之一。

（1）争议解决方式。根据《电子商务法》第六十条规定，电子商务争议有五种解决方式：协商和解，请求消费者组织、行业协会或者其他依法成立的调解组织调解，向有关部门投诉，提请仲裁，提起诉讼。争议处理中，平台经营者应当积极协助消费者维护合法权益；电子商务经营者有义务提供原始合同和交易记录，否则应承担相应的法律责任。

（2）建立争议解决机制。为有效解决争议，从电子商务发展的特点出发，应积极构建快速高效的纠纷解决机制，主要包括投诉、举报机制，在线争议解决机制和跨境电子商务争议解决机制。

（七）促进和规范跨境电子商务发展

《电子商务法》就促进和规范电子商务发展专门作出规定：一是明确国家支持、促进跨境电子商务发展的政策；二是国家推动跨境电子商务监管制度改革；三是国家推进跨境电子商务活动通关、税收、检验检疫等环节的电子化；四是推动建立国家之间跨境电子商务交流合作等。

案例 15-1

全国首例电子商务平台打假案

被告姚某自 2015 年开始在淘宝网上出售宠物食品。2016 年 5 月，淘宝网与品牌商玛氏公司均发现姚某销售的“皇家”品牌猫粮存在假货嫌疑，便在该店铺匿名购买了一袋价格为 99 元的猫粮。经过品牌方鉴定，该猫粮为假货，随后淘宝将线索移送警方。2016 年 10 月 12 日，姚某被警方抓获。2017 年 3 月，淘宝网以“违背不得售价约定、侵犯平台商誉”为由将姚某告上法庭。

法院表示，被告以掺假的方式持续在淘宝网上出售假货，其行为不仅损害了与商品相关权利人的合法权益，而且降低了消费者对淘宝网的信赖和社会公众对淘宝网的良好评价，对淘宝网的商誉造成了损害，故判被告赔偿原告损失共计 12 万元。

第二节 《电子签名法》

2004 年 8 月 28 日，全国人民代表大会常务委员会颁布的《电子签名法》是我国第一部关于电子商务的真正意义上的法律，它首次赋予可靠的电子签名与手写签名或盖章具有同等的法律效力，标志着我国首部真正意义上的信息化法律已正式诞生。《电子签名法》的颁布进一步规范了电子签名活动，保障电子交易安全，为电子商务和电子政务的发展创造了一个安全的法律环境。《电子签名法》于 2005 年 4 月 1 日开始实施，并分别于 2015 年和 2019 年两次修正。

一、概述

《电子签名法》是我国第一部电子商务法，但其作用不仅限于电子商务。该法确立了数据电文、电子签名在我国的法律效力，规范了电子签名行为，明确了电子认证服务机构的法律地位和认证程序，规定了电子签名的安全保障措施，设立了电子认证服务市场许可准入制度，为有关各方在电子签名活动中的权利、义务以及责任纠纷的评判确立了法定标准。这部法律的颁布填补了我国电子商务领域的立法空白，完善了民事法律领域的证据体系。

（一）立法目的

在传统的交易过程中，交易文件一般都是通过当事人签字或者盖章来确认文件内容，保证交易安全。当交易通过电子形式进行时，传统的手写签字和盖章无法进行，必须依靠技术手段替代，即电子签名。《电子签名法》的立法目的是为了规范电子签名行为，确立电子签名的法律效力，维护有关各方的合法权益。

（二）立法原则

《电子签名法》强调赋予电子签名法律效力应遵循以下基本原则。

1. 最少干预和必要立法原则

《电子签名法》主要的立法目的是为数据电文、电子签名的法律效力提供法律依据、消除法律障碍。至于采用什么样的具体方法则充分尊重当事人自治，政府尽量少地干预。

2. 技术中立原则

技术中立原则，也称非歧视性原则或技术非特定化原则，即在法律中不规定具体的技术，只是确立一个大致的标准，如该法对电子签名的界定上采取了广义的标准，即只要能够做到"以电子形式所含""识别签名人身份"和"表明签名人认可其中内容"即具有与传统签名同样的法律效力。这一原则赋予电子签名技术商平等的市场竞争机会，一方面有利于鼓励信息技术的发展，另一方面也给予消费者更多的选择权。同时，这一原则也是确立电子认证服务机构法律地位的重要依据。

3. 合同自由原则

合同自由原则是私法自治基本原则的具体体现，即除法律有强制性规定外，各民事主体可以自主决定自己的行为，交易各方可以自愿约定之间的权利义务关系。《电子签名法》本质上属于私法，当交易活动通过电子形式进行时，其本质与一般的民事活动并无区别，因此，《电子签名法》第三条规定："民事活动中的合同或者其他文件、单证等文书，当事人可以约定使用或者不使用电子签名、数据电文。当事人约定使用电子签名、数据电文的文书，不得仅因为其采用电子签名、数据电文的形式而否定其法律效力。"

4. 电子认证服务机构市场主导和政府监管原则

电子签名的真实性、有效性、安全性以及在程序法上都要求电子认证服务机构要具备诸多的义务和责任，因此对认证机构设置模式的选择应非常慎重。目前世界各国大致有三种设置模式：一是政府或者政府授权机构组建；二是采取市场导向原则；三是行业自律型。我国《电子签名法》确立了市场导向的原则，但设置了比较严格的市场准入条件，规定了严格的主体义务及法律责任，同时实行政府监管。这一方面考虑了我国的现实状况，另一方面又考虑到市场自由、技术中立原则以及电子商务的发展需求。

5. 面向国际原则

电子商务是面向全球的，开放性是电子商务领域立法的基本特征，电子签名的法律效力问题对实施跨境电子交易尤为重要。为此，《电子签名法》第二十六条明确规定："经国务院信息产业主管部门根据有关协议或者对等原则核准后，中华人民共和国境外的电子认证服务提供者在境外签发的电子签名认证证书与依照本法设立的电子认证服务提供者签发的电子签名认证证书具有同等的法律效力。"面向国际的原则，有利于我国电子商务活动与国际接轨，实现电子商务规则和标准的国际统一，便于各国间开展电子商务交易。

二、电子签名相关客体概念

《电子签名法》涉及的客体概念主要是数据电文、电子签名、电子签名认证证书等，包括信息和行为两类。

(一) 数据电文

数据电文,是指以电子、光学、磁或者类似手段生成、发送、接收或者储存的信息,也称电子信息、电子通信、电子数据、电子记录、电子文件等。

1. 数据电文具有法律效力的条件

具有法律效力的数据电文应在书面形式、原件形式和文件保存方面符合法律、法规的要求。

(1) 书面形式要求。数据电文能够有效地表现所载内容并可以随时调取查用。

(2) 原件形式要求。即数据电文能够有效地表现所载内容并可供随时调取查用;能够可靠地保证自最终形成时起,内容保持完整、未被更改。但是,在数据电文上增加背书以及数据交换、储存和显示过程中发生的形式变化不影响数据电文的完整性。

(3) 文件保存要求。数据电文能够有效地表现所载内容并可供随时调取查用;数据电文的格式与其生成、发送或者接收时的格式相同,或者格式不相同但是能够准确表现原来生成、发送或者接收的内容;能够识别数据电文的发件人、收件人以及发送、接收的时间。

2. 数据电文的证据可采性

《电子签名法》第七条规定:"数据电文不得仅因为其是以电子、光学、磁或者类似手段生成、发送、接收或者储存的而被拒绝作为证据使用。"这明确了数据电文的证据地位。根据证据学的一般理论,任何证据材料要作为认定事实的根据,必须具有客观(存在)性、与待证事实的关联性及其合法性三个特性,数据电文也不例外。但应当注意,数据电文可作为证据使用的必要条件是其真实性。判断数据电文的真实性应当考虑三方面因素:一是生成、储存或者传递数据电文方法的可靠性;二是保持内容完整性方法的可靠性;三是用以鉴别发件人方法的可靠性。

案例 15-2

《电子签名法》实施第一案

2004 年 8 月,杨先生收到刚刚结识不久的韩女士发来的短信,内容是:"因手术急需用钱,请直接汇到我卡里。"杨先生随即汇给韩女士 5000 元。一个多星期后,韩女士再次发短信借钱,杨先生又借给韩女士 6000 元。因都是短信来往,两次汇款杨先生都没有索要借据。在韩女士再次向杨先生借款时引起了杨先生的警惕,于是向韩女士催要借款,但一直索要未果。于是,杨先生起诉至北京市海淀区法院,要求韩女士归还其 11 000 元钱,并提交了银行汇款单存单两张。但韩女士却称这是杨先生归还以前欠她的钱款。

在庭审中,杨先生向法院提交的证据中,除了提供银行汇款单存单外,还提交了自己使用的手机号码一部。经法官核实,杨先生提供的发送短信的手机号码拨打后接听者是韩女士本人;手机中记载的部分短信息内容亦载明了韩女士偿还借款的意思表示。

法院依据《电子签名法》中的规定，对杨先生提供的移动电话短信息生成、储存、传递数据电文方法的可靠性，保持内容完整性方法的可靠性，用以鉴别发件人方法的可靠性进行审查。

（二）电子签名

与传统手写签名不同，电子签名无法依附于有形介质存在，必须通过一定的技术手段使电子签名具备与手写签名同样的功能。

1. 电子签名的含义

电子签名，是指数据电文中以电子形式所含、所附用于识别签名人身份并表明签名人认可其中内容的数据。

电子签名概念应具备三方面内涵：一是电子签名是以电子形式出现的数据；二是电子签名是附着于数据电文的；三是电子签名必须能够识别签名人身份并表明签名人认可与电子签名相联系的数据电文的内容。

以上三方面的内涵实际上就是确保电子签名具有传统手写签名同样的三项基本功能，即通过签名识别签名人，表明文件的来源；表明签名人对文件内容的确认；构成签名人对文件内容正确性和完整性负责的根据。

2. 电子签名的种类

电子签名可采用多种技术形式，形成不同的签名类型。

（1）电子化签名。一般指附着于电子文件的手写签名的数字化图像，或采用生物笔迹辨别法所形成的图像。

（2）生理特征签名。指采用特定生物技术识别工具形成的签名，如指纹签名、眼虹膜透视辨别、面部识别和声音识别等。

（3）数字签名。指通过数字化加密方式产生的签名，包括对称性密码体制和非对称性密码体制。前者是一种加密密钥与解密秘钥相同的密码体制，只需加密（或解密）算法，就可以反推出解密（或加密）算法；后者又称为公开密钥系统或双钥系统。加密或签名验证密钥是公开的，称为公钥，而解密或签名产生密钥是秘密的，称为私钥。公钥与私钥必须存在成对且唯一对应的数学关系，无法经公钥去推导私钥。

（4）密码签名。一般分静态和动态两种。静态密码识别签名一般由当事人自己设定，如计算机口令；动态密码识别签名，如电子口令卡，是由系统向收件人发出证实发送人身份的密码。

以上签名所采用的技术手段虽然不同，但只要具备以上提到签名的三项基本功能，就成为电子签名。

3. 电子签名的法律效力

《电子签名法》赋予可靠的电子签名与手写签名或者盖章具有同等的法律效力。获得可靠的电子签名可以通过两个途径：一是由当事人约定；二是符合法律规定的四个条件。

其中，符合法律规定的四个条件是：

(1) 专有。电子签名制作数据用于电子签名时，属于电子签名人专有。一旦电子签名制作数据被他人占有，则依赖于该电子签名制作数据而生成的电子签名有可能与电子签名人的意愿不符，显然不能视为可靠的电子签名。

(2) 可控。签署时电子签名制作数据仅由电子签名人控制。

(3) 防篡改。签署后对电子签名的任何改动能够被发现。

(4) 确保完整。签署后对数据电文内容和形式的任何改动，如丢失或被添加等，能够被发现。

(三) 电子签名认证证书

该证书是证实电子签名人与电子签名制作数据之间联系的数据电文或者其他电子记录。由于电子签名认证证书同其他证书一样可以伪造，因此需要第三方机构——电子签名认证证书的颁发机构来给予保证。《电子签名法》规定了电子认证服务市场准入制度。即提供电子认证服务，应当具备下列六项条件：

第一，取得企业法人资格；

第二，具有与提供电子认证服务相适应的专业技术人员和管理人员；

第三，具有与提供电子认证服务相适应的资金和经营场所；

第四，具有符合国家安全标准的技术和设备；

第五，具有国家密码管理机构同意使用密码的证明文件；

第六，法律、行政法规规定的其他条件。

(四) 电子签名适用范围

电子签名涉及所有行业。过去一段时间，电子签名主要用于电子商务活动中的合同或者其他文件、单证等文书。近年来，随着信息化技术的迅猛发展和疫情时代的特殊环境要求，政府部门的经济、社会事务管理中，也开始推广电子手段，如电子报关、电子报税、电子年检、部分行政许可事项的申请和受理等。

但《电子签名法》也明确规定了不适用电子签名的领域：一是涉及婚姻、收养、继承等人身关系的；二是涉及停止供水、供热、供气等公用事业服务的；三是法律、行政法规规定的不适用电子文书的其他情形。

三、电子签名的相关主体

电子签名涉及多个相关主体，具体包括电子签名人、电子签名依赖方和电子签名认证证书服务提供者和电子签名的行政管理主体等。

(一) 电子签名人

指持有电子签名制作数据并以本人身份或者以其所代表的人的名义实施电子签名的人。电子签名人可能是一个个体，也可能代表一个组织；可能是公司，也可能是行政机关。

(二) 电子签名依赖方

指基于对电子签名认证证书或者电子签名的信赖从事有关活动的人。其主体的范围可能是个人,也可能是组织。

(三) 电子签名认证服务提供者

指依法设立的提供电子认证服务的第三方机构,一般称之为电子认证服务机构(以下简称认证机构)。电子商务活动中,交易双方互不相识,缺乏信任,使用电子签名时,往往需要由第三方对电子签名人的身份进行认证,为其发放证书。因此,认证机构必须具备专业能力和执业资格,据此使依赖方信任电子签名的真实性和完整性,为交易对方提供信誉保证。可见,认证机构处于整个电子签名认证法律关系的中心地位。

(四) 行政管理主体

《电子签名法》规定,符合条件的拟从事电子认证服务的机构,应当向国务院信息产业主管部门提出申请,经依法审查并予以许可后,才能获得电子认证许可证书,取得认证资格。

综上,电子签名的有关主体不仅仅是具有平等地位的民事主体,而且还包括相关行政主管部门。由此,我们从法律主体上就可看出电子签名法至少涉及民商法和行政法两个法律部门。

四、电子签名相关权利与义务

电子签名人通过认证机构获得电子认证证书,这是建立电子认证关系的基础。从这个角度看,两者之间是客户与服务商的关系。认证机构提供服务应当具备一定的条件并接受国家相关主管部门的监管,两者之间形成行政监管与行政相对人之间的关系。

(一) 电子签名人的权利和义务

电子签名人是在电子商务等活动中实施电子签名的人,可信的电子签名奠定了可信商务活动的基础。因此,电子签名人权利的实现和义务的承担是一项商务活动合法有序的基础。

1. 电子签名人的权利

(1) 签名权。《电子签名法》第三条规定:"民事活动中的合同或者其他文件、单证等文书,当事人可以约定使用或者不使用电子签名、数据电文。当事人约定使用电子签名、数据电文的文书,不得仅因为其采用电子签名、数据电文的形式而否定其法律效力。"这赋予了电子签名人具有依法自主决定是否使用电子签名认证证书或者选择何种证书进行签名的权利。从电子签名人和认证机构的关系看,电子签名人也是消费者,应该得到电子签名法和电子商务消费者权益保护法的共同保护。

(2) 排除他人干涉的权利。法律赋予交易主体依法享有使用或者不使用电子签名的自主权,意味着任何人和团体均不得干涉电子签名人在具体的交易中采用或者不采用电子签名的行为。认证机构对电子签名人提供的电子认证证书为一种服务,电子签名人对认证机构提供的服务享有专有权,任何人不得非法妨碍,包括妨害使用和破坏电子认证证书的真实性两项基本内容。若发生上述两项的损害，电子签名人有权向致害人请求排除妨碍和赔偿损失。

2. 电子签名人的义务

电子签名人应当履行的义务包括：

(1) 付费义务。认证机构的认证是一种服务行为，电子签名人申请认证机构的认证证书时，应根据合同约定履行基本的付费义务。

(2) 真实陈述的义务。电子签名人在向认证机构申请电子签名证书时，应当提供真实、准确、完整的信息。

(3) 妥善保管和及时报告义务。《电子签名法》第十五条规定："电子签名人应当妥善保管电子签名制作数据。电子签名人知悉电子签名制作数据已经失密或者可能已经失密时，应当及时告知有关各方，并终止使用该电子签名制作数据。"

(二) 认证机构的权利和义务

认证机构在电子商务活动中承担解决交易参与各方身份、资信的认定，维护交易活动的安全、实施电子认证等的重要功能，是重要的认证主体。

1. 认证机构的权利

认证机构享有以下权利。

(1) 要求申请者提供真实资料的权利。无论对个人申请人还是单位申请人，认证机构在遵循合法程序的条件下，有权要求申请者提供真实资料并对资料内容进行调查、审核。

(2) 收取费用的权利。认证机构有权向签署者收取费用。

2. 认证机构的义务

认证机构的义务包括以下四方面：一是签发内容完整、准确的电子签名认证证书；二是制定、公布电子认证规则并进行备案；三是妥善保存与认证相关的信息；四是完善管理与接受监管。

第三节　密码法律制度

人类使用密码保护通信秘密的实践由来已久。早在公元前405年，在古希腊与斯巴达的战争中，密码就被用于传递军事秘密。随着保密与破译、窃密与反窃密的激烈博弈，密码技术不断进步，经历了古典密码、机械密码、现代密码三个发展阶段，并最终成为一门现代科学。当前，广泛多样性的应用需求和日趋激烈的攻防对抗，正在推动密码技术快速发展。

我国的密码事业创建于抗战时期，由周恩来亲自领导开展。1930年1月15日，党中央在上海与在香港的中央南方局第一次实现无线密码通信，标志着党的机要密码工作的正式创建，这一天被载入中国革命的史册。

中华人民共和国成立后，党和政府一直重视密码工作，成立了中央密码工作领导小组办公室和国家密码管理局，逐渐规范密码管理。目前，我国已初步建立起密码管理的法律法规体系主要有：

国家法律：《中华人民共和国密码法》(2019年)。

行政法规：《商用密码管理条例》(1999年)。

专门规定：《商用密码产品销售管理规定》(国家密码管理局，2005年)、《商用密码科研管理规定》(国家密码管理局，2006年)、《商用密码产品生产管理规定》(国家密码管理局，2006年)、《商用密码产品使用管理规定》(国家密码管理局，2007年)、《境外组织和个人在华使用密码产品管理办法》(国家秘密管理局，2007年)、《电子认证服务密码管理办法》(国家密码管理局，2009年)等。

密码是国家重要战略资源，是保障网络与信息安全的核心技术和基础支撑。密码工作是一项特殊重要的工作，直接关系国家政治安全、经济安全、国防安全和信息安全。新时代密码工作面临许多新的机遇和挑战，担负更加繁重的保障和管理任务。

一、概述

《密码法》是我国密码领域第一部综合性、基础性法律，它的颁布是我国密码事业发展过程中一个历史性的突破点，标志着密码工作进入法治轨道。依照《密码法》规范密码管理，引导全社会合规、正确、有效地使用密码，构建起以密码技术为核心、多种技术交叉融合的网络空间新安全体制，为维护国家安全和网络空间主权安全提供了重要支撑和保障。

(一) 立法目的

建党百年来，密码应用和管理一直是我们党和政府对敌斗争的主战场，在实施统一指挥、保障国家安全方面发挥了不可替代的作用。当今世界，随着信息技术日新月异的发展，密码的作用已不仅限于单一的信息加密，还可用于身份识别、安全隔离、完整性保护等，在电子支付、网上办事等环节普遍使用，是目前国际公认的最有效、最可靠、最经济的互联网安全的关键核心技术，被称为"网络安全的DNA"。制定《密码法》，其目的在于规范密码应用和管理，促进密码事业发展，保障网络与信息安全，维护国家安全和社会公共利益，保护公民、法人和其他组织的合法权益。

(二) 密码工作基本原则

密码工作坚持总体国家安全观，遵循统一领导、分级负责，创新发展、服务大局，依法管理、保障安全的原则。

1. 坚持总体国家安全观

总体国家安全观是习近平总书记在2014年中央国家安全委员会第一次会议上提出的。习近平总书记指出，必须坚持总体国家安全观，以人民安全为宗旨，以政治安全为根本，以经济安全为基础，以军事、文化、社会安全为保障，以促进国际安全为依托，走出一条中国特色国家安全道路。

2. 统一领导、分级负责

这是密码工作的首要和核心原则。统一领导，是指全国密码工作在党中央领导下，由中央密码工作领导机构统一领导；分级负责，是指国家和省、市、县四级密码管理部门分别负责管理全国和本行政区域的密码工作，这也确立了我国密码工作的管理体制。

3. 创新发展、服务大局

创新是发展的基础和源泉。坚持创新发展，不仅是科技创新，还包括管理创新和制度创新。通过全面创新，推动密码产业发展，有效保障网络与信息安全、维护国家网络空间主权安全；服务大局是密码工作的目标要求，也是其价值所在。密码是国家战略资源，是保障安全发展的关键要素，因此，密码工作必须紧紧围绕党和国家的中心任务和奋斗目标，服务大局，为实现“两个一百年”奋斗目标，实现中华民族伟大复兴的中国梦保驾护航。

4. 依法管理，保障安全

党的十九大把坚持全面依法治国确立为发展中国特色社会主义基本方略的重要内容，密码工作也必须坚持走法制化道路，将密码管理的各个方面全面纳入法制轨道；保障安全，指依法通过制度建设，完善措施、有效监管和机制建设，有效预防和化解密码安全风险，确保安全管理的有序和高效。

二、密码的定义与种类

密码一般指应用于通信和存储过程中的信息保密。在古代，密码主要用于在战争中传递军事秘密。到了近现代，密码主要服务于军事和外交斗争。随着计算机和信息技术的发展，密码技术也扩展到电子签名、安全认证等领域，呈现明显的社会化和个人化的趋势。

（一）密码定义

密码是指采用特定变换的方法对信息等进行加密保护、安全认证的技术、产品和服务。该定义揭示了密码的主要功能和范畴。

1. 密码的功能

密码有两个主要功能：一是加密保护，二是安全认证。

加密是密码的传统应用。加密保护是指采用特定变换的方法，将原来直接可读的明文信息变成不能直接识别的符号序列，即密文。安全认证是指确认信息主体和信息内容之间的相关性，即采用特定变换的方法，确认信息主体行为的真实性和信息的完整性，确认信息是否被篡改、是否可靠。

2. 密码的范畴

密码是密码技术、密码产品和密码服务的总称。

密码技术，是指为实现加密保护、安全认证功能所采用的特定变换的方法，主要包括密码算法编程技术和密码算法芯片、加密卡等实现技术。密码技术是保护信息安全的主要手段，国家将其列入国家秘密范围，任何单位和个人都有责任和义务保护密码技术的秘密。

密码产品，是指采用密码技术进行加密保护、安全认证的产品，即承载密码技术、实现密码功能的实体。典型的密码产品包括密码机、密码芯片和密码模块。

密码服务，是指基于密码技术和产品，实现密码功能，提供密码保障的行为。随着网络与信息化的飞速发展，密码服务内容日益增多。这些活动专业性强，直接关系到国家安全和社会公共利益，必须将其作为管理对象纳入管理范畴，在法律的框架下进行监管。

（二）密码的种类

密码分为核心密码、普通密码和商用密码三类。

核心密码、普通密码是用于保护国家秘密信息的密码，直接关系国家主权和国家利益的安全。

商用密码用于保护不属于国家秘密信息（非涉密信息）的密码。无论是国家机关、企业事业单位及个人等，在存储和传递信息的过程中，只要不涉及国家秘密信息，都可以使用商用密码。特别应该注意一些敏感信息，如工作秘密、商业秘密、个人隐私等，虽然不涉及国家秘密，但一旦泄露或遭销毁、篡改等，也会给相关主体带来巨大的财产损失或安全威胁。因此，对这类信息的存储、传输等过程也有必要进行加密保护。

三、核心密码、普通密码的使用及管理

我国实行密码分类管理制度，这也是国际通行的做法。不同类型的密码保护不同的对象，对密码实行分类管理，有利于确保密码安全保密，充分发挥不同类型密码保护网络与信息安全的核心支撑作用。《密码法》对我国核心密码和普通密码的管理提出如下要求。

（一）使用要求

在有线、无线通信中传递的国家秘密信息，以及存储、处理国家秘密信息的信息系统，应当使用核心密码、普通密码进行加密保护，安全认证。其中，核心密码保护绝密级、机密级和秘密级信息，普通密码保护机密级和秘密级信息。

（二）管理制度

核心密码和普通密码对于保护国家秘密安全具有特殊重要的意义，必须通过加强制度建设，确保密码安全。

1. 安全保密制度

核心密码和普通密码在对国家秘密信息进行加密保护的同时，其本身也属于国家秘密，一旦泄密，将危害国家安全和利益。因此，国家对核心密码和普通密码实行严格的全生命周期的统一管理。从事核心密码、普通密码科研、生产、服务、检测、装备、使用和销毁等工作的机构（密码工作机构），应依法依规建立健全安全管理制度，采取严格的保密措施和保密责任制，以有效保障中央政令军令的安全，为维护国家网络空间主权、安全和发展利益构筑起一道屏障。

2. 监管制度

密码管理部门应对密码工作机构在核心密码、普通密码方面的相关工作进行指导、监督和检查，以有效排除隐患、堵塞漏洞、杜绝密码泄密事件和责任事故发生，推动核心密码、普通密码工作科学规范开展。密码管理部门应会同公安、国家安全、网信、保密等行政

管理部门建立安全协作机制，提升密码安全事件的应对处置能力。

3. 查处制度

保密行政管理部门、密码管理部门及有关部门是查处工作的责任主体，负责对密码泄密安全事件、重大问题和风险隐患两种情形进行严厉查处。

泄密安全事件包括以下三种情形：一是使核心密码、普通密码被不应知悉者知悉；二是使核心密码、普通密码超出了限定的接触范围，而不能证明未被不应知悉者知悉；三是核心密码、普通密码丢失，下落不明。

重大问题和风险隐患，是指核心密码、普通密码设备、部件、系统等发生损毁、中断、被攻击侵入等情况，已经或可能对密码安全构成威胁。此种情形下，应采取一切合法和必要的措施，及时组织查处，最大限度地减少可能造成的损害。

(三) 保障措施

为落实安全要求，国家应建立与核心密码、普通密码工作相适应的人员录用、选调、保密、考核、培训、待遇、奖惩、交流、退出等管理制度，实行交通运输、通关等免检制度，健全对单位内部相关工作人员监督和安全审查制度。

四、商用密码相关制度规定

商用密码用于保护不属于国家秘密的信息。1999 年，国务院颁布《商用密码管理条例》，规定任何单位或者个人：只能使用经国家密码管理机构认可的商用密码产品；维修商用密码产品必须选择国家密码管理机构指定的单位；报废、销毁商用密码产品应当备案。但是，随着商用密码的广泛应用，如二代身份证防伪系统、增值税防伪税控系统、网上支付系统等，其对国民经济发展和社会生产生活的保障作用越来越突出。显然，对商用密码的全面许可制度已不适应当前国民经济和社会发展的实际需求。

(一) 管理基本原则

国家鼓励商用密码技术的研究开发和应用，健全商用密码市场体系，鼓励和促进商用密码产业发展，鼓励从业单位自愿接受商用密码检测认证，《密码法》从社会发展的实际需求出发，取消了《商用密码管理条例》中对一般用户使用商用密码的强制性要求，规定公民、法人和其他组织可以依法使用商用密码保护网络与信息安全。但从维护国家安全和利益的角度，规定了关键信息基础设施的商用密码使用要求。

1. 非歧视性原则

非歧视性原则又叫无差别原则，一般是指世贸组织范围内的各成员国之间，采取一视同仁的贸易政策。我国在商用密码管理上的非歧视性原则，表现为进一步削减行政许可数量，放宽市场准入，最大限度减少对市场活动的直接干预，增强商用密码产业发展动力。

2. 事中事后监管原则

行政许可数量的减少，意味着密码行政管理的方式由重事前审批转为重事中事后监管，同时注重以市场主体需求为导向，重视发挥标准化和检测认证的支撑作用，提升监管效能。

3. 底线原则

非歧视性原则和事中事后监管原则不意味着商用密码市场的绝对放开，对于关系国家安全和社会公共利益，又难以通过市场机制或者事中事后监管方式进行有效管理的事项，如国家关键基础设施，应当实施必要的行政许可和管制措施，守住安全底线。

（二）商用密码管理体系

《密码法》从标准化制度、检测认证制度、国家关键信息基础设施商用密码安全管理制度、商用密码进出口管理制度、电子政务电子认证服务机构认定制度以及商用密码事中事后监管制度等方面，确立了商用密码管理体系。

1. 商用密码市场体系

商用密码市场体系的建设目标是贯彻“公平与效率”原则，促进商用密码事业的可持续发展，为此，需具备统一、开放、竞争、有序的基本特征。统一是指打破专业和行政区划的界限，建立在行业、地区之间自由流通的、全国统一的商用密码市场体系；开放是指建设既要对内开放，又要对外开放的商用密码市场体系，依法平等对待包括外商投资企业在内的商用密码从业单位，加强与国际市场的广泛联系；竞争是指建设一个公平竞争的商用密码市场体系的运行环境，充分竞争、优胜劣汰，实现资源优化配置；有序是指通过法律法规、行业规范、国际惯例、商业信用等规则，维持商用密码市场的正常秩序，保证公平和资源合理流动。

2. 标准化制度

商用密码标准化是指对密码技术、产品、服务、检测等环节实际的或潜在的问题制定共同的和重复使用的规则，以达到统一，获得最佳秩序和社会效益的活动。商用密码标准化是一个复杂的体系，有国家标准、行业标准、组织标准和企业标准四级构成。其中，组织和企业的标准规定高于国家标准和行业标准，其拥有主体将在竞争中处于优势地位。

商用密码标准的制定具有开放性，因此，国际标准的制定以及中国标准与国外标准之间的转化运用，也是商用密码标准化体系中一项重要构成。

3. 商用密码检测认证制度

检测认证是建立治理体系的重要基础。《密码法》从社会发展需要出发，将检测认证从《商用密码管理条例》所规定的行政许可改为资质认证，有利于引导商用密码从业单位提质升级，支持行政监管，推动诚信建设及与国际市场的规则对接，是推进商用密码检测认证体系建设、加强密码监管、增强商用密码安全保障能力的重要支撑。商用密码认证体系包括资质认证、产品和服务的检测认证。

4. 国家关键信息基础设施商用密码安全管理制度

对国家关键信息基础设施商用密码的安全管理，包括使用要求、安全评估和安全审查三个方面。首先，《密码法》规定，关键信息基础设施应当使用商用密码进行保护，这也是《网络安全法》规定的关键信息基础设施安全保护措施的重要组成部分；其次，在采用商用密码技术、产品和服务集成建设的网络和信息系统中，对其密码应用的合规性、正确性和有效性进行评估；最后，对涉及关键信息基础设施采购的商用密码网络产品和服务实行国家安全审查制度，提高关键信息基础设施安全可控水平。

5. 商用密码进出口管理制度

商用密码进出口管理制度包括进口许可和出口管制两个方面。国家对《密码产品和含有密码技术的设备进口管理目录》中涉及的加密传真机、加密电话机、密码机、密码卡等5类9种产品和设备实行进口许可制度；出口管制制度仅适用于涉及国家安全、社会公共利益或者中国承担国际义务的商用密码。值得注意的是，大众消费类产品所采用的商用密码，是指社会公众可以不受限制地通过常规零售渠道购买、供个人使用、不能轻易改变密码功能的产品或技术，国家不实行进出口管制。

6. 电子政务电子认证服务机构认定制度

从事电子政务电子认证服务的机构应当经国家密码管理局审查，取得电子政务电子认证服务机构资质认定。需要注意的是，《电子签名法》中规定了电子认证服务许可，其适用于电子商务领域的电子认证服务机构管理，《密码法》中的电子政务电子认证服务机构认定则适用于电子政务领域的电子认证服务机构。前者的许可审批对象只有经营性的企业，后者认定的审批对象既包括经营性的企业，也包括非经营性、提供公共服务的事业单位。

7. 商用密码事中事后监管制度

商用密码领域深化改革的主要方针就是坚持放管结合，简政放权，把更多行政资源从事前审批转到事中事后监管上来，着力构建权责明确、公平公正、公开透明、简约高效的商用密码监管体系。

商用密码事中事后监管的实施主体，是密码管理部门和其他涉及商用密码监督管理的有关部门，主要包括市场监管网信、商务、海关等部门；监管方式是以随机抽查的日常检查为主、专项整治为辅；监管的重要手段是依托国家“互联网＋监管”系统，建设统一的商用密码监督管理信息平台，并充分运用大数据等技术，加强对风险的跟踪预警，提升商用密码事中事后监管的精准化、智能化水平；同时，商用密码事中事后监管应与社会信用体系相衔接，通过建立权威、统一、可查询的商用密码市场主体信用记录，提升商用密码信用监管效能。

本章参考文献

[1] 全国人大财经委员会电子商务法起草组. 中华人民共和国电子商务法条文释义[M]. 北京：法律出版社，2018.

[2] 姚维振. 电子商务法[J]. 芜湖：安徽师范大学出版社，2014.

[3] 李适时. 各国电子商务法[M]. 北京：中国法制出版社，2003.

[4] 齐爱民，徐亮. 电子商务法原理与实践(第二版)[M]. 武汉：武汉大学出版社，2009：30.

[5] 郑远民，李俊平. 电子商务发展趋势研究[J]. 北京：知识产权出版社，2012.

[6] 安建，张穹. 中华人民共和国电子签名法释义[M]. 北京：法律出版社，2005.

[7] 童卫东，李兆宗. 中华人民共和国密码法释义[M]. 北京：法律出版社，2020.

[8] 方敏. 全国“刷单入刑”第一案宣判[N]. 人民日报，2017-06-21(10).
[9] 杨立钒，万以娴. 电子商务法与案例分析(微课版)[M]. 北京：人民邮电出版社，2020.
[10] 孙熹. 我国电子证据之浅析——从《电子签名法》全国第一案判决谈起[J]. 法制与社会，2007(3)：489-490.

第十六章　计算机及网络犯罪的法律规范

李某为牟取非法利益，预谋以修改大型互联网网站域名解析指向的方法，劫持互联网流量访问相关赌博网站，以获取境外赌博网站广告推广流量提成。2014年10月20日，李某冒充某知名网站工作人员，采取伪造该网站公司营业执照等方式，骗取该网站注册服务提供商的信任，获取网站域名解析服务管理权限。10月21日，李某通过其在域名解析服务网站平台注册的账号，利用该平台相关功能自动生成了该知名网站二级子域名部DNS(域名系统)解析列表，修改该网站子域名的IP指向，使其连接至自己租用境外虚拟服务器建立的赌博网站广告发布页面。

当日19时许，李某对该网站域名解析服务器指向的修改生效，致使该网站不能正常运行。23时许，该知名网站经技术排查恢复了网站正常运行。11月25日，李某被公安机关抓获。至案发时，李某未及获利。

李某的行为造成该知名网站10月21日19时至23时长达四小时左右无法正常发挥其服务功能，案发当日仅邮件系统电脑客户端访问量就从12.3万减少至4.43万。

计算机和网络犯罪，一般指运用计算机技术在网络上实施的犯罪行为。与传统犯罪相比，计算机及网络犯罪是一种新型犯罪。由于信息技术的飞速发展，以信息技术为手段的犯罪类型也比传统犯罪的类型更多，如电信网络诈骗、网络赌博、网络淫秽色情等涉网违法犯罪多发，社会危害性极大。对计算机和网络犯罪的预防和治理，已经成为世界各国政府面临的紧迫问题。我国在这一领域的立法起步较晚，1997年，我国《刑法》修订中首次对计算机犯罪作出了规定，初步建立起治理计算机犯罪的法制框架。经过多年的发展，目前我国已基本建立了较为完备的预防和惩治计算机及网络犯罪的法律法规体系。

第一节　计算机与网络犯罪概述

单纯的计算机犯罪是在计算机产生之后的20世纪50至60年代出现的，其主要针对计算机硬件，属于普通的财产犯罪。随着社会信息化程度的提高，网络的出现，使得计算机犯罪得以借着网络的媒介迅速蔓延，其性质也发生了根本的变化。当今世界，计算机与网络犯罪已经成为危害国家安全的重要风险之一。

一、计算机及网络犯罪的发展

从世界范围内来看，计算机及网络犯罪大致始于20世纪60年代。1966年，美国学者帕克在斯坦福研究所调查与计算机有关的事故和犯罪时，发现一位电子计算机工程师通过篡改程序而在存款余额上做了手脚，这是世界上第一例受到刑事追诉的计算机犯罪事件。[①] 20世纪70年代以后，随着计算机技术的广泛应用，计算机及网络犯罪出现迅速增长态势，80年代开始形成明显的威胁。进入21世纪以来，网络犯罪更是呈现不可遏制的态势，甚至对社会公共利益和国家安全带来严重威胁。据报道，近年来，由于新冠肺炎疫情的影响所造成的数据泄露、勒索软件、黑客攻击层出不穷，有组织、有目的的网络攻击愈加明显。2021年全球网络犯罪造成的损失超6万亿美元。[②]

在我国，最早的计算机犯罪案件发生在银行系统。1986年7月，深圳市某银行蛇口支行计算机控制及主管员陈某，利用控制机伪造存折，并利用伪造的存折骗得人民币2万元和港币3万元。另一起案件发生在1988年3月，成都市某银行营业部微机操作员谢某，伙同他人改写了由省银行统一配发的软件源程序，在将近一年的时间里利用这一犯罪程序骗得87万元人民币。这是两起典型的利用计算机特性所进行的犯罪行为。在20世纪80年代，除上述两起案件外，其他计算机犯罪案件多为简单地篡改账目进行挪用或贪污。

在20世纪80年代末90年代初，社会上对计算机安全的关注点主要集中在计算机病毒方面。1989年3月，我国西南铝工厂计算中心的7台计算机发现被感染"小球"病毒，从此计算机病毒在我国大幅度蔓延，并出现了"国产化"的计算机病毒"中国001号和""中国炸弹"。

1996年以后，随着计算机信息技术和互联网社会信息化的快速发展，特别是近年来大数据、云计算、移动互联网和智能物联网等高新技术的研发与应用，计算机信息系统和网络在现代社会中发挥着越来越重要的作用，大量的行政事务、经济活动、社会交往和日常生活都依赖于计算机信息系统和网络的正常运行，极大地方便了各类组织及社会公众的工作及生活，但其自身的安全问题也日益突出，传统的各类犯罪在虚拟空间不断花样翻新，给社会公共秩序和各类信息安全带来严重影响。

二、计算机及网络犯罪的概念与表现形式

计算机与网络的结合发展出一个与现实世界相对的独立的虚拟空间，为借此滋生的各种犯罪提供了着床的机会。

---

① 高荣伟. 全球加强法律建设应对网络犯罪[J]. 中国电信业，2016(7)：54－57.

② 央广网. 2021年全球网络犯罪造成损失超6万亿美元[EB/OL]. (2022－07－15)[2023－09－20]. https://ml.mbd.baidu.com/r/177hirCLmJy? f=cp&u=6971b0e6d4772ec.

(一) 计算机及网络犯罪的概念

计算机及网络犯罪是指行为人出于主观的目的、利用计算机及网络特性所从事的严重危害个人、组织和国家利益的有关犯罪。虽然计算机与网络有着不同的概念外延,但就本质而言,计算机犯罪与网络犯罪都是针对计算机系统实施的犯罪,其目的都是针对计算机系统的数据和运行,两者最明显的区别在于计算机犯罪并非一定以网络为工具。计算机与网络犯罪的本质特征是危害网络及其信息的安全与秩序。

(二) 计算机及网络犯罪的表现形式

由以上分析可知,计算机及网络犯罪有两种表现形式。

第一,针对计算机及网络实施的犯罪。即犯罪行为的实施手段、目的和后果都直接指向计算机及网络。这一类犯罪的直接动机是破坏计算机及其存储的信息,典型的有非法侵入计算机信息系统、破坏计算机信息系统以及在网络上传播计算机病毒等,一般不掺杂其他的犯罪动机或目的。

第二,利用计算机及网络实施的犯罪。这一类犯罪,其犯罪的动机或目的与一般犯罪无异,其犯罪行为是利用计算机及网络实施,例如利用计算机系统进行金融诈骗、财产盗窃、信息窃取及传播各类非法信息、侵犯他人名誉权等。现代社会各领域高度依赖计算机及网络系统,故利用计算机及网络实施的犯罪种类繁多且范围不断拓展。

三、计算机及网络犯罪的特点

计算机及网络犯罪是一类特殊环境下的新型犯罪行为,具有一般传统犯罪所不具有的特点。正确认识和掌握其本质及特点,才能制定有效的策略惩治这种犯罪行为。

(一) 犯罪主体的高智能性

与传统的犯罪相比,计算机及网络犯罪是最具智能性的犯罪。一般而言,现代计算机及网络系统在设计上都非常重视安全防护措施,如用户身份验证、防火墙技术等,因此,行为人拥有相当程度的计算机及网络专业知识和应用能力是实施此类犯罪的前提条件。这种犯罪主体的高智能性特点,将对司法工作尤其是侦查、取证工作造成极大的困难。

(二) 犯罪的复杂性

计算机犯罪具有复杂性,这主要表现在以下两方面:一是犯罪主体复杂。实施计算机及网络犯罪的主体构成非常复杂,任何人只要通过一台联网的计算机即可实施犯罪;同时由于网络的跨国性,犯罪主体可来自不同民族、国家和地区。二是犯罪动机复杂。计算机犯罪的动机复杂多样,有的为牟取不义之财,有的为造成破坏,有的为刺探秘密,有的为传播不良信息,有的为增加点击率,有的为证明自己的能力,甚至有的只是出于好奇。

(三) 犯罪的隐蔽性

计算机及网络犯罪的主要结果是非法入侵系统,植入病毒,或者对系统中的信息或数据进行复制、更改或删除等,这些操作时间基本都限制在毫秒级或者微秒级,且一系列指令都是通过比特予以实现的,只要足够谨慎,就可以不留下任何痕迹地完成犯罪行为;而由于计算机运算速度可高达每秒数亿次,系统承担海量的数据处理任务,这些变化往往难以被及时发现;同时,计算机及网络犯罪不受时间和空间条件的限制,犯罪主体不必亲临犯罪现场,而且可以通过采用埋设"逻辑炸弹"、改变主机 IP 地址等手段躲避刑侦机关的侦测和追查。

(四) 犯罪的超地域性

网络空间不同于地域空间,它是虚拟的,行为人只要拥有一台联网终端机,就可以轻而易举地跨越疆界实施远程犯罪,从而造成司法管辖、刑法适用、司法协助等方面的诸多问题,导致司法诉讼的困难。

(五) 犯罪证据的难定性

行为人实施计算机及网络犯罪,通常也是以计算机系统和软件为基础的,要搜集犯罪证据,关键就在于提取行为人遗留的电子证据。而电子证据具有易删除、易篡改、易丢失等特性,销毁证据的时间可以控制在几秒钟之内,因此,当计算机犯罪行为被发现之后再去收集证据具有相当的难度。

(六) 犯罪的高黑数性

所谓犯罪黑数,是指已经发生但由于种种原因未予记载的犯罪数量。犯罪未予记载的原因可能是未被发觉,或是未被追诉,或者未被惩处。所有上述特点决定了计算机及网络犯罪的高黑数特点。据美国联邦调查局的估计,只有 1%的计算机犯罪可能被人发现;在已发现的计算机犯罪案件中,只有 4%的案件能到达侦查机关手中。据美国斯坦福安全研究所计算机安全与犯罪专家帕克的估计,计算机犯罪的犯罪黑数大约为 85%。

(七) 严重的社会危害性

与其他犯罪相比,计算机及网络犯罪的破坏性更强,带来的损失也更为严重。从经济损失的层面看,据美国联邦调查局统计测算,一起刑事案件的平均损失仅为 2000 美元,而一起计算机犯罪案件的平均损失高达 50 万美元①;从公民个人信息角度看,由于电子商务与移动技术的深度融合,针对公民个人信息的犯罪不仅侵犯其人身权、财产权,更威胁到国家安全;社会信息化程度的提高,使得国家、政府、组织及个人对数字化和网络化的依赖程度不断提高,一旦遭到入侵和破坏,将可能产生极其严重的后果。这是迄今为止《刑法》所规定的所有犯罪类型都不能比拟的。

第二节 全球计算机及网络安全立法的发展

计算机及网络安全法是社会一般现行法律的组成部分,它是由政府有关部门制定并通过国家强行实施的一种法律。计算机及网络安全法是计算机使用者和有关人员必须遵守的行为规则,也是保护计算机使用者正当合法权益的有效手段。

① 吴桂静.网络犯罪的实质特征与传统犯罪的界限[J].辽宁经济,2003(2):19-20.

一、国外惩治计算机犯罪的立法

各国从 20 世纪 60 年代开始重视计算机安全与犯罪的立法。世界上第一部以单行刑法的形式出现的、涉及计算机犯罪惩治与防范的刑事立法，是瑞典 1973 年 4 月 4 日颁布的《数据法》。此后，英国、美国、德国、法国、俄罗斯及日本等国相继制定了本国计算机及网络犯罪的法律。

(一) 英国

英国早在 1981 年颁布了有关计算机犯罪的刑事立法《伪造文书及货币法》；1984 年颁布了《数据保护法》，主要规定了个人数据的保护原则，以防止不正当侵犯个人隐私权为目的；1990 年制定了《计算机滥用法》，规范了三种犯罪类型：一是未经授权接触计算机资料；二是意图犯罪或意图协助犯罪而未经授权接触计算机；三是故意损毁、破坏或修正计算机资料或程式。

(二) 美国

1984 年 10 月 12 日，美国国会通过《非法访问设施与计算机欺诈及滥用法》，这是美国第一部专门惩治计算机犯罪的刑事立法，此法条后来被纳入美国联邦刑法法典第 47 章第 18 篇最后一条，名为“计算机相关之欺诈及其他犯罪行为”，规定计算机犯罪包括下列行为：非法使用者或合法使用者以非法目的使用计算机获利或造成他人损失的；非法或者以非法目的的合法获取受相关法律保护的计算机资料；以破坏、篡改或其他改变信息存储之目的而访问计算机系统的行为，无论造成损失与否。

1986 年美国司法部又对 1984 年的法律进行了全面修订，颁布了单行刑法《计算机欺诈和滥用法》，重点惩处未经授权而故意进入政府计算机系统的行为；1989 年颁布的《计算机保护法案》禁止行为人在明知或者有足够理由相信，其行为足以造成不良后果的情形下，引入计算机程式或者计算机本身或者电讯之指令；1996 年 2 月，时任美国总统的克林顿签署了《正当通信法案》，禁止任何人在公共网络上传播黄色或带有猥亵内容的信息。

(三) 日本

日本有关计算机犯罪的行为是通过刑法解释方法加以调整的，力图通过利用既有刑法规范惩治与防范计算机犯罪。如 1987 年 6 月 20 日公布《刑法部分条文修正案》，其重点在于伪造文书及损毁罪、业务妨害罪、侵财罪。

(四) 德国

德国将与计算机有关的犯罪完全纳入刑法典体系，1986 年的刑法典中加入了有关防治计算机犯罪的各项规定，主要包括资料间谍罪、计算机欺诈罪、伪造可为证据之重要资料罪、刺探资料罪、变更资料罪、妨害计算机罪。

1997 年 8 月 1 日，德国颁布《多媒体法》，从而成为世界上第一个对互联网络应用与行为规范提出法律约束的国家。《多媒体法》一方面扩大服务商的经营自由，另一方面又强化了在公开电信网络上的消费者保护和数据保护，同时禁止在公开的信息网络上传播色情和颂扬暴力的文字与图片等。

(五) 法国

1988 年 1 月 5 日,法国实施了计算机欺诈法,对计算机犯罪进行的分类主要有:阻碍计算机信息功能罪、以欺诈方法改变计算机文件和非法利用伪造文件、试图进行以上犯罪、共谋进行以上犯罪活动。1994 年 3 月 1 日生效的《法国刑法典》中,"计算机信息领域的犯罪"一章共设置有三种计算机犯罪,即侵入资料自动处理设备罪,妨害资料处理系统运作罪,非法输入、取消、变更资料罪。

(六) 俄罗斯

1997 年俄罗斯施行的《俄罗斯联邦法典》中,关于"计算机信息领域的犯罪"一章中,对计算机犯罪作了如下分类:不正当调取计算机信息罪,编制、使用和传播有害的电子计算机程序罪,违反电子计算机、电子计算机系统或其网络的使用规则罪。

二、我国有关惩治计算机及网络违法犯罪的立法发展

我国计算机及网络犯罪虽然出现的历史较短,但其发展趋势已经明显地显现出来了,这对我国的信息安全立法将产生严峻的挑战。研究和借鉴国外相关法律法规,可以帮助我国尽快完善信息安全立法,规范信息安全行为。

我国计算机开发应用的时间和社会信息化起步均较晚,初期的计算机犯罪表现并不十分突出。20 世纪 80 年代起国家信息化建设发展迅速,社会各领域、各行业为适应社会发展的需要纷纷应用计算机信息系统,特别是 90 年代中期接入国际互联网后,中国社会快速迈入信息时代。与此同时,计算机犯罪在很短时间内发展起来,使国家信息化建设面临严重威胁。

(一) 我国计算机及网络立法概况

我国于 1994 年通过的《计算机信息系统保护条例》,已开始包含网络安全和惩治计算机违法犯罪的条款。但由于当时我国刑法中尚无涉及计算机系统或者网络犯罪的条款,对于相应行为的惩治缺乏法律依据。

1997 年,修订后的《刑法》中首次增加了计算机犯罪的罪名,增加了惩处计算机犯罪的条款。依据规定,任何人非法侵入计算机信息系统,编写、制作攻击性程序,以及传播、破坏他人计算机内部数据,或者利用计算机进行金融诈骗等,都将被视为犯罪。

随着互联网在国内的快速发展,2000 年 12 月,第九届全国人民代表大会常务委员会第十九次会议通过《全国人民代表大会常务委员会关于维护互联网安全的决定》,将互联网安全划分为互联网运行安全和互联网信息安全,确立民事责任、行政责任和刑事责任三位一体的网络安全责任体系框架。

2016 年,我国第一部全面规范网络空间管理问题的基础性法律《网络安全法》颁布,明确维护网络运行安全、网络产品和服务安全、网络数据安全、网络信息安全等方面的制度。

（二）立法的基本原则及特点

我国有关计算机及网络犯罪立法，集中体现了一项基本原则，即通过规范管理维护网络安全与社会稳定，以此促进互联网络在我国的发展应用，保障计算机信息交流的健康发展。

我国有关计算机及网络犯罪立法的研究和制定工作虽然起步较晚，但也积累了一定数量，综合起来分析，具有以下一些特点。

一是立法层级由低向高逐步推进。很长一段时间，行政法规与部门规章是我国计算机及网络犯罪法律体系的主体，其中尤以部门规章居多。这与我国互联网络发展起步不久，对网络安全的管理制度尚无成熟经验，因而无法过早建立较高层次的相关立法有关。随着条件的成熟，国家层面的相关法规密集出台，法律体系趋于完善。

二是坚持网络立法、网络执法、网络司法、网络普法、网络法治教育一体推进，国家、政府、企业、社会组织、网民等多主体参与，走出了一条既符合国际通行做法，又有中国特色的依法治网之路。

三是刑法惩治与行政监管相结合。我国在对计算机及网络犯罪实施刑法打击的同时，在制度设计上注重加强行政监管的制度安排，侧重于维护公民、法人和其他组织的合法权益，维护国家利益和社会稳定，保障网络经营者的合法经营活动，合理设置包括网络服务商在内的网络主体的义务机制。

经过 30 多年的建设，“中国努力构建完备的网络法律规范体系、高效的网络法制实施体系、严密的网络法制监督体系、有力的网络法制保障体系，网络法制建设取得历史性成就。中国的网络法制建设不仅有力提升了中国互联网智力能力，也为全球互联网治理贡献了中国智慧和中国方案。”①

第三节　计算机及网络犯罪的刑法调整

随着社会生活的诸多方面发生了变化，社会关系的方方面面也会变化，从而促使法律发生变化。现代信息技术更新带动网络发展，网络发展催生网络犯罪的变异与升级，网络犯罪的变异与升级进而导致法律和司法解释相继出台予以规制。在这种正向的传导关系中，技术的创新与网络的发展都会对网络犯罪的形态、特点及其对策产生影响。反之也是如此。随着某部法律的出台，某种类型的网络犯罪可能会受到遏制，但犯罪不会就此停歇，而是以另一种形式、借助另一种技术继续存在，这种“逃离效应”使得该技术迅速“吃重”并借此得到发展。“传统犯罪网络化”的兴起与“网络犯罪传统化”的显现正是这种双向传导关系的表现。在这种相互传导的“作用与反作用”模式下，网络犯罪一直处于发展、变异与升级之中。

---

①　国务院新闻办公室．新时代的中国网络法制建设[M]．北京：人民出版社，2023.

一、计算机与网络犯罪的犯罪构成

计算机及网络犯罪产生的历史虽短，但对社会的危害却达到了其他传统的犯罪行为所未能企及的高度，引起各国政府及司法部门的密切关注。计算机及网络犯罪是指行为人出于主观的目的、利用计算机及网络特性所从事的严重危害个人、组织和国家利益的有关犯罪。

（一）犯罪主体

犯罪主体是指实施计算机及网络犯罪行为的责任人，包括自然人主体和法人主体（又称单位主体）。犯罪主体实施犯罪行为时必须是出于主观目的，即出于故意。同时，犯罪主体所从事的犯罪活动是利用计算机特性进行的，因此计算机及网络犯罪主体又具有特殊性。需要注意的是：诸如盗窃计算机资产等在物理上以计算机为犯罪客体的犯罪，往往属于传统形态的盗窃罪，其犯罪主体不应列入计算机犯罪的范畴。

（二）犯罪客体

犯罪客体是指计算机及网络犯罪行为所侵犯的社会关系。计算机及网络犯罪往往是针对另一计算机信息系统的攻击和破坏，造成其数据的丢失、系统的瘫痪等。因此，它是一种对多客体的侵犯行为，一方面侵犯了计算机系统所有人的利益，另一方面则对国家的计算机安全管理秩序造成了破坏；同时，还有可能对受害的计算机系统当中数据所涉及的第三方的权益造成危害。

（三）犯罪工具

在计算机及网络犯罪中，计算机信息系统既可能是被侵害的对象，也可能是犯罪的工具，具体可以表现为三种情况：一是直接把计算机信息系统作为侵害对象，如非法从系统中复制、篡改、删除保密的信息数据等；二是以己方的计算机信息系统为工具，以对方的计算机信息系统为侵害客体，如黑客利用互联网非法入侵他人的计算机系统进行窥视、更动、窃取其重要数据，拒绝合法用户的服务请求，甚至导致他人计算机系统瘫痪等；三是以计算机系统为工具，应用计算机技术直接进行触犯刑法的活动，如利用计算机发送电子邮件进行反动宣传，从事颠覆国家的活动等。

互联网的普及大大促进了我国信息化社会的发展进程，但它所带来的负面影响也给社会造成相当严重的危害，诸如“黑客”事件迅速增多，利用网络从事诈骗活动，散布传播淫秽、迷信、暴力、恐怖、破坏民族团结等有害信息，传播谣言和假新闻，截获他人的电子邮件，窃取、收集私人信息和个人隐私，侵犯他人知识产权等。由此表明计算机犯罪已从以计算机为工具的犯罪向以计算机信息系统为犯罪对象的犯罪发展，并呈现愈演愈烈之势。而后者无论是在犯罪的社会危害性还是犯罪后果的严重性等方面都远远大于前者。

从现状分析，日益增多的犯罪趋势使计算机及网络安全的问题成为摆在我们面前必须解决的一个现实问题，我们必须对此有充分的思想认识和对策准备。对于各类计算机及网络犯罪都应当进行理论上的充分研究和探讨，以为惩治和防范此类犯罪、保护和促进社会秩序的稳定及经济建设的健康有序发展提供保障。

二、我国计算机及网络犯罪的类型与刑法调整

计算机及网络犯罪的类型多种多样，非常复杂，在我国《刑法》中将其列入“妨害社会管理秩序罪”。根据犯罪行为实施过程中计算机及网络所起的作用或充当的主要角色的不同，可以将计算机及网络犯罪划分为两大类：一是针对计算机及网络本身的纯粹犯罪；二是以计算机及网络为工具实施的普通型犯罪，如利用计算机实施金融诈骗、盗窃、贪污、挪用公款、窃取国家秘密或者其他犯罪行为。

（一）针对计算机及网络本身的纯粹犯罪

这类犯罪的共同特征是以受害方的计算机信息系统为攻击目标，《刑法》中规定了以下条款。

1. 非法侵入计算机信息系统罪

《刑法》第二百八十五条规定了“非法侵入计算机信息系统罪”，指违反国家规定，侵入国家事务、国防建设、尖端技术领域的计算机信息系统的行为。非法侵入计算机信息系统罪处三年以下有期徒刑或者拘役。

一个行为构成非法侵入计算机信息系统罪，应具备以下几个条件。

第一，前提是违反国家规定。违反国家规定是指违反国家保护计算机安全的有关规定，如《中华人民共和国计算机信息系统安全保护条例》《计算机软件保护条例》等。

第二，行为方式是侵入。侵入是指没有访问权限的用户未取得国家有关主管部门合法授权或批准，采用窃取密码、破译密码、破坏计算机信息系统安全专用产品等非法手段通过计算机终端访问国家重要计算机信息系统或者进行数据截取的行为。其表现形式多种多样，如单位工作人员窃取或通过其他渠道获得入网口令而侵入上述领域的计算机信息系统，或者利用自己所掌握的计算机知识、技术，通过非法手段获取口令或者许可证明后，冒充合法使用者侵入国家重要计算机信息系统；有的甚至将自己的计算机与国家重要的计算机信息系统联网；等等。

第三，犯罪对象是国家事务、国防建设、尖端技术领域的计算机信息系统。如果行为人侵入的不是上述计算机信息系统，而是一般的企、事业、公司或个人的计算机信息系统，则不构成本罪。

第四，行为结果方面，不要求行为人违法行为达到严重的程度，行为人只要实施了非法侵入相关计算机信息系统的行为，就构成犯罪。

第五，本罪在主观方面必须出于故意，即明知是国家事务、国防建设和尖端科学技术领域的计算机信息系统而仍故意进行侵入。

2. 非法获取计算机信息系统数据、非法控制计算机信息系统罪

《刑法》第二百八十五条第二款规定了“非法获取计算机信息系统数据、非法控制计算机信息系统罪”，明确情节严重的，处三年以上有期徒刑或者拘役，并处或单处罚金。情节特别严重的，处三年以上七年以下有期徒刑，并处罚金。现实中行为人往往是先非法控制计算机系统，再非法获取其数据，但两种行为的具体罪状和犯罪构成并不完全一致，一般

审判中视行为分别惩处，而不采取数罪并罚。

3. 提供侵入、非法控制计算机信息系统程序、工具罪

《刑法》第二百八十五条第三款规定了“提供侵入、非法控制计算机信息系统程序、工具罪”，即提供专门用于侵入、非法控制计算机信息系统的程序、工具，或者明知他人实施侵入、非法控制计算机信息系统的违法犯罪行为而为其提供程序、工具，情节严重的，依照前款的规定处罚。

案例 16－1

“3·18”江苏徐州非法侵入计算机信息系统案

2015 年 3 月 18 日，徐州某药业有限公司负责人到徐州市公安局报案称，其公司的网站服务器被非法入侵，入侵者恶意篡改公司网站文件，在其网站页面添加大量赌博网站的内容，对其公司的形象及信誉造成恶劣影响。

接报后，徐州市公安局网安支队迅速对涉案服务器进行勘验。经过对大量网站文件对比分析，发现网站服务器部分文件被非法篡改，添加大量赌博网站内容，并被植入一个获取网站管理权限的木马。通过对木马程序进行分析，民警发现了控制木马的嫌疑人刘某。经扩线侦查，民警又发现向刘某出售网络控制权限和木马的嫌疑人牛某。办案民警展开抓捕行动，分别于成都和西宁抓获刘某、牛某等 7 名犯罪嫌疑人，一举捣毁了这一涉嫌非法入侵服务器篡改网站内容的犯罪团伙。经查，牛某非法入侵他人网站服务器，然后向刘某出售网站管理权限。刘某再组织人员对网络实施入侵后在网站页面非法添加赌博内容，对网络赌博平台进行推广以牟取利益。据统计，该团伙涉嫌入侵企事业单位网站 2000 多家。

4. 破坏计算机信息系统罪

我国《刑法》第二百八十六条规定了“破坏计算机信息系统罪”，包括故意破坏计算机信息系统功能、故意破坏计算机信息系统的数据和应用程序以及故意制作、传播破坏性程序三项具体犯罪行为。

(1) 故意破坏计算机信息系统功能罪。计算机信息系统功能，是指在计算机中，按照一定的应用目标和规则对信息进行采集、加工、存储、传输、检索的功用和能力。

故意破坏计算机信息系统功能的犯罪，是指通过对计算机信息系统功能进行删除、修改、增加、干扰等，造成该计算机信息系统不能正常运行，使国家重要计算机信息系统的功能受到破坏，或者给国家、集体、组织及个人造成重大经济损失，或者造成恶劣社会影响等后果严重的行为。本罪行为人在主观方面可以是直接故意，也可以是间接故意。犯罪人的动机可以是多种多样的，但动机如何，不影响本罪的构成。

对于故意破坏计算机信息系统功能罪，视情节轻重分两档处刑：一是后果严重构成犯罪的，处五年以下有期徒刑或者拘役；二是后果特别严重的，处五年以上有期徒刑。

(2) 故意破坏计算机信息系统的数据和应用程序罪。这一犯罪是指对计算机信息系

统中存储、处理或者传输的数据和应用程序进行删除、修改、增加的操作，致使计算机信息系统无法有效运行，影响正常的工作和生活或者造成巨大经济损失等后果严重的行为。本罪在主观方面必须出于故意，过失不能构成本罪。

对这一犯罪行为，处五年以下有期徒刑或者拘役；后果特别严重的，处五年以上有期徒刑。

(3) 故意制作、传播破坏性程序罪。这一犯罪是指故意制作、传播计算机病毒等破坏性程序，影响计算机系统正常运行，后果严重的行为。

计算机破坏性程序，是指隐藏在可执行程序中或数据文件中，在计算机内部运行的一种干扰程序，主要包括计算机病毒、逻辑炸弹等。故意制作、传播破坏性程序罪，是指故意制作、传播计算机病毒等破坏性程序，影响计算机系统正常运行，后果严重的行为。由于计算机病毒等破坏性程序的强再生机制和传播的隐蔽性、无形性及其难以预防性，加之社会对计算机应用的广泛依赖性，这种故意制作、传播计算机病毒等破坏性程序的行为的社会危害程度是难以估量的。它与前两种犯罪的行为有着明显的区别。

第一，制作和传播计算机病毒等破坏性程序的行为，危害的是不特定的计算机系统，它不仅直接对系统进行破坏，而且还对公众计算机系统造成威胁。这种犯罪只要进行了，就会造成严重的危害性。

第二，制造、传播计算机病毒等破坏性程序是通过所制作、传播的计算机病毒等破坏性程序去破坏计算机的有关功能，而前两者是作案人直接在计算机信息系统上进行删除、修改、增加等操作而破坏计算机系统功能。

第三，制作、传播计算机病毒等破坏性程序可以直接在计算机上操作，也可以通过磁盘、光盘及网络传播给其他计算机，而前两者只能在被操作的计算机上进行；使用病毒进行的破坏可具有传染性，而前两者的破坏不传染。在分析时应考虑破坏性程序的范围和特征，以及制作、传播行为的含义及其相互关系。

故意制作、传播破坏性程序罪在主观方面必须出于故意，即明知是破坏性程序而仍故意进行制作或者传播。过失不能构成本罪。

根据《刑法》第二百八十六条第三款的规定，犯有制作、传播计算机破坏性程序罪的，处五年以下有期徒刑或者拘役；犯有本罪，且后果特别严重的，处五年以上有期徒刑。

案例 16－2

姚晓杰等 11 人破坏计算机信息系统案

2017 年初，被告人姚晓杰等人接受王某某雇佣，招募多名网络技术人员，在境外成立“暗夜小组”黑客组织。“暗夜小组”从被告人丁虎子等三人处购买大量服务器资源，再利用木马软件操控控制端服务器实施 DDoS 攻击(指黑客通过远程控制服务器或计算机等资源，对目标发动高频服务请求，使目标服务器因来不及处理海量请求而瘫痪)。2017 年 2—3 月，“暗夜小组”成员三次利用 14 台控制端服务器下的计算机，持续对某互联网公司云服务器上运营的三家游戏公司的客户端 IP 进行

DDoS 攻击。攻击导致三家游戏公司的 IP 被封堵，出现游戏无法登录、用户频繁掉线、游戏无法正常运行等问题。为恢复云服务器的正常运营，某互联网公司组织人员对服务器进行了抢修并为此支付 4 万余元。

5. 拒不履行信息网络安全管理义务罪

我国《刑法》第二百八十六条之一规定了“拒不履行信息网络安全管理义务罪”，即网络服务提供者不履行法律、行政法规规定的信息网络安全管理义务，经监管部门责令采取改正措施而拒不改正，致使违法信息大量传播、用户信息泄露、刑事案件证据灭失等，情节严重或造成严重后果的，有以上情形之一的，处三年以下有期徒刑、拘役或者管制，并处或者单处罚金。

(二) 利用计算机实施的有关犯罪

我国《刑法》第二百八十七条规定了“利用计算机实施的有关犯罪”，即利用计算机实施金融诈骗、盗窃、贪污、挪用公款、窃取国家秘密或者其他犯罪，包括非法利用信息网络罪和帮助信息网络犯罪活动罪。本罪的行为人在主观方面表现为直接故意。

1. 非法利用信息网络罪

非法利用信息网络罪在客观方面表现为行为人有设立用于实施诈骗、传授犯罪方法、制作或者销售违禁物品、管制物品等违法犯罪活动的网站、通讯群组的行为；发布有关制作或者销售毒品、枪支、淫秽物品等违禁物品、管制物品或者其他违法犯罪信息的行为以及实施诈骗等行为。

2. 帮助信息网络犯罪活动罪

指明知他人利用信息网络实施犯罪，为其犯罪提供互联网接入、服务器托管、网络存储、通讯传输等技术支持，或者提供广告推广、支付结算等帮助行为。本罪客观方面表现在明知他人利用信息网络实施犯罪，依然为其犯罪提供帮助等，侵犯的客体是有关国家网络安全的管理制度。

利用计算机实施的有关犯罪，情节严重的，处三年以下有期徒刑或者拘役，并处或者单处罚金。

案例 16 - 3

破解签名技术，出售避开或突破计算机信息系统安全保护措施的程序

2020 年 1 月以来，被告人苏某通过 APK 逆向等手段，破解手机淘宝客户端的签名技术，并编写手机淘宝 HOOK 插件程序和接口调用程序，该程序具有避开或突破计算机信息系统安全保护措施，不经授权或超越授权获取系统数据的功能。苏某将该程序在互联网上多次向不特定的对象出售，违法所得共计 24 656 元。

2020 年 1 月底，被告人陈某与被告人苏某联系，在暗网买家付款购买手机淘宝签名插件的基础上，由陈某编写专门的程序，通过破解模拟手机淘宝的协议，绕过“淘宝现金红包”风控拦截策略，并提供香港手机卡号给暗网买家，让其注册阿里云账号和服务器，在明知暗网买家用来为境外赌博网站支付结算赌资的情况下，将已经部署该程序的 25 台阿里云服务器提供给买家，违法所得共计 3 个多比特币（约合人民币 17 万余元）。

扬州市公安局经济技术开发区分局网络安全保卫大队对其中 2 台服务器数据技术恢复后进行远程勘验，发现暗网买家利用部署在该服务器内的淘宝现金红包自动收发程序领取手机淘宝红包共计 56 848 803 元。

本章参考文献

[1] 全国人大常委会法制工作委员会. 中华人民共和国刑法释义[M]. 北京：法律出版社，2009.

[2] 国务院新闻办公室. 新时代的中国网络法制建设[M]. 北京：人民出版社，2023.

[3] 王学光，计算机犯罪取证法律问题研究[M]. 北京：法律出版社，2016.

[4] 季境，张志超. 新型网络犯罪问题研究[M]. 北京：中国检察出版社，2012.

[5] 孙春雨. 计算机与网络犯罪专题整理[M]. 北京：中国人民公安大学出版社，2007.

[6] 赵廷光，等. 计算机犯罪的定罪与量刑[M]. 北京：人民法院出版社，2000.

[7] 孙景仙，安永勇. 网络犯罪研究[M]. 北京：知识产权出版社，2006.

[8] 陈兴实，付东阳. 计算机、计算机犯罪、计算机犯罪的对策[M]. 北京：中国检察出版社，1999.

[9] 最高人民检察院公布第九批指导性案例[N]. 检察日报，2017-10-17(3).

[10] 吴涛. 公安部严打网络攻击破坏等违法犯罪通报 10 起案例[EB/OL]. (2015-08-18)[2022-07-08]. https://www.chinanews.com.cn/gn/2015/08-18/7474977.shtml.

[11] 最高检发布第十八批指导性案例[N]. 检察日报，2020-04-09(2).